翠微深处

（高中、中职校卷）

于漪教育教学思想研究中心　组织编写

兰　保　民　　　　　主　编

上海教育出版社
SHANGHAI EDUCATIONAL
PUBLISHING HOUSE

图书在版编目（CIP）数据

翠微深处：新中国优秀教师成长之路. 高中、中职

校卷 / 于漪教育教学思想研究中心组织编写；兰保民主

编. — 上海：上海教育出版社，2024.8. — ISBN 978-

7-5720-3075-8

　　Ⅰ. G451.2

　　中国国家版本馆CIP数据核字第20249FF358号

责任编辑　付　寓

封面设计　东合社

CUIWEI SHENCHU: XIN ZHONGGUO YOUXIU JIAOSHI CHENGZHANG ZHI LU

翠微深处：新中国优秀教师成长之路（高中、中职校卷）

于漪教育教学思想研究中心　　组织编写

兰保民　主编

出版发行　上海教育出版社有限公司

官　　网　www.seph.com.cn

地　　址　上海市闵行区号景路159弄C座

邮　　编　201101

印　　刷　上海展强印刷有限公司

开　　本　700×1000　1/16　印张 32.25

字　　数　430 千字

版　　次　2024年8月第1版

印　　次　2024年8月第1次印刷

书　　号　ISBN 978-7-5720-3075-8/G·2740

定　　价　98.00 元

如发现质量问题，读者可向本社调换　电话：021-64373213

千江有水千江月

——当代名师成长的"于漪元素"

兰保民

　　中央庆祝改革开放 40 周年表彰工作领导小组办公室所编写的《改革先锋风采录》一书，对于漪老师介绍评价的文章标题是"于漪：基础教育改革的优秀教师代表"①。可见，党中央和国务院之所以授予于漪老师"人民教育家"国家荣誉称号，是因为于漪老师是几千万基础教育教师的优秀代表，她所取得的成就代表了中华人民共和国基础教育教师所达到的高度，她的成长历程，也浓缩和凝练了广大教师专业发展所必备的教育元素和生命密码。从这个意义上来说，从于漪老师这一教师成长典型案例推广开去，把视野拓展到更多优秀名师专业成长的生命历程，萃集更多案例并加以解读，则将更有利于破解中华人民共和国成立后——尤其是改革开放以来——优秀教师成长的共性规律。"当代名师成长"这一具有群体性和历史性的事件图景，恰如古语所说的那样——"千江有水千江月"。当代众多名师正如千江之水，形态各异，然而月映万川，其"魂"则一。

---

① 中央庆祝改革开放 40 周年表彰工作领导小组办公室. 改革先锋风采录［M］. 北京：党建读物出版社，2019：8.

正是出于这一考虑，我们在"新中国基础教育教师成长探秘"总课题框架内，一方面开展了以于漪教育教学思想为原点的个案研究，同时又开展了"当代基础教育名师成长案例"的子课题研究，旨在探索新中国基础教育教师成长规律，揭示名师成长的生命密码，破解教育学研究长期以来以西方话语体系为主导、有"教育"而弱"教师"、重"外"而轻"内"、重"术"而轻"人"的困局，彰显新中国基础教育和教师群体的实践自觉与理论自信，进而校准新时代中国基础教育的价值和目标，催生与培育更多基础教育优秀教师。

一、案例基本情况

为充分体现案例的代表性，我们以"业界公认、组织认可"为标准，对纳入本研究范围的"名师成长案例"进行了严格的甄选，以组织推荐、广泛调研与征求专业领域人士意见相结合的方式，最终形成225人的案例约稿人员名单。这些名师，师德师风特别高尚、在全国范围内具有广泛影响力、为业界同行普遍认可和崇敬、对教师成长特别具有示范意义，作为名师案例人选，具有充分的说服力。

需要说明的是，由于客观原因，以上225位名师并不包括我国香港、澳门、台湾地区，全国其余省份均有教师入选，其中包括小学、初中、高中、特教、中职校等不同学段和类型，同时涉及基础教育阶段所有学科。

约稿函发出后，共有95位名师在百忙之中专门为本研究撰写了成长案例，课题组邀请专家认真审读了所有来稿，除6篇非案例类文章外，共有89位名师的成长案例，这就是本书的用稿来源。

89位名师的成长案例统计信息如下：

（一）名师案例的学段分布情况

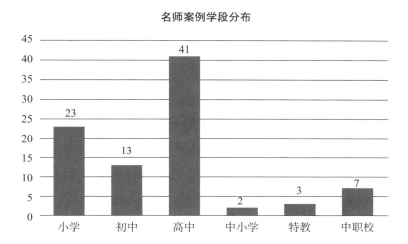

名师案例学段分布

（二）名师案例的学科分布情况

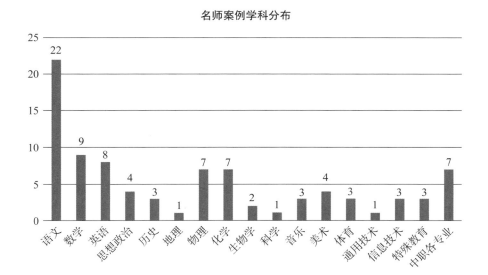

名师案例学科分布

（三）名师案例的区域分布情况

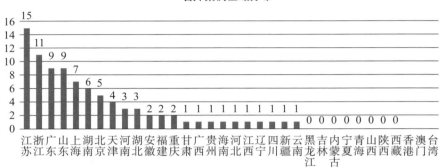

名师案例区域分布

二、名师成长揭秘

正如人民教育家于漪老师所说，中国的基础教育学和教师学，主要不是写在从理论到理论的高楼大厦里，而是写在每一位将生命奉献给基础教育的教师教学实践的大地上。在长期的基础教育教学工作中，这些名师以高尚的师德师风、深厚的学术底蕴、炽热的教育情怀，孜孜矻矻，探索不懈，取得了卓越的教育教学成就。他们娓娓讲述各自的成长故事，有的聚焦专业成长历程中自己感受最深的一点，写得深，写得透，有的则从多角度讲述了对自己教育生命成长产生重大影响的重要节点和关键事件。就在这些娓娓讲述的成长轨迹和案例细节中，蕴含着新中国基础教育教师成长的共性规律和个性特征。

（一）使命意识的深度觉醒

这些名师案例以一个个鲜活的故事，充分证明了为党育人、为国育才的担当精神和教书育人的使命意识的深度觉醒，对于教师走向卓越是多么的重要！89 位名师几乎无一不谈及对教育教学工作的炽热情怀，正如于漪老师"让生命与使命同行"的誓言不是写在纸面上、讲在口头上，而是镌刻在孜孜矻矻、呕心沥血的教育教学实践中一样，我们之所以说案例中众位名师具有深度觉醒的使命意识，除了他们对国家、对人民所赋予的责任，以及对每一个学生生命成长的尊重与敬畏具有理性的深刻认识和情感的深度认同外，这种使命意识同样表现在教育教学工作的具体行动中。概其要者，以下两个方面尤其显著。

一是浓郁炽热的家国情怀。从案例中我们看到，这些名师，有四分之三以上来自家境并不富裕乃至贫苦的人家，然而他们没有叫一声苦，而更多的是在讲述艰难困苦中政策的利好、家人的支持、老师的帮助、自己的努力。江苏省徐州市第一中学张安义老师出生于江苏铜山汴塘乡的一个贫苦农家，两岁时父亲病逝，与母亲相依为命。他说："20 世纪 80 年代初家庭联产承包责任制在我们乡村全面推行，这一政策最大利好是使我不再为挣工分而面临辍学，在兼顾种地劳作的同时终能如愿读完中学和大学。"在大学毕业参加教育工作后，同行和家长都说他工作起来是"拼命三郎"，其中的因果，不是很清楚吗？

在这些案例中，名师们那种对国家的深爱，对民族美好未来的热切期盼，从一个个朴实无华而又感动人心的故事中，我们分明能够触摸得到。天津市教育科学研究院高淑印老师，牢记入职初期单位领导廖主任所说的"教师是人类灵魂的工程师，是塑造心灵的职业"一席话，从此将教师职业视为神圣，把提升个人思想政治素质和职业道德水平摆在首要位置，把社会主义核心价值观贯串教书育人全过程，努力使自己成为先进思想文化的传播者、党执政的坚定支持者、学生健康成长的指导者。还有更多案例，在娓娓道来的教育叙事之中无不饱含着对使命意识和责任担当的觉醒与领悟。比如山东潍坊商业学校毛艳丽老师，她以"行知共进"为职教理念，密切关注职业教育改革发展的最新动态，吸收国内职教发达地区先进的职教理念，积极投身于专业建设和教学模式改革实践，努力让自己的物流专业教学始终站在职业教育发展的国际最前沿，适应国家经济结构调整的需要而不断推进物流专业建设，其背后所赖以支撑的，不就是一颗爱国心、一片报国情、一袭强国梦吗？

二是化育生命的夙愿初心。让我们看看这些案例的标题吧："让梦想永不褪色""用教育初心，走教育长路""红烛在我心 无悔育桃李""一条路·一颗心·一片天""不忘初心 与时俱进""与学生同步成长""深耕职教——我的教育初心""用心根植教育梦 培育桃李沐春风""践行理想初心，打造一间'没有门'的教室""让每一片绿叶都享受阳光""初心不改 逐梦前行""与生命对话"……不难发现，在这些饱含深情的标题中，出现频率最高的词语就是这两个："初心"（或"心""梦""理想"）和"学生"（或"桃李""绿叶""生命"）。

什么是"初心"？初心就是从踏上工作岗位那一刻起，一名教师对自己职业生命的终极期许，它所回答的是"我为什么要做教师"这一根本问题。我们发现，75%以上的案例中，名师们都谈到了自己参加工作时的"初心"：陪伴、呵护、助力学生生命的成长。这种对化育生命之初心的追随，不仅体现在他们整个教学生涯中与学生交往的诸多细节，也体现在学科教学和研究中对"学生立场"的关注和坚守。北京市东城区史家小学万平老师在入职之初，面对笑眯眯的林校长所提出的"来，说说吧，为什么要当教师呢？"这一问题，随手写下了一句话："以自己的努力，使我的每一个学生都获得益处，以至于对他的一生产生积极的影响……"从此这句话便成为她终生从教的座右铭，从语文教师到音乐教师，再做回语文教师，无论任教的学科、角色发生怎样的变化，始终四十年如一日做好"孩子王"，因为她深刻地认识到，"教育"是教师与学生"零距离、多角度、全方位"的一种生命互动：我们唤醒心灵，我们期待成长，我们引导生活，我们创造可能，我们弥补缺失，我们给予力量，我们成全孩子……当我们用无比温暖的心怀拥抱一颗颗通向未来的童心的时候，我们便可以收获属于我们的幸福——因为我们最终成就了自己的职业初衷与愿景。

使命意识的深度觉醒，是教师专业生命成长过程中取之不竭的原动力。教师从内心深处实现了这种生命精神的深度觉醒，在教育教学生涯中便不仅能够遵循正确的方向，而且能够汲取到攻坚克难、勇毅前行的源源不断的力量。于漪老师所说的"教育，一个肩膀挑着学生的现在，一个肩膀挑着国家的未来，今天的教育质量就是明天的国民素质"，就是这种生命精神、使命意识的精彩表达。从这个意义上来说，于漪老师这句话，其分量不啻现代版的"曾子曰"[①]，深刻领悟这句话并化为自觉行动，我们就能够在教育教学之路上不负韶华，自我弘毅，砥砺前行。

（二）教育教学的思想自觉

教师的成长往往要经历从"立得住"，到"立得牢"，再到"立得高"的过程。要立得住，就要努力锤炼教学基本功；要立得牢，就须具备比较丰富的教学经验。一般来说，教师在讲台上"立得牢"之后，往往会面临一个发展上的"高原期"，到了这个层次，教师的专业发展便会出现分化，有的教师不能实现有效突破，便很容易简单重复，靠一成不变的既有经验教学，甚至走向职业倦怠；而有的教师则能够破茧成蝶，从而立到高处，进入一片教育教学的崭新境界。二者的区别，关键在于当教学经验日渐丰富之后，是否能够形成对教育工作和学科教学理解上的思想自觉。

---

① 曾子曰："士不可以不弘毅，任重而道远。仁以为己任，不亦重乎？死而后已，不亦远乎？"（《论语·泰伯》）

　　教育教学的思想自觉，指的是教师在准确把握教育教学本质和规律的基础上，能够形成对学科教学的准确理解和独立主张，并在自己的教育教学中自觉地践行这种思想和主张。在89个案例中，大多数名师都不同程度地提到了自己学科思想自觉和教学主张形成的过程。如复旦大学附属中学黄荣华老师在一堂成功的公开课之后，因为一名老教师的质疑而当晚几乎一夜未眠，从此便开始了追问"语文是什么"的漫长探究之旅。上海市崇明中学化学学科杨卫国老师的教学深受学生欢迎，他结合自己的教学积极反思，探索课堂教学的规律，让自己在学科教学之路上不断超越，他不仅能够从教学规律层面来思考自己的教学，而且能够从化学学科"规律美""变化美"和"和谐美"的哲学层面引导学生审视学习内容，理解学科思想方法。对于学生来说，即使今后不从事化学相关行业的工作，这种思想方法对他们的发展也将是永远有用的。

　　在这些案例中，最具有代表性的是义乌中学高中物理的吴加澍老师。他用几个生动的故事告诉我们，作为一名物理教师，"我为什么教物理"更深层次的追问就是，从学生的角度来说，物理教学作为一门学科的教学，对于他们人生成长与发展的终极意义是什么？正是这种深层思考所达成的自觉，让他在物理教学中能够拨开知识本位的迷障，摆脱学科本位的羁绊，最终回归学生本位的取向，让学科教学服务于学生一生的发展。在这种终极性思考的基础上，他形成了自己个性鲜明而又准确到位的教学主张："为谁教"——把属于学生的东西还给学生；"教什么"——从学术形态深入到教育形态；"怎么教"——让学生重演知识的发生过程。从他的案例中我们看到，对于自己从事的教育教学工作，为什么教，教什么，怎么教，一定要从哲学层面将本原问题想清楚，这是非常重要的，从这个意义上来说，对于物理学科教学，吴老师不仅形成了教学思想的自觉，而且具有教育哲学的自觉，这是非常难能可贵的。

当然，我们所说的"教育教学的思想自觉"，并不包括那种为了扬名立万而刻意包装、标新立异的做法。如果没有正确的理论指导，没有从本原出发将自己所从事的教育教学工作想清楚、做扎实，即便名号叫得再响，也称不上有独立的学科思想和教学主张。在这一点上，于漪老师同样堪称我们的榜样，她兼容并蓄，广采博收，唯真唯实唯善唯美，却从来不提任何口号，也反对那些乱提口号的做法，但无论是对基础教育还是对语文教学，又有谁能否认她所达到的高度的思想自觉呢？

（三）固本培元的读书学习

一名优秀教师的成长，正如一棵小树最终长成参天大树一样，其中必然有一个过程，具有阶段性，而绝不可能一蹴而就，更不可能奢望像歌星一样一曲成名。在这过程中，读书学习尤为重要。因为厚积才能薄发，只有"资之深"，才能"取之左右逢其源"；只有吸收得好，才能在教育教学中得心应手，进入自由的境界。

在我们所征集到的案例中，所有的名师都用了相当多的篇幅，叙述了读书学习在专业成长中所起到的重要作用，包括钻研理论书籍、阅读专业杂志等。江苏南通中学陆军老师的案例，标题就是"学习：教师成长的阶梯"。在这条通过学习不断汲取前进动力和资源的成长之路上，他"为己之学""为教而学"和"应教为学"，实现了教学相长、师生共进以及学校、区域乃至整个教育事业的蓬勃发展。杭州师范大学王崧舟老师曾是一名小学语文教师，他说自己的志趣全在"读书"二字，"读书的动机非常单纯，不是为了考试，也不是为了文凭，读书只是为了读书"。北京市教育科学研究院吴正宪老师专业发展的起点并不高，只接受了两年师范学校的培训学习，便踏上了小学教师的工作岗位。然而就是从这样的起点起步，她却成长为小学数学领域的名师和教学科研专家。从案例中我们可以看到，吴老师的自我修炼固然是多方面的，然而广泛的阅读无疑起到了固本培元的重要作用。从文学经典到数学专著，直到哲学典籍，这些广泛深入的阅读夯实了她课堂教学的底气，培育了她教学研究的元气。除了向书本学习之外，吴老师还向名师学习，通过吸取名师的经验，深化了自己对教育教学理解和实践的深度。

于漪老师曾经说过："在现代社会要做合格教师，不认真阅读，不大量吸取信息，怎能生存？怎能发展？"所以，"教师首先应该是文化人"。如果一个教师不能广泛阅读、倾心学习，不能尽量多地汲取人类文明发展历程所积淀下来的丰富的精神成果，不必说成为优秀教师，恐怕就连胜任教育教学工作也将会很困难。试想，一个"一问三不知""一瓶子不满，半瓶子晃荡"的教师，怎么能够赢得学生起码的尊重呢？更不要说成长为一名卓越的教师了。因此我们说，读书学习，不断精进，不仅是教师追求卓越的必由之路，同时也应该是教师的一种基本的生命状态。

（四）精益求精的课堂磨炼

于漪老师曾经说过，一名优秀教师一定是从课堂教学摸爬滚打中练出来的。课堂既是向学生撒播求知良种、育人良种的田园，也是教师实现专业发展和生命蜕变的道场，对于从事基础教育的教师来说，对课堂的敬畏、对教学精益求精的钻研就显得尤为重要。因为教师的教学主要是通过课堂教学来完成的，课堂教学的质量直接决定着育人的质量，即便教学科研，对于基础教育领域的教师而言，严格说来也应该主要写在课堂上，聚焦于如何提升教育教学的质量，而较少那种从理论到理论的基础性研究。

课堂的磨炼功夫，首先体现在备课上。虽然说教师不是京剧演员，但"台上一分钟，台下十年功"的道理同样是适用的。苏霍姆林斯基说：对每一节课，我都是用终生的时间来备课。于漪老师也说：熟读教材，钻研文本，是教师教学的必由之路，也是教师必须具备的基本功。① 课要上得好，既要讲科学，也要讲艺术，而只有勤奋努力、刻苦钻研，才能把课备好。这些案例中几乎所有老师，无不在备课上下过苦功夫。有的老师尽管起点很低，文化底子比较薄弱，但是因为勤奋，同样取得了成功。山东省枣庄市实验小学的于伟利老师在教学中总是努力把每一堂课都当作公开课去对待、去研究，从中体会教学、琢磨教学、享受教学。山东省青岛市第一中学李芳老师不仅重视课前的"预设备课"，同时也强调课中的"现设备课"和课后的"反思备课"。南京师范大学附属小学贲友林老师基本上把每个星期日的时间全都用在备课上，他是怎么备课的呢？先看教材，再独立做教学设计，手写教案，尽管各种现成教案集等参考资料找起来很方便，但他从不照抄照搬。多年如一日独立备课的锤炼，让他养成了独立思考的意识与习惯，他说："设计课堂，也设计自己。"说得真好！

　　课堂是教师的主阵地，教师的业务水平是在课堂上炼成的。广东省教育研究院陈式华老师深有感触地说："如果有人问我，提高教学水平最好的路径是什么，我肯定会说，多上公开课是一条捷径。"他的这一体会道出了差不多所有教学名师的共识。在同事们眼中，河北张家口市第一中学尤立增老师是众所周知的"公开课专业户"；从踏上讲台成为教师开始，浙江杭州新世纪外国语学校虞大明老师所执教的各级各类公开课已过千节次；江苏邳州市特殊教育中心郭庆老师认为，教师就是在听公开课的过程中成长的，也是在上公开课的过程中成长的。多年来她不仅坚持上校内公开课，请领导和同事来给自己提意见，感觉上得不好，听取大家意见后再重上，一次次锻炼、提升自己，而且平时总是认真、慎重对待每一节家常课，从不敷衍。

---

① 于漪.深究底里，准确把握［J］.中学语文教学参考，2005（04）：3.

众位名师不约而同都把备好课、上好课放在毋庸争辩的最重要位置加以强调，钱伟长先生曾经留下这样一句话："你不上课，就不是老师。"真是片语中的，掷地有声。北京一零一中学程翔老师是全国著名语文特级教师，他为自己确立的职业信仰就是"课比天大"。在他看来，教师的风格百花齐放，评价的标准多种多样，但最基本的只有一条：能把课上好，把学生教育好。

可见，优秀教师的修养与锻炼归根结底要立足于课堂之上。教师承担着教书育人的使命，必须充分认识到，教书的现场在课堂上，育人的现场在学生的生命中。"书"和"人"、"课堂"和"学生"永远是教师实践的起点和归宿。

（五）知行合一的教学研究

德国哲学家雅斯贝尔斯曾经说过：教育过程首先是一个精神成长过程，然后才成为科学获知过程的一部分。[①] 这种精神成长的过程，不仅表现为学生的生命成长，同样也表现在教师自身的生命发展过程中。教师结合自身的教育教学工作开展科学研究的过程，同时也是自身精神生命不断成长的过程。明朝著名思想家王阳明的"知行合一"学说影响深远。其实不仅"致良知"是一个知行合一的过程，教师的教育教学实践和科学研究之间，同样是知行合一的关系。

什么是"知行合一"呢？就哲学而言，这是一个十分复杂的命题。就教师教育教学实践与专业发展而言，我们不妨把它理解成一个"知"与"行"彼此促进、互相补益、共同提高的过程。在这里，"知"就是对教育教学实践的本质和规律的理解和认识，"行"就是在工作中将教育的理想愿景转变为学生生命发展现实图景的切实行动。从这个意义上来说，通过科

① 雅斯贝尔斯.什么是教育［M］.邹进，译.北京：生活·读书·新知三联书店，1991：30.

学研究去探索学科本质和教学规律，解决教学实践中遇到的现实问题，这就是一个"知行合一"的过程。在教育教学的实践行动中探索真知，探求规律，在探求真知规律的过程中不断改进、完善教育教学实践，知行融合，互相促进，就能使自己逐渐从"必然王国"进入"自由王国"，成为教育教学的行家里手，乃至名家巨擘。所有的名师案例无一不告诉我们，教学本身是一个复杂工程，教学实践一定要与科学研究结伴而行；要成就卓越，教学研究是绕不开的一条"华山路"。

山东青岛盲校曹正礼老师从事的是特殊教育工作，在他的学校曾经发生过一次盲生坠楼事件，虽然学生当时只有轻微的皮外伤，但曹老师却在 9 年之后被学生家长告上了法庭。面对这一情况，曹老师并没有一味埋怨家长，而是启动了对盲童特殊心理、特殊行为的专题研究，发现盲童坠楼是由于先天失明者缺乏空间意识和方位概念的病理因素而造成的行为失控，从此他便更深入地研究盲童特殊的生理和心理现象，撰写并发表了《失明与身心健康》等一系列学术研究文章。山东桓台第一中学崔佃金老师更是从关注鲜活的教育案例起步，从众多案例中发现突出问题进行专题研究，从教育实践和专题研究中提炼研究课题，以科研的方式探求教育规律，一步步拾级而上，走出了一条名师成长的教育科研之路。

教育教学既是一门艺术，也是一门科学。作为一门艺术，需要不断打磨，才能日臻完善；作为一门科学，需要不断研究，才能求得真知。教学不可能是十全十美的，总会有这样那样的问题。今天我们做教师，尤其是想做好教师、优秀教师，跟上时代的步伐，满足学生发展的需要，让教育教学工作实现高质量、高效率，一定要在教学科研方面下一番苦功夫，通过教学科研寻求教育教学规律，从而提高自己的教学实践与理论水平，自觉地掌握和处理教育教学工作中的各种关系。名师们为什么能写出那么多文章？就是因为他们总是在不断地研究问题，在研究过程中不断地克服自身不足，从局部走向比较全面，从教育教学的浅层次走向高境界。

（六）发展平台与资源机遇

不容否认，发展平台、资源与机遇在很多名师的专业发展过程中都发挥了重要作用，在我们所征集到的案例中，不少名师都提到了这一点。这包括主观和客观两个方面。有些平台、机遇与资源确实与组织上所创造的机会密切相关；而同时我们也发现，机遇也是需要自己去创造的，比如很多老师总是积极主动地去上研究课、公开课，敢于展示，这就是自己在创造机遇。常言道，机遇往往垂青勤奋努力的有准备的人，讲的就是这个道理。

有不少名师还提到了自己成长过程中所遇到的"贵人"，这也是客观事实。但是我们必须指出，贵人相助只能是在自己足够优秀、足够勤奋、足够善良的前提下才能起作用。如果自己要啥没啥，只等着所谓的"贵人"来提携，那百分之百没戏。辩证唯物主义告诉我们，内因是变化的依据，是第一位的；外因是变化的条件，是第二位的；外因只有通过内因才能发挥作用。关于这一点，北京一零一中学程翔老师说得很通透："我听到有人抱怨命运不济，没有遇到贵人指点。我想，贵人是有的，但不会自动来帮你。这要看你是否真诚、虚心，是否厚道、朴实，是否纯正、清透，是否好学、勤奋，看你是否发自内心尊敬前辈，尊重同龄人。"

至于家庭环境、工作环境等个性化因素，不一而足，在名师成长过程中所发挥的作用也有案例有所涉及，不再一一梳理赘述。

三、结语

必须指出的是，虽然我们从众多名师成长案例中提炼出了以上六类要素，然而这些要素并不是各自独立发挥作用的。教师的成长是一个复杂的系统过程，各种要素之间彼此作用、互相促进，才能最终成就一位名师。诸多教师发展理论往往把教师专业发展分解为职业认同、师德修养、学科理解、本体知识、教学技能、教育境界等几个方面，而从这些案例中我们体会到，只有这些要素共同作用而形成正向关联效应时，一名教师才能一步步走向卓越，而任何一个层面的缺失，都必将对其他层面的发展带来副作用。比如，所有名师无一不是衷心热爱教师这一职业的，这应该说是他们在"职业认同"这一层面所达到的高度。而他们之所以对教书育人的事业具有这样炽热的情怀，难道仅仅是价值层面的一种认同吗？又如，如果一名教师，空有满腔为师从教的热情，而学科理解水平低下，或本体知识不够扎实，或教学技能不够纯熟，那么恐怕这一腔热情也不会持久。反之，如果一名教师功底扎实、见识超卓，对教学工作驾轻就熟，挥洒自如，要让他不热爱这份工作，恐怕也很难。从这个意义上我们说，教师成长所遵循的是生命成长的一般规律，它一定是"整个儿成长"的过程，而绝不会是"逐块儿成长"的过程。

目
contents
录

在困境中闯出一条新路

河北省张家口市第一中学　尤立增

在师范大学念书时，我曾参加过一次题为"我骄傲，我的选择"的演讲比赛。但是，那时的我从未想过当老师有什么难的。我的恩师许建国老师曾经送给我一幅"教育是雕龙与铸魂的事业"的书法作品，我也并未理解其深刻的内涵。"浮生恰似冰底水，日夜东流人不知。"30多年来，我吃过苦，受过罪，遭受过挫折，也体会过成功。到今天，我似乎刚刚感觉到"老师"二字沉甸甸的分量。我才明白，"雕龙"是提高学生的文化素养，"铸魂"则是铸就人的灵魂，这是教师的天职。

2019年4月，由教育部国培办与名师领航工程浙江师范大学基地联合主办的"教育部领航工程名师工作室启动暨尤立增教学思想研讨会"在张家口一中举行，我成为基地5位学员中举办教学思想研讨会的第一人。回想自己的从教历程，我不禁感慨万千。

一、初为人师糊涂始

我最初的志愿可不是考师范学校当老师，而是想学新闻做记者。高考结束填报志愿时，我不假思索地在志愿表格上写下：北京广播学院（现为中国传媒大学）采编系、河北大学新闻系。一位老师善意提醒，志愿表中的"提前批"不能空着，我稀里糊涂地填了个"河北师院中文系"。命运跟我开了个玩笑，我"不幸"被师范院校提前录取了，在河北师院学了 4 年中文，大学毕业分回老家黄骅市的教育局，同时在黄骅二中担任一个班的语文教学工作。

1993 年，我从滨海小城黄骅调到了山城张家口，到张家口一中工作，在学校办公室做干事写材料，兼任一个班的班主任和语文教师。因为我把主要精力放在了写学校工作计划、总结、汇报材料上，在班级工作和语文教学中的投入并不多。那时，自己总觉得当个语文老师没啥难的，凭自己的三寸之舌就能使学生"入我彀中"，于是课堂上云山雾罩海阔天空，上了一节又一节"充满笑声"的课。但在每学期一次的"学生评教"中，我的成绩排在全年级后面；有位教研室的老教师听了我讲的课，直接就把我告到了校长室，"他不懂语文教学，上不好语文课，当不了教师"；在当班主任时，我被"中场"换下，被认为"不了解学生，不胜任工作"。

这一切，对我来讲是莫大的"委屈"。我一向不服输，跟自己较起劲来了：越说我不行，我越要做，还要做好。于是，我辞去了办公室的工作，一心一意地带班上课！

我当教师很"用心"：担任三个班的语文课，超工作量教学，从不叫苦喊累。不知多少次，我掏出自己微薄的工资帮助生活困难的学生；学生生病，我彻夜守护在病床前。早上六点多，我早早站在教室门口迎接学生的到来；晚上十点多，我才拖着疲惫的步子回家。为解决一个学生的心理问题，师生促膝谈心；为了提高一个学生的成绩，我一次又一次地家访……

三年下来，全班 50 名学生参加高考，有 90% 的人上了本科，其中超过 60% 的人上了重点院校。我从最初学生"评教"时的全年级倒数第三，一跃升到第一，这一结果把全校给震住了！

二、教师应该是"一眼泉"

"原来，我也可以做个好老师。"我的内心开始坚定起来。

1997 年，张家口市语文年会在张家口一中举行。其中一堂公开课原本是由另一位老师准备的，却因这位老师生病住院，临时换上了我。

我执教的课文是《沁园春·长沙》，除了常规的导入，让学生读、议、赏之外，我发挥在中学广播台做播音员的优势，通过朗诵融入了自己对诗歌的独到的领悟，让学生领略到伟人"以天下为己任"的胸襟。

此次公开课让我"一炮走红"，在全市的名气开始"立"起来，"响"起来。

学然后知不足，教然后知困。我的"困"，便是感觉自己的文化积淀不能满足现代课堂的需要。我们常常听到的一句话是："要想给学生一杯水，教师必须有一桶水。"但在教育快速发展的大背景下，"一桶水"远远不够，况且这"一桶水"还会有用完的时候。所以，我更愿意把这句话改为："要想给学生一杯水，教师必须是一眼汩汩滔滔、清澈甘冽的泉水！"而要保证泉眼的水流丰沛，教师必须通过阅读增加"水源补给"！

明确了这一点，我沉下心来，有计划地开始读书。我泡在学校图书馆，读那些我认为应该读、必须读的书。一天又一天，读书卡片也写满了一张又一张……

生活的奔波，工作的忙碌，从未影响我对书的痴迷。都市的喧闹，人心的浮躁，金钱的诱惑，都不使我为之所动，因为我有属于自己的心灵栖息地。

最适于读书的时间便是万籁俱静之时，沏一杯香茗，扭亮一盏台灯，温馨的光芒在书桌上写下一大片快乐。翻开书卷，富有生命力的文字告诉我先哲的睿智，走进伟人的心灵深处，同那些伟大的思想碰撞，会迸发出许多灵感的火花。

在书中，我的神思飞扬，生活的压力便在这飞扬中逝去；在书中，我的心灵冷峻，世俗的浮躁便在这冷峻中消失。

三、把课上得"精致"起来

1999 年，我代表张家口市参加在唐山举办的河北省高中语文课堂教学大赛，最后获得了这次大赛一等奖的第一名。那次大赛限定了高中教材中的几篇经典篇目作为参赛内容。现场抽签，抽取赛课顺序、赛课篇目。我抽到了第一天下午的最后一节课，篇目是《项链》。备课时间只有 24 小时。

《项链》是莫泊桑的短篇代表作，人物简单，情节明晰，环境也不复杂。学生一读就懂，似乎没有什么可以挖掘的。如何找到一个"新颖"的切入点？我陷入沉思。于是，我一遍又一遍地读着这篇再熟悉不过的课文，几乎能背下来了。这时，反复出现的"项链"一词跃入我脑海。是呀，全文悬念迭出、环环相扣的情节不就是围绕"项链"组成的一条精美的项链

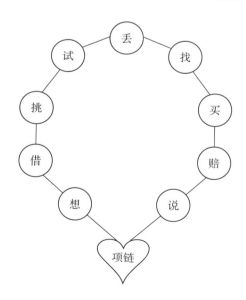

吗？于是我设计出了以"项链"为中心词，根据情节发展在前面加一个动词来理清情节结构的教学环节。当黑板上出现了反映情节结构的板书时，整个教室包括听课的老师一片赞叹。

备课时，如何将情节与人物联系起来，又使我陷入困惑。也许是所谓急中生智吧，我在考虑小说结尾的时候，想到了"出人意料"，马上"合乎情理"一词又出现了。当时，就有一种豁然开朗的感觉。就是它了，我想。一般人只关注了结尾的出人意料，而很少挖掘过程中的出人意料，正是这许多出人意料，这许多的"想不到"才使得故事悬念迭出，波澜起伏，摇曳多姿，使文章具有不朽的魅力。我就引导学生研读教材，找出情节中的许多"想不到"，既感受到了情节安排的独具匠心，又熟悉了课文，为后面分析人物奠定基础。学生的兴趣被调动起来了，纷纷在文中寻找，课堂气氛十分活跃。找完后，我又提出，"想不到"就是在我们的意料之外，会不会觉得不合情理呀？不是，十分合情合理。合了什么情？合了什么理？引出人物——合了人物性格的情理。于是情节与人物自然不露痕迹地衔接起来，由情节过渡到人物的分析。这些问题的设置使学生始终紧紧围绕文本去思考，思维活跃而不散漫。

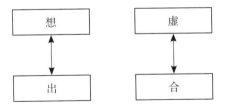

这堂课我设计的最后一个问题是：假如玛蒂尔德的项链不丢，会有一种什么样的结局呢？学生的回答各种各样。我引导学生明白：她的结局不外乎两种，一是飞黄腾达，爬上了上流社会，实现自己的"梦想"；一是结局很悲惨，穷困潦倒。但是，不管哪种结局，玛蒂尔德都是一个悲剧人物！即使她飞黄腾达了，她也丢失了自我。从这个角度看，她走入上流社会，也只不过是上流社会的一个玩偶而已！结合莫泊桑的批判现实主义精神而言，本文的写作就是指向造成玛蒂尔德悲剧的法国上流社会。

这堂课带给我很多启示。最重要的一点就是，教师本身理解、把握、挖掘教材的能力是一堂课成功的关键。

后来我有幸代表河北省参加了第三届"语文报杯"全国中青年教师课堂教学大赛，还陆续参加几次全国的大赛，成为"公开课专业户"，还多次担任大赛评委。

2000 年，33 岁的我被评为河北省特级教师，成为河北省最年轻的语文特级教师；接着诸多的荣誉"砸"在我的头上，我似乎迷失了自我：大学毕业十年，得到了许多老师一辈子梦寐以求的东西，这真实吗？下一步发展目标是什么？想到这些我虚汗涔涔，因为语文教师的经历留给我更多的是思考。

我陷入了更大的困惑：改行从政，调到党政机关？学校内部提拔，做点教学管理工作？接受京津名校邀请，让自己的孩子高考受益？接受南方私立学校年薪几十万聘请，改善经济条件？还是站稳讲台，坚守课堂，继续当一名出色的语文教师？

夜深人静时，淡淡的灯光下，只有自己的影子陪着自己。顺手为自己沏一杯茶，看一群褐色的精灵在琥珀色的液体里热烈地跳动，柔柔的水雾把那份苦苦的清香抹上额头。随着这茶叶渐渐沉淀，反观自己：恩师周子诚曾告诉过我，取得了一点成绩，并不代表语文教学能力很高，绝对谈不上绰绰有余，一定要有自知之明，必须要低下那自以为高贵的头，抛弃那自以为是的狂劲，除掉那目空一切的傲气，赶走那不以为然的俗气！

课堂才是你最正确的选择！我对自己说。认清了这一点，萦绕在我眼前的迷雾彻底消散了！

四、"学情核心"语文思想的形成

这时，我承担了河北省重点科研课题"'转化教学论'实践的深化与拓展"教改实验，"转化教学论"是我的师父周子诚老师用毕生心血创立的教学理论。"转化教学论"认为：语文教学的核心重在"转化"，"转化率"是指语文知识、语文能力、与语文相关的人文素养转化为学生自己的语文素质的比率，这是提高语文教学质量、全面提升学生语文素质的核心。师父退休后，我继续高擎大旗，不断丰富和发展着"转化教学论"，大刀阔斧改革自己的教学。

我对阅读教学的改革，用"三步六环节"的教学模式来实现。首先是发现、摘取。这是内化的起点。发现，是让学生自己去发现；摘取，是让学生自己去摘取，教师不能有丝毫的包办代替。其次要研讨、消化。这是内化的关键步骤。光靠发现、摘取的东西往往是感性的、粗浅的。要实现由感性到理性，由粗到精，由浅入深，纠错正误，还必须有一个探究、消化的过程。要把探究消化的权利交给学生，采取小组交流、全班探讨的方式，组织、指导学生尽可能地自我完成理解、消化过程。第三是应用、创造。这是个外化过程。这个过程就是引导学生将上一次阅读的内化成果用于下一篇、下一单元以至课外阅读。每一次阅读，都力求发现的质量高一点，理解的程度深一点，生疑解疑的本领大一点，内化的成果多一点，使丰富人文背景、熟练语言技能技巧的进程呈现加速发展状态，从而形成阅读教学的良性循环。

面对课改形势的变化，我以"转化教学论"为依托，以阅读教学为突破口，进行阅读教学的纵深改革。促使我下定决心做出转变的是一节常态课。

执教《荷塘月色》，我让学生谈谈"原始阅读感受"，并提出有疑惑的问题。学生的问题有：

怎样理解作者"淡淡的哀愁"与"淡淡的喜悦"的情感？

为什么作者会联想到"江南采莲的旧俗"？怎样理解文中引用的《西洲曲》和《采莲赋》？……

这些问题关涉文本的背景因素、思路结构、思想情感等诸多方面。

个性的问题有："酣眠""小睡"等词语的理解，通感修辞，等等。还有学生提出了"'妖童媛女，荡舟心许……兼传羽杯……'中的'羽杯'作何解"的问题，我多次执教《荷塘月色》，但从未想过该问题。后来查阅资料才知晓，"羽杯"即"羽觞"，因为杯做成鸟的形状而得名。

这些问题，带给我更多的思考：我们一直作为教学重点的"这几天心里颇不宁静"的原因为什么无人提及？我们想当然地认为学生应该懂的内容，他们真的懂了吗？我们在课堂上口若悬河讲的那些内容，学生是不是早已掌握？

经过一段时间的思考，我大致找到了突破的路径。

我发明了"预习作业"。在教授某一篇文章之前，提早一周给学生下发"预习作业"，作业内容包括字词积累、思维导图、预习所得、质疑问难四个板块。"字词积累"由学生借助工具书和参考资料总结积累；"思维导图"是让学生遵循阅读需要"宏观把握"的规律，列出文本的整体思路和框架；"预习所得"是学生在其认知能力基础上对文本理解的"原始"收获；"质疑问难"是重点，即学生在预习时发现的问题——无知不解处见疑，似知似解处有疑，已知已解处生疑，以及文本的缺陷和错误。

我收齐"预习作业"，认真批阅，通过"预习所得"和"质疑问难"两个板块能准确把握学生的认知起点，并将这个起点作为我安排教学设计的最重要的参考依据，"预习作业"是最重要的"学情"依据。也就是说，教学目标定位，就是先明白学生对文本的"知"和"惑"，站在"学什么"和

《　　　》预习作业　　　班级：_____　姓名：_____　评价：_____

字词积累	
思维导图	
预习所得	

质疑问难	

"怎么学"的背景下去设计或规划"教什么"和"怎么教"的问题。

于是，我不断思考改进这种做法，最终形成"学情核心"阅读教学法。

我在课堂中，把探究、消化的权利交给学生，采取交流、探讨的方式，组织、指导学生尽可能地自我完成理解、消化过程：小组交流切磋，取长补短，尽量达成共识，特别是"预习作业"中的疑难问题，采取小组探究与全班讨论相结合的办法，灵活处置；全班交流，小组代表发言；全班讨论，辩难，自由发言；在课堂推动中生成的新的疑难问题，师生共同探讨解决。"质疑问难"应该是阅读教学中提高转化率的核心。"带着问题听课"必然能提高课堂效率。教学过程就成为一个不断提出问题、解决问题的过程，又是一个新问题不断生成、解决的过程。因为，学生的发现是"原始的"，是璞玉，需要在课上"雕琢"。这个过程是一个由感性到理性、由粗到精、由浅入深、纠错正误的探究、消化的过程。

在这个过程中，师生之间是一种民主平等、和谐融洽、"教学相长"的"合作伙伴"关系。教师起着组织、引导、点拨的作用，真正扮演好组织者、引导者、助学者的角色；学生始终是活动的主角，他们的思维互相启发，思想的火花互相撞击，方法智慧互相借鉴，取长补短，共同提高。

探索之路没有终点，"世易时移，变法宜矣。譬之若良医，病万变，药亦万变"，随着语文教学改革出现新变化，我把着眼点又放在了"学情核心"群文阅读策略和"学情核心"整本书阅读策略的研究上。

我这样想：如果你把语文教学当作一项事业，真正走进它的殿堂，你会发现这项事业苦得其所，乐得其所，苦中有乐，其乐无穷。

我不会停下前行的脚步，心中有目标，行动有方向，我将坚定前行，并享受其中的苦与乐！

名师档案

尤立增

　　全国人大代表，国家督学，特级教师、正高级教师。曾获得全国先进工作者、全国五一劳动奖章、全国师德标兵、全国模范教师、国家"万人计划"教学名师等称号；教育部"国培计划"名师库培训专家，教育部"国培计划"中小学名校长、领航工程成员。教育部"国培计划"中小学名师名校长领航工程国家级名师工作室主持人，河北省名师工作室主持人。教育部基础教育教学指导专业委员会委员，中国写作教学专业委员会学术委员会副主任，中国校园文学委员会副会长，全国中语会学术委员。浙江师范大学、河北师范大学、河北北方学院硕士生导师。执教公开课获得国家级一等奖四次，发表论文200余篇，出版《尤立增讲语文》《同课异构与点评·高中语文经典篇目》《高中作文教与学》《尤立增与学情核心教学》等学术专著。

一个"骨灰级青年"的语文生命历程

复旦大学附属中学　黄荣华

我是 1984 年开始教语文的，至今已 30 多个年头。回顾自己作为一名语文教师的生命历程，几个标志性事件历历在目。

一

刚工作的 1980 年代，语法教学还是语文教学的重要组成部分，甚至可以说是一块教学的"热土"。我对语法也非常感兴趣，胡裕树、黄伯荣、丁声树、吕叔湘、张志公、张寿康等先生的语法著作都是我的案头书，所以语法教学就成了我课堂的一个"亮点"。

教书两年后，作为教学新苗被推举参加教学"比武"，当时我选择了课文《阿 Q 正传》，课本节选了其中第七章《革命》和第八章《不准革命》。我当时的"比武"心理是，"我能用语法讲阿 Q！"果然，这堂课获得了认可。

作为一名入行的新手，能通过自己的"优势项目"赢得比赛，应当是一件值得肯定的事。但当天晚上，我特别尊敬的长者卢泰阶老师来到我的宿舍，问我是不是很得意。我一时语塞。他接着给我谈了他自己的对语文的理解。卢老师谈的其他内容我记不真切了，他临走时的一句话却至今还在耳际回响：语法是语法，语法不能代替语文，甚至可以说语法基本上不是语文！

卢老师的否定，对我这个刚刚入职的"小年轻"来说，真是一件很难接受的事。这不仅是对我这一堂课的否定，更是对我关于语文理解的否定。

当晚我几乎一夜未眠！此后，我开始了追问"语文是什么"的漫长探究之旅。

不敢说今天我真正明白了什么是语文，但我可以肯定地说，今天我有那么一点对语文的认知，就是从那个晚上卢老师的当头棒喝后才真正开始积累的。

至 1993 年，我将几年的探究浓缩在一篇小文中：《"暗胡同"与"装电灯"——中学语文教学的一点思考》（《九江师专学报》1993 年第 2 期，人大复印报刊资料《中学语文教学》1993 年第 8 期）。该文在分析了当时语文教学"三多"（"理性分析多""知识点多""教材花样多"）现象后指出：

要想使学生在舒适柔和的灯光指引下，快速走出"暗胡同"，而登堂入室，那就必须拆除多余的"电灯"。

一是充分尊重孩子们掌握语言的规律……让他们在多读原文上下功夫，以培养起他们对语言的灵敏的感受能力。

二是删去那些不必要的所谓"基础知识"的教学。诸如"古音异读三种""成语结构七式""文章开头十法"等等，从而使孩子们走出"暗胡同"少一些碰撞。

三是编定一套确有指导意义的教材。……有令人信服的力量……有大量可供学生"听（看）取""记住"的材料，与现行课本相比，这种材料应当增加十倍以上……有明显的阶梯……

20 多年过去了，今天再来审视这篇文章中体现的我当时对语文教学的认知，虽然很肤浅，但我还是要坚定地说，这是我对语文教学认知的一块坚实的基石。它表明我从那时开始，与以知识（点）为本的教学渐行渐远。

二

失去"知识（点）"这个教学之"本"，语文教育将走向何处？

1990 年代中期，如火如荼的语文教育"工具论"全国大讨论，将我的思考引向了深处。于漪老师 1995 年 6 月发表在《语文学习》上的《弘扬人文　改革弊端——关于语文教育性质观的反思》一文，一下子解决了我先前的许多疑问。

于老师在文中说：

给语文教育定位，先得给语言定位，给汉语定位。长期以来，语文教育界强调语言的工具性，这是无可非议的。然而，语文绝不等同于一般的生产工具，如机器或犁锄，也绝不等同于一般的生活工具，如筷子或拐杖。语言是表达思想进行交际的工具，是思维的物质外壳，是信息的载体。……"语言是思想的直接现实"（马克思、恩格斯《德意志意识形态》）。各民族的语言都不仅是一个符号体系，而且是该民族认识世界、阐释世界的意义体系和价值体系。符号因意义而存在，离开意义，符号就不成其为符号。这就是说，语言不但有自然代码的性质，而且有文化代码的性质；不但有鲜明的工具属性，而且有鲜明的人文属性。

先前读大学时观摩、研讨于漪老师的《茶花赋》《七根火柴》《春》等教学录像，后来教书了又读她的教案，读她的许多文章，每每都有许多收获。但这次的收获是前所未有的：我似乎理解了语言与文化的关系，理解了语文与人生的关系，理解了语文教育与学生生命成长的关系。

于是，我开始了如何发掘语言背后文化的教学探索，开启了思考语文教学与生命体验关系的教学探索。2000—2003 年，我将自己的思考化为了《语文学习的第一要素是生命体验》等 10 篇系列文章，从不同侧面思考"语言与文化""语文与生命"的关系——

语言的运用，归根结底是与某个社会群体的认知方式、道德规范、文化承传、价值标准、风俗习惯、审美情趣等特定的文化因素相关联的；语言运用的得体，既要遵循语法规则，又要遵循文化规则。……语文教学效率低下的症结何在？一个重要的原因，就是长期以来对汉字单元文化和汉字审美意义的漠视。(《中学语文建立"汉字单元文化"概念的探讨》《九江师专学报》2000 年第 2 期)

在当下还未建立起汉语教学新的文化体系的形势下，语文教学理当要更多地注重汉语文化的教学。(《全球化时代汉语诗性特征的价值想象》《现代语文》2001 年第 11 期，人大复印报刊资料《中学语文教与学》2002 年第 4 期转载)

教材的意义绝不仅仅是作为"例子"的意义，从语文学科来说，许多课文本身的意义——它代表的人生的宽度、厚度、深度、高度，它标识的人类的情感向度，它标识的人类的前进方向，就是要传递给学生的最本质的教育意义。教学这些篇章就是传承人类高贵的精神，优质的品性，精粹的文化，并内化为学生自己的生命方式。(《"教材无非是例子"四疑》《现代语文》2000 年第 6 期)

学习本身就是一种具有很强个体色彩的行为。强调生命体验就是从学习的普遍规律和汉语文的特殊规律出发，充分尊重孩子的发言权、表述权，即生存权，使他们在学习过程中不断唤醒自我生命意识，增进自我人性意识，使生命不断得到发展。……在这样的语文学习中，学生学习的手段重在体验——以个体情感、思维进入语文，以个体情感、思维体验语文，以个体情感、思维表述（口头和书面）体验（表述本身即是一种体验）。……因此，生命体验在汉语文学习中有着极其重要的地位，是语文学习的第一要素；汉语文学习中的生命体验是一个值得人们普遍关注的问题。(《语文学习的第一要素是生命体验》《现代语文》2000 年第 5 期)

我们在引领学生解读文学时，尽可能地去除政治泛化、道德强渗、科学阉割的三重障碍，而以生命体验的方式化入作品之中，去破解"人生之谜"；以审美的眼光化出作品之外，发现、感受生命与生活之美，最终获得人生的启迪，实现生命的重塑。(《文学解读的三重障碍》《语文学习》2003 年第 4 期；人大复印报刊资料《中学语文教与学》2003 年第 11 期转载)

这些年我一直践行、倡导"生命体验"和"文化贯通"相融相生的语文教学，就是源于这种探索。2008 年我在复旦大学出版社出版的专著《生命体验与语文学习》，2010 年在上海教育出版社出版的《上海名师课堂·中学语文黄荣华卷》，可以说就是这种探索的阶段性总结。

三

2002 年 10 月，我参加上海市杨浦区"百花杯"竞赛，以《悼念一棵枫树》《寒风吹彻》的教学获得了"百花杯"语文单科一等奖。尽管不是第一次获得这个级别的竞赛奖项，尽管已是不惑之年的老男人了，但毕竟是我到复旦附中的第一次亮相，所以在向将我领进复旦附中的黄玉峰老师汇报时，还是喜形于色。黄老师是高人，一眼就看穿了我。

他说："得一次奖可算什么，也可不算什么。你算什么就是什么，你不算什么就不是什么。最关键的是，当别人不把你看作如何时你将如何？"

我一下子懵了！也一下子醒了！

应当说，黄老师这一番话，对我又是一记重重的棒喝。

是啊，都四十岁的人了，跟一些二十多岁的年轻人去比赛，本身就是不自处、不自重、不自知的荒唐行为！

这种在比较中带来的心理落差与张力，对我有着极大的推动力，推动我自省、自修、自砺。环顾四周，无论是长者，还是年轻人，他们的学历、学力，都在我之上，我凭什么与他们并肩向前？于是我更加刻苦学习了，更加努力探索了。

2005年，我又一次与一些年轻人站在了一个平台上，虽然那是展示课，但我暗暗告诫自己，一定要展示出与年轻人的年龄差距来。

这是于漪老师主持的"民族精神教育"展示课，同台展示的其他四位老师都是年轻教师，有的比我小十五岁。课上完后，从种种信息反馈来看，我的年龄差距并没有表现出来。我心里更清楚了，自己的课堂并没有什么优势。

2006年，于漪老师让我进入她主持的语文名师培养基地学习。十五位学员中，我年龄最大，已是四十五岁了，而最小的同学不到三十岁！开始我常感觉羞愧，后来于漪老师大概看出了我的心思，同样的话跟我说过两次："在我面前，你们都是孩子！"说老实话，第一次我没有完全明白于老师这句话的意义，第二次我才理解了这句话背后的丰富含义。此后，我真心接受了基地同学送给我的名号："骨灰级青年"。

是的，"骨灰级青年"，多么意味深长——

在长者面前，你永远是一个青年。因此，应有青年的好学、上进，更应有对长者的尊重、敬畏。

在同龄人面前，你也永远是一个青年。因此，同龄人之间的较劲应变成真正的见贤思齐，见不贤而内自省。

在年少者面前，你依然永远是一个青年。因此，青年的蓬勃朝气、虎虎生气、勇往无前的锐气，应永驻心间。

正是在"骨灰级青年"这个名号的感召下，我一直不敢停下脚步。教书，进修，教研，读书，几乎占用了我全部可用的时间。

也正是在这样的学习—实践—总结的循环往复中，我才对语文教育有了一些真切的认识，并化为课堂教育教学策略：

坚持并倡导学生大量阅读古代经典，且以《论语》《古文观止》为核心。因为中华民族几千年赖以生存的文明知识体系，是以"经"为核心，以"史""子""集"为拱卫，弘扬天人同一的宇宙秩序。要在全球化时代真正重构中华文明的现代知识体系与话语体系，实现中华民族的伟大复兴，就要在教育中更有效地传承我们民族几千年赖以生存的优秀传统文化，就应当以我们的传统文化的存在方式展开教育，而不是以西方文化的存在方式展开教育。

坚持并倡导以生命体验的方式开展"单元贯通"教学。因为以单篇文章学习构建课堂的教学是一种只见树木不见森林的教学，以知识点（考试点）学习构建课堂的教学更是一种只见枝叶不见树木的教学，这样的教学与人类认知、理解、发现、创造的心理背道而驰。而"单元贯通"教学却尽可能打通文章与文章之间、单元与单元之间的壁垒，帮助学生建立"联系"而不"孤立"、"变化"而不"静止"的认知、理解世界的方式，进而形成不断发现、勇于创造的文化心理。

坚持并倡导以破解学生的心灵困惑为核心开展"过程性"写作教学。因为"有话可说"是写作的第一道理，激发学生内在的说话欲望是满足写作第一道理的第一道理。因此，高中的写作教学理应将三年看作一个完整的过程，在这个过程中以学生的心灵困惑为研究对象，不断设计出能激发他们表达欲望的写作题目，并通过认真的写作与讲评，不断地为他们纾困解惑，引导他们写作与心灵的同步成长。

四

2008 年后，于漪老师一直领着我在她主持的语文德育实训基地和中学语文九郊县培训者培训班做一些事情。在近距离学习的几年中，于老师的仁厚与阔大，使我时时受益。

2014 年 5 月，第三期语文德育实训基地将举行结业式，结业式上将展示基地学员关于语言教学的思考。于老师提炼了一个命题："语言价值本真的发现与回归"。

我大体负责基地高中学段的讨论。从 2013 年 11 月 12 日开始，至 2014 年 5 月 12 日结业式举行，整整半年时间，高中组学员就这个命题进行研究，讨论—总结—实践，先后循环三次。让我们特别感动的是，于老师几乎每次都认真修改我们的研究"成果"，有时是小修改，有时是大修改。最后当我将老师们的研究成果整合成完整的展示稿时，有两万多字。于老师看后又亲自修改了二十多处，还提出了进一步修改的十几条意见，要求将展示稿压缩到一万字以内。

语言是语文教育的出发点，也可以说是语文教育的归宿。但很多年来，由于各种原因，大家似乎都将这个常识遗忘了。至今天，许多语文课堂已完全没有了语言，这是极其糟糕的现象。通过这三次循环思考，所有学员都对"语言价值本真"有了很深的认识，我自己获益尤多。作为对这一命题的延续思考，我完成了两篇长文：《还教育以真知，还学生以真知——对"统治"中学语文教育的几个概念的辨析》，刊于《七彩语文（中学语文论坛）》2016 年第 1 期、第 2 期；《开掘进入语言内部的通道》，刊于《中学语文教学参考·高中》2016 年第 5 期。

语言是人类文化的载体，也可是人类的存在方式。它养育人类，规训人类，也控制人类。因此，语文教育本质上是以母语文化化育学习者语言体系的教育。

在这样认识的引领下，我在自己的"语文小宇宙"中，试图构建一个"母语文化化育学生语言体系"的教育空间。所以，二十年来，我组织编写了《中国人》《中华古诗文阅读》《中华根文化·中学生读本》《中华传统文化优秀基因现代传译课程》等校本图书。将这些图书融入教学中，能较好地实现"生命体验"与"文化贯通"相融相生的语文教育价值，对学生沉浸母语文化深处，构建自我文化逻辑具有较好的学习效能。

回顾我的语文生命历程，有喜悦，有痛苦，亦有无奈。甚感幸运、幸福的是，几乎在每个关键时期，我都有贵人相助，他们牵引着我一直艰难地走到今天。如果说在语文教育中有那么一点聊可自慰的东西，那就是我始终没有放弃对语文教育之真的探寻，200余节公开研究课和500多万字的著作与文章，留下了我一串长长的歪歪斜斜的探寻脚印；在确认语文教育必须关注语言文字及其背后的"生命意识"与"文化意义"后，二十多年来，我始终没有因外界众声喧哗、众说纷纭而动摇，反而更加努力地践行并倡导"生命体验"与"文化贯通"相融相生的教育策略；作为这一教育策略的实践总结，主创的《阅读"中国人"书写"中国人"——彰显语文人文性的实践研究》教学成果2014年获得国家级教学成果奖一等奖；主创的《一次作文　一次成长》教学成果2017年获得上海市级教学成果一等奖。

正因为如此，我以"骨灰级青年"的名号标榜并鞭策自己继续向前，或是恰当的吧。

名师档案

黄荣华

国家"万人计划"教学名师、全国教育改革创新优秀教师、全国优秀教师；国家教学成果奖一等奖获得者、上海市名师培养基地主持人、上海市特级教师、上海市教师学研究会中学语文学科专业委员会主任，复旦大学附属中学语文教研组组长。著有《生命体验与语文学习》《穿行在汉字中》《上海名师课堂·中学语文黄荣华卷》《高中语文阅读试题解密》《高中课堂过程写作解密》《中学古诗词鉴赏十讲》《诗自远方来》《诗自四季来》《时间所不能伤害的——中学生新诗选读100首》等，主编《著名中学师生推荐书系》《中华古诗文阅读》《中华根文化·中学生读本》《中华传统文化优秀基因现代传译课程》等。

我的职业信仰：课比天大

北京一零一中学　程翔

清晨的阳光，

把山川河流染上一片金黄；

祖国的大地上，

汽笛轰鸣、钟声悠扬。

在这劳动的交响乐里，

我走进教室；

明天，听着同样的钟声，

我将踏上讲堂。

一切都在开始，

一切都在成长；

我有一支教师的歌儿，

在这美好的时光歌唱。

……

1982 年大学毕业的我，心中唱着这首诗登上了中学讲台。从那时到现在，转眼已过去 39 年，我先后经历了三所学校，这首《教师之歌》始终陪伴着我。我在山东泰安六中朗诵过它，我在北大附中朗诵过它，我在北京一零一中学朗诵过它。年轻时背过的一些诗，如今在记忆中已支离破碎，但这首诗无论何时何地我都能完整地背下来。它铭刻在我灵魂深处，时时激励着我，呼唤着我，检验着我。

教师职业的显著标志是站讲台，我一站就是 39 年。若问我，站讲台是什么感觉？我说，喜怒哀乐什么都有，但最突出的感觉是快乐。看到学生清纯的目光我快乐，看到学生鲜明的个性我快乐，看到自己的付出帮助学生发生了变化我更快乐。

刚工作时我思考最多的是：做什么样的教师。人们对教师有多种分类。一位老教师说，其实就两类：把学生当梯子的老师和给学生当梯子的老师。我深以为然。这位老教师不是"特级"，但在学生心目中却胜似"特级"。他对学生要求甚严，可学生从内心爱戴他，每次评教他都得分最高。我发现他对课堂达到了宗教般的虔诚。他写教案一丝不苟，他的课堂扎实高效，他的教学成绩名列前茅。他说："课比天大。"为了学生，他牺牲了很多。学生心目中，能上他的课是人生幸运，严厉是一种奖赏。学生踩着他的肩膀登上了高一级的台阶，他用双手托起一个又一个学生。

教师的风格百花齐放，评价的标准多种多样，但最基本的只有一条：能把课上好，把学生教育好。因此，"课比天大"就成了衡量教师工作的硬标尺。有一次，学校检查备课本，我写得比较简单，教学主任批评了我。我不服气，和主任争辩了几句。老校长知道后找我谈心，他说："程老师，你信不信，备课越仔细，上课越自信。"我无言以对。如果我否认老校长的话，说明我不诚实，因为这是一句大实话。从那以后，我经常用这把尺子衡量自己。

参加工作以来，凡是我认真细致准备的课，就上得顺手，学生收获就大；凡是我仓促准备的课，就上得心虚，学生收获就小。有人说，教师干的是良心活。这话有一定道理。有这样一位教师，因备课不充分被学生问得下不来台。第一次，学生原谅你；第二次，学生有了印象；第三次，就被学生瞧不起了。每年都有家长"弹劾"教师的事情，其中很重要的一个原因就是教师备课不认真，课堂效果不佳。

我备课时经常沉浸其中。有一次我准备《琵琶行》的教案，阅读文献资料。读着读着，我被感动了，流下了眼泪。这时，送报纸的师傅进来了，看见我流泪就问我："程老师，你怎么哭了？"我说："备课备得。"师傅说："我第一次见到备课还能备哭哩。"在课堂上，我和学生一起哭过，一起笑过，一起怒过，我的课堂有丰富的感情。

课比天大，这不是学校衡量教师的标准，而是教师的自我要求。当年我外公去世，全家臂戴黑纱。我担心戴黑纱上课影响学生情绪，就上课时摘下来，下课后再戴上。做管理工作后，会议多了。有时我正在上课，办公室主任通知我去参加会议。我说"知道了"，然后继续上课，下课后马上去开会。晚一点就晚一点吧。当然，如果我事先知道开会与上课冲突，就尽量调课。如果是那些不太重要的会，我就不去参加。这些年来，我没有因为开会中途丢下学生不管过。有一次，一个喜欢外出开会的人问我："地球离了谁都照转，你何必这样坚持？"我说："我懂。但我过不去良知这道坎儿。"课堂上，教师真心对学生，学生才会真心对教师。

课比天大，是说课堂能检验教师的教育人格。我往讲台一站，就忘记了个人的烦恼，心中只有学生，珍惜课堂上的分分秒秒。课堂是学生生命成长的重要组成部分，更是教师精神生命的重要组成部分。一名教师想永葆教学之树长青，就不要离开课堂。几十年来，我坚守讲台，耕耘着，收获着，成长着。我要求自己在上课铃声响起之前必须站在教室门口，用微笑面对每一个学生。我发现学生打瞌睡，就问他是不是身体不适，而不是责备。教师喜欢成绩好的学生，这是人之常情；教师关心成绩差的学生，这是教育人格。教师认为学生给自己拉了后腿，想方设法把他弄到别的班，那就不配做教师了。

课比天大，是说课堂必须求真。有的商店出售假货，有的人喜欢说假话，但是课堂不能有假。我也曾在课上出过错：写错了字，读错了音，讲错了题。学生给我指出后，我诚恳地表示感谢。学生没有指出来，我自己发现了，就一定找时间在课上纠正并致歉。听我课的人很多，一个学期连续不断。无论是公开课，还是常态课，本质都一样。一次，有人在听课，偏偏一个学生打瞌睡。我问他原因，他说昨晚熬夜了，太困。我说："睡一会儿吧。"下课后，他对我说："老师，对不起，给您丢人了。"我说："不丢人。上课不是演戏。"没有哪个学生喜欢课上睡觉，他们作业多，睡眠少。我理解学生，学生也就喜欢我，进而喜欢我的课。有一年，学校想中途调我教另外一个班，原班一个学生知道后写了一张字条交给我："谁把程老师调走，我就和他拼命！"后来我和学校领导商量，不要调换，我多教一个班就是了。

课比天大，是因为学生能跟着教师收获专业知识和能力，并成为奠定他们生存与发展的基础。我教给学生语文学习的途径和方法，我培养学生热爱祖国语言文字的感情。我在课堂经常说的话是："汉语是世界上最优美的语言。""爱汉语汉字就是爱祖国。""母语是我们的精神家园，学不好母语就找不到回家的路。"近 40 年来，我逐步摸索出一套行之有效的教学方法，让学生在课堂上实现了语文素养的提升与发展。有的学生不善于口头表达，当众说话紧张。我在课堂上锻炼他们，于是他们不紧张了，出口成章了。有的学生成绩不好，有自卑心理。我就帮他们修改文章，并推荐到杂志发表，还获了奖，他们从此不自卑了。一名学生在全国作文大赛中获一等奖，被著名高校中文系录取，现在已经博士毕业了。一名学生喜欢语文，立志将来当中学语文教师。她现在读师范大学中文专业，说毕业后回母校当老师。一名学生喜欢格律诗，经常通过微信发几首让我修改。我不仅给他修改，还买了一本谈诗词格律的书送给他。节假日，学生把习作发给我修改，有的写了上万字的小说。我逐字批阅，并鼓励他将来可以成为一名小说家。工作这些年来，经我修改、推荐而发表和获奖的学生作品有数十篇。

课比天大，是说课堂奠定了一种美好的人际关系。有的学生上了名牌大学，有的出国留学。我在北大、清华校园里会碰到喊"程老师"的学生。我在美国机场候机的时候，身边有人喊"程老师！"；我在剑桥大学参观的时候，有人喊"程老师"。我在马路上看到一个修摩托车的师傅，便好奇地站在那里看他的娴熟动作。他一抬头，喊了一声"程老师！"。有的学生当了大学教授，有的成了人民警察，有的开公司当老板……毕业多年了，我们至今保持联系，逢年过节他们还来看我，或者微信问候。即便平时不联系，只要一见面就亲得不得了。语文在他们身上作用有多大我说不清，但我知道师生关系远远超过了语文学习本身的意义。

课比天大，是说课堂对学生做人的影响极为深刻。学生毕业后对教师所讲的专业知识忘得所剩无几，但是教师对学生做人的影响是终生的。我刚工作时，对此认识肤浅，重点培养优秀生，忽略了"问题"生。一次，我在大街上碰见一个毕业生，他发展得很好。他对我说："自己在学校时不争气。"我立刻感到内疚，向他表示了歉意。从那以后，我再也没有忽视过"问题"生。一个毕业多年的学生见面时对我说，当年她来学校晚，别的班因她成绩不好都不愿意收她，校长找到我，我说："来吧。"于是她就成了我的学生，如今工作多年，已是一名成功人士。我对这事已没有印象，但她终生难忘。一个学生由于身体原因休学。课上我问同学们："元旦联欢会你们是不是忘记了一个人？"学生问谁，我说是那位休学的同学。大家沉默了。这时一位学生举手说："老师，我打电话问候他了。"全班同学热烈鼓掌。我说："你们共度三年时光，这是缘分。你们是兄弟姐妹。"我每教一届学生，总要问他们："你们见了学校的保洁员和保安打招呼吗？干净整洁的校园谁打扫？学校日常安全谁守护？他们虽然不教你们，但也应该得到尊重。"我曾专门写了一篇关于保洁员的小小说发给学生读。我送书给保安看，送月饼给他们吃。学校组织食堂的师傅以及保洁员、保安上夜校，我第一个报名给他们讲唐诗宋词，他们可高兴了。

如果说"课比天大"体现了我的职业信仰，那么"转益多师"则是指引我专业发展的路标。

我庆幸自己得到了诸多前辈的指点。初登讲台，泰安六中老教研组长贾德修老师就给了我很多指导。他让我知道了国内有哪些语文杂志，要求我经常翻翻。他把期中、期末命题的重担让我来挑，使我很快熟悉了命题规律。他带我到兄弟学校听名师上课，领悟语文教学的真谛。他退休前推荐我来接替组长的位子。贾老师是我职业生涯的启蒙者。他如今90岁高龄，卧床不起，我在北京无法时常看望他老人家，只能拜托好友去表达感激之情。

吴心田老师是我职业生涯的恩师。他生前是山东省语文教研员。他发现了我，全力培养我。他到学校来听我的课，肯定我的优点，指出我的不足。他给我压担子，让我主持了六年的语文单元教学改革实验项目。他要求我学习叶圣陶、吕叔湘、张志公"三老"的语文教育思想，全面提高自身素养。他给我提供各种锻炼机会，从泰安市走向山东省，从山东省走向全国。在火车上，他和我探讨课堂教学规律；深夜12点，他还在帮我推敲教案……他父爱般的关怀，令我感激不尽！吴老师希望我能接替他做山东省语文教研员，阴差阳错，我去了北京。吴老师完全理解，全力支持。他打电话告诉我谁又夸奖我了，分享那份欣慰。当他听到别人批评我时，也打电话给我，让我引以为戒。没有吴老师的教导就没有我的今天。吴老师已经永远离开了我。去吊唁的时候，我面对吴老师的遗像，跪拜，叩头，号啕恸哭！我深知，生命中有贵人相助是幸福的。

1998年我调来北京，得到章熊老师的悉心指导。那时他已退休，我第一次到他家，他就说："程翔，我收你做徒弟了。"从那以后，我得到了章老师太多太多的真传。他写书法作品送给我，他把出版的书送给我，他让我和他一起编写《作文名师精评精改大全》，他让我和他一起主编人教社选修教材《文章写作与修改》。我知道，老人家在锻炼我。我一有困惑就打电话请教他，他一讲就是半个小时。章老师身体不好，但见到我时总开怀大笑，让我感觉他身体很好。后来，他的视力越来越差，看文字很困难，却经常通过电子邮件发材料让我学习，竟然用的是小五号字。20 年来，每到年根儿我都去看望章老师。我听他讲叶圣陶的故事，讲吕叔湘、张志公的故事，讲他祖父章钰的故事……章老师去世时，我正带着学生在云南研学旅行，得知噩耗，我连夜手写了一篇纪念文章拍照发给语文杂志。那天晚上我无法入眠，回忆往事，先生謦欬犹在。章老师给我打开了一扇通往学术的大门。用学术眼光对待语文教学，把握文化的站位，坚持母语的立场，借助艺术的手段，于是，我的专业发展"訇然中开"！记得当年我把耗费十余年心血写就的 100 万字研究成果《说苑译注》呈送给先生的时候，先生欣慰地笑了。

我在专业发展的道路上还得到了刘国正、于漪、宋遂良、陈金明、钱梦龙、宁鸿彬、饶杰腾、洪镇涛等老一辈语文大家的指导，使我少走了很多弯路。他们的鼓励与批评是我宝贵的财富。刘国正先生多次给我题词。他给我的书《语文人生》题词："以生命灌注语文，以语文谱写人生。"他支持我办好"青语会"，当得知"青语会"停止活动后感到遗憾，希望我继续做下去，并鼓励我向圣陶公学习。28 年前我去上海杨浦高级中学拜访于漪老师，老人家送给我一支英雄牌钢笔，说："程翔，我希望你成为一个英雄。"2018 年我去上海参加"人民教育家于漪教育思想研讨会"，敬爱的于老师对我说："程翔，我是看着你长大的。"言语间那种亲切和鼓励温暖着我的心。的确如此，在我前行的道路上，于老师给予了我巨大的精神力量。还有很多前辈，原谅我不能一一列出他们的姓名，但他们的鼓励与指导我铭记心中。每当回忆起那些场景，我都感动不已。我庆幸自己遇到了那么多的贵人。还有很多同龄朋友，或是仁兄，或是贤弟，他们对我的帮助、指导与启发也很多。杜甫有诗云："别裁伪体亲风雅，转益多师是汝师。"我不断地拜师学习，永远在路上。

我听到有人抱怨命运不济，没有得到贵人指点。我想，贵人是有的，但不会自动来帮你。这要看你是否真诚、虚心，是否厚道、朴实，是否纯正、清透，是否好学、勤奋，看你是否发自内心尊敬前辈，尊重同龄人。有这样一种人，他瞧不起前辈，处处显示自己多么"超越"。还有人总喜欢挑别人毛病，无视别人优长。我从小受家庭影响，懂得一个道理：宽厚待人。韩愈说过："古之君子，其责己也重以周，其待人也轻以约。"谁没有缺点和不足？心中有数就是了，引以为戒就是了，我要学习的是他的长处。

我很少在公开场合"怼"别人。当看到或听到别人"怼"人的时候，我就悄悄离开，或保持沉默。我善于思考，但不喜与人公开辩驳，尤其不喜将别人驳倒后得意忘形。有人说这是圆滑，我不接受，应叫"圆和"。我喜欢外圆内方，不喜欢外方内圆。几十年来，我看到有些人倒下了，他们也是我的"老师"。

我家住六楼的时候，经常一个人拿着拖把从六楼拖到一楼，把栏杆从六楼擦到一楼。这应该是受父母的影响。我喜欢和邻居打打招呼，聊聊天。在学校，我经常和保洁员、保安聊天。我在大年初一为同事的书稿写序，我在病床上修改青年教师的论文。我认为，美好人性很重要。我鄙视"圣人蛋"式的做派，我年轻时有过教训。我看电视剧《觉醒年代》，对辜鸿铭这个形象印象深刻。辜鸿铭说："中国人身上有一种极为可贵的品质：温良。"我深以为然。遗憾的是一些人身上缺少温良，满身戾气。这不仅对身体有害，也不利于团结合作。培养美好人性是教育的重要目的。

我在近"知天命"之年正式命名自己的书房为"六心斋"。有人开玩笑说，三心二意遭唾弃，可你竟然有六心。我解释说："忠心向祖国，醉心于事业，孝心奉父母，爱心献妻儿，诚心待朋友，良心留自己。"吴心田老师生前喜欢我赋予"六心斋"的含义，记在了他的本上。那年我去济南看他，当时他已无法正常言语，却用颤抖的手从抽屉里拿出一个本子，翻开给我看，原来扉页上写着我对"六心斋"含义的解说。当时我鼻子一酸，就想哭。

写到最后，我还是用《教师之歌》中的几句诗来结束这篇文章吧：

> 我愿以毕生的心血，
> 种得人类的花朵灿烂如锦；
> 我愿以满头的白发，
> 换来祖国的栋梁成荫成林。
> 我多么想一直工作三百年，
> 如果我有五倍的生命！

名师档案

程 翔

1963 年生，大学本科学历。语文特级教师，正高级教师，全国优秀教师，国家"万人计划"教学名师，享受国务院政府特殊津贴专家。任全国中语专委会学术委员会主任，北京市语文学会副会长。

曾任泰安六中校长、北大附中副校长、北京一零一中学副校长。受聘为教育部"国培计划"专家库首批专家，教育部第三届教师教育课程资源专家委员会语文学科专家委员，人民教育出版社教材编写委员，北师大、首师大硕士生导师，北京大学语文教育研究所兼职研究员。

发表文章多篇，编著专著《语文教改探索集》（1994 年山东教育出版社）、《语文课堂教学的研究与实践》（1999 年语文出版社）、《播种爱心》（2001 年广西教育出版社）、《语文人生》（2004 年人民教育出版社）、《课堂阅读教学论》（2005 年浙江古籍出版社）、《一个语文教师的心路历程》（2009 年清华大学出版社）、《说苑译注》（2009 年北京大学出版社）、《〈论语〉译解》（2010 年云南教育出版社）、《路在脚下延伸》（2010 年中国青年出版社）、《程翔与语文教学》（2011 年中国人民大学出版社）、《做有灵魂的教育》（2015 年中国大百科全书出版社）、《说苑》（2018 年商务印书馆）、《我的课堂作品》（2020 年商务印书馆）、《敬畏母语》（2021 年山东教育出版社）14 部。

我的成长轶事录

上海市曹杨第二中学　王伟娟

　　我相信我不是一个恪守古板的人，相反，我甚至觉得我的内心十分灵动，然而，在做教师这个问题上，我却选择了"从一而终"。可是没有人一定要我"从一而终"的，事实上，这一路过来，我完全是有"另谋出路"或者"另攀高枝"的机会的，这样的机会甚至不止一个，之所以"死心塌地"，完全是自己喜欢。就这样喜欢着，我一路走来，从懵懂走向成熟，走向可以冠以名师的今天。

　　回顾我的成长，我深知成长过程中"力"的意义。一个人的成长离不开内力的作用，也需要外力的推动。内外力的结合，才会减少成长过程中的阻力，呈现成长过程中的加速度。我庆幸，我的成长过程有"力"的作用。我，我们，我们这一代，是在老一代名师哺育、浸润、教化下成长起来的，我们的成长记事本上，一定有他们的影像，我摘录的，只是对我成长过程的三个关键期有重要意义的几个片段……

　　[时间] 1984 年夏天

　　[成长阶段] 教师生涯哺乳期

[轶事记录] 我遇到了救星。我已不记得当时金老师对我说了些什么，只记得他当时是穿着一条白色的汗背心，全然没有在学校时的衣冠楚楚和儒雅风范（其实我肯定还要更狼狈，仓皇出逃还能好到哪里去），因为天太热，他不停地摇着蒲扇。尽管如此，高手就是高手。不用醍醐灌顶这类词来形容吧，至少我的感觉是遇到了老中医——话不多，但句句点在穴位让人开窍。从见面到走出金府大门，前后也就是半小时左右，我竟似换了个人，汗收进去了，人不感到热了，脑子清醒了，整个心也明镜似的亮堂起来，甚至有了马上进入赛场一比高下的冲动。第二天上的评讲课，我获奖了。（摘自《一次难忘的"作弊"》）

这段文字记录的是我参加《语文学习》主办的作文评改大赛时，"违规"从赛场逃出到师傅金志浩老师家"讨救兵"的场景。1984年暑期，我参加了华东中南十三个省市中青年教师作文教学比赛。1984年，这是什么概念啊——一个刚在讲台上站了一年、连"初出茅庐"都挨不上的满是乳臭味的新教师，就这样被推上了高手云集的赛场。害怕、恐惧、不知所措……全有，全都没有用。因为全校甚至是全区就这样一个名额，你上也得上，不上也得上，所有期待、焦虑、试探、鼓励等交织一体的复杂的目光都对着你呢，你别无选择、无处可逃。就这样，作为参赛老师中年龄最小的参赛者，我悲壮地上场了，又带着伤凯旋了。说"凯旋"是因为我获得了教师生涯的第一个奖项；说"带着伤"是这次比赛让我受到了"刺激"。这次比赛有三道关，凭着初生牛犊不畏虎的劲头，我顺利过了评改关、教学关，第三关就是写教研论文。我清楚地记得我当时的窘状。尽管我在大学里还算是会写文章的几个之一，但我绝对不会写教研论文，我甚至不知教研论文为何物。在"教研论文"面前，我的写作功夫全废，我终于不知道自己在写什么了。我交了生平第一篇叫作教研论文但肯定不是教研论文的文章上去，结果当然是与全能奖无缘。我得了个单项奖，败在了教研论文手下。而本来我是被看好的一个"选手"。于是我受到了"刺激"。而正是这种深刻的"刺激"激发了我的内需，促进了我的成长，我从此知道在教育教学之外还有个"教研"，从此知道作为一个教师不会"教研"是会让我陷入窘境的，也从此让我一发而不可收地搞起了"教研"，并且在曹杨二中这样一所市重点中学，连续做了16年的教研组长。

在我教师生涯的哺乳期，我还参加了上海市首届中青年教师教学评比，我以一个初出茅庐的"小"老师的身份，参加了这样一次"大"赛。这个"大"，是一种"观于大海，乃知尔丑"之大——它让我有机会"出于崖涘"，早早地望到了语文教学之海，原来语文教学是有大境界的；这个"大"，是一种有机会聆听语文界海若"语大理"之大——备赛、参赛、赛后被评，一路走来，何其幸运，因为当年引领你、指点你的都是现在的"大师"啊，而大师之大，是能够引你到"极高明而道中庸"之境界的门口的！

[时间] 1990年代初的一个冬日

[成长阶段] 教师生涯低谷期

[轶事记录] 那一晚，是在徐老师家里。为了几天后到青浦开一堂市级（好像还有许多外地老师来听课）公开课，她约我到家里谈谈怎么上这堂课，上的篇目是《谈骨气》。那晚，根海和杨杰也在。吃完饭，她让我坐在沙发上，自己则搬了个椅子坐在我对面听我谈对文章的理解和上课的设想。我已不记得说了些什么，只记得徐老师仍然优雅地夹着根烟，认真地听我说着，不时地提问着我什么，我似乎基本处于无法回应的状态，而在走进徐老师家门前，我感觉是马上可以上课了的。于是，我心里受了威压似的感到沉重，回到家，我傻坐发呆了两个小时，我甚至想放弃那堂课。可是，我终于没有放弃，我终于琢磨出了徐老师发问的背后意味着的东西，我终于把那堂课上得很好——不是我感觉很好，是真的很好。那种上完一

堂好课后的兴奋、舒畅和幸福的感觉，我现在还有。（摘自《被徐振维老师"点醒"》）

之所以摘录了这一段，是因为上那节市展示课的时段，我正处于教师生涯的低谷期。那可以被称为"低谷期"的日子可能每个人都会遭遇，跳过了别有洞天，跳不过则可能从此躺倒。我虽然还不至于躺倒，但那时的情形也颇可以用萎靡来形容。1990 年，正处于我教学生涯"七年之痒"时期，经历了初出茅庐的"辉煌"——1984 年首战告捷（尽管不是全能奖）、1985 年全市中青年教师教学评比一等奖，几乎每次比赛我必获奖，且往往都是一等奖。迅速成长的势头终于在我进入恋爱、结婚、生子的阶段得到了遏制，特别是 1989 年孩子的出生，让我差不多要将满腔的教育热情消弭到育儿教子的美梦之中。幸运的是，我有来自多方的援手，拉一下、顶一把、扶一程，使我非但没有久陷低谷，而且很快旗鼓重整。其中，那个冬夜在徐振维老师家中遭遇的那一连串"无法回应的发问"，重重地把我"点醒"，让我无法回避现状，不得不思考出路。

另外，发生在这个时段的"紧急召回"事件客观上也"逼"着我赶快上路。1990 年 1 月，产假还没休完，我就被学校"紧急召回"；当年又被委以重任，做起了语文教研组副组长，不久又做了组长。我一下子明白了校领导的用意：把我紧急召回后让我任教了一个学期我从来没教过的初中，是为了半年后的"任命"。本想躲进"儿女乡""温柔乡"的我，也一下子被推到了风口浪尖上。当时的情形让我想起小学两年级学游泳的情景，还没学会闷水，老师就把我们一伙旱鸭子从岸上推到了深水池（当然下面是有人接着的），乱扑腾一阵、呛几口水后，慢慢地也就能浮在水面了。我也愣是在来自多方推力的作用下，跟跟跄跄地做起了一个市重点中学的语文教研组长，幸运的是，还做得成果斐然。

现在回过头来想想，假如没有当年的"紧急召回"，凭着我对教育的热情，我当然也会走出教育的"低谷期"，但我肯定不会这么快地走出低谷期，我一定会在里面徘徊一阵。而一纸任命书"剥夺"了我"躺下休整"的权利，还逼着我不停步甚至得迈大步。我没有辜负外力的推动。整整一轮的初中教学和教研组副组长经历，让我不仅熟悉了初中每个年段的教学工作，了解了教研组长的基本职责和必须思考的问题，还多次在区、市参赛获奖、开课示范，还在培养"小作者群"方面形成特色，并取得还算得上骄人的成绩：我指导的学生在上海市第七届作文竞赛中一举获得四个一等奖、若干个二三等奖，因这样的成绩在当时来看尚无前人、从目前来看也无后人而引起不小的轰动。不仅如此，这段时间的经历对我以后纵观整个中学阶段全局性地思考语文教学问题、对我独当一面地承担教研组长的重任、对我具备"大小通吃"初高中徒弟一肩挑的能力，后来又顺利领衔五轮区特级教师工作室、主持两届市名师基地工作，都奠定了基础。

[时间] 2002 年以后

[成长阶段] 教师生涯瓶颈期

[轶事记录] 那次，在杨高的于漪老师教育思想研讨会上，那位来自四川的语文老师，说是于老师的"粉丝"，追随于老师 27 年，并衷心感谢于老师及其语文教育思想对他成长的影响和帮助。言辞中充满了对于老师的感激与景仰，令人动容。我感到他说得一点儿都不夸张。像他像我这般年龄的人，凡是做语文老师的，不管有没有当面见过于漪老师，只要他（她）听过于漪、读过于漪、知道于漪的语文教育思想的，绝对会被她吸引，而心甘情愿十几年、几十年地追随她。而且，追随的不是她的名声，而是她的思想和精神世界，她那与时俱进、历久弥新的思想，那能够激活和唤醒我们的内心、甘愿一辈子学做一个好老师的高尚的精神境界。有时候常会觉得在上海做语文老师真好，只要你愿意，就可以像我这般从头到尾一直有机会从于老师那里得到指点与教诲，而不用像四川等远在外地的粉丝们

"追"得那样辛苦。（摘自《做于漪老师的"粉丝"》）

2002 年，在 40 岁刚出头的时候，我评上了特级教师。其实，走出低谷期后，我似乎又进入顺风期：每一级（中级、高级）教师都破格晋升，每一项（教育、教学、教研论文、教师征文、教师作文等）评比都是一等奖获得者，每一次重要的语文比赛都有我指导的学生获一等奖，另外，还有作为个人的那么多项荣誉称号，任教研组长期间的那么多项集体荣誉称号，还有……我似乎已经提前到达目的地，我还有没有成长的可能？我发展的空间在哪里？

高山仰止，景行行止。现在想来，在我行道受阻、心境迷茫之时，其实始终有一股前行的力量。这股力量，来自始终行走并引领于语文教育大道的前辈名师们。这一代人，以于漪老师为首，"一辈子做教师，一辈子学做教师"，虽早已登顶高山，却依然身先士卒，为语文教育拨云驱雾，身体力行，精心提携后来者拾级而上。语文大道，因为有他们而旌旗在望、风光无限，因为有他们而使像我这样的后生小辈，在不断地受感召、被激励下，扪心自省，努力思进。感谢张拣之先生，在我刚刚评上特级教师时送我的那套《于漪文集》，它已成了我时时驻足、流连、回首的地方，就像这么多年听于老师讲座、报告，跟于老师交谈一样，每一次翻阅文集，都会获益良多，得到全方位的洗礼与全面的滋养。幸运的是我还常常有机会当面受教于于老师。每每想起那些日子，总能让我想起于老师的那句名言：目中有人。毫不夸张地说，这是对我影响最大最深的一句话。已不记得在什么时候什么场合第一次听到这句话了，应该很早，甚至在我做师范生时的某一次报告会上，从此，这一句话深深镌刻于我心，始终不曾忘怀。可以说，对这句话的实践与领悟过程，也是我对教育本质不断理解的过程。在我教学生涯刚刚起步的时候，没有那么多的理论，也没有"以人为本"的提法，而于漪老师的一句大白话，一下子扣准了我从事教育的"第一粒扣子"，也为我注入了教育的"红色基因"，让我 38 年的教育生涯，始终没有离开过"人"。我们这一代人的成长中有于漪这一代前辈名师的指点与引领，何其幸运！而这一份指点与引领化成的力量，使我站在讲台，始终不敢有所懈怠。即使进入教师生涯的瓶颈期，也有努力前行的决心与勇气。

从 2005 年起，我先后担任了五轮区特级教师工作室领衔人，2008 年又有幸跟着郑少鸣老师担任市第二期语文名师基地副主持人，2012 年又成为第三期市语文名师基地主持人。这让我有更多的机会近距离地与风格不同、各具风采的名师交往。除了恩师金志浩老师，还有严谨务实、道德文章堪为表率的郑少鸣先生，个性鲜明、妙语连珠的陈友勤老师，聪明过人记忆力难出其右的步根海兄……从他们身上，我学到了太多的东西。

正是因为在我的成长发展过程中，始终有前辈名师的引领与支撑，我深切地感受到名师之于教师成长的作用与意义，所以，当我也有能力有责任引领他人的时候，我义无反顾并全情投入。幸运的是，区、市教育有关部门成人之美，让我能够有机会将从前辈名师那里获得的财富传递给我的徒弟和学员们。我曾经在第二期名师培养基地的成果集《语文教学境界的追求》一书的后记中，写下了一篇题为《名师的追求》的文章，文中除了从"民师、命师、明师、敏师、鸣师、悯师"等角度阐释了我对名师的理解，还用"普度众生"概括了教育的意义。我想，无论是当老师还是做师傅，前辈名师曾为我们做的和我现在正在做的，也同样具有"普度众生"的意义吧。

最后，我想说，我们这一代人的成长中总有前辈名师的指点与引领，而这一份指点与引领化成的力量，或许正是我几十年"磐石无转移"，始终对讲台一往情深不离不弃的重要原因。如今我已到花甲之年，然而，讲台前的激情还在，讲台后的情怀依旧。

当年，一句来自心灵深处的"我愿意"，让我"嫁"给了语文教学。这辈子，始终没有回头，必定从一而终。

名师档案

王伟娟

　　上海市语文特级教师、正高级教师。曾获上海市教书育人楷模、国家"万人计划"教学名师、上海市"教育功臣"提名等十多项荣誉称号，享受国务院政府特殊津贴。主编《换换脑筋写作文》《王老师教作文》《跟着王老师教作文》等多本作文专集，出版专著《静水流深》。在写作教学方面见解独到，方法精湛，成果丰富，培养出多个"小作者群"和博雅文科类拔尖人才，在全市具有影响力。

我的高中古诗文教学求索之旅

上海交通大学附属中学　乐燎原

　　由于历史的原因，我上小学和初中时恰逢摧残文化的"文化大革命"，当时古诗文的学习几近空白（初中时囫囵吞枣地背诵过唯一的古文是王安石的《答司马谏议书》），之后的高中和大学阶段阅读也很匮乏，积累甚少，我的古诗文底子是非常单薄的。老实说，1984 年 8 月，当我大学毕业走进鄂东南一所省重点中学时，面对高中教材里那些即将要向学生讲授的古诗文，我的心里委实是惴惴不安的，或者说，是颇有点望而生畏的。

一、下一番苦功恶补古诗文

　　我自知秉性驽钝，但好在还算勤奋。走上教坛后的第一件事，就是决计下一番苦功去背书。三年下来，当时人教版六册高中语文教材里的古诗文，除了读高中时已经背过的少量篇目以及选自《资治通鉴》的一篇《赤壁之战》外，其余则无论长短，几乎整体上背过一遍。

　　与此同时，我坚持自修"古诗文基础课程"主要还有两个途径：一是通览由上海古籍出版社出版的两套丛书（"中国古典文学基本知识丛书"，全套近40册；"中国古典文学作品选读"，全套20余册）；一是坚持订阅中华书局出版的《文史知识》月刊，且每期重点关注《治学之道》《文学史百题》《诗文欣赏》等栏目。这些普及中华优秀传统文化的极佳读本和刊物，穿过岁月的风尘，其中的大部分至今仍整齐地摆放在我的书橱里，泛黄而破损的封皮，圈画或批注的笔迹，也算是我早年自修古诗文时"用功"的明证吧。

此外，我一如既往地坚持收听中央人民广播电台的一个名牌节目——《阅读和欣赏》。这档节目还是上大学时一位同窗推荐我收听的。该节目始播于20世纪60年代，主要播讲古今中外名家名作的赏析。其中古典诗文赏析部分，撰稿人大多是社会上公认的一批著名的专家学者，如阴法鲁、萧涤非、吴小如、袁行霈、夏承焘、周汝昌等等，介绍的作品是历代诗文词曲中的名篇，高中教材中的不少篇目也在播讲之列，这在当时古诗文教学参考资料并不丰裕的年代，让我如获至宝，常常暗自惊喜。

特别值得一提的是，《阅读和欣赏》由中央人民广播电台著名播音员播讲，这为我学习普通话以及训练朗读基本功，提供了一个高水准的平台（我出生在大别山区的一个小镇，自小学到高中，所有语文老师均用方言授课；上大学后，用普通话授课的老师也为数不多，更没有条件开设朗读训练课程）。记得当时参与节目的播音员阵容也是超强大的，声名赫赫的齐越、夏青、丁然、方明、瞿弦和、常亮、陈淳等等，几乎悉数上场，相继播讲。因为听得多了，听得久了，他们当中的几位各具特色、个性鲜明的声音，我差不多一听就能识别出来。如果说我今天在古诗文朗读教学上还有些许心得体会，上述那些我始终未曾晤面的顶级教师功莫大焉。

如此坚持数年，我渐渐积累了一批数量可观的优质教学资源。依赖于这些资源，那时候，我的古诗文的教学内容，一方面紧扣教材，一方面又超出教材；而教学过程则常常是始于课内，终于课外。譬如，白居易的《琵琶行》新课刚一结束，我会请学生欣赏"诗国乐声——介绍几首唐诗的音乐描写"；讲完《孔雀东南飞》一诗，我又布置学生课后收听"陆游的婚姻悲剧及其'沈园'诗词"……初登讲台后的一段时间里，我的古诗文教学基本上就按名家的讲稿照搬过来，根本就谈不上运用什么教学方法或策略。

二、教学之旅艰辛而快乐

我特别眷念 20 世纪 80 年代的课堂，那时的高考应试似乎没有现在这么大的压力，就是高三的课堂上也几乎没有让学生去做大量的模拟试卷。特别奢侈的享受是，学校还给语文课每周安排了三次晨读（当时是六个工作日，语文、英语各安排三次），每次大约 40 分钟，这就让我有了比较充裕的时间和学生一起"进补"丰富的精神食粮：烈日炎炎的初夏，穿插两首唐人的咏蝉诗，品一品诗人的情怀志趣；雪花飘飞的冬季，又抄写两首宋人的咏梅诗，悟一悟其中的人生哲理……我就这样走在求索的道路上，和学生一起学习，一起进步，共同成长。

教学之旅是艰辛的。有时候，学生提出的疑难问题，教参并没有给出明确答案；也有些时候，教参给出的答案学生不能接受。譬如，在学习苏轼《念奴娇·赤壁怀古》一词时，教参对苏词结句"人生如梦，一尊还酹江月"的解读，学生就不认同。这样，我就会逼着自己去思考，去研究。之后的授课，我就以"凄苦困顿的心灵超越——《念奴娇·赤壁怀古》结句意蕴探讨"为题，从"一腔幽愤、一份无奈、一瞬超脱"等层面，向学生讲解我对苏词结句所包孕的多重情感内涵的理解。

苏轼因"乌台诗案"贬谪黄州，这是其人生经历的第一次重大挫折。其间，追悔和愤懑、旷达和伤感、寂灭和希望，在他心里错综交织。为了使自己教学时心里更踏实，我花了近两年时间系统阅读了苏轼贬谪黄州期间的全部诗文作品，从中渐渐理解了苏轼思想的复杂性和矛盾性。在用心研读苏轼黄州诗文的基础上，我撰写了《苏轼贬谪黄州期间的心态管窥》一文，从"劫后余生，'罪人'醒世——历经整体的脱胎换骨""孤独困顿，'幽人'苦世——咀嚼凄冷的贬谪生活""随缘自适，'闲人'顺世——体味旷达的生命意蕴""志存高远，'异人'入世——抒发豪壮的政治理想"等视角，对苏轼贬谪黄州期间的心态作了一番梳理和探讨，作为学生学习和研讨苏轼黄州诗文的辅助资料，并热忱欢迎同学们质疑问难。

有时候，学生的问题来自教材之外。还是以苏轼的作品为例。譬如，有学生问：苏轼的"回首"名句在其诗词中用到两次："回首向来萧瑟处，归去，也无风雨也无晴"出自苏词《定风波》，而"回首向来萧瑟处，也无风雨也无晴"出自苏诗《独觉》。苏轼的这两次"回首"，其情感内涵完全相同吗？为了弄清这个问题，我先去查阅苏轼诗文创作年表：《定风波》写于宋神宗元丰五年（1082 年）暮春，是苏轼贬谪黄州的第三年，时年 47 岁；《独觉》作于宋哲宗绍圣四年（1097 年）仲冬，是苏轼流放儋州（今海南）的第一年，时年 62 岁，已经接近他生命的最后时光。在此基础上，再来跟学生一起探讨苏轼前后两次"回首"往事（即贬谪之事），其情感内涵是否大异其趣、迥乎不同。

研修无捷径，全靠笨功夫。像这样，很多时候，一个教学难题的破解，一个教学目标的达成，在课堂上用时可能不足 15 分钟，但对我而言，课下花的功夫有时或许远远不止 150 分钟甚至 1 500 分钟。还有一些时候，学生提出的具体问题，我一时无法解答，有的问题甚至要在多年后才算真正弄明白。为此，我对学生常常怀有一种负疚之感、抱愧之情。

教学之旅也是愉悦的。在日常教学中，我始终把自己当成学习者，既虚心向同行请教，也乐于向学生学习。有一次，我指导学生自读林觉民的《与妻书》一文时，设计了这样一道课堂练习题：撰对联，颂英烈。全班学生倾情投入，跃跃欲试——读文，写作，讨论，修改，交流，评析，没料到竟佳作迭出，如"卿甚解吾不舍吾先死；吾至爱卿堪忍卿独生""曾夫妻相爱，小阁细语；今阴阳两望，长空幽吟""痴情儿女，昔日因情牵手，看窗外疏梅筛月影；赤胆英雄，今朝为国捐躯，见碑上英名照汗青"等等。最终同学们一致评出的最佳对联是："巾短，挥泪作与妻书，幽幽深情，两地望眼，眼中泪湿短巾，托儿女继父志，意洞仍在；情长，振气唱就义歌，赳赳雄魄，一方筋骨，骨之气蕴长情，为民众报国心，忠魂尚存。"

两年前的一个春日，我提议将学校仰晖园内的一座无名亭命名为"日新亭"（亭子向北的两个亭柱上镌刻着唐代张子厚的诗句：右亭柱镌"愿学新心养新德"句，左亭柱镌"长随新叶起新知"句）。其后，一位学生在其《日新亭记》一文中写下了这样让我感佩而动容的文字：

况夫万国蒸蒸，争竞于前，天下之势亦日新矣。鼎革之期，兴亡之日，在此时也。今前有饿虎之威，后有跳梁之患；迩有豕肉之恨，遐有芯片之耻，智能之士得无思奋乎？仰之弥高，钻之弥坚，得无以天下为己任乎？日新之义，不可不察焉！

每每读到这样的文字，我总会自然地想起孔子的"后生可畏，焉知来者之不如今也？"这个经典句子。一代圣贤孔子有豁达宽广的胸襟气度，更有对"后生"的殷切期望之意——青年人年富力强，足以积学而有待，其势必将超过前辈，令人敬畏。或许是上苍的赏赐，几乎每一届学生中，我都会有幸遇见这样一些志向远大、学业卓越的"后生"，令我敬佩，让我受教，他们无疑也是我的良师益友。

我就这样沉醉于高中古诗文的教学园地里，边教边学，一路走来，苦在其中，更乐在其中。

三、选择成长式思维模式

我在古诗文教学上有明显进步和较大提升的阶段，是 1998 年秋天自湖北调至上海任教之后。20 余年来，在教学研讨、师资培训、课标修订、教材编写、教材审读、命题研究等各级各类的学科活动中，我有更多机会近距离接触到沪上中学语文界一批德高望重的前辈，以及复旦大学、华东师大、上海师大等高校的诸多知名专家和学者。他们深厚的传统文化积淀，以及在教育教学上的真知灼见，让我受益匪浅，也常常会让我不自觉地想起荀子的一句名言——"玉在山而草木润，渊生珠而崖不枯"。

美国卡罗尔·德韦克在其《看见成长的自己》一书中强调了这样一个观点：决定我们是否成功的，不是能力和天赋，而是在僵固式思维模式和成长式思维模式当中你选择了哪一种。我一直都很庆幸自己能较早地融入沪上良好的教育环境和教研氛围，也很庆幸自己尚有继续登攀的愿望以及进一步提升的空间，因而在语文教育的视界上有更多机会站在一个又一个更高远的层面去学习，实践，探索，成长。

康德说：人就是不断地进行创造性的工作，工作是使人得到快乐的最好方法。近年来，我在古诗文教学实践中，仍常"捣鼓"，也不乏"折腾"。"因文赋诗"（根据某篇古文而自创旧体诗词），"以诗解文"（将自创的旧体诗词反过来用于该篇古文教学），即是其中一例。譬如，指导学生自读《板桥题画三则》之前，我找来《郑板桥集》进行"整本书阅读"，并重点阅读研究其题画竹诗文。从其题画竹诗文，可以管窥郑板桥的艺术境界与人生境界，二者是怎样相互影响，相互生发并相互提升的。之后，我试着将郑板桥的三则画论依次改写成三首七言绝句：

一

板桥自绘胸中竹，岂效前贤步后尘。
摒弃成规师造化，纸窗粉壁出清新。

二

意在笔先为定律，趣生法外乃灵思。

属文赋咏皆如是，非独拈毫画竹时。

三

平生挥墨信无宗，意会心融画自工。

妄拟文公君莫笑，有无成竹理相通。

在课堂教学临近结束环节，我之所以设计引入以上三首隳栝诗，一是试图以三首七绝分别阐释三则画论，让学生进一步巩固并加深对板桥三则画论内涵的理解；二是将三则画论原文与三首小诗进行对比阅读，让学生容易知晓此类题画文艺小品的文体特征。我期待着以这样的教学设计，调动并激发学生学习古诗文的主动性和积极性，事实上也收到了不错的效果。

回顾自己这些年来的高中古诗文教学实践，我越来越强烈地感受到，任何个体生命的成长和壮大，需要多种文化养分的滋养和培育，更缺少不了优秀传统文化的浸染和光照。我也始终相信，对青少年进行传统文化的教育，让一代新人接受优秀传统文化的熏陶，能够使他们更好地面向世界，开创未来，这是当代青年走向明天的重要一步。

基于这样的认识，每当我在课堂上和学生一起品读中华优秀古典诗文时，犹如穿过时光的隧道，走进先贤的内心世界，感受先贤的人格魅力，从中获得心灵的滋养和人生的智慧，进而引发他们去思考人生的目的和生命的价值，这是一项多么神圣的使命，也是一件多么幸福的事情。唯愿自己还能在这条道路上不停跋涉，孜孜以求，初心不改，一路向前。

名师档案

乐燎原

　　上海市语文特级教师，正高级教师。上海交通大学附属中学人文课程中心主任，华东师范大学硕士生兼职导师，上海师范大学特聘教授。沪教版高中语文教材审查成员，统编版高中语文教材审读成员。主编和参编（审）《语文综合学习》《新编中华文化基础教材》《高中古文阅读与欣赏》等拓展教材及教学用书 40 余册，发表《作文教学应该关注生命的成长》等教学文章 100 余篇。曾获上海市五一劳动奖章、上海市劳动模范、国家"万人计划"教学名师等荣誉称号。

让梦想永不褪色

河南省长垣市教育体育局教研室　李慧香

多年前，我有一个梦想，梦想自己能像作家魏巍笔下的蔡芸芝老师那样：美丽善良、慈爱公平，让孩子们做梦都想念。如今，从风华正茂到两鬓微霜，在教育的田园整整耕耘了三十个春秋。

回望走过的路，热爱是我教育教学过程中永恒的主题，追求是我走上专业发展道路的最美旋律。

在穷乡僻壤中扎根

1972年仲夏的一个黄昏，我出生于河南长垣的一个小乡村。曾祖父是当时远近闻名的老中医，也是有名的私塾先生。曾创办岐黄医馆"云兴堂"，奉行"穷人看病，富人拿钱"的原则；开办的几家私塾，惠及了我的祖父辈与一方百姓。祖父继承父业，做了一名中医。父亲与伯父师范学校毕业后都做了教师，后来父亲响应国家号召离教支农，成为一名推广农业技术的农艺师。祖母识字不多，能读《圣经》，她老人家常告诫我们：长大当老师吧，学校是一方净土。母亲文化程度不高，但深明事理，全力支持我们兄妹四人上学。小时候最盼望每次父亲外出给我们捎来的连环画或《少年文艺》等读物，伴着母亲纺花车的嗡唱，我们在黄晕的灯光下美美地陶醉于书香。

我们村没有学校，上小学便到邻村马良堌。每天早起，蹚着露水割一篮青草喂牲口，再与村里的小伙伴一起上学，下午放学再割一篮青草。晚上是一天中最幸福的时光，我与妹妹如饥似渴地翻看哥哥姐姐的书籍报刊，汲取课本之外的营养。课堂上别人回答不了的问题，教语文的蔡老师便让我解答，作文课上总把我的作文当范文读。小伙伴们羡慕的目光，老师"大有希望"的评语，无形中鼓舞了我。

无忧无虑的日子过了四年，同龄的小伙伴纷纷辍学帮家里干农活，村里上五年级的女孩仅剩下我一人，多少次行走在乡间小路上，独自饮进那份孤独。一向关心我们的伯父，把我转到他工作的小镇，第一次坐进宽敞明亮的教室，第一次戴上鲜艳的红领巾，与家乡的小伙伴相比，简直称得上奢侈。正当我沉浸在新学校新生活的新鲜与好奇中时，母亲告诉我，我的校长与语文老师到我家找了两次，说上学没人做伴他们愿意用自行车捎带我。我很感动，又很惭愧，总觉得辜负了他们的培养，同时暗暗发誓，一定要让他们以我为荣。

在博览群书中生长

二十世纪七八十年代的农村，吃饱穿暖尚且不易，何况供应孩子上学，买书订报更是不可思议。我家的经济来源一靠庄稼的收成，二靠父亲搞农业实验的补贴。离教支农的父亲不甘心一辈子平庸，立志通过科学种田造福四方百姓，他把我们的责任田划出一块实验田，带领县农业局的年轻人做农作物高产实验，我和妹妹经常帮父亲记录实验数据。

从记事起，父亲便开始订阅《参考消息》《河南日报》《农业科技报》

等报刊，一到下晌便坐在院子里的大槐树下看报纸。父亲长期读书看报的习惯无形中影响了我，使我对世界充满好奇，对知识充满期待。

在那个物质匮乏的年代，连环画是最简单最质朴的读物，俘获了我的眼球，更俘获了我的心，带给我诸多精神享受。小时候的我常常翻看家里的连环画，小小的脑瓜充满惩恶扬善的快感，真善美的种子潜滋暗长。家里的连环画读完了，就到父亲实验田捡废弃的塑料薄膜，拿到附近的集市去卖，钱还没暖热，就到书店买来新的连环画，回家的路上，我和妹妹头抵着头边走边看，走得很慢，看得很快，回到家，连环画已看完，仍觉意犹未尽。

上小学时，我开始订阅《中国少年报》《少年文艺》，还经常在家里的书箱里寻觅，哥哥的《人民文学》、姐姐的《语文报》《读者文摘》等早已翻遍，就看父亲的科技报、农民报，我特别留意其中的文学作品连载，其中农民抗战的英雄事迹总令我心潮起伏，感动不已。

除了读书看报，我还喜欢听收音机里的评书连播，记得麦收季节，嗅着微风吹来的麦香，听刘兰芳抑扬顿挫地讲《岳飞传》《三国演义》，听单田芳沙哑着嗓子讲《白眉大侠》《三侠五义》《杨家将全传》等，在说书人绘声绘色的说演中，我听得如痴如醉。情节的悲欢离合，主人公的英雄之气，深深吸引着我，或敬佩仰慕，或扼腕叹息，小小的心脏随着故事的说演而激动不已。印象极深的是说书人说演到精彩处，常常会使用排比句式以强化说演效果；为了吸引听众，制造悬念，往往使用"关子"作为结构手法，从而使其表演滔滔不绝，又环环相扣。以至于我上课时还喜欢效仿说书人："欲知后事如何，且听下节课分解。"

少年时的我像一粒生长在贫瘠土壤里的干瘪种子，拼命汲取生命成长所需要的养料。家里的书读完了，就到伯父家看《西游记》《水浒传》《聊斋志异》等大部头的书，当时读来艰涩难懂，但丝毫不影响阅读兴趣。伯父订的《辅导员》，祖母与母亲剪鞋样的花花绿绿的纸，家家户户贴的对联，大街里房屋上刷的白底红字标语，只要有字的东西，都逃不过我的眼睛。

一天，我忽然发现姐姐订的《语文报》放在床底的箱子里，我和妹妹如获至宝，如饥似渴地阅读、摘抄、剪贴，一大本散发着糨糊味的剪贴本很快诞生，每到下雨天，就待在家里美美地翻看，不厌其烦。

初中阶段正流行汪国真与席慕蓉的诗歌，汪国真的诗歌清丽、婉约、结构整饬，平淡真诚而富于哲理，我抄了整整一大本，还不由自主引用在作文中。席慕蓉的诗歌奇幻、旷达、情景交融，具有极强的画面感，我只摘抄了写乡愁的部分。我订阅的《全国中学优秀作文选》《作文通讯》等刊物也不断触发我的写作灵感。初中三年，阅读、积累、运用，成为我成长的三部曲，语文老师唐老师经常拿我的作文当范文读。

初中毕业时，我送给同学的毕业礼物是几本现代诗歌精选，诗集收录了殷夫、徐志摩、戴望舒、冯至、卞之琳、何其芳等诗人的朦胧诗，诗歌表达了诗人们在那个特殊年代的心理迷惘，对美好生活执着的追求与坚定的信念。遇见这本诗集，像遇见一位知己。

记得当时我摘抄的第一首诗是卞之琳的《断章》："你站在桥上看风景，看风景人在楼上看你。明月装饰了你的窗子，你装饰了别人的梦。"那优美如画的意境，那浓郁隽永的情思，那把玩不尽的诗味，两个看风景人观景时相互之间发生的极有情趣的戏剧性关系，让我久久想象、回味。

上了师范学校，第一次走进图书馆，我像猎人搜寻猎物一样四处寻觅，《红楼梦》《家》《春》《秋》《四世同堂》《飘》等名著，《世界博览》《读者文摘》《青年文摘》等期刊，深深吸引着我，课外活动与晚自习时间，便成了我读书的黄金时刻。

阅读中，我认识了那么多伟大的灵魂，结识了那么多富有智慧的生命，知识的小溪不断注入思想的江河，不断润泽我心中那颗"读书种子"。正如作家余华所说："我对那些伟大作品的每一次阅读，都会被它们带走。我小心翼翼地抓着他们的衣角，模仿着他们的步伐，那是温暖和百感交集的旅程。它们将我带走，然后又让我独自一人回去。当我回来之后，才知道它们已经永远和我在一起了。"

我青少年时期读书纯属喜爱，没有正规训练，没有指标要求，但这些东拼西凑的读书生活，为我日后的教育教学奠定了坚实的基础。

参加工作时工资每月一百八十元，总要拿出几十元订阅教育教学期刊。邮递员每送来一期《语文教学之友》《语文教学通讯》，我都要迫不及待地读完，其中对教学有帮助的，我就批注在课本上或摘录下来。在读报读刊、摘抄批注的过程中，逐渐摸索出语文教学的一点门径，同时也开始跃跃欲试，自己写文章小心翼翼投进邮筒，幸获发表的喜悦感与成就感，至今难忘。

除了阅读报刊，我涉猎更多的是文学作品。

读鲍鹏山的《孔子传》，被孔子"学不厌，教不倦"的精神深深震撼；读史铁生的《我与地坛》，为他那破败身体中的高贵灵魂而折服；读林语堂的《苏东坡传》，我满怀敬意，苏东坡一生命运跌宕却始终保持自我，处于逆境依然达观，贫困交加仍然自得；读曹雪芹的《红楼梦》，觉得最迷人的部分并非故事情节，而全在生活细节；读蒋勋的《蒋勋细说红楼梦》，觉得处处是慈悲，处处是觉悟。

读张正君编撰的《当代语文教学流派概观》，认识了于漪、魏书生、钱梦龙、宁鸿彬、欧阳代娜等教学大家，他们对教育事业的热爱，对语文教学的执着研究，让我深受感染，同时也更坚定我教好语文的信念。于漪老师那句话我印象极深："每一节课的质量直接影响着学生生命的质量，每一个学生的生命都是值得敬畏的，上课是用生命在歌唱。"

读苏霍姆林斯基的《给教师的建议》，一颗伟大的心灵诉说着真理、教育、爱和生命，亲切朴实、温暖受用。我向苏霍姆林斯基学当教师、学做班主任，我信服他的每一句话和每一个行动，我用"美疗"法唤醒学生的心灵。

阅读中，一个个鲜活的生命是那样真实璀璨，一声声对生命的召唤是那样深邃有力。我明白如何从日常喧嚣中沉静下来，不苟活；怎样擦亮岁月的尘埃，不盲从；怎样走一条具有自我风格的路，不庸俗。

一路行走，一路阅读，从教育心理到哲学经济，从文学期刊到教育教学论著，从自由阅读到专业阅读……逐步完善自身知识结构。阅读使我的职业更加光亮，阅读使我的生命更加丰盈。只有不间断地阅读，才能对得起厚重的岁月。

在笔耕不辍中开花

读书与写作，是教师成长的双翼。叶圣陶先生说，写作源于生活，基于阅读；阅读是吸收，写作是倾诉。

1988 年 8 月，我发表了第一篇散文《小雨，在我心里》，虽然只有 5 元钱稿费，但创作带来的成就感是任何物质享受均不能比拟的。1991 年 8 月我走上工作岗位，《难忘夕阳西下时》《出门在外的女教师》《谁的眼泪在飞》等反映教师生活的文学作品相继发表。

1996 年，我遇到生命中的贵人陈海文老师，他时任长垣县教研室主任、河南省内资刊物《蒲园》的主编。在陈老师的鼓励下，我笔耕不辍，对亲情爱情的歌颂，师生情同学情的感怀，放飞理想的喜悦，教学机智的记录，教学顿悟的快感，自我成长的欣喜，守护学生成长的幸福，读书思考的收获感悟……那些微微的感动、细小的收获、朦胧的期待、莫名的失落，都能在朴素而坦诚的文字里找到痕迹。这样的写作让我感受到教育的魅力与付出就有回报的真谛。

文学用来修身，专业用来做事。从 2004 年开始，我经常利用空闲时间，阅读《余映潮讲语文》《黄厚江讲语文》《李卫东讲语文》《孙绍振如是解读作品》《听王荣生教授评课》等专业书籍，并围绕阅读内容、教学设计、班级管理、专业发展等捕捉灵感，提炼文字，撰写教育随笔。我的阅读和写作更有方向，更有意义。

每迈上一个新的台阶，就站在了一个更高的地方，就会看到更美的风景。我愿意一步一步向更高更远处攀登，我知道成长之路无尽头，但阅读和写作已成为我不断提升自己的基本路径。

我写得最多的是我的课堂、我的学生、我的班级、我的思想。用文字记录原生态的教学过程，不加工、不修饰：预设中的四平八稳，即时生成的精彩纷呈；教学设计的不足，学生认知的错误；偶得的点滴收获，遗憾之处的思考启发。文字的记录反映课堂的真实，我想让自己的课堂在记录中日趋完善，做一个有独特教学风格的教师。

桃李不言，下自成蹊。2014 年，我有幸被评为中原名师，创建了自己的工作室，工作室成员张爱敏、郝海峰、韩春慧已经坚持写教育叙事 500 多篇，汪平霞写简书 131 篇，时喜梅写简书 113 篇，张淑君、郜海琴等越来越多的伙伴加入撰写教育随笔的行列。

在教育科研中收获

2010 年，我到河南师范大学参加"国培计划"集中学习，遇到该校文学院耿红卫教授，他主张一线教师做课题研究，在他的指导下，我主持研究了省级课题"新课改下的'循环日记'教学法研究"，以探索作文教学指导的有趣与有效途径。通过做课题，我的研究意识更加清晰、更加强烈，我的教学工作更加科学、更加理性。

2014 年，在河南省教育厅中原名师项目办丁武营主任的带领下，我到浙江师范大学参加中原名师高端研修，教育教学理论、课改前沿信息、教学流派风格、专业发展途径、课堂教学设计、教育教学思想……专家极具冲击力和感召力的讲座，给如饥似渴的我提供了一顿顿丰美的精神大餐。

同时，我开始盘点、反思自己：我的优势与瓶颈在哪里？我该怎样沉淀自己的教育思想？

我也深刻认识到，与教师阅读、写作相比，做教育研究更能让教师专业水平发生质的变化，也更能寻得语文教学的真谛。课题研究是我的短板，我需要不断学习，更需要专家引领。2016—2018 年，我主持的省级课题"学生参与校本早教研的实践研究"，在中原名师集中研修期间，通过课题立项答辩、中期汇报、结题总结，有幸得到河南省教研室杨伟东主任、丁亚宏主任、浙江师范大学教师教育学院林一钢教授、浙江省特级教师朱昌元教授的点评指导，我如醍醐灌顶，接下来的研究工作也更有价值，更有方向。经过两年的扎实研究与两年的实践推广，2020 年，该课题获得河南省基础教育教学研究成果一等奖。

中原名师团队点燃了我的激情，唤醒了我的责任，赋予我新的使命。除了自己在教中研，我还指导工作室成员制定"五个一"发展规划：坚持听评课，每学期上一节满意的公开课；每学期精读一本教育理论著作，并撰写读书笔记；深入研究和转化一名学生，并撰写教育心得；针对教学实践或教育教学中的困惑研究一个问题，做课题研究；结识一位教育教学专家，学习其教育思想。

我根据工作室成员研究专长，打造个人特色课，开展"整本书阅读指导""作文教学""古诗文教学"等专题研究；开展大型观摩研讨活动，引领更多青年教师寻求自己成长的空间；选派优秀教师送教下乡，开展同课异构活动。这些活动既锤炼了教师的基本功，也促进了城乡教师之间的交流，为教师搭建了宽广坚实的平台，促进教育信息传递与资源共享。

读而不写，风行水上；读而后写，藕入深塘。我通过阅读、反思、实践、研究，系统总结梳理教育教学经验，将无数教育实践故事抽象化、理论化，多次为"国培计划""省培计划"研修班、市县级骨干教师和特岗教师做报告，引领更多教师找准切入点，进行小课题研究，提升教育教学与教科研能力。

一路跋涉，一路追求。从县市比赛到省级赛场，从普通教师成长为中原名师、国家"万人计划"教学名师，书籍一直伴我左右。那些我曾经读过、写过、想过的东西，已经悄悄内化为我身体的一部分。

知天命之年的我扎根现实，不忘初心，相信梦想不会因时间流逝而褪色，反而会因为追求而更显珍贵。

名师档案

李慧香

　　河南省长垣市教育体育局教研室语文教研员，特级教师，中原名师。曾获国家"万人计划"教学名师，国务院政府特殊津贴专家，全国优秀教师、全国优秀班主任、河南省教学标兵等荣誉称号。多次为河南大学、河南师范大学、周口师范学院等"国培计划""省培计划"学员做培训。

　　所写文章曾在《写作》《中学语文教学参考》《语文报》等报刊发表，所主持的课题"学生参与校本早教研的实践研究"曾获河南省基础教育教学研究优秀成果一等奖。

弦月温润而泽，真师比德于玉

广东省深圳第二外国语学校　龚志民

闪电一来，雷声必随之闷声滚滚而来。电闪雷鸣之后，空气就格外清新。"莫听穿林打叶声，何妨吟啸且徐行"，教育的行者就是要抓住每一次成长中的闪电，在雷电中吐故纳新。用雷电来帮助自己成长，你试过吗？

于漪老师 20 世纪脍炙人口的经典课例《海燕》，讲的就是雷电中的寓言："勇敢的海燕，在闪电中间，高傲地飞翔。"我就是这么成长起来的，我就是那只雷电中的海燕。只是我从来不曾、不会"高傲"，因为我一直有丑小鸭情结和心态。丑小鸭也可以在雷电中疾行，雷电属于身登绝顶我为峰的所有勇敢者和远行者。

不是恋桃李，热风吹泪多

33 年前，我在中等师范学校任教语文，10 年后，转入中学任教，从少数民族地区到省会城市海口，再到一线城市深圳，高中、初中，省、市重点中学，乡镇中学，教了个遍。我忘记了伤痛，唯剩澎湃激情。每一声时代的鼓点、每一轮家国天下事的撞击，每一张学生青春的面庞和笑靥，每一次个人命运的幸运与波折，每一卷前贤的绝妙好辞，都是雷电闪过。雷电过后，身心洗髓伐毛，漫山的空气异常清新，我总是能够听到地上的、地下的生命在蠕动律动，甚至仿佛感觉到窗外露珠在歌唱。

真行者，不一定行板如歌，但一定有信念如石。好老师，不一定渊博如海，但必善不断穿越云层摄能而行。为立业立身，为后生垂范，一日努力，一日成功；一生激情，一生如新。

少年求学时，曾与一友行于偏远乡村羊肠山路。仰望夜空，时弦月悬于崖上，似不动，月光温润而泽，辉映沉静山峦和涧流溪水。世间美景如佳文，如盛德，只待有心者的契合。等闲识得春风面，万紫千红总是春。后来我成了老师，常忆当时那种月光普照万物的静美、无私、包容，信天地日月皆有大德，无言而已。月赴千溪，不拣清浊；师育后生，有教无类。是夜我与友宿于村民家中，或许是偏僻乡村空气特别清新的原因，整夜满屋氤氲，似有暗香来。我师范大学毕业第一次在朝阳下参加学校升旗仪式时，亦有类似的感觉，"阳春布德泽，万物生光辉"。

语文融德载艺、记人叙事，课堂传道授业，师生互动印心，文如月，师心如月。曹丕说"文章，经国之大业，不朽之盛事"的宏论、杜甫"文章千古事，得失寸心知"的责任，都令我肃然。面对承载政事、伦理、道德、生活，记录思想，传递情感的学科，面对灵性十足的一届届青春学生，怎敢不倾心倾力、正襟危坐地对待？

青青校园草，春来接远道

我从中学生生活中看到了许多德育和人文内涵，我把这些视为校园的"诗眼"，并反哺语文课堂。诗歌、诗眼、文眼，最有神采的语言和镜头，天天在我们人的身边。德美外现，美不远人。

刚接手这个新的高二文科重点班，女生比例近90%，常有三四个女生课堂上偷照镜子、刘海卷个发卷，让人啼笑皆非。于是我在课前两分钟开始"谈镜子"：

"方鸿渐想退婚，写信给父亲：'迩来触绪善感，欢寡愁殷，怀抱剧有秋气。每揽镜自照，神寒形削，清癯非寿者相。'结果招来父亲一顿痛骂：'吾不惜重资，命汝千里负笈，汝埋头攻读之不暇，而有余闲照镜耶？汝非妇人女子，何须置镜？惟梨园子弟，身为丈夫而对镜顾影，为世所贱。'方鸿渐吓矮了半截，想不到老头子这样精明。"

全班大笑。我接着"威胁"喜欢在课堂上照镜子的女生：我亦如方鸿渐的父亲一样精明。素颜的青春最美，青春应"扫除腻粉呈风骨，褪却红衣学淡妆"（鲁迅语）。

傍晚的学校走廊，到处是拿着各科资料在自由复习的高三学生。我从高三那层楼走过，看见一个靠在栏杆上的侧影，很像以前的学生孔艺嘉。孔艺嘉高一时我教过，高三重新编班后，许久没见她了。念高一时她有点胖，成天嚷着要减肥。现在眼前的侧影很瘦，但的确很像。我走近她身边时，试探着轻轻叫了声"孔艺嘉！"那个女生转过身来，真的是她！脸庞有点发瘪，人瘦了一大圈，整个身形简直像一张纸，巨大的落差让我差点掉下泪来，我说："孔艺嘉，你起码瘦了二十斤，这下不用减肥了！"孔艺嘉浅笑一下，一副疲惫而淡定的神情，"要考了，没什么，瘦点好"。我怕打搅她，忙疾步而过。每双拼搏的青春眼睛，都是一首诗。心中有微梦，有方向，没翅膀也能飞翔。

星期一清晨，升国旗仪式。我从国旗下走过，锃亮的不锈钢旗杆夸张变形地映出了自己的面孔，我背后一双又一双高高低低的青春明眸也从这根旗杆前一一晃过，清亮清亮的。四周草坪上那些亮晶晶的露珠也像一双双眼睛在扑闪，我手腕上的千眼菩提子手串在曦日下反射出异样的光亮，整个体育场，自然、青春、智慧的眼睛好像在一齐闪烁。我心境豁然。

德不远人，美不远人。德至，思至，境必现。国家中兴，阳光明丽，我常立高楼弥望，校园盛春无衰苗。

最好的互动：我笑他也笑

我布置全班高三学生写一篇"关于是否应该捕杀蝴蝶并制成标本展览"的作文时，学生在作文中各抒己见，展开了生命话题的讨论，高三杨盈盈朗读了自己的作文《幸福观的碰撞》：

当捕蝶者的幸福观与蝴蝶的幸福观相互碰撞时，又有谁能够理解蝴蝶的感受呢？这就是幸福观碰撞的必然结果吗？依我看来，并不是这样的。首先，捕蝶者为了让人们欣赏蝴蝶的美丽，并非要以蝴蝶的生命作为代价来换取，他们大可以建设"蝴蝶生态园"来满足视觉享受。其次，对于蝴蝶来说，被制成标本虽然丧失了终老山林的权利，但却将自己的美丽定格、永驻，这或许是另一种幸福观的达成。

显然，杨盈盈不同意杀蝶制标本，却又留恋标本带来的美丽长存，价值观充满了矛盾，她心中的矛盾并未得到解决。全班学生无一能解决蝴蝶与捕蝶者、短暂生命与永恒美丽、审美与利益的矛盾，思想陷入僵局。丛林法则与伦理道德从来都是一对冤家，圣人也难以从根本上解决，所以释迦牟尼留下了"以身饲虎""割肉喂鹰"的传说，人性向来都是善恶共存的。

我根据全班学生情况，用浪漫主义手法、美好人文情怀解决这一问题，既拓展了写作思维空间，也化美为德，滴灌了青春人格。我也写了一篇同题"下水"作文，结尾两段，浪漫地提出"碰撞"解决方案，强调胸怀"爱心"才是解决"幸福观碰撞"的根本。

语以成文，文以载道。文质彬彬，然后君子。语文教学就是这么一回事：汉字载前贤盛德而流芳，青春以真善美、德智体劳相验、相赏、相和。30多年来，一届届学生用许许多多真诚的美好，反哺滋润我，使我以不老的心态看待语文教育教学，做人、为师，治学、为文，互动、相长，安得我心似明月，映青春妩媚，映壮丽山河？

蓝田日暖玉生烟，玉深埋地下万年，才蕴育出温泽光华。真师之德，亦需埋于生活大地，善撷百艺入教，善养人格光华。艺成于行，教成于爱。

东汉许慎《说文解字》说："玉，石之美者有五德。润泽以温，仁之方也；鰓理自外，可以知中，义之方也；其声舒扬，专以远闻，智之方也；不挠而折，勇之方也；锐廉而不忮，洁之方也。"真师心，必善涵养玉性，善闻玉的清音；而后发玉声，与青春音声相和，所以青春乐闻。

代代心相印，希望相承继

年届五旬以后，我更乐于与年青人交友，那些"小朋友"总是给予我意外的启迪、欣喜和快乐，我乐此不疲。

在教学楼四楼走廊，我碰到一个男生。男生一副天真犹存的神情，身型却很是高大威猛，我曾教过他。那时男生个子十分瘦小，年纪是全班最小的，大概身体还没来得及完全发育就进高中了，我在课堂上亲切地叫他"小孩"，全班同学都很怜爱他。现在上高二了，我有好久没有遇见他，"小孩"热情地向我打招呼，然后嗔怪我为他取的"小孩"小名：现在自己已长高了20多厘米，成了班上的大个子，可是全班同学仍然善意地唤他"小孩"，甚至有女生像对待小弟弟一样搂着他拍照，弄得他一点男子汉的气概都没有。

我笑着安慰他：我那时叫你"小孩"，是现实描写；现在同学们叫你"小孩"，是温馨抒情，是美好回忆。高大的人，不用担心别人怎么叫。"小孩"释然，不好意思地笑了，旋即充满自豪感地进了教室。

"小孩"可爱的成长困惑，给我带来一阵小清新，接下来半个小时，我觉得自己浑身都随着诵读声在起伏振荡。早读结束后，我走出教室，放眼四望，品味着盎然绿意，渴望一闻地下根须伸展的声音，情到深处，胜境渐来。

好的课堂，不应该只是刚性的知识、技能和管理，更应该是柔性的交流和欣赏。青春的辉光、时代的暖流、老师的示范引领，更应该在语言、肢体、生活细节中呈现。全德完人，德才兼备，才是基础教育的最高成就。为师能超越自我，才有真爱。

定思沉淀，让思想超越语言直指性灵

自然生长的原生态青春有一种"萌"态。任教新班一段时间后，我在这群十六七岁的学生中发现了这样的"呆萌"。

单就考试成绩而言，邓世发居于下游，当然不能算优秀学生，他少年老成，但我发现他有另一种朴实的"萌"。他平时不怎么说话，成绩也差，尤其是字写得特差。每个字的笔画都没有平、折之分，横折、竖折通通都成弧形，且字常常缺胳膊少腿，让人啼笑皆非。比如他一直把"慕"字下面的"心"写成"小"，所以他的作文和作业让我看起来很吃力。我观察了他两周，发现他读书没有声音，即使在书声琅琅的早读时间也是如此，顶多嘴唇缓缓翕动。批评他，他也不生气，只是温和而羞怯地低头微笑，但课上，他的笔记记得很仔细，尽管字写得像蚯蚓似的。他总是不声不响，宠辱不惊，自得其乐。据其他学生说，邓世发上高中以前是个游戏迷，养成了内向的性格，现在懂事了，决定要痛改前非，从头来过。

俗话说可怜之人必有可恨之处，但邓世发与别的差生不一样，别的差生有的因心浮气躁而拖欠作业、随意说话扰乱课堂、上课吃零食打瞌睡等他一样也没有，甚至课上连东倒西歪的坐姿也没有。

我相信静水下定会有深流。

我慢慢有点喜欢他了。一个性格温润如玉的人总是讨人喜欢的。邓世发像春天浅浅小溪里的一块石头，让人生出许多遐想，当然你必须是一个有诗意的人。他的呆与沉静是那么本色。我决定找他谈话，告诉他：我小时候也很呆，少言寡语，好思。那时候，我曾捡起一块房上掉下来的瓦片问母亲，这是什么做的？母亲说瓦是用泥巴做成的，用水和好泥然后用火烧，泥就成了瓦。于是我花了一个下午和泥、寻柴、烧火尝试做瓦，结果当然不成，但这是我平生做的第一件自发的化学实验，收获和在记忆中占有的分量比所有在学校做的化学实验都多。邓世发笑了，还是笑得很温和，持续的时间很长，可能是他没有想到毕业于名牌大学的我也曾经像他一样呆过，很宽慰，也很自豪。

从小到大，人人都"呆"过，只是大部分人成年后淡忘了自己曾经的呆，开始对别人的呆不耐烦。已经进入高中的邓世发同学就这样不知被忽略了多少年，直到现在。

一个学期后，邓世发语文考试终于第一次及格了，我趁热打铁，建议他买一本钢笔字帖练字，星期一我走进教室，看见邓世发正默默地一笔一画地开始描红。小学时代欠的"账"，我得精心安排他一笔一笔补上，还不能伤了他的自尊和积极性，邓世发的一门心思"呆"做事的特点，保障了自己的持续进步。世事往往这样：聪明人绕弯弯转拐拐想了一世也想不明白的事，"傻"人一步到位。

一年了，邓世发终于在一次作文中用他那独特的不太工整的字发出了心声："每个人都应该有自己的一片天，并且要由自己去开辟，不会有别人施舍"，从字里行间，我仿佛从一棵贴着地面的小草看到了它深埋地下的根须的生长。

等到凤凰花开的时候，邓世发或许就不呆了，他会像《射雕英雄传》

中那个傻傻的郭靖那样破茧为蝶吗？现在，工程翻起的泥土刚刚固住，邓世发还是呆呆的，笑时嘴角依然从来没有上扬超过二十度，浅笑，早读的声音也依然很小，从前试卷上的作文字迹如蚯蚓，该转折的地方一点棱角都没有，字仿佛都是由一些画得不太圆的笔画组成，极难辨识。现在字迹出现了转折与棱角，写字懂得了先后笔顺，字的整体有了端庄的迹象。他正在成长。

青春有雨——山路元无雨，空翠湿人衣；

青春有破混浑开天地、化腐朽为神奇的力量——山远疑无路，潮平似不流；

青春不怕呆，阳春勃发，会唤醒一切潜藏的灵性，真正的盛春，不会有、也不应该有一株衰苗。真正的教育者不仅能与青春同歌共舞，更能洞察细微，先觉未来。

郭晓坤是个高三男孩。进入高三，学校重新编班，他分到我任教的文科平行班，我以前没有教过他。

坤坤相貌平凡，毫不起眼。但青春的信息还是难以掩藏地从他脸上那几颗青春痘和两只闪闪发亮的小眼睛溢出。提问他，批评他，揭他的"短"，突击检查他的作业，圈点他的错别字，他都只是满脸通红，不愠不恼，绝不解释、争辩、顶撞。在一个青春早熟、个性张扬的时代，郭晓坤天性恬静、谦冲、不争，那种真诚的害羞、内敛的神色已很少见到。

8月补了一个月的课，月底进行了高三首次月考，坤坤的成绩让我不得不认识、了解、重视他。整个高中阶段要求背诵的古诗文有三十多篇，他没有几篇能背熟、会默写，高三第一次月考，默写题12分，他只得了1分，全班最低。语文他总分才得了64分。最要命的是，他不是做错了，而是语文试卷根本就没有做完，试卷上大量空白。到高三了，摊上这么一个学生，我当然很紧张，问他以前是否也是如此？他不好意思地、平静地告诉我：高中前两年，所有的语文试题他从来没有做完过。我问他为什么不做完，他说时间不够，不会做。语文是一门见效慢的学科，高三重新分班后遇上这么差的学生，我知道这下我摊上事了，而且是大事。

我查询了一下他的成绩单，英语与语文类似。这两门语言课他都排在全年级末尾。其他学科稍稍好一点。但令人惊讶的是，郭晓坤的地理成绩却在全年级前十名！

没办法，我只好"死马当作活马医"，先从默写开始下手抓他。效果如何，只能听天由命了。因为高三已经过去一个月了，我才开始了解他的语文学习状况及弱项。其实他的语文学习没有所谓的弱项，因为都是弱项。

从此，我每天上课、每次作业检查都以坤坤为重点，在课堂上造句、举例、修辞、作文示例的主人公经常被我换成了"坤坤"，我知道，性格沉默、长期坐在角落的坤坤，更需要曝光，需要在阳光下、在众人的关注中成长。欲强其身，必先壮其腰；千夫注目，其腰自直。

很快地，由于我的过度关注和经常举例、点评，坤坤成了全班的焦点人物。班上同学都知道他是"宝贝"，经常善意地笑他。坤坤不以为意，他做人有一种天然的低调。他经常利用课间、下午等缝隙，远远地躲在走廊无人处背诵、钻研，像一条"上食埃土，下饮黄泉"的蚯蚓，缓慢却不停地蠕动，你盯住他时，或许觉得他很慢，一转眼，他已深入土中，不见踪影。年少的坤坤虽无佳绩，却颇有"敏于事而讷于言"的古君子之风呢。

转眼已是11月，第二次月考，坤坤默写题得了6分。很快第四次月考来临，我不敢指望坤坤及格，只是希望坤坤能够进步一些，离班上平均分近一点。考完后，我问坤坤题做完没有，他依然不好意思地说：试卷还是没有做完，诗歌鉴赏、古文翻译两种题没有做，但作文写完了。我估计他最多也就70来分。我有点忐忑不安，毕竟现在已是高三，各科学习压力都很大，基础差的学生的确很难一蹴而就。

　　成绩出来了，我瞪大眼睛在全年级成绩表上首先搜寻郭晓坤，94分！我怕眼花看错，再核了两遍，没错！我迫不及待地冲进教室，向全班学生宣告了这一喜讯！全班哗然。尽管我班语文最高分有137分（是全年级第一名），但那个女孩子在十次语文考试中至少一半考第一，已不算新闻。郭晓坤考及格才是新闻，94分更是特大新闻。

　　从那天开始，全班同学七嘴八舌地向我请求，要求把他们也当作"坤坤"对待——经常在班上予以关注、点评、督促甚至"严厉打击"！坤坤一如既往地脸红，不语，不骄不躁，只是眼中略有几分惊喜，几颗青春痘还是无声而调皮地点缀着坤坤普通的脸，不消也不长。我仿佛从他单薄的身体上看到了一种"决起而飞"的稚嫩而优美的姿态。

　　柔顺、低调、居下，坤之性也。晓坤的性格和他的名字很相符。"地势坤，君子以厚德载物"。有德必不孤，有德必有成。我相信即使坤坤将来学业猛进，达到上游，他也会居高以谦。这是坤坤的人格本真力量所决定的。我突然顿悟：教师备课，要从备知识、备教法、备考试走向备"人"，最终让学习成为学生的自觉习惯并沉淀为人格内驱力量。

　　趁热打铁，我替坤坤向全班卖了一个"萌"："如果我现在说——坤坤在半年后的高考能够考100分以上，你们信不信？""信！"全班一起整齐而响亮地回答。窗外的树叶被声浪激荡得微微一颤。我知道，全班同学是在为坤坤、更是在为自己鼓劲，在我们这所建校不到四年、录取线较低的重点高中，他们中的许多人似乎都愿意从坤坤身上看到发奋后的收获。我告诉他们：上海特奥会的口号是——你行我也行。"我们行不行？""行！"这一次全班的声音更响亮。

　　坤坤的坚韧、勇气和智慧，看上去是一种自然天成，没有高谈阔论和豪言壮语，现在我只能敦促和帮助他快速跟上大部队，他选择在旷野中无声地入土，遇雨破土，萌生自己稚嫩的枝芽，进而茁壮成长。现在离高考还有半年，身体单薄的坤坤真的能冲上去，逆风升腾吗？

半年后，坤坤高考语文得了 91 分！

"荡胸生层云，决眦入归鸟"，莘莘学子来了又去，年年目送飞鸿远去的老师，有喜悦，有怅然。士无恒产而有恒心。教师可以贫，可以穷，但不可以无爱，不可以麻木不仁，不可以胸无格局。有情怀则思想自高，居高声自远，文如霹雳；有爱则感染力自生。

作为教龄 33 年的教师，我朝露随日逝，不悔逐爱居。

名师档案

龚志民

　　深圳第二外国语学校正高级教师，国家"万人计划"教学名师、广东省"特支计划"教学名师、广东省中学特级教师、国家新世纪百千万人才工程省级人选，深圳名师工作室主持人，深圳市教育局直属学校首届"年度教师"提名奖获得者。深圳作家协会会员。被聘为外研社（语文）研究员，中国科普作家协会教育专业委员会委员，外研社《求学》杂志编委，梅州嘉应学院客座教授。已出版教育专著7部，在《光明日报》、中文核心期刊等发表教育教学文章若干篇。

从学做"经师"到学做"人师"

复旦大学附属中学　王白云

题记

认识生活的真相之后依然爱它，这才是真的英雄。

——罗曼·罗兰

跟大多数教师一样，做教师是命运的选择，而不是兴趣的选择。但是，也跟大多数教师一样，服从了命运的选择之后，职业逐渐变成了事业。

一、从"我即教师"到"我是教师"，从"经师"到"人师"

我 1988 年大学毕业，分配到风光秀美的马鞍山。从教伊始信心十足，迫不及待地要把自己知道的东西倾倒给学生。

第一节课就折戟而归。当时我从课本里挑选了一篇鲁迅的散文跑到教室侃侃而谈，45 分钟过去，我的激情演讲仿佛才刚刚开头。教学目的、教学设计统统泡了汤。

这才想到我在大学里一本正经地学这学那，就是没有好好地研习教材教法。即便是教学实习时间也基本在学校的某研究所里度过。

发现自己从教学理论到教学实践都是空白之后，我开始听课、重读《中学语文教法》，研读"名教师教学实录"。但由于披形取神的功夫不够，总有画虎不成反类犬的别扭感觉。也许是叛逆的个性作祟，也许无知者才更无畏，在没有"继承"的情况下我开始"突破"：在课堂上进行各种试验。这些试验大多是即兴的、操作层面上的一些作为，既没有寻找理论的依据作为支撑，也没有及时请教同行和专家的意见，一些好的做法自己都没有好好总结、好好地在自己的课堂上推广。只偶尔将零星的实践结果写成小论文送交教委评奖或送交某些报刊发表了事。

民间有句老话：一生看三年，三年看一生。一个教师从教前三年的自我培养对其一生的影响是不可小觑的。遗憾的是我的前三年虽然积累了一些经验，获得了一些教学感受，但教育教学似乎更多的是张扬自我和自娱自乐。由于所教班级从学风到成绩都颇得领导赏识和家长认可，所以很长时间里不仅没有认识到自己教学方式的偏差，还经常自以为是扬扬自得。

1995年，我调入了当时的马鞍山师范学校，进入教学思考的整理提升阶段。

马鞍山师范学校是当地唯一的中等师范学校。它的目标是培养小学教师，兼而培训中学教师。一则因为这所学校在当地招收的是全市最优秀的初中生，该校在省内外又有较高的声誉，所以对老师要求一向很高；二则作为"准教师"或"教师"们的老师，教学必须具有示范性。情势逼迫，我不得不大量阅读中外教育史、教育学、心理学等著作，也不得不系统地再认识中国古代的启蒙读物。这时我才意识到，我此前的所谓"教语文"，其实更多的是在进行"语文感觉"的自我表达，其中"教"的成分实在有限。"教学"需要心中有"生"，而我在课堂上更多的是心中有

"己"。后来作为教研组长、教科研员、首届大专班管理者和市教育报编辑、记者，我经常有机会到外地考察，也有更多的机会跟各个地方各种风格的老师和课堂接触。发现很多老师或多或少地存在跟我一样的问题和困惑，于是申报了课题，在和更多人一起深入探讨之后，对教师角色的认识渐趋清晰。

从"我即教师"到"我是教师"，其间是漫长的转变观念、感受学生的道路，是从自由人的角色到职业身份的转化。单从语义上看，"我即教师"与"我是教师"没有二致，但在个人感知上，一个是张扬、充满激情也缺少冷静的，另一个则富有更多的理性精神。前者心中始终有一个放大的自己，后者眼里更多的是为之切实服务的学生。

上海的语文课堂中的民主与活跃是外地的老师难以想象的。2001年我调进复旦附中，我的强硬风格与上海的人文风气立即发生交锋。好几年之后，一位就读清华的学生在题为《附中师长二三事》的文章里回忆道：

白云的到来完全是一次硬着陆，对于我们而言是这样，对她而言同样是，我们是她到上海之后接手的第一批学生，换了新环境之后的她正在经历着苦闷的过渡期，而我们也构成了其中一个需要适应的因素。当然，这都是我们以后才知道的，对于许多人来说当时确实经历了一段"苛政猛于虎"的岁月，但所幸的是，硬着陆以后并非留下永久的创伤，反而摩擦出耀眼的光芒。

也许是个性使然，或者是教学观念的作用，我对学生一向以"严厉""严格""严肃"之"三严"著称。在来上海之前的14年里，我的学生——出色的也罢、平庸的也罢，从来都令行禁止，对我言听计从，师生关系中天然地奉行着师道尊严。第一次看到我的上海学生在随笔里对我直呼其名，明知学生没有恶意，也禁不住脸红耳热。

此前一直端居在"教育者"的神坛上俯视众"生"，走进复旦附中后我依然沿袭着历史的惯性。复旦附中学生毫无疑问是出色的，但这样出色的学生在我的眼里也绝对只是"学生"。我不容置疑地把他们的自信当浮躁、把他们的勇敢当冲动，老气横秋地提醒他们"不要只知好恶不论是非"。——多年之后的今天，回望过去不由得内心充满了羞愧、疑惑和感激：我不知道那些活泼又杰出的少年怎样在我"猛于虎"的"苛政"中拓展自由的空间健康成长，也不知道他们怎样在我不知不觉之中既成全着我的"权威"感，又把我改变成他们需要并适应的"人师"。

如果说我的第一次教育观念进化主要得益于那些智慧凝注的书籍，那么我的第二次教师思想的蜕变，源于上海的空气，源于复旦附中活力无限、"法力"无边的学生。

二、从"课文"到"语文"，从"文本"到"人本"

布封说：风格即人。中国自古就有"文如其人""诗如其人""字如其人"之说，我所接触或受教的老师如黄玉峰、张大文，于漪、陈小英，无不把做人的风格与教学的风格完美融合。"文如其人""教如其人"，这是我从教20年对"风格"二字的感悟，也是我对"以人为本"这一教学宗旨的个人理解。

以人为本，一方面以学生为本，另一方面不仅仅以学生为本。因为"以学生为本"这一教学宏旨在很大程度上只有通过"以教师为本"和"以教材为本"才能实现。在"语文教学"这场关于"人"的活动中，"人"是一个三位一体的概念，它除了被教育着的"人"之外，还包括主持教学活动的"人"、教材作品中的"人"。将文本、生本、师本三"本"合一，是我所理解的"人本"教学。

人本教学首先是必须养成学生"语文能力"的教学。语言的感知力、语文修养自动生发的能力、自主探索的研究能力，是人本教育的根本追求。为此，我自创所谓"自教教法"和"联比教法"，注重语言品味，带领学生领会语言的情意和风味；教学中还注重"体系"的建构，努力借"体系"促使语文教学变成语文素养的全息密码；同时用心重组教材，推行"板块教学"，尽可能在课文的"原生态"系统中给学生更鲜活更饱满的认知。

人本教学从根本上说还是提升"人"的精神的教学。"人"的精神的提升主要是通过"人"对"人"的感受实现的，所以我在课堂上致力于凸显无处不在的"人"。这个"人"，可能在字里行间，也可能在文本之外。

字里行间中的"人"是文本中的"人"。小说的教学固然以再现"人"的形象为教学的核心，散文教学也不例外。所以，教孟子的《牛山之木》的时候，我努力帮助学生在自己的心目中树立起一个充满激情的理想主义者孟子的形象；教梁衡的《把栏杆拍遍》的时候，我用心带领学生建构一个从历史时空之中大踏步走来的奋发执着的悲情英雄"辛弃疾"；教培根的《论友谊》的时候，我指引学生认识一个以冷静理智的大脑而不是真切的情感与读者对话的智者；教吴均的《与朱元思书》的时候，我和学生一道感知一位才华横溢、心性高远而又颓丧隐忍的学人。文学本质上是人学，文字之间那个隐藏着的、意味深长的"人"，对我们的学生表达着他们的思想情感，提供着未来人生的参照。

人本教学中另一个不可忽视的"人"就是教师。2006年5月，在上海市杨浦区二期课程改革拓展型课程大型展示活动上，我上了一堂"文化杂谈"，讲的是《公无渡河》的文化意义。

一位观课的老师表达了他这样的听课感想：

（王老师）从梁启超对《公无渡河》这首非常简短的诗极度感慨、赞叹不已以至声泪俱下谈起，慢慢引导学生分析大学者梁启超欣赏此诗的原因，起承转合、开阖有度，可谓细致深入，启人心志。听了这节课，我有如许感慨：

在以皈依理性、克己中庸为社会规则的封建社会，人人都讲究与社会相融，坚守中庸。而早该被社会磨平棱角的白首狂夫却被发提壶，堕河而死，这种与世俗相悖，甚至敢于用自己极其宝贵的生命去冲击理性，对抗中庸（的行为），精神可彰，勇气可嘉。

在进入 21 世纪的今天，更多的人敢于与时代观念、世俗标准抗衡，张扬个性，彰显激情，虽然有浮躁偏激的弊端，但是那敢于表现自我的激情，勇于表达生命的刚性，确实值得世人学习。否则社会何以进步，时代何以持续向前？（《老师在课堂上该扮演什么角色》）

《公无渡河》是一首很短的乐府诗，全诗仅 16 字。但是老翁奔赴黄河的行为，让我体会到"冲决理性、张扬个性"之"狂"的背后，实则是激情澎湃的"自我"的瞬间，是生命的"刚性"的表达。对《公无渡河》的这种个性化的解读，与其说是解读一首乐府诗，不如说是借助这篇乐府诗发表我个人对中国社会皈依理性、追求中庸的集体意识的批判。这节课展示了两个"人"，一是文字间站立着的老翁，一是借"老翁"站立在文本一侧的老师。那位听课的老师道出了我的心声：

我们老师在课堂上究竟应该扮演什么角色呢？是慢慢将自己的个性泯灭，逐渐变成一个教书的工具，还是把原有的那份对教书育人的激情和对未来事业的美好憧憬完好保存如初？是要仅仅成为课堂教学的设计者、学生学习的引导者、道业知识的传播者吗？我以为老师在课堂上应该不仅仅成为道业知识的传播者、课堂教学的设计者、学生学习的引导者，还应该彰显自我个性，成为独特的你自己。这样，在教学过程中彰显自我，逐渐形成自己独特的教学风格，最终在个性彰显中熏陶感染学生，成为学生学习的榜样，成为学生课堂的欣赏者。有道是"言传不如身教"。

三、从"一己之得"到"学界之痒",从着眼"文本解读"到着力"课程建构"

2007 年,我利用担任复旦附中人文实验班语文教师的契机,将教材校本化、专题化,将单纯的运用教材进行的讲授教学,拓展为"课堂教学""课外阅读""写作演讲""讲座游学"四个板块。试验结果,学生不仅考试成绩保持优异,而且只用三个学期的时间就完成了原计划在四个学期里实现的演讲、游历、写作、阅读四大方面的培养目标,学生高一高二两年间在浙江、河南、安徽等地游历 16 天,出版集子 5 种,在正规刊物上发表文章 50 余篇。

2013 年,在上海市杨浦区教育局支持下,我组建"白云语文工作坊"。一方面,与复旦附中黄玉峰老师的工作室联手,组成"云山书院"。另一方面,着手建设"实践研究"式的基地,形成教育认知上的共识。

1. 教与学是一元的。没有有效的学,便谈不上有意义的"教"。语文教学上的"工作量"是一个管理概念,真正对教师教学的评估,应该是基于学生的成效。没有成效的教学,应该是过错大于业绩的教学。所以,教什么、教多少不重要,学生学到多少、学到什么,才是教学的根本所在。

2. 课程是"教什么"与"怎么教"的二合一,好的课程,不是简单的对教学素材进行罗列,更不是对教学素材的一个集合。它应该是"教本"与"学本"的合一,是利于教师明确路径、学生把握方向和标准的东西。

3. 教育中"组织"是必需的,"同窗"作为一个物理概念,只有彼此之间发生真正的学习上的互动,才能算是实际上的"同学"。所以,即便是语文教师,也要把班级学生"组织化",促使更多的教学管理和教学互动在学生小组中发生。这样既能培养学生的自主管理的意识和能力、发挥学生同伴成长的优势,也能把教师从事务中解放出来,发挥更多的智力功能。

依据蒙台梭利"合适的环境＋集中的主题"的教育思想，基于课程标准＋学生心智特点＋管理上最优选择，我带领工作室成员研制出"三一课堂"教学模型。老子说：一生二，二生三，三生万物。在戏剧理论中，"三一律"是表演时间、空间和行动的统一。"三一课堂"希望语文在博大精深的领域中找到一个清晰的把控支点，衍生出所有的教学内容和教育方式，反过来，则"万物归一"。教学空间上，传统教室、功能教室、社会空间相辅相成，三者合一；教学目标上，听说、阅读、写作三者合一。教师作用上，导学、助学、督学三者合一。

对应这一设计，工作团队对现行教材进行统整、补充和优化，编撰、出版"中学语文专题学习"丛书共 17 册 17 个专题，从先秦诸子到当代散文、西方哲学纵向贯通，形成专题教学内容系列。"编者感言""单元导学""语文知识""作者传记""相关评论""读后小语""演讲纲要""游学感悟""专题写作"，彼此呼应，形成"语文知识"体系、"文学鉴赏"体系、"文化思想"体系。教学策略上，平置师生位置，倒置教学次序，链接读写说行，既保障足够的探索空间，也保证学习内容的结构性。

与此同时，2011 年 7 月至 2017 年，建成以上海市示范性实验性高中控江中学为核心试验学校，嘉定一中、嘉定二中、复旦中学等为辅助基地的教学实验基地圈。我借助"国培计划"专家、上海市名师基地指导老师、华东师大硕士生导师等身份，带领项目组成员，在上海电视台、上海教育电视台、杨浦"公益讲堂"、华东师大、台湾地区，为山西、内蒙古、黑龙江、吉林、辽宁、陕西、甘肃、新疆、宁夏、山东、河南、江苏、浙江、安徽、江西、福建、湖南、广东、四川、云南、贵州等省市教师做《语文改进，需要着眼"课程"》《关于教育未来的七大预测》等相关讲座，讲授相关公开课 300 余场。《开创"草根科研"的生长空间》等相关论文 30 余篇在《上海教育科研》《语文学习》《语文教学与研究》《现代教学》等刊物发表。《让"科学依据"成为"数据"内在的支撑》《"得语文者得高考"？

名师释疑:没有哪门学科"第一重要"》等由《文汇报》《解放日报》推送;上海市人民广播电台《市民与生活》频道对相关理念加以传播。在全国语言研究大会、华东师大语文教育评价研究会、上海市课程标准研讨会等场合发表《语文课程的理想特征》《让指挥棒引导教育改良——关于上海语文高考卷结构的设想》专题论述。出版各类图书40余种。《导向自主学习力的中学专题学习》得到上海市专家组高度评价,获得上海市教育教学成果一等奖。

一个单凭经验教学的老师很难成为一个好老师,低头走路的同时抬头看路,才能走得更快更稳。在教学过程中,"看路"的过程就是教师不断自我调整、自我反省的过程。这种"反省"的意识和参照从哪里来?——从教师的研究思考的活动中来。当一个教师对照教育职能部门的指导意见、参照同行的教育思想和行为、调查教育实践的经验和教训的时候,他的教育活动就进入了一个良性的持续发展的轨道中。30年来,从关心教学到关心教育,从关心文本到关心课程,从关心自我实现到关心学生成长,除了从我的导师陈小英、黄玉峰等处得到悉心指导,我的领导和我的同事真诚支持和帮助之外,很大程度上得益于我在阅读中思考,在思考中实践。2011年之前的3年间,我在复旦附中负责青年教师培训,付出过程演变成自我反思的机遇。2011年我调任上海市杨浦区教育局、教师进修学院科研室主任,6年间,三项教育部重点课题的持续跟踪,三轮"上海市基础教育创新试验区"的持续实践,"新优质学校集群发展"项目与"课程领导力""创新实验室""创智课堂""学段衔接"等项目的牵头或参与,千余项市、区课题的管理与"指导",使我思考教育的角度与视野发生质的变化。强调依据,强调理性,强调实践的可能性与社会学意义上的最优选择,成为我思考判断教育问题的原则和习惯。

做老师久了,难免会"僵",或者会"厌"。庆幸我一直本着"研究"的用心,一边把教学设想付诸实践、一边把教学实践总结为方法。"教学"

在我这里，不再是冷漠无趣的职业活动，而是充满感情色彩的"发明"和"发现"。2017 年 7 月，我放弃诸多机会回归讲台，除了喜欢学生，就只为执迷于自己"咬尾转圈"式的思考和实践。

教育已经进入 3.0 时代。我好奇且期待。

教师垄断"知识"的时代已经终结。"学习"的含义不再是"教师教学生学"，"智力"的定义也变成"系统发现和制定规划、形成判断及解决问题的能力"；教师不再是"知识的传授者"，而是"导学督学 + 学际关系的建立与协调"的人。

学生的"成绩"不等于学生的"成长"。当下的三年很重要，未来的三十年更加不可忽视。身为教师，积淀和提取以往的经验固然不可或缺，打破经验的束缚、突破"剧场"的假象、发现当下的"问题"才是进阶的必需。在日新月异的信息时代，基于当下设计未来，构建五年、十年乃至十五年之后的理想样态，才能最大限度地避免以"培养学生"的名义为学生设置心智的枷锁。

当然也可能最终一无所成。语文教育变革面对的是着眼"未来"的整体的系统统整，而不是小打小闹的"调整"。但是失败了又怎样呢？所有的进步都来自割舍，化蛹成蝶永远都伴随着新生的阵痛。作为今天的教师，这怕也是唯一的成就和享受吧。

名师档案

王白云

　　香港教育大学硕士。上海市语文特级教师，国家"万人计划"教学名师，华东师大硕士生导师，教育部国培专家，上海市语文、德育名师基地导师，"白云语文工作室"主持人。曾任上海市杨浦区教育局教育学院科研室主任。1988年7月参加教育教学工作，参与"区域推进大中小生命教育衔接"等三大教育部重点课题研究；在中央电视台、上海电视台、上海人民广播电台及国内外做讲座400余场。出版专著《高中写作教程七十二讲》《教有术　育有道》《教师审美情趣的陶冶》《高中语文专题学习》《初中语文专题学习》等共40余种。出版散文集《时间的看客》。

语文是思想者的事业

浙江省宁波市效实中学　张悦

感恩在最美好的年龄，遇见你——语文。你就像宝玉身上的那块通灵宝玉，须臾不曾远离；你成为"粘贴"在我身上的意义符号，一直共伴随行。你总是让我想起辛弃疾的"我见青山多妩媚，料青山见我应如是"；也会让我想到苏东坡的"人生到处知何似，应是飞鸿踏雪泥"。在你我相向而行、走向彼此的旅程里，我思考着两个问题——我是如何逐步加深对你的理解的？我又是如何和你建立良性互动的关系的？

一、我和语文之间的三个"不得已"

马丁·布伯认为，最好的关系就是"我"和"你"的关系。我想，我和"语文"的意义关联可以表述为：愿得语文"心"，白首不相离；我和"语文"之间有三个"不得已"。

首先是"情"不得已。爱，让我将语文当作一座桥梁而非一个目的，帮助我完成对人生的价值判断。语文教育重要的价值并不在于通过语文获得了什么，而在于为它奉献了什么。事业起步于爱，视野"生长"于爱；

无爱的语文，丢掉的是道德的使命与温软的人性。爱是语文的课程，亦是我作为语文教师一生的课程。

第二是"理"不得已。"如果我舍弃理性，我就再也没有引导者了"（狄德罗语），语文教育以感情为"花冠"，以思想为"根须"。一段时间里，我的语文实践总是在经验世界里兜兜转转，平面滑行，无法突围升格。我不得不说这是一段特别苦的过程，当我追问自己，这样看似精致热闹、实则浮华浅薄的教学究竟有什么意义时，我的内心爬上了苍凉的"恐惧"——我到底给了学生多少有价值的深度知识，并引导他们用一定的知识、在获得对世界的共同反思之后完成清晰表达？教师的经验只是"救生圈"而已，语文教师的经验可以"点燃"学生朝向知识之"忱"，但却无法满足学生走向知识深处之"需"：经验的水花激荡不起真理世界的涟漪。唯有理性，足以让学生获得与经验世界或补充或抗辩的辩证发展，从这个意义上讲，理性就是对认知的解放。现在的我，越来越深刻地认识到：语文是思想者的事业。

最后是"迫"不得已。"结伴"语文初始，凭着"灼灼其华，舍我其谁"的无知与"自矜"，我曾漠视语文课程的社会功能，主观设定语文教学的"小我"框格，在小清新的轻逸风格里欣赏语文的风景，语文的意义"聚焦"在"我"之世界里。从教数年之后，我审视自身而幡然醒悟：语文，除了"我"的世界，还有更为重要的"我"与"你"的世界，因为，一切意义在于"我"和世界正在建构的关系，"人在精神上的丰富性取决于他现实关系的丰富性"（马克思语）。语文教育承担着"使人成为人、作为人"（冯友兰语）的天然使命，这是社会发展之"迫"，亦是语文走向未来之"需"。

厘清我和语文的三重关系之后，在走向语文的日子里，我仿佛成了惠特曼诗歌里那个天天向前走的孩子。

二、我的语文课程观：实现人的社会化延伸与发展

"语文课程"的特殊性决定了它的概念范畴可以扩展到社会学领域，无论是专家学者、一线教师还是社会人士，都对它保持着长久的"省察"热度。尤其是在课标修订、教材重编、评价改革等一些关键时间节点上，"语文课程"往往就是热点关注对象。理解课程内涵与功能、使命与担当，是语文教师必备的专业素养。

我觉得，课程就是在教育者成熟的思想与受教育者尚未成熟的思想之间，寻找彼此契合的意义"点燃处"，最终达成理解、走向对方的媒介。我曾经反复阅读泰勒的《课程与教学的基本原理》，觉得这本书为我们划了一条意义的天际线，即课程的意义在于产生有利于个人和社会发展的可能性，并赋予这种可能性以实现的最大可能。我对语文课程的理解很大程度受到泰勒这本经典作品的影响。

我将"语文课程"这个概念做了五次"拆分"：（1）什么是语文课程的核心"知识"？（2）这些"知识"是怎么产生的？（3）这些"知识"在课堂里是如何被传递的？（4）什么类型的语文课堂，有助于学生适应并"生成"公认的社会关系中的价值和规范？（5）当下盛行的评价策略，是怎样帮助已经获得语文"知识"的学生去完成合理的自我评估的？在我的教学实践过程中，以上的"五分法"将"语文课程"这个概念从本体、认知、方法、完型、评价等多个维度给予具体理解，在解决语文情境中的真实问题方面发挥了"看得见"的作用。

当今时代，人类文明以前所未有的加速度前行，科学技术成果以浪潮翻滚形式全面进入日常生活，新知识不断挑战我们的理性认知深度，层出不穷的信息单体或信息群考验着我们的瞬间反应和即时判断能力，媒介融合已然成为时代发展的现实需求。我们都能认识到，真实的语用环境正在

发生着前所未有的变化。生活中充满了通向知识（信息）的桥梁，图片、影视、广播、网络诸多媒介或单枪匹马或联动互融陪伴着我们的知识之旅——我们在形形色色的传播关系中获取信息，批判知识，更新立场。只读"经书"的固化模式正在被挤压、稀释，直至消解、遁形。语文课程朝向真实的生活世界，走在媒介融合的新时代里，理应担当"实现人的社会化延伸"的重任。

朱永新教授说：未来学校一定会是一个学习中心。这样的学习中心可以有很多个；学生不是在学习中心，就是在去学习中心的路上。每个中心提供不同的学习内容，满足学习者的个性化需求。我有一个直觉，将来的语文课程要为提供个性化学习服务做好充分的准备。

三、我的语文素养观和实践取径

《普通高中语文课程标准（2017 年版 2020 年修订）》明确了学生学习语文课程之后应达成的必备品格与关键能力，提出了语文学科四个核心素养、十二个课程目标、十八个学习任务群。作为一线教师，理解新课程新课标理念的肯綮之处，还是落实语文素养的路径。

我还是喜欢用"语文素质教育"这个术语。它的内涵和形式与目前国家课程标准所倡导推进的核心素养本质上是一致的。我是一线教师，从教28 年来，没有离开过课堂，所以，我特别习惯用"一线视野"来观察问题、解决问题。我希望我所说的，能对具体的语文教学实践有用，对学生语文素养的形成、关键能力的培养有实实在在的帮助。

我觉得组成学生语文素养的关键因子主要有四种。一是优秀的语感品质。语言实践是人的生命活动、精神活动。我们生活在言语之中，过的是语文生活。语文教育必须深入生命本体，才能获取鲜活的力量，言语世界的突破必将意味着精神世界的提升；运用语言哲学观来表述，就是"语言是存在之家"。语文教学塑造学生优秀的语感品质，实际上是在帮助学生实现精神层面的成长。二是发展的语文思维。举例子来说，我们都会有这样的教学体会，一些学生文字空灵洒脱，情感世界细密敏感，写起随笔散文真情抒怀、信手拈来，但一写论述文，则文句跳跃，纵然有好文采的陪衬，也走不出思路混乱、结构松散的"洞穴"。根据什么思路组织文章就是语文思维的具体表现。在我的教学实践中，有一种朴素的坚持，即通过真实语用情境的创设、语言实践活动的展开来培养学生的语文思维，让学生在生活中展开分层次、多角度、内容丰富深刻的研究性学习，形成相对成熟而严密的思维网络，为学生拥有理性生活打下底子。三是完整的知识体系。这里所说的"知识"不仅仅是陈述性知识，它是一个高度抽象化的概念。我将所有助力于语文素养形成的"正相关"内容作为知识，它是一个内涵灵动而丰富的"变体"。在知识观上，"什么知识最有价值"是经典之问，我推崇斯宾诺莎所坚持的"我的知识才有价值"，当知识成为"我"的知识的时候，知识才会发挥知识之"用"。按照著名哲学家雅思贝尔斯的界说，知识不是货品，无法转移和堆积，知识学习是自我认知的过程，教师要为唤醒、激发学生的自我认知创设学习情境。四是综合的语文能力。我所理解的语文能力有三个组成部分。首先是"生活感悟的能力"，语文教师必须自觉地让语文教育介入到学生心灵的深处，并且有意识地帮助学生营造语文生活的氛围，让学生在语文生活中积聚丰富的语文体验，在情境世界里体味学习语文、充盈自身的快乐；其次是"以审美为核心的鉴赏能力"，比如，文学作品以情感力量为内核，学生阅读的过程就是进入文本、进入作者情感思想的过程，那些富有抒情性、音乐性、形象性等艺术品格的言语作品，能最大程度地唤起并丰富学生的审美理想；最后是"跨界融合的能力"，新课标提出的"当代文化参与""跨媒介阅读与交流"等必修学习任务群，都对语文学习跨界融合的学习方式提出了新要求，教师应该在这方面有一些知识储备。

四、将学生"成人"愿景"植根"在课堂

我在全国近三十个省市有过上公开课的教学经历，在中学语文教育界有一定的影响力与美誉度。我在课堂的"实然"状态与课堂的"应然"世界之间寻找方向与方法，将学生"成人"愿景"植根"在课堂。一言以蔽之，课堂是师生共同成长的精神家园。

我特别喜欢课堂。如果要形容我入得课堂的感受，那就是：沉醉；如果还要找两个字形容我出得课堂的感受，那就是：明亮。我陶然于"沉醉"与"明亮"之间的摆渡，来来回回之间，阅语文的世界"鲜花满树"，赏年轻的心灵"绿意葱茏"。我致力于"知识、生活与生命共鸣"理想课堂的研究实践，在日常教学中思考教学范型，努力寻找着"一类一型"相对稳定的"模态"，形成了部分可以交流、批判的典型课例：以品味语言为基点的《项链》《绿》的赏读型教学，由小话题生成课堂对话活动的《长亭送别》《故都的秋》《讴歌亲情，写得充分》的体验型教学，聚焦课程核心知识的《半张纸》《发现事件的意义点，寻找表达意义的载体》《我读散文——以〈想北平〉〈听听那冷雨（节选）〉为例》《对一棵古松的三种态度》的探究型教学，指向语文核心素养培养的《烛之武退秦师》《氓》《祝福》的任务型教学，等等，也有阅读、写作、研究性学习等多种课堂教学实录著作出版。在这样的教学探索中，我只能说我正在朝"诗意而理性的教学风格"靠近，而非形成。

我觉得，课堂教学的实践之旅应始终处于"创新"的轨道之中。语文教育承担着为时代培养人才的任务，创新是课堂教学实践"因时而化"的必然性选择。语文教育承担着让学生成就自我、发展自我的使命，创新是课堂教学实践"因材施教"的自洽性诉求。语文教育还承担着让教师自我激励、共同进取的责任，创新是课堂教学实践"因势利导"的"共省式"

改良。成为语文教师以来，我一直"迫使"自己处于重新出发的旅程中：在当下新课标、新教材、新高考的"三新"背景下，我又是一个"新教师"了；做新教师的感觉真好，朝向新的挑战，总是感觉自己"满血复活"。

我把课堂比作金色沙滩，将课堂教学的境界分成三个层次。第一层次，领着学生吹吹海风，领略大海之伟美；第二层次，吹吹海风，领略大海之伟美，和学生一起捡拾沙滩上美丽的贝壳；第三层次，吹吹海风，领略大海之伟美，和学生一起捡拾沙滩上美丽的贝壳，还一直对海的彼岸充满憧憬，相信并帮助学生泅渡大海，领略海那边的风光。我愿意为第三境界的"高举远慕"交付我对课堂教学的全部热忱。

五、语文教师应该成为社会的学习人群

我特别享受"从师而学"的过程，学习最大的魅力就在于它使我们的心保持足够的宁静与丰盈。很多现实世界中不能解决的困惑，通过学习方得始终。本科时，有幸师从语文教育专家王尚文教授，他坚持做"硬学问"的精神给我巨大的动力，以至于在碰到研究瓶颈而暂时无法突破时，我的眼前总是浮现他在除夕之夜，把自己扔进书房，潜心《语感论》写作的情景；硕士研究生阶段，有幸师从鲁迅研究专家王嘉良教授，每每想到我的硕士论文初稿上他无数的修改与提醒，那些高屋建瓴、无法复制、独创性的建议，我总是被王老师思想的"深"、情感的"丰"所感染；博士研究生阶段，有幸成为著名教育家朱永新教授的学生，朱老师的学术思想、为人品质充盈着智者的辉芒、善者的温软，导师的一言一行总是令人如沐春风，而我也因为朱老师的人格影响与学术鞭策，一直希望自己成为有品德有学问的好教师。还有很多的良师益友，在我的教育生涯中，给予我持久耐心的帮助，他们都是我的引路人；一路走来，千番感念、万般感恩。

我喜欢做点研究，也喜欢写作，是发自内心的真喜欢。做教学研究，得首先有一种不讨厌思考、不懒于动笔的意愿，得有内驱力的"驱使"。很多语文教师都很有思想，"言说"能力非常强；也有一些语文教师囿于日常工作的繁忙与琐细，无法在时间的缝隙中静下心来，让思想参与到纸笔的"舞蹈"与追问中，让日常教学突破常识与经验范畴，在学理层面来一次"意义搅拌"，在理论阐说里"亮剑"思想。我不知道在这里说这么一句话是否合宜：重要的事情永远是有时间的。没有时间，只是一个"美丽"的借口。这些年，尤其是从读硕士开始，我的教科研走上了一条"看得见思想"的发展之路。有近百篇学术论文发表于中文核心期刊或著名报刊，多篇全文转载于人大复印报刊资料《高中语文教与学》。出版专著多部，主编、参编教学用书多部。我的教学教研成果在"学习强国"的《文化》《教育》栏目报道推广，获得广泛影响。《中国教育报》《中国教工》《浙江画报》等报刊介绍过我的成长与成绩。长期以来，教育教学研究不断慰藉思想贫瘠，也不断"宽豁"教学路径，坚定着我做一个学术型教师的理想。

我经常这样自问：最近你在读什么书？我觉得，成为专业阅读者，是语文教师的职业使命。犁去内心世界的荒芜，保持思想的深度与创新，是语文教师的学术担当。在现代媒体的海量资讯面前，语文教师若要保持自己的独立，增进对意义世界的理解，其前提就是做一个专业阅读者。

在我的认知视野里，专业阅读的理想状态应该具备以下三种属性。一是"我"与阅读对象良性互动的三重关系的构建，即相识、相处、相依。相识，"我"的知识维度和阅读的书籍基本处于同等高度，"我"具有走进这本书的前理解力，"我"有足够的能力与知识视野去认知它；相处，"我"有相对具体、稳定、可持续的方法去阅读这本书，比如"我"的阅读笔记，比如"我"通过其他的阅读支架，如相关书籍、专家导读等来帮助自己完成阅读；相依："我"的自我认知帮助"我"较长时间地和这本书保持你中有我、我中有你的关系。二是思维的出场，即从质疑的情境到确定的情境。专业阅读需要调动专业思维，阅读中需要理智的分析、逻辑的态度与方法，用一定的知识背景作为阅读的支撑，是非常必要的。三是实证主义的阅读立场，让深刻之花烂漫在实践的田野。好的专业阅读，以理解、思辨、实现为目标。阅读不是飘浮于半空的舞蹈，它是贴着地面的步行。专业阅读说到底还是为了绕开教学的"兔子洞"，从琐碎、重复、机械的认知"势力圈"突围而出，有所为，也有所不为。

保持研究的姿势，坚持专业的阅读，语文教师视野的天际线就能不断突破，成为社会学习人群的语文教师会拥有更真实的获得感、存在感，由此也会收获更为宝贵的职业尊重。

六、我的师生观：为师之"尊"依靠为师之"德"来确立

我对"师德"的认识有个过程。先来谈谈我对师德的理解。"师德"的本质意义是指"教师应具备的道德品质和应遵从的行为规范"，两个"应该"的"应"告诉我们：师德是作为人师的我们职业诉求中本源性的"基因"，一个没有师德的教师也就丧失了作为教师的根本。尽管师德人人须有，是一种"必然"的使命与"应然"的担当，但是，师德仍有境界高下之分，它所达到的程度或表现的状态还是因人而异的——只有那些彻底超越了功利诉求、"擦亮"心灵的老师，才会用自己的力量"扫尽"孩子心底的"阴霾"。

我想用两个老师的故事具体谈谈我对师德的理解。师德，就是让老师在孩子的心里"安家"。小学三年级，我遇到了终生难忘的周孝珍老师。黄昏时分的校园，我蹲在墙角嘤嘤哭泣——一只大黄蜂恶狠狠地在我的大腿上咬了几口，害怕与疼痛让一个10岁的小姑娘不知所措。周老师走过来，对我说："孩子，怎么啦？有老师呢。"轻柔与急切的问询，在一个孩

子的耳朵里，就是天籁。周老师背起我，直奔医院，一边快走一边不停地对我说："孩子，有老师呢。"多年以后，一个女孩将突如其来的人生变故告诉我时，我陪着她一起流泪，耳畔响起周老师"有老师呢"温软真诚的声音，也吐出了这四个字——"有老师呢"。师德，就是让孩子放下内心所有的矛盾；就是一想到老师，就会觉得任何困难都不用害怕，因为，"有老师呢"。

师德，就是牢记教师只是和学生一起成长的"那一个"。读初一时，我遇到了终生难忘的胡薇君老师，胡老师是我的语文老师，每当我在课堂上大声纠正她读错的字音时，胡老师总是对我竖起大拇指，微笑着说："孩子，你好棒哦。"而"沾沾自喜"的我，听到"你好棒哦"时，总是觉得屁股底下的凳子都要长翅膀飞起来啦。一次全市公开课上，亲爱的胡老师正沉浸在课文内容的解析里，我又大声纠正她读错的字音了，听课的老师们齐刷刷地盯着我，胡老师的脸颊飞上一朵"红云"，然后，我又听到了她的那句"孩子，你好棒哦"。多年以后，我沉浸在《兰亭集序》的唏嘘与无奈里，学生提出了与我完全不同的见解，我终于也说出了"你好棒哦"这四个字，我分明看到有一道明亮的"光"闪在学生的眼神里。师德，就是牢记在人格上教师未必比学生高贵，在能力上教师未必比学生强大，在知识的"占有"上教师未必比学生丰富——教师，就是和学生一起成长的"那一个"。

我非常喜欢一个故事：雪夜访戴。只有放下内心所有的功利世故，犁去错综芜杂的困顿矛盾，才能看到那个夜晚被大雪照亮的灵魂。一个教师，若是可以成为下雨天撑在孩子们头顶的伞，成为和孩子们围着知识的火堆取暖的伙伴，那是何等富足的人生！

我成长于宁波效实中学语文教研组。我在教学起步阶段的课堂教学，都是因为同组的前辈们、同龄的老师们一次又一次的听课，一次又一次的打磨，才得以有点"模样"的。特别是我的师父冯中杰先生，他是浙江省著名特级教师，他对文本的理解、对学生的了解、对课堂的觉解，甚至是他改作业的风格，都是我所神往的，至今都觉得那是巍巍之山，无法逾越。我真心希望自己没有辜负他质朴的期望：做好一个语文教师。扪心自问，在努力"做好一个语文教师"的旅程中，我的确没有停下过求索的脚步。我想，语文教育之于我，还有很长很长的践履之途，不管路边风景有多美，路上会有怎样的困难，我都会心无旁骛，一路向前。这是我对自己的要求，也是我内心的需要；也只有这样，才能真正做到教书育人、立德树人，不负这个伟大的时代。

名师档案

张 悦

　　哲学博士，宁波效实中学副校长，浙江省特级教师，中小学正高级教师，国家"万人计划"教学名师、享受国务院政府特殊津贴专家、浙江省"万人计划"教学名师。获全国五一劳动奖章、浙江省劳动模范、全国优秀语文教师等荣誉称号。曾获全国中青年课堂教学大赛金奖，全国"做人民满意的教师"演讲大赛金奖，浙江省首届师德演讲大赛特等奖等荣誉。近百篇学术论文刊于中文核心期刊或知名学术杂志，多部专著出版。"学习强国"、《中国教育报》《中国教工》《浙江画报》等国内主流媒体介绍推荐其教育教学事迹或成果。主要社会兼职：宁波市特级教师协会副会长、宁波市领军拔尖人才工程第一层次人才导师，宁波大学硕士研究生导师、宁波大学特聘教授，全国中语会理事、浙江省特级教师协会理事，全国"一师一优课"教育部评委、长三角高中语文学科专家等。

拾级而上，名师成长的教育科研之路

山东省桓台第一中学　崔佃金

教育科研是教育发展的第一生产力，是教师专业发展的必由之路。参加工作 32 年来，我沿着教育科研之路拾级而上，从关注鲜活的教育案例起步，到从众多案例中发现突出问题进行专题研究，再到从教育实践和专题研究中提炼研究课题，以科研的方式探求教育规律。教育科研使我从一个年轻教师成长为齐鲁名师、山东省特级教师、全国模范教师和国家"万人计划"教学名师。

一、在案例研究中寻找教育措施，以教育科研的眼光审视教育现象

教育科研并不是神秘莫测高不可攀的，但也不是轻易就能掌握的。对教育实践中那些让人感动、顿悟的精彩故事进行案例研究，就是中小学教育科研的第一台阶。案例研究是学习和掌握教育科研方式的有效入门之径，也是迈向教师专业发展的第一步。

在每个班级总有学习、纪律较差的学生，学校和社会给他们起了很多

名称，有的叫"差生"，有的叫"后进生"，有的叫"可转化好的学生"。我觉得对他们的称呼并不十分重要，重要的是老师对他们的态度以及对他们施加的教育措施是否有效。优生老师喜欢，"差生"往往不爱，这样学生本来就存在的差距会越来越大。不给"差生"更多的温暖、更多的爱，就无法对他们进行卓有成效的转化，对学习较差的学生不仅要爱，而且要"偏爱"。这些学生往往是站在一条"好"与"坏"的临界线上。拉他们一把，也许他们仍考不上大学，但对他们今后的成长却有着深远的影响。这是由我的第一个教育案例得出的结论。

我的第一个教育案例

刚参加工作时，班里有个学生小张，由于父母工作调动，频繁转学，落下了很多课程，渐渐对学习失去信心，从厌学发展到逃学。加上他结交了几个不三不四的朋友，染上了吸烟喝酒的恶习。他的父亲多次用棍棒、皮带教训他，也不见好转。为了转化教育他，我多次到他家家访，一面劝家长，一面耐心地做他的思想工作。几十次找他谈心，从各方面关心、帮助他：棉袄上的扣子掉了帮他缝上，课本丢了再帮他买来，也帮他树立起了学习的初步信心；多次把逃学的他从大街上、大桥下找回；和他的父母一起制订教育计划。三年过去了，这个连父母都认为不可救药的学生，成长为一名合格的中学生。毕业后参军入了党，在部队多次立功获奖。复员后逐渐成长为一名优秀的政府公务人员。

也许就是这次对所谓"差生"成功转化的良好体验，使我坚定了不放弃每一个学生的信念。在我的教育下，一批批学生考上了大学，也有一些成绩相对差些的学生，提高了个人素养和思想品质，走向社会后充分发挥自己的特长，同样在工作中取得了优异成绩。这些学生又用我对待他们的方式，毫不放弃地教育着他们的孩子，还时常与我分享孩子进步的喜悦，这是我作为一名教师感到最最幸福的！

在教育过程中，我们总要举行很多活动，如果将每次活动都作为案例进行研究，以研究者的眼光审视活动方案，以研究的方法科学指导活动过程，其意义和影响就会大大超出活动本身。这是 1991 年我调入桓台一中第一次担任高中班主任后一个案例的体会。

排球赛失利之后

高一女排决赛在我们 1991 级（2）班和（8）班之间进行。结果我们班第一局取胜后又连输两局，终以一比二失利。当时赛场上十分紧张，队长张秀玲的嘴被球垫破，肿得老高，仍坚持打完三场球。比赛后回到教室，她和她的队员们都趴在桌上，"呜"的一声哭起来。见此情景，我故意问张秀玲："你的嘴很疼吗？"张秀玲扬起满是泪水的脸，对我说："我，我哪里是嘴疼，我是为咱班……唉！"半句话道出了女排队员不服输、不甘落后的决心，也激起了全班同学的共鸣！我及时召开主题班会，介绍中国女排胜不骄、败不馁多次夺得世界冠军为国争光的故事，并分析失利原因，号召全班同学学习女排顽强拼搏的精神。我特意安排张秀玲担任值日班长，她在总结球赛后说："赠上几句话让我们共勉吧！一句是拿破仑的名言'不想当元帅的士兵，不是好士兵'，另一句是：成功了可以庆幸，失败了可以哭泣，可是朋友，不要忘记庆幸和哭泣之后，仍应潇洒地站起！"她的话博得了同学们经久不息的掌声。她还在班级日志中写道："多么不平凡的一天，这一天我充实了很多，激动人心的排球赛就在今天，我们虽然输了，可我深深体会到集体的力量，愿我们总结经验，争取下次夺魁！！！"由于及时引导，这次排球赛我们班虽然输了球，却赢得了意志。就在此后不久举行的女篮比赛中，队员们做好了战略、战术准备，以较大优势顺利夺魁。1991 级（2）班是我调入桓台一中接手的第一个班，也许就是这些活动的原因，这个班有较强的凝聚力，有较好的学习氛围。1994 年高考，有 25 人考入本科院校，是其他班级的 2～3 倍。三年中，我也连续两次被评为桓台县优秀班主任，这是我最早的县级荣誉称号。

案例研究不是对教育现象的客观记录，而是要用教育科学原理反思教育过程，及时优化和改善教育过程。对"义务值日"的案例研究，使我的教育方式更体现以学生的发展为本。

体味"义务值日"

为了培养学生的奉献精神，我担任班主任的班级都实行星期六义务值日，在我的倡导和带动下，学生参加的很多。但是，由于采取对参加学生给予记分、表扬、奖励的方式，这义务值日越来越显出其功利色彩。2003年，我担任（27）班的班主任，决定改变一下，让学生体验真正的义务值日。我规定：义务值日，参加不表扬，不参加也不批评，不作为思想品德评定的依据，更不作为评选优秀学生干部和三好学生的条件，全凭学生自觉。我也有意很少参加。一年下来，每次参加义务值日的人数逐渐增多，这一天成为我班卫生最好的一天。他们都有了良好的体验，正如卫生委员于成龙说的："义务值日和平常值日比起来，轻松了许多。这种轻松不是指劳动量的大小，而是在心情上。每次参加义务值日，我都觉得好像为集体做了一件好事，就像小时候帮不在家的妈妈做了一顿饭，有一种愉悦感和成就感。尽管每次义务值日任务不轻，可心情总比平时好得多，就连这天的学习也感到特别带劲。"自觉的义务值日，激发了学生对班集体的热爱，唤起了他们无私奉献的美好体验。正如教育家杜威的教育无目的论所说，"教育过程除了它本身外没有别的目的，过程本身就是目的"。

杜威批评传统教育为儿童确定他们不理解和不需要的目的。如果用能否达到目的去看待活动的价值，那么这种活动就变成了苦役。杜威认为，只有"教育过程以内"的目的，而无"教育过程以外"的目的。如果目的在过程之中，那么活动的自身便成为达到目的的手段，这样的活动便是生动的，具有真正教育意义的。反之，如果目的是在过程之外，即外部强加的目的，这样的活动便不能在特定的情况下激发智慧，是盲目的、机械的和有害的。

我对这次义务值日进行了研究，写出了论文《体味义务值日》，发表在山东省《现代教育导报》。

课例是一种特殊的案例，以其独特的话语系统，平民化的研究方式，越来越被学校、教师所接受。它使教师以研究者的眼光审视、分析和解决在教学实践中遇到的问题，实现教学与研究同步协调。

球的体积的 MM 方式设计

在执教"球的体积"一课时，我围绕课堂引入、教学主线、教学思想、课堂小结、教学环节反复说课、研讨。首先由引例"梵塔探圣"让学生体会"分割求积、组装求和"的思想，再由有限分割到无限分割探求半球的体积，并介绍刘徽的极限思想。刘徽是中国古代最杰出的数学家之一，宋徽宗追封他"淄乡男"的数学爵位，他是淄博人。淄博的教师在淄博的课堂上给淄博的学生介绍淄博古代数学家，教育效果可想而知。由此写出的论文《"球的体积"的 MM 方式教学设计》在《中学数学杂志（高中）》2002 年第 4 期发表。这是我在进行"数学 MM 教育方式"课题研究时的一个典型课例，在教育方式、方法、模式的课题研究时，课例研究是一个必不可少的步骤。

我还进行过"自卑的小张""二次曲线的相交问题""这个数列没有通项公式吗？""一节失败的复习课"等 300 多个教育教学案例研究。

生动鲜活的案例是教师宝贵的资源，案例研究是认识与反思教育教学过程的过程，是沟通理论与实践的桥梁，是总结教育教学经验的有效形式，是实现教育教学举一反三的手段。案例研究以其真实性、典型性、浓缩性、启发性等特点，使教师走上教育科研与专业发展的起点，也是更高层次研究、发展所必需的。它将伴随教师教育、教学和科研的全过程。

二、在专题研究中探求教育策略，以教育科研的态度把握教育问题

从案例研究出发，发现教育教学中的突出问题，拓展为研究专题。运用恰当的教育理论，采取科学的方法，设计可操作的方案，有目的、有计划地探索解决问题的措施、方法与策略，达到解决实际问题，提高教学质量，提升教育品位的目的，使教师教育科研和专业发展跨上新的台阶。

我从"自卑的小张"等案例提炼出研究专题"学生自卑心理的成因及教育对策"，分析了自卑学生胆小、懦弱、孤僻、不爱交往、缺乏知己等外在表现，研究了自卑学生对待同学和班级态度冷淡、出现人格障碍、导致学习下降等心理现象，提出了教育措施：让自卑学生了解自己的性格，利用由自卑产生的"发展自我的愿望"，树立人生目标，突破心理障碍，逐渐走向成功。研究论文发表在 1996 年《山东教育报》。

我从"一节失败的复习课"提炼出研究专题"解析高原现象"。人在学习过程中，经过一段时间并取得一定成绩后往往会出现停滞不前的现象，仿佛水平已到了极限，再学习也无济于事；如同登山时的高原缺氧反应一样，思维麻木甚至停止运转，心理上产生极度厌倦、再也进不去的窒息感觉，这种现象称为高原现象。从哲学的角度看，世间一切事物都有一个从量变到质变的过程。高原现象就是将要发生质变前的量变过程。我从心理、知识和学习方式等方面研究、分析了学生在学习上产生高原现象的原因，给出了"激发学习热情、改进学习方法、掌握学习强度、理解学习要领、站在系统的高度学习"等消除学习高原现象的措施，增强了复习课的效率，让学生避免了在高考复习中容易出现的"高原现象"。研究论文在 2010 年《新校园》（学习版）发表。

2007 年，我参加齐鲁名师赴美培训活动，21 天考察了小学、初中、高

中、大学、社区大学共 11 所学校，听了 45 节课，先后在 3 个美国家庭居住。考察期间，参加了教师集体备课，观摩了康州中学生机器人大赛和第二届康州中华艺术节，参观了社区游泳馆、棒球馆、滑冰场、游乐场、游艇俱乐部、社区图书馆等学生社区活动场所，拍摄了一千多张照片，形成了两万多字的考察日记和感悟。之后，我对赴美考察活动进行了专题研究，论文《零距离接触美国中小学教育》在 2008 年《新校园》（理论版）发表，论文《从美国的学校没有"围墙"谈起》入选《感悟美国教育——齐鲁名师美国行》一书。

伴随新课程改革，当今的课堂有了更多的自主学习、合作学习、探究学习环节。转变学生的学习方式是新课程改革的重点内容，我对素质教育环境下学习方式的有效选择进行了专题研究，认为，学生要科学规划"自主学习"，充分利用"合作学习"，经历"研究性学习"的过程，在接受学习中进行"探究"，重视"网络式学习"等信息化学习方式，探求信息技术背景下的新型学习方式。研究论文《素质教育环境下学习方式的有效选择》在 2009 年《新校园》（学习版）发表。

在一次县教研会上，执教教师采用了教学参考书上一个没有通项公式的数列。我仔细思索，终于找到它的通项公式。我继续研究：什么样的数列没有通项公式，什么样的数列有通项公式，有什么样的通项公式。我用高等数学知识证明了有穷数列都有多项式型通项公式；编制了计算机程序，只要输入数列已知项，就可以输出其通项公式。围绕这一系列问题的研究，我发表了 3 篇论文。沿着数列这条线研究下去，我长时间思考杨辉三角的推广，终于在一个早上突然有了灵感，从平面到空间，形成（$a+b+c$）的 n 次展开式系数的三角垛型结构。

这些针对教育问题的专题研究，从日常教育事件与偶然现象中捕捉教育学生的契机，从教师教育行为中发现教育实践的灵感与智慧，从实践经验与教育取向中发掘研究课题，谋求教育的性质和规律。

三、在课题研究中发现教育规律，以教育科研的精神提升专业素养

　　课题研究是运用科学方法探索教育现象的性质和规律，并取得科学结论的一种创造性活动。其功能在于让教师审视教育实践，发现教育规律，探索教育实质，提升教育理念，提高教育水平，解决具有普遍意义的问题，使教育科研和专业发展跃上新的高度。

　　面对新课程改革，我总结多年的教学经验，对积累的大量课例进行了研究；反思了"MM 数学教育方式"等课题实验；将赴俄罗斯、韩国、美国短期教育考察与我国教育现状进行了对比分析；综合学习方式、高原现象、多元智能等专题研究，设计了研究课题"心智数学教育方式"，2006年被列为山东省教育科学"十一五"规划重点课题。

　　课题研究要有坚实的理论基础。"心智数学教育方式"以数学方法论、文化论、学习论、建构主义、多元智能为理论基础。为满足课题研究需要，我购置了 1 000 多册图书，有《大教学论》《杜威教育文集》《古今数学思想》等经典著作，有《数学方法论》《数学学习论》等数学理论，还有教育哲学、学习心理、教学模式、教育科研、多元智能、教育史、数学史等图书，形成了我的个性读书方法。一是围绕课题研究博览群书，集中学习大量教育理论。二是结合研究专题实际联系理论，寻找研究实际所需教育理论。三是结合研究的中心问题理论联系实际，探求教育理论的实践注释。

　　"心智数学教育方式"吸收众多教学方法的优点。其采取情景式、问题式导入新课，激起学生对问题的研究欲望。在教学指数函数时，我手拿一张白纸走上讲台，提出问题："一张厚 0.1 毫米足够大的纸，若把它对折 30 次有多高？"学生纷纷拿起一张纸试着折起来，1 次、2 次、5 次、6 次……，七嘴八舌地猜想着，有的说 1 米，有的说 1 千米……学习相关知

识后，学生迫不及待地算出了这个令人难以置信的高度为 107 374 米，超过了珠穆朗玛峰的高度，从中体会指数增长的速度之快。

"心智数学教育方式"注重学生学习方式的转变。数学既是严谨的演绎科学，又是实验性的归纳科学。数学的发生、发展过程是观察、实验、归纳、类比、猜想等合情推理与判断、证明等演绎推理的交织互动。数学探索中艰难坎坷的体验和成功的喜悦，是十分珍贵的经历。我在进行归纳法教学时，引导学生用不完全归纳法先猜想结论，再用数学归纳法证明。从 "3+3=6，3+5=8，3+7=10…" 中发现规律："任意两个奇素数的和都是偶数"，这是一个真命题。反过来，从 "6=3+3，8=3+5，10=3+7…" 中猜想结论 "大于 4 的偶数可以表示为两个奇素数之和"。这就是著名的歌德巴赫猜想。这样的教学，让学生体会到伟大的猜想和发现就在我们身边。

"心智数学教育方式"注重调动学生的多元智能，发展学生心智。教师带领学生步入最近发展区，让他们独立获得建构所需的外部信息和条件。立体几何是高中数学的难点，有的学生甚至到高中毕业也不能对立体几何有很好的掌握。我指导学生制作立体几何模型，用模型演示点、线、面、体的各种关系。通过多种感官的参与，对各种概念有了丰富的感性认识，较好地理解每个概念和定理的生长过程。学生的立体感逐渐建立起来，很快实现了由感性认识到理性认识的飞跃。

实验研究形成了"心智数学教育方式"的教育理念与设计原则，对课堂导入、课堂小结、目标设计等重点环节进行了研究。我总结了六个操作变量的实施方法，形成了导学启悟、以点带面、题组教学、变式教学四种基本教学模式，于 2011 年通过省专家组的结题鉴定。实验班级教学成绩明显优于对照班，在平时考试与高考中都取得了优秀成绩。课题研究成果获 2014 年山东省教学成果二等奖。

"心智数学教育方式"实验结题后，我进而思考，如果对各种课堂教学策略进行研究，有利于大幅度提高教学效率。赴美考察时，康州教育厅葛丹先生介绍了美国的九种教学策略，美国学校校长评课、教师教研都围绕这九种教学策略进行，我还获赠一本介绍美国九种教学策略的书籍。由此，我萌生了进行教学策略研究的想法。我通过师生问卷、课堂观察，梳理出高中数学常用的教学策略，然后进行定量研究。"关于高中数学教学策略的实验研究"2012年被评为山东省教育科学"十二五"规划课题，研究成果获2018年山东省教学成果二等奖。另一方面，我对当前高中数学教育全过程进行了反思、分析、研究，发现存在着教育理论等方面的大量问题，由此提炼出"当前高中数学教育中存在问题的研究"，2013年被确定为淄博市教育科学"十二五"重点课题。

对数学教育方式和教学策略的研究，开阔了我的眼界，打开了我的思路。我及时将研究扩展到数学美育和全学科美育。2018年我主持的课题"基于核心素养的高中数学美育的研究与实践"被评为淄博市"十三五"重点课题，我围绕高中数学美育开展了三年的研究与实践，出版著作《高中数学美育指引》（上、下）。作为核心成员还参与淄博市"十三五"重点课题"教师美育思想研究"，撰写研究报告。在此基础上，2019年开始主持山东省基础教育改革项目"普通高中实施全学科美育的理论与实验研究"。

自2002年我主持8项、参与2项省、市级课题研究，研究课题从（学习）MM数学教育方式，到（独创）"心智数学教育方式"，从高中数学教学策略、数学教育存在的问题及策略，到高中数学美育、教师美育思想、全学科美育。从单一的教育方式，不断向更广泛、深层次、学科融合综合方向发展。

我在教育科研中增强了问题意识。中医理论讲究辨证施治，往往达到对疾病根治的效果，这与对学生的教育不谋而合。混沌理论有著名的"蝴蝶效应"，影响一个复杂系统的因素也许特别简单。学习也是一个复杂系统，影响学生成长的因素可能就是教师的一个眼神、一次鼓励、一次谈话。如何分析影响学生的因素？如何辩证地为学生诊治"学习病"？新课程理念下的课堂讲究先学后教，课堂教学的起点在哪里，我将继续思考下去……

我在教育科研中解决了突出问题，主持的省"十一五"重点课题"心智数学教育方式"等 3 项课题研究顺利结题。围绕案例研究、专题研究和课题研究，我发表 36 篇论文，参编 7 本教育专著，总计达 30 多万字，作为淄博市教育科研的先进个人，在淄博市第五届教育科研大会上作典型经验介绍。

我在教育科研中提炼了教育思想，形成了我的"多元教学观"：数学教学是"多元"的，数学学科功能是"技术功能"与"文化功能"并重；数学的思维方式是"演绎推理"与"合情推理"并重；数学学习方式是"教学、学习、研究同步协调"；形成"心智数学教育方式"等教学特色。

我在教育科研中走向国家级教学名师。从桓台县首届十佳名师、淄博市教学能手、市学科带头人，到淄博市专业技术拔尖人才、淄博市有突出贡献的中青年专家，再到山东省特级教师、山东省首届齐鲁名师、全国模范教师，2018 年被中共中央组织部、人力资源和社会保障部评为国家"万人计划教学名师"。每一项荣誉无不凝结着教育科研智慧的火花。

教育科研是名师成长的必由之路，教育科研是名师不断超越自我的可持续发展之路。我依然坚持：从教育教学实践的发展趋势中寻找挂钩点，从教育教学的先进理论中寻找支撑点。让教育科研陪伴我在教育这永恒的事业中追求人生的永恒。

名师档案

崔佃金

　　1980 年参加教育工作，山东省桓台第一中学教务处主任。正高级教师（三级），山东省特级教师，国家"万人计划"教学名师。被评为全国模范教师、全国教育系统劳动模范，首批齐鲁名师，山东省教育科研先进个人，山东省首届十大科研名师，2008 年北京奥运会火炬手。

　　主持省、市级教育科学重点（规划）课题 7 项。科研成果获山东省教育科研优秀成果一等奖 1 项，山东省基础教育教学成果二等奖 2 项，淄博市教科研优秀成果奖 3 项。

　　在省级以上学术刊物发表论文 36 篇。参编《走进名师课堂》等 7 本著作。担任"国培计划"培训专家，山东理工大学、齐鲁师范学院特聘教授，山东省教科院兼职研究员、教研员，山东省基础教育培训专家、鉴定专家等 8 项兼职。

用教育初心，走教育长路

广东省深圳市第二实验学校　林伟

光阴似箭，岁月如梭，从我走上讲台到现在已经有 30 个年头了。30 年的时光里，密密麻麻地记载着我生命中最美好的青春岁月，让我留恋，让我难忘，更催我奋进，坚持我梦想的"思意"之旅。与孩子们为伍的日子里，我感受着喜悦的幸福，心中充满感恩。孩子们澄明清澈、天真单纯的心灵给我带来的愉悦，更加坚定了我将此生奉献给所从事的教育事业的信念。时光悠悠，几多风雨，几多欣喜，那些鲜活而丰盈的经历仿佛就发生在昨天。

一、梦想——涉足讲坛，让专业方向更坚定

人生几何，我曾想成为一名画家，梦想着用多彩的画笔描绘美好的生活；也曾想笔下生花，在当代中国文坛上开拓出一片属于自己的天地。奇怪的是，在诸多的选择中，我唯独没有考虑过教师这一份职业。但命运却偏偏与我"作对"，我最终被一所师范院校录取，也许这一切是冥冥之中自有安排。虽然师范院校与我梦想中的大学相差甚远，但我还是以积极向上

的心态去面对，既来之则安之，不负青春、不负韶华，在不断了解教育的旅程中，我慢慢地感悟着"为人师表"的意义和价值。

教育是神圣而崇高的，引领着我一路前行，终生不悔，对教育事业和对学生的挚爱，使我能审视、认识自我，平衡好家庭与事业的关系，在物欲横流的时代里，甘守清贫，愿为人梯。30 年来，我立志从教，热爱学生，积极进取，勤于教研，为传道、授业、解惑而不懈努力。

为人师表要具备跨学科知识和面向未来的意识，才能肩负起历史的重担，才能担负起培育复兴和发扬光大中华之未来的责任。20 世纪 90 年代我也有"下海"和转业的想法，父亲极力反对，希望我子承父业，也许这就是缘分吧，对学生的热爱，坚定了我执着无悔终身奉献教育事业。在讲台上的这份满足和充实，使我感觉到了教师是精神上的富有者，促成莘莘学子的成长与蜕变，被毕业多年的学生记在心间，这不就是最简单的精神满足和快乐吗？还有什么理由轻易放弃呢？人生充满了机遇和选择，然而当"下海弄潮"之风从我身边刮过的时候，我意识到这些勇敢的弄潮儿与坚守教师梦的我一样值得被尊重，也更加坚信了我的人生坐标就定在这三尺讲台上，这里有我的事业。

担任班主任工作，是我作为教师成长的另一个关键的平台，这也让我有了一些新的看法和认知。我认为，作为班主任不是要让学生怕你，而是要在学生犯错误的时候，你能正确引导学生分析犯错误的原因，帮助学生找到正确处理问题的方法，让学生从你身上真正理解什么是责任，如何履行自己的责任，什么是宽容，如何做到宽容……

在担任班主任的过程中，我花了不少心思转变后进生。青少年正处于世界观形成阶段，有着自尊、自卑、逆反等各种心理。针对他们不同的性格特征，我用"亲、严、细、活"的方法努力做好思想工作。"亲"就是亲近，"严"就是严格要求，"细"就是和风细雨，"活"就是全面分析、方法灵活。我经常与学生促膝谈心，交流思想，全面关心学生成长。我对不同层次的学生，提出了不同的要求，对高层次学生提出"勤奋、严谨、求实，在竞争中充实自己，发展自己"，对低层次学生提出"自尊，自得，奋发前进"。我对学生一视同仁，一个良好的班集体，不能让一个学生掉队。要让后进变先进，先进更先进。要关心各个层次的学生，特别是关心后进的学生。

1990 年大学刚毕业时，学校安排我担任高一（2）班的班主任，当时我接触到一个沾染了不少坏习气的学生：赌博、抽烟、打架；为社会上的不良青年牵线联络，经常无故旷课。对于"难搞"的差的学生，有的教师说："劝他退学算了。"他的父母无可奈何地对我说："林老师，我们是没办法教他了，帮我们救救他吧。"于是，我认真分析了这名学生变坏的原因：一是结交了社会上的"沙煲兄弟"，受到了不良风气的影响；二是家庭对他长期的迁就和放纵。我们如果把他推出校门，他必然会破罐破摔。于是我先后找他谈话 20 多次，座谈 10 多次，我密切关注他的变化，白天上课时检查他是否到校，晚上到他喜欢去的小卖部巡视。有时我还把他请到家里，让他倾吐心中的苦闷，与他交换想法。我说："老师真羡慕你们，你们年轻充满朝气和力量，正处在人生的黄金时代，有很多事情可以做，但我认为，学习是至关重要的，对吗？""老师，我有个要求，请你不要将我成绩下降的情况告诉家里好吗？""好的，老师相信你能战胜自己的缺点。"为了给他创造改正缺点的条件，我还发动团干、班干主动与他交朋友。在我的真诚耐心的关心和帮助下，他终于迈出了可喜的第一步，旷课现象没有了，基本上摆脱了社会上不正派青年的纠缠，学习成绩有了明显的进步，各科平均分由 42 分提高到 61 分，各种活动也积极参加了。当我在"学雷锋，树新风"的总结会上表扬他时，他那股高兴劲头就甭提多大了。这样的后进生经我手转变过来的为数不少，当看到一些在自己教育下转变过来的学生，有的考上大学，有的参了军，有的成为社会建设骨干力量，我感到无比欣慰，深深体会到：做好一个后进生的转化工作，所付出的艰辛劳动，所产生的社会意义，不亚于多送几个优秀学生上大学。"精诚所至，金石为开"，我觉得只要用满腔的热情去转变后进生，善于发现和发扬他们身上的闪光点，激发他们的自信与自尊，就一定可以将他们培养为对祖国有用的人才。正如学生所言，林老师严在脸上，慈在心里，严在管理上，慈在师生间其乐融融的惬意交往中。

二、尚学——滋养气质，让专业知识更厚重

1988 年我考上了师范院校，这也是人生最好的读书时期。我遨游在知识的海洋里，重新构建知识体系。除了课堂上学习教育学和心理学之外，我经常在学校图书馆阅读大量教育理论书籍，将书中触动我的内容记了一本又一本的读书笔记，也开始对教育科研产生了浓厚的兴趣。从此，我对学习和研究"情有独钟"，这些为我专业发展注入了持久的动力，成为我生命中不可或缺的一部分。

1990 年 8 月，我被分配到离县城最远的渔港小镇上教书。其实，面对纷繁浮华的社会，身边有太多的诱惑常常会使我们迷失自我。但是，从一踏上讲台起，我就下定决心要当一名好教师，当一名"学者型"教师。我不断思索着，做一名合格的教师应当从哪里开始呢？我曾经苦思冥想，却不得其解，当我读到"君子有三忧：弗知，可无忧与？知而不学，可无忧与？学而不行，可无忧与？"时，我豁然开朗——获得教育的知识与信息、技能与能力以及实践经验是做好教师工作的基础。

成功绝非偶然，是要有深厚的储备的。正如苏霍姆林斯基所说："教师所知道的东西，就应当比他在课堂上要讲的东西多十倍、多二十倍，以便能应付自如地掌握教材，到了课堂上，能从大量的事实中挑选最重要的来讲。"真正的成功之路遥远而艰辛，只有储备充足，厚积薄发，方能成就一番事业。这种"成功心理"始终催促我朝着这一方向努力，这也是我

寻求自我发展的内在动力——追梦的自觉性带给了我前行道路上不竭的力量和信心。

爱因斯坦说："人的差异产生在业余时间。"我不是一个特别聪明的人，也没有特别的过人之处。如果非要说出自己的特点，那一是比较用功，二是有独立思考习惯。30 年来我很少休过节假日，大部分时间我都用来读书、学习、研究和写作。

陶行知先生说过："惟其学而不厌，才能诲人不倦；如果天天卖旧货，索然无味，要想教师生活不感到疲倦是很困难的。""三更有梦书当枕，半床明月半床书。"我非常喜欢读书，希望自己能臻达这种读书的快乐，把读书变成一种习惯，也感觉到教师学习和阅读的重要性。多年来，学习和阅读使我认识自己，发现自己，提升自己。读一本书就如登上一层楼，研究一个问题就开阔一部分眼界，我除了自学之外，也充分利用每一次外出学习的机会提高自己，我深深地意识到持续的学习使我站得高、看得远。与此同时，我为自己制订了一套自学计划。学校阅览室成了我常去的地方，在图书馆的时光过得飞快，经常一坐就是半天，查阅资料，学习思考，修改教学设计……因为我要求自己把每节课都上成精品课，为实现这个目标，多少个寂静的夜晚，我都伏案研读，既与孤独为伍，也与快乐做伴，因为我深信，春耕夏耘，必将迎来硕果累累的金秋。

此外，我工作中对自己有八字要求：学习、研究、实践、提高。只有适应知识迅猛发展，才能做一名时代要求的人民教师。在不断的探索和学习中，我发现并归纳了完善自我的四种途径：

第一，需要认真学习教育教学理论。为了最快地了解教育教学的最新信息，我先后购买了 3 000 多册教育理论书籍，订阅了十多种教育教学杂志。通过学习吸收，丰富了我的知识认知体系，为提高教学质量夯实了基础。与此同时，我不断地参加新的研修和学习：2000 年参加了广东省首届数学教师骨干班学习，经过一年的学习，对自己的教学能力有了新的认识和提升；2006—2009 年，又参加了广东省"百千万人才培养工程"名师培养对象高级研修，三年的磨炼，充实了我的知识储备，使我进入了数学深层的空间，从此构建了"思意数学"的研究框架；2011 年，又被选派参加了在北京大学举办的"校长后备班"学习；2020 年，参加法国布雷斯特商学院课程，进行数据科学和教育管理学硕士学习。我十分珍惜每一次学习提高的机会，在学习期间，认真学习专业知识，查找相关资料，聆听专家讲座，拜访专家学者，并阅读大量的教育教学学术专著。这种读书经历和体验，奠定了我的数学专业基础，提升了我的教育教学水平，也为我梳理自己的教育教学思想积淀了丰富的素材。

第二，在学中教，在教中学。我既学习了前人和名师的教育教学精华，又在实践中不断地充实和提升自我。1996 年 11 月，为了参加广东省青年数学教师优质课比赛，我认真研究课程标准，精心整合教材，细心处理知识点，有机渗透数学思想方法、有序组织课堂教学、有效落实核心素养、有层次地提高学生能力，都要全盘考虑与设计。我还前往市教育局教研部门求师赐教，虚心请教经验丰富的教师。在他们的指导下，"同类项"这节课荣获了广东省青年数学教师优质课评比三等奖。通过这样的做中学，我学到了名师的宝贵经验，也把自己学到的应用于实践之中，加速了自己在专业上的成长。

第三，面对挑战，勇于实践。从事教育工作以来，我一直承担较重的教学任务、班主任工作和行政管理工作，还担负着数学奥林匹克竞赛的辅导任务。虽然每天忙忙碌碌，很辛苦，但是我现在非常感谢各级领导给我的任务和压力，是他们让我在实践中得到了锻炼，使得我迅速进步与成长，才让我今天有这样的成绩。30 年来，我不知道参加了多少次各级各类评优课。上公开课、研究课，我从来都没有推辞和抱怨过，我认为这是一个教师专业发展的很好的机会。因此，我对每一节课都认真对待，全力以赴。现在想起来，每参加一次公开课，我都有一种登堂入室的感觉。不管是哪一种类型的公开课，在准备过程中，对教材、教法、流程和教具等，以及手势和表情的配合，都要不断研究与探讨，反复琢磨和推敲。也就是在这种煎熬中和大量的实践中，我提高了自己教育教学的水平，发展了自己的专业技能。

第四，在实践中总结，坚持写教学反思。教师写教学反思就是为了记录每一节课的得与失，总结教学中的经验与教训，同时也记载着学生思维的障碍以及学生学习的得与失。因此，我尽可能写教学反思，这有助于我反思教学过程中的成功与失败，有利于今后改进教学方式，丰富自己的教育教学经验，提高专业和学术水平。

学习凝聚力量，没有厚积就没有薄发，没有深入就没有浅出，因为它凝集了巨大的能量。今天我之所以能在教育、教学、科研、管理等方面取得一点小小成绩，首先归于我的不断研究、实践和学习。

三、砺行——扎根课堂，让专业素养更厚实

"教师的成长于课堂开始。""教师靠课堂立身。""教师的职业幸福主要来自课堂。"课堂实践就是一位教师专业知识和技能的实践。课堂教学是"术"，专业研究是"学"；唯有"学"有专攻，才能"术"有所用。"学""术"兼并，掌握专业与教学的平衡；"知""行"合一，才能完成理想与实践的统一；"道""路"并行，才能实现教学理想的愿景。

教师的教育教学行为是由教育观、教学观、世界观以及价值观来决定的，教师素质，直接影响着学生的成长。因此，我们要树立立德树人的思想，不断学习新的教育教学理论，更新教育教学观念，引导学生积极主动探究和获取知识，把核心素养落实到教学之中，培养良好的思维能力和意志品质。

我一心迷恋于教书，热心教学研究，钻研教材教法，组织实践探索，改革课堂教学。我把学到的知识运用于中学数学教学与研究中，我狠抓课堂教学，要成绩，要质量；我积极汲取和学习别人长处，但从不重复别人。

我主张标新立异，不断更新教案，更新知识，更新观点。我致力于改革课堂结构，更新教学方法，优化教学过程。我对学生循循善诱，爱而不护，教而不训，示以典范，严以督导；对自己孜孜以求，严于治学，严于执教，谦逊谨慎，博采众长。于是，在以课堂为主要研究对象的个人教学专业发展之旅中，我很重视调动和培养学生在课堂上学习的兴趣，注意精心、巧妙地预设和生成课堂教学中若干富有魅力的教学细节，使每一节教学课都有兴奋点。学生在教学过程中能最大程度地主动参与，内驱力得到充分的激发，从而不断得到新的收获。

我在教育教学中提出"低、小、多、快"四字策略。"低"是低起点，就是要摸清学生相关知识、基础、能力和心理准备的实际，把起点放在学生努力一下就可以达到的水平上，使新的知识产生联结，形成网络。"小"即"小步子"，就是根据学生实际，确定能达到的实际目标，教学步子要小，把教学内容按由易到难、由简到繁的原则分解成合理的层次，然后分层渐进，把受挫的可能性减少到最低程度。"多"即"多活动"，针对困难学生注意时间短、记忆容量小、概括能力差的特点，改变教师大段讲解的倾向，导向师生活动交臂进行的方法。这样不仅调节了学生的注意力，更重要的一点是，学生大量参与学习活动，自我表现的机会多了，能力逐渐提高，这种良性的循环大大促进了学生各方面的发展。"快"即"快反馈"，就是在每一层次的教学过程中，既有教师的"讲"，又有学生的"练"，还有教师的"查"。这种快速的反馈，可以把学生取得的进步变成有形的事实，使之受到鼓励，乐于接受下一个任务；又可以及时发现学生存在的问题，及时矫正乃至调整教学的进度，从而有效地提高课堂教学的效益，避免课后大面积补课。

在数学教学上，我一贯追求的是：讲究数学学习的规律性和科学性；重视学生学习习惯的养成和学习兴趣的激发，遵循学生的学习规律和身心发展的规律；重视学生的自身体验和感悟；坚持学生学习的主体地位；重视学生思维方式和思维能力的培养，倡导"过程重于结果"的数学教育理念。

结合基础教育要求，我提炼出高中数学"48字目标"，即：

高一：激发兴趣，培养习惯，传授学法，夯实基础。

高二：巩固基础，提高能力，防止分化，拓宽视野。

高三：全面推进，突出重点，解决难点，加强复习。

在数学复习课教学中，我改变过去那种"复习概念—讲解分析例题—学生练习"的教学方法，经常使用探索、类比、分类讨论和数形结合等方法引导学生去探索，去主动获取数学知识。经过教学实践，我总结出有个人特色的"学导法"。后来我的这项《中学教学"学导法"教改实验报告》科研成果荣获广东省第二届教育科研成果黄华奖，并发表在《数学教育学报》上。

在"概念形成"课的教学过程中，我始终坚持"问题情境，引入概念—激学导思，形成概念—引议释疑，理解概念—点拨提高，深化概念—精讲训练，应用概念—归纳自结，升华概念"的模式，注意学习过程中学生的思维展现，培养学生自学数学的能力。同时，通过对概念的具体内容进行逐条逐项的变化，形成定式，引导学生对概念的内涵和外延变化提出问题，加深他们对概念的理解，进而提出问题。

在"定理应用"课上，我始终坚持从课本的例题、习题出发，用一般化和类比的方法，引导学生对数学问题进行"猜想、验证、修正、验明、再猜想、再证明"，让学生在体验数学问题发生、发展、深入的过程中，体验数学家的思想，磨炼自己的意志，体验创新的愉悦，提高数学学习的兴趣，提高提出问题、解决问题的能力。

在课堂上，我给自己的定位是，如果"讲"，就要讲出知识的逻辑性来，要讲出知识背后的东西，将自己的认识、自己的困惑、自己的体会讲给学生，不是把知识强加给学生，而是和学生一起感受知识带给人们的快乐。如果用一句话来概括，就是要靠教学的逻辑性征服学生。只有真实的教学，用知识的力量来征服学生的教学，才能真正激发学生的学习热情，才是学生需要的，这样的课堂也才是充满智慧和活力的。

我认为："教师最有价值的财富是自己编写教案；教师最大的幸福是在每堂课上得到成功，教师的最大贡献是把知识和方法传给学生。"我参加"三讲一上一评"竞赛课，荣获了第一名。我执教的"指数函数"一课在中国教育电视台展播。我执教的"导数在函数中应用"和"空间几何体的结构"在深圳市中小学优质课例视频资源征集及在线展播活动中荣获优质课例视频质量奖。其中，"空间几何体的结构"这一节课由九洲音像出版公司出版。"高考中的三角函数"这一节课被作为广东省普通高中数学培训示范课。"椭圆及其标准方程"这一节课被中央教育电视台评为一等奖。在各种实验课、公开课、示范课、观摩课中反复历练，我读懂了"厚积薄发"的真正内涵。我把这样的学习活动视为一种教学艺术享受、一种人格魅力的提升、一种境界熏陶、一种事业的追求。

学生在课堂中不断地收获和成长，也正是他们的成长让我不断进步。我教的学生参加 1994 年、1995 年广东省高中毕业会考，合格率达到 100%。我与其他老师一起辅导学生参加全国"祖冲之杯"数学竞赛、"华罗庚杯"数学竞赛、湛江市数学竞赛、全国初中数学联赛，先后有 80 多人获奖。我教的学生参加 1996 年中考，数学平均分为 120 多分，优秀率达 65%，比湛江市平均分高出 50 多分。我教的学生参加雷州市统考，数学平均分为 86.7 分，优秀率 83.8%，比雷州市平均分高出 20 多分，优秀率高出 50% 多。2000 年，我执教的高三（1）班有 3 人突破 700 分，32 人考上本科；2003 年，我执教的高三（4）班上线率达到 93.8%，班级数学平均分高于当地重点学校数学平均分；2012 年，我所执教班级的学生高考本科率达 100%，重点率达 88.1%；2015 年，我所执教班级的学生高考重点率达 100%。

教学实践是教师施展全部教学技能的舞台，是积累教学经验的基地，是形成教学个性的重要平台，是教师自我成长的中心。当我的课被学校、县、市教研室推出来上公开课、研究课以后，我感受到了集体的力量、合作的力量。公开了，研究了，就会产生站在人梯上的感动和震撼的力量。不同的思维碰撞，及至形成最科学的成果，而后再实践再提高。教学的成长很大程度上得益于上研究课，通过不断地训练，我也真正实现了教学相长。

先做合格教师，再做优秀教师。先求共性发展，再求个性发展。教学有法，不是一蹴而就的，而是先得"一法"后兼及"他法"，先学"一家"后师法，然后融众家之长形成自己的风格，就像练书法一样，先"入格"后"出格"。

四、勤研——探索奋进，让专业能力更精进

有一句话："走别人的路，虽然省力，却很难留下自己的足迹；走自己开辟的路，虽然艰难，却充满着奋斗的欢乐和笑声。"的确是这样，只有创新才能有所突破，只有改革才能谋求发展。我认同"以科研带教研，以教研促教学"，于是，从 1992 年起，我结合教育教学实际开始进行教育科研课题研究，希望在创新中寻求发展。从实践中来，在实践中"做"，在思考中超越自我。每研究一个课题，我都向自己提出更高的要求。首先思考选题目标，做到"四要两不要"，即要具有超前意识，要提出独到见解，要有创新的思路，要服务于教学实际；不要好高骛远，不要重复他人。其次思索课题实施的计划，努力做到"三性"，即构思的逻辑性、观点的科学性、过程的完整性。虽然研究选题都要经过艰辛的思索过程，但成功正源于这殚精竭虑的思索。从最初参加市级课题"学导法"的研究，到主持市级课题"培养问题意识与问题思维"的研究，再到独立主持省级课题"高效课堂"的研究，我在做中思，在做中提升。

科研是提升自我的良好途径。我的数学教学论的实验研究始于 1990年，当时我刚从大学毕业，分配到农村中学——乌石中学任教。这所学校教学设施简陋，师资水平低，学生来源差。我通过听上百节课调查研究，

发现教师教法存在不少问题：一是教学主导目标不明，组合序列不清，缺乏整体性；二是教学方法不灵活，落实目标缺乏系统性；三是课堂结构不合理，目标缺乏完备性；四是机械"对应"，目标逐一解答，课堂教学缺乏思维训练；五是练习设计不精当，检测目标缺乏层次性。后来，我把调查情况整理成《中学数学目标教学现状及对策》发表于《中学教师之友》，获广东省教育科学研究成果黄华奖。而在学生中普遍存在不想学的现象，但通过深入调查了解，发现主要是学生不会学。针对教师教学情况和学生学习状况，我确定"中学数学学导法教改实验"的研究项目，并把此方案向校、县教育部门汇报，在他们的大力支持和指导下，从 1992 年开始了该方案的实验，并取得了明显的成效，1995 年学生会考合格率达 100%，高考终于实现了历史性零的突破。

1995 年 9 月我调入雷州一中，这是一所县级重点中学，学生素质比较高，但在课堂教学中，教师讲得头头是道，学生听得津津有味，教学效果却并不理想。于是我广泛开展问卷调查，结果发现：一是学生思维的广度不够，综合能力差；二是思维深度不够，分析、鉴别能力差；三是思维变通性差，常受思维定式的束缚。种种因素造成了学生的思维与教师的思维并不是同步发展，因此我们在课堂教学中提出了如下教改策略：一是加强启发诱导，调动学生思维的积极性；二是指导学生掌握正确的思维方法；三是完善学生的知识结构，为思维提供坚实的基础；四是注意对学生语言能力的培养。从此我们又重新确定了实验研究课题——以思维为核心，发挥学生能动性，开展"思维学导法"教学实验研究。经过一个周期实验，发现学生思维活跃，各学段统考成绩实验班比对比班平均分均高出 10 多分，数学竞赛也独占鳌头。当时实验班生源比对比班差，择校生占三分之二，正式录取生占三分之一。后来省、市、县教育部门进行实地评估验收，给予了充分肯定，并在湛江市普教系统广泛推广。这项成果获广东省首届普通教育教学成果二等奖，文章《中学数学"思维学导法"教学研究与实践》发表于《中国教育学刊》1998

年第 4 期，后又被人大复印报刊资料《中学数学教学》全文转载。

1999 年我被调任雷州二中副校长，这是雷州市规模最大的一所中学，我跟全体教师一起，广泛开展调查研究，尽可能全方位了解学生学习状况，在课堂教学中主要采取了这些教学策略：一是巧设疑，善激思，以适应学生好奇求异心理；二是多变化，找规律，以适应学生喜新求趣心理；三是多鼓励，勤表扬，以适应学生争强求胜心理；四是精讲解，多练习，以适应学生好动求乐心理。学校重新确定了研究项目——"思维学导法与学生素质培养的实验研究"，2001 年被中国教育学会确定为"十五"规划立项项目。通过开展该项目研究，学校实验班学习成绩实现了历史性突破，高考数学科平均分高于重点中学；高分层 700 分（在 1992—1999 年出现断层多年情况下）有 3 人，其中 1 人居雷州市第 2 名；高考本科上线人数实验班占全校 70%。该项目的论文《中学数学思维学导法实验的理论与实践》，获 2001 年广东省中小学教育创新成果二等奖。调任雷州市第二中学副校长期间，我全面深化课堂教学改革，提出课堂教学"八字"（精讲、善导、激趣、引思）要求，扎扎实实抓好"三结合"（教纲与考纲结合、知识点与考点结合、练习题与考题结合）。总结提炼出"四个意识"，即主体意识、目标意识、反馈矫正意识和情感意识。我们把这"四个意识"作为优化课堂教学的指导思想，作为教师课堂教学行为的准则。遵循五种教学原则（全体性原则、主体性原则、全面性原则、层次性原则、创造性原则）；实施五种教学策略（合作学习策略、参与教学策略、自主教育策略、尊重差异策略、激情引趣策略）；采用六种教学模式（学习教育模式、创造教育模式、主体教育模式、心理发展模式、目标教学模式、讨论教育模式）；执行六种教学转换（传授知识向学法指导转换、教师主讲向自探互究转换、被动灌输向主动吸取转换、重智轻能向智能结合转换、枯燥乏味向生动活泼转换、机械操练向活动训练转换）。管理成果《探索面上完全普通中学创新性教学工作新路子》获得广东省教育管理成果奖。

2003 年，我调入深圳市第二实验学校，在现实中发现有的学生出现数学成绩严重滑坡现象，从而产生畏惧感，动摇学好数学的信心，甚至失去学习数学的兴趣。在这个过渡时期造成这种现象的原因主要是初高中在学习内容、要求、思维和方法上的较大差异，导致新高一学生对高中学习生活产生种种不适应，如知识基础和结构、学习方法、思维方式、学习习惯等不适应。为了全体学生的全面发展，高一数学教学的首要任务是做好初高中教学的衔接，包括教材教学内容上的衔接、学生学习方法上的衔接、学生学习心理的衔接等。针对如何认真钻研教材，研究实施对象学生的心理情况，如何设计适合学生的教学方法，如何培养学生适应高中学习的思维能力和习惯，创造出最适合学生的教学方法，以满足学生新的学习阶段的要求，我们确定了研究项目"初高中过渡阶段数学学习状况分析及教学探究"，该项目被列为深圳市教育科学"十一五"规划重点课题。课题组出版了《初高中数学衔接教程》，结题报告《初高中过渡阶段数学学习状况分析及教学探究》发表于《数学教学通讯》，并获 2011 年广东省中小学教育创新成果奖和 2016 年深圳市普通教育教学成果奖。担任教学处主任期间，我规范教学管理，推行周报制度；确立"动力型"教育科研理念，完善"服务型"教育科研机制，建设"自觉型"教育科研文化，营造"发展型"教育科研氛围和培植"特色型"教育专家；推动课程改革，对课堂教学提出了"活、轻、实、优"四字要求，即课堂气氛活、学习负担轻、"双基"扎实、效果优；开展"精品课"活动。最后，学校教学成果获得广东省中小学教育创新成果奖，我在全市做教育科研工作经验介绍。学校被评为深圳市首批教育科研基地学校。

2011 年，我担任教师发展处主任期间，主要从机制建设、平台搭建、教师科研三个方面入手，厘清教师梯级培养关系，建设"三位一体"教师专业发展模式，以促进教师共同成长。《深圳特区报》做了相关报道，学校也被评为深圳市首批中小学教师专业发展基地学校。

2012 年，我发现学校在教学实践中比较强调"静与思"，而对"动与究"则重视不够，后者大都是处于一种被压制的状态，并由此造成了课堂的沉闷与压抑。我们在学科教育活动中还存在三个问题：一是注重学科知识传授，忽略学科方法培养；二是注重教育活动的结果，忽略学生活动的过程；三是教学方法比较机械、单一，缺乏对学生主动性、创造性的探索。如果没有学生的主动参与和积极思考，即使教师讲得满头大汗而学生往往也一无所获。我在原来的基础上进一步研究，确定了新的研究项目"高中数学的高效课堂教学模式改革研究与实践"，为广东省教育科研"十二五"规划 2011 年度研究立项项目。其阶段性成果《思维学导式数学教学模式的探索与实践》《数学思想方法教学的实践与思考》分别发表于《数学教学通讯》和《中学数学杂志》。

2015 年，我主持广东省教育研究院立项重点课题"中学数学'思维学导式'教学的理论研究与实践"，出版专著《思维学导式数学教学概论》，总结了"思维学导式数学教学的内涵与发展""思维学导式数学教学的本质与特点""思维学导式数学教学的原则与策略""思维学导式数学教学的意识与要求""思维学导式数学教学的设计与应用""思维学导式数学教学的模式与实施""思维学导式数学教学的评价与操作"，并于 2013 年获得第八届广东省普通教育教学成果一等奖。《思维学导式数学教学模式的探索与实践》获得国家级教学成果奖二等奖。

2017 年教育部颁布了《普通高中数学课程标准（2017 年版）》，提出数学六大核心素养：数学抽象、逻辑推理、数学建模、直观想象、数学运算和数据分析。如何把数学核心素养落实到数学教学之中，是我们每一个数学教师思考的问题。2018 年，我主持广东省教育科研"十三五"规划重点课题"高中数学核心素养的教学设计研究与实践"，以省级课题中的核心素养的教学设计研究与实践为载体，全面培养学生核心素养，发表了系列论文：《"思维学导式"数学教学实验取得成功》（发表于《中国教育学刊》)，

《"思维学导式"数学教学的基本内涵及其操作》（发表于《数学教学通讯》），《"思维表达型"数学课堂的构建与实践》（发表于《数学教学通讯》）。

2017年，我担任副校长期间，倡导"思意课堂"，推行"思意教学"，构建了"思意数学"的教学模式，形成了一套"思意数学"的教学思想：构建"思意数学"教学理论、彰显"思意教育"教学艺术、生成"思意数学"教学范式、实践"思意数学"教学范例、提炼"思意数学"复习技巧、探索"思意教育"可行路径、共建"思意教育"教师教育。发表了系列论文：《思意数学教学实践探索》《基于核心素养下"思意数学"教学的课堂构建》《"思意数学"六种课型教学模式构建与探索》《"思意数学"复习课教学模式构建与实践》等。出版了专著《思意数学——林伟数学教学研究》。

在30年的教学工作中，我磨炼自己成为学者型教师，不断地通过研究更新自己的观念，把最科学的知识用最好的方式传递给学生。我认为，要做一名"学者型"教师，既要"教"，又要"研"，还要"写"。"教"是"研"的前提和基础，"研"是"教"的总结和提高，而"写"则是"教"和"研"的概括、升华。我一直把这些当作座右铭，并努力做到深刻反思、及时总结，把自己的一切教育教学及研究实践，都与总结经验和规律、撰写教育教学论文紧密结合起来。"教而不研则浅，研而不教则空"。教师只有以研究者的心态置身于教育情境，以研究者的目光审视自己的教育理论和现实，以研究者的精神不断发现问题和解决问题，才能成为自觉的实践者。

30年来，我还撰写了220多篇教学论文，在《数学通报》《数学教育学报》《中国教育学刊》等刊物上发表，有41篇获国家或省级奖励。但是我并不满足于这些，而是继续探索。为了找出规律，我萌发了著书立说的念头，我参与编著《名师谈数学教与学》等10多本书，出版了个人专著《思意数学教学论》《思维学导式教学概论》《师者行者——一位正高级教师的教育教学研究与实践》《在实践中积淀教育智慧》《在研究中寻找数学真谛》《高考数学题型与解法研究》等10部。

五、辐射——示范引领，让专业思想更深远

每次应邀请到全国各地讲学时，我都体会到，这不仅是我把自己教育教学理念进行梳理和提炼、传播宣传自己教育思想的过程，更重要的是通过交流思想，向老师们、校长们学习和升华自己。每一次外出讲学，从备课到制作课件我一丝不苟，讲学、与学员交流我认认真真，每次回来之后进行反思，让我找到了差距，进而重构讲课内容，重新认识自我，产生新的飞跃。学员、老师和校长们的评价、掌声，要求合影、签名也让我感到荣幸和莫大的鞭策和鼓舞。

这些年来，我全国各地讲学，做了 100 个专题讲座，这些讲座普遍受到大家的欢迎。

作为广东省名师工作室主持人，又为广东省名师工作室、广东省"百千万人才培养工程"名师培养对象、广东省骨干教师、教育部"影子校长"做讲座，我的确有一种自豪感。被多所大学特聘为兼职教授与青年学生交流，确有一种别样的滋味在心头。

我工作室于 2012 年成立以来，以研修项目为载体和平台，构建学习共同体，先后承担了如下的研修项目：教育部"影子校长"培训、广东省校长培训、广东省新一轮"百千万人才培养工程"名师培养对象培训、广东省高中（初中）数学骨干教师培训、广东省普通高中教师职务培训、广州市名师培训、深圳市名师培训、肇庆市名师培训、江门市名教师培训、河源市名教师培训、新疆塔县教师培训、贵州省毕节市名教师培训、湖南未来教育家培训、广西扶绥骨干教师培训、广东省后备校长培训、"广东省2012 年南粤名师大讲堂——走进惠州"送培下乡系列活动、四川省成都骨干教师培训、广东省农村教师培训、贵州省陇南地区骨干教师培训、广东省农村教师置换培训、广东省新一轮名师工作室主持人培训、重庆市教育家培训、广东省高中数学科组长项目培训、广东省乡村骨干教师培训、广

东省乡村校长培训项目等。

经过多年的探索和实践，我工作室以"思意数学"为主线，以教学、科研、培训为核心，形成了学习与研究共同体，以及一个融科学性、实践性、研究性于一体的研修团队。工作室组织开展研究、学习、实践，促进教师在共同体学习中主动发展。工作室本着"高起点、引方向、明目标、搭平台"的服务宗旨，以"建立制度，规范标准；形成机制，攻关难题；立项课题，凝练主张；培养队伍，建设平台；出版专著，形成影响"为目标，致力于构建"共同学习的平台、提升自我的平台、结交朋友的平台"。在工作室中，开设了理想力课程、学习力课程、精锐力课程、发展力课程、表达力课程、协同力课程、艺术力课程、创新力课程、思想力课程、影响力课程等，确定了"名师课堂""名师观点""研修在线""课程引领""课题研究""学术讲座""经典课例""读书感悟""跟岗日志"等学习研修项目。

工作室研发出一套有效的研修模式——"1—3—5"名师工作室研修模式，该模式的示意图如下：

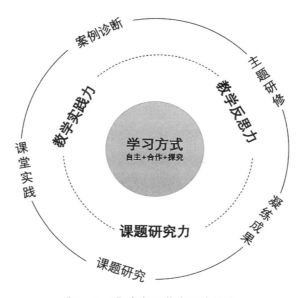

"1—3—5"名师工作室研修模式

"1—3—5"名师工作室研修模式聚焦 1 个中心，指跟岗学习研修内容为学员转变教学观念，改变课堂教学方式。倡导自主、合作、探究的学习方式。以提升 3 个能力为目标，指教学实践能力、教学反思能力、课题研究能力。3 个能力的提升，是名师工作室研修的根本目的。学员课堂教学能力的提升是核心，学员教学反思能力的提升是纽带，学员课题研究能力的提升是追求。为实现 3 个目标，必须落实 5 个环节，即案例诊断、主题研修、课堂实践、凝练成果、课题研究。具体而言，案例诊断，是通过教育教学诊断与研究自身教育教学实践中的真问题，进而研究和改进。主题研修，是通过集体教研，形成学科集体攻关的方向和跟岗学习研修的行动方案。课堂实践，是组织学员围绕研修问题进行专项实验和改革的过程，全员参与备课、说课、磨课、评课、用课，研讨概念课、定理课、习题课、复习课、讲评课、课题研究课的教学策略和模式，共同寻找实现数学高效课堂的途径。凝练成果，是在课堂教学探究之后，对课堂教学探索中的有效做法和典型经验进行梳理和理性分析，生成有效的课堂教学模式，从而梳理和提炼出适合自己的教育理念和教学风格。课题研究，是促进教师专业发展的一条有效的途径。工作室以课题为抓手，通过在课题中研究、反思、实践，到再研究、再反思、再实践，不断循环，使工作室成员实现由经验型教师向专家型教师的转变。

自工作室成立以来，"1—3—5"名师工作室研修模式的概念和内涵不断丰富和延展，有效的实施模式不断被实践和落实。"1—3—5"名师工作室研修模式效果显著，主要表现在三个方面。首先，工作室研修机制得到确立，使工作室研修工作进入了规范化、科学化的轨道。工作室两次被评为"广东省优秀工作室"，被评为深圳市中小学教师专业发展基地学校、深圳市首批教育科研基地学校。其次，工作室成员专业素养得到明显提升。教师实施新课程的思想得到确立，新课程观念得到转变，教学和科研能力迅速提升。有 4 位工作室核心成员主持了省级课题 4 项。团队成员出版个人专著 3 部，发表论文 15 篇，论文获奖 10 项，课程资源获奖 5 项。有一位教师获得全国优质课比赛一等奖；一位教师获广东省优质课竞赛一等奖；一位被评为深圳市骨干教师；一位获得深圳市优质课比赛一等奖；5 位教师获市说课一、二等奖。最后，工作室学员专业素养得到持续提高。工作室先后指导培养全省各地 89 名骨干教师和 13 名广东省"百千万人才培养工程"名师培养对象。其中，20 位教师被评为中小学正高级教师，8 位教师成为新一轮广东省名师工作室主持人，6 位学员被评为广东省第九批特级教师，学员出版个人专著 4 部。多名学员送课下乡和参加广东省南粤名师大讲堂系列活动，多名学员多次在省内外研讨会上做专题讲座。目前，工作室已成为广东省基础教育的一个品牌。

我在平凡的岗位上，做着平凡的事情。在雷州从班主任到团委书记到政教处主任，到副校长、市教育学会副会长、数学学会副会长；在深圳从教学处主任到科研处主任，再到教师发展部主任、校长助理、副校长兼工会主席。我历经不同的岗位，逐渐理解了教育，坚定地扎根在教育的沃土，真切触摸教育的脉搏，用行动表明我多年对教育的不懈思索与追求。我也先后被评为市教书育人优秀教师、中学教坛新秀、优秀青年教师、优秀团干、十佳青年教师、优秀辅导教师、市拔尖人才、市先进工作者、南粤教书育人优秀教师、广东省师德建设先进个人、全国教育系统劳动模范、全国模范教师、第三届"全国十杰中小学中青年教师"提名奖，在北京人民大会堂受到党和国家领导人亲切接见。两次参加湛江市普教系统师德优秀事迹报告团，到全市五县四区做巡回报告，引起强烈反响。调任深圳之后，我被确定为广东省"百千万人才培养工程"名教师培养对象。被评为广东省基础教育系统名教师、全国第二届教育创新改革优秀教师、广东省中小学名师工作室主持人、深圳市劳模创新工作室主持人、"广东特支计划"教学名师、国家"万人计划"教学名师、深圳市示范性劳模和工匠人才创新工作室主持人、全国优秀名师工作室主持人，获评全国先进名师工作室、全国名师工作室年度"引领示范奖"、第十三届"苏步青数学教育奖"。

我的努力，获得了广泛的认同，多家报刊和媒体单位对我的事迹进行了报道，《中国教育报》《广东教育》《师道》《南方都市报》《南方教育时报》《教育家》，中央教育电视台、广东卫视台等先后报道。教育部将我的事迹收录于《师德启思录》（电视专题片第四集）作为电子教材向全国宣传。《中学数学》《少男少女·教育管理》等杂志做了封面人物介绍。

荣誉是一种肯定，更是一种激励。但荣誉只能代表着过去。归零，是一种最好的状态。我是一名普通的一线教师，面对学生，也面对自己的生命，每个孩子都是不同的，每一天都是鲜活的。回顾教师生涯，我也曾获得过许多证书，但最让我难忘的不是证书所给我带来的快乐，而恰恰是那些经过艰辛的努力、付出辛勤的汗水走过的踏实的脚印，它们深深地刻画在我人生的年轮中。尽管曾得到过许多赞誉，但最让我难忘的不是赞誉给我带来的快乐，而恰恰是省、市各级领导对我工作给予的支持，让我有了克服困难的勇气，使我走过难忘的教育历程；是同伴的支持使我们的工作目标得以实现，也使我成为一名合格的人民教师。

名师档案

林 伟

　　1969 年生，中学数学正高级教师、二级教授，现任深圳市第二实验学校副校长。"思意数学"首倡者和践行者、中国数学奥林匹克教练，享受政府特殊津贴。全国名师工作室联盟常务理事、广东省中小学教师发展中心兼职教授、广东省初等数学学会副会长、广东省中小学新一轮"百千万人才培养工程"数学学科专家、广东省普通高中教师培训指导专家、华南师范大学教师教育学部兼职教授、深圳大学师范学院教育硕士研究生导师。广东省名师工作室主持人、深圳市示范性劳模和工匠人才创新工作室主持人。被评为国家"万人计划"教学名师、全国教育系统劳动模范、全国模范教师、"广东特支计划"教学名师、广东省基础教育系统名教师，获得"全国十杰中小学中青年教师"提名奖、全国教育改革创新优秀教师奖、第十三届"苏步青数学教育奖"、南粤教书育人优秀教师、广东省师德建设先进个人等称号。

　　主持国家、省、市级课题 12 项，发表论文 200 多篇，出版专著 10 部。辅导学生参加各类竞赛有 100 多人次获奖，研究成果《思维学导式数学教学模式的研究与实践》获得首届教育部基础教育国家教学成果奖二等奖，《思维学导式数学教学概论》获得第八届广东省普通教育教学成果一等奖，《初高中过渡阶段数学学习状况分析及教学探究》等 10 项成果获得广东省中小学创新成果奖。

中国传统双重教育下的发展足迹

海南华侨中学　李红庆

　　我在"文革"中接受了6年的学校教育，在那时是什么也没学，但我没有做题的烦恼，也没有受到认真的老师整节课"授业解惑"的折磨，保住了健康的身心和原封不动充满活力的大脑，永葆后期学习定力与思考的原创力。我13岁拜师学艺做木工，有幸接受了8年的作坊教育，在那里真正体会到了什么是工匠精神：实践操作的技能传授，追求细腻的工艺思考，持续不断的心得交流，力求作品的精益求精——这段作坊经历使我受益匪浅，这是我人生的一大财富。

一、从小木匠到大学生

　　我出生在有8位亲兄弟的大家庭中，排行第五，俗称"老五"。二十世纪六七十年代的中国，"宁可要社会主义草，不要修正主义苗"，缘于家庭出身，明知没有任何前途，但我仍然争取接受了6年学校教育。学习的课程有语文、数学、英语、工业基础知识、农业基础知识，我当时学习非常平庸，是标准差生，语文学的好多字的结构都分不清楚，读写错别字是常事，数学连乘法口诀都没有背会，农业基础知识只知道三机一泵，工业基础知识只知道三相交流电和石油的用途。直到 1973 年上半年，开始出现了考试，唤醒了我封存的大脑，我居然在初一期末考试中考代数得了满分，有生以来第一次受到班主任兼数学教师李老师的表扬，带给当时的我很多的自信。谁知道 1973 年下半年很多人的思想和行为回到了原点，但我却回不到原点，天天被李老师批判，这也是 1973 年读到初一我便辍学的主要原因。辍学后 13 岁的我拜师学艺做木工，在传统作坊文化下，学徒三年才能出师，前二年主要练习刨料、杀榫、锯板、凿孔、画线等基本功，还要学会自己做常用的木工工具，后一年开始学掌墨（木工术语，指在工件上画线）。关键数据和技能的传授，在班子内等级分明，师傅都是严师，不会容忍徒弟出现任何失误，师傅特别关注操作技能传授，工艺的切磋、材料的特性掌握都需要通过实践来让徒弟体会，传统的木工做的都是榫卯结构，只有精确、细腻操作，榫卯结构才能吻合牢固。

近 8 年作坊教育经历培养了我独立思考、重实际操作、精益求精的品质，是我淘到的"第一桶金"，使我受益终身。

回首二十世纪六七十年代，尽管生活相当困难，文化生活也相当缺乏，但没有感觉不快乐，上学没有作业，也没有考试，更没有晚修，小伙伴们冬天在户外一起捉迷藏，夏天在河里游泳、摸鱼虾，春天在麦田里放风筝，秋天帮助父母采摘棉花。

20 世纪 80 年代初，我重拾课本，根据自己的基础和做木工的经验，选择了自学。每天手持铅笔、三角板在草稿纸上研究问题，在学习过程中通过自身的体会和感悟，逐渐归纳了一套学习方法。这套学习方法采用了毛主席认识论的理论：首先要得到感性认识，再由感性认识上升到理性认识，最终用理性认识指导实践。后来形成的"研讨学教法教学"就是当时我的学法、教法试验的成果。我在 1995 年出版的著作《高中数学研讨学习法》中对这套学习方法作了直观的图解，为后期做教师奠定了扎实的基础。

我的整个学校教育，包括自学的时间加上高等教育，才 10 年多一点，在受学校教育方面，我永远是个饿汉，只有饿汉才知饥，20 世纪 80 年代初，重拾课本自学时，我对知识需求是那么的如饥似渴，就连新书散发的油墨味都是一种久违的清香味，这是饱读经书的饱汉们永远体会不到的！或许正是因为我是一个受学校教育的饿汉，才能永葆初心，终身进取，终身学习。

通过一年多的自学，我便学完了全部初高中内容，1982 年参加高考，数学考了 119 分（当年满分 120 分），入校就担任了系学生会学习部长，读大三时，在研究圆锥曲面（线）方程时，发现了借用偏导数来定义圆锥曲面（线）和研究性质，写成了论文发表在学校学报上，1984 年获得了湖北省首届大学生优秀科研成果奖。

二、初为人师之教法选择

初为人师，教法上我首先选择开展学法研究，做中学数学研讨学教法试验，确定了"授人以渔，学法以思，真理以辩"为教学观念。

1985 年，我大学毕业后分配到石油部第三机械厂子弟中学，担任两个班的数学教学和班主任工作，同时兼任数学科组长。根据思考和自身经历，我选择了研讨学教法进行学法、教法试验。研讨学教法：教师、学生根据教学内容，从教材、参考文献中搜集整理出研讨课题，通过"课题下达与课程素材反馈双向卡"提前发放给学生，课堂教学一般模式为：按单元教学，把单元罗列成几个课题，每个课题的学习过程为：课程素材源—课程研讨过程—思考问题（创新发现）—巩固引申训练—归纳总结—撰写论文（包括学生习作）与编著。

当时我兼任高一年级科技辅导老师，在图书馆查阅文献时，发现全国有多个物理教师对苏联 1958 年一道高考题解法存疑，并且从他们发表的论文来看，都是后面发表的作者否定前面发表的作者的观点、解法，甚至是相互质疑。其实这个问题在上大学之前，我也有所关注，苏联提供的解答是正确的，物理是实验科学，可以丢掉无穷小量，但我国中学物理教学都是"理论"性教学，是不会丢掉无穷小量的，即使是这样，他们的解答也是错误的。于是我组织学生和老师对这个问题进行研讨，发现问题出现在对相对运动的分析、处理上，方法上没有创新，机械使用动量定理和动能定理列方程，当时题目是在光滑水平面上放置光滑的倾角为 θ 的三角块 M，在 M 的顶端放置着光滑方块 m，从静止开始，求 m 到达底部的速度。通过研讨，我们找到了解决问题的方法，根据在恒力作用下，物理的加速度与位移成正比，在水平方向、斜面方向、斜面的法线方向建立了坐标轴，研究始末状态产生的位移，然后建立方程组，解答出了理想结果，师生合写论文《涉及相对运动问题的一种解法》发表在《理科教学参考》1987 年第 5 期上，终止了物理名师"互怼"局面。

授人以渔，需要创造一种氛围，激发学生骨子里的潜能，通过研讨过程，共同发现、提出问题，并能找到解决问题的方法。学生亲历其中，在这样的学习过程中的经验和感受会带领我们发现、解决更多的问题。

学法以思，是指研讨学教法的核心是研讨过程。当然在课程素材源搜索过程中也可以发现、提出问题，也在分析怎样解决问题，但真正能激发学生积极思考的还是研讨过程，尤其研讨过程中提出的思辨性很强的问题，更能引起学生思考。

真理以辩，是指研讨学教法教学中，经常选用经典问题进行研讨，特别是选择一些成熟定型进行剖析，发现尽管中学数学好像成熟定型了，但还是有辩证批判的空间，尤其是方法选择和问题的拓展方面。

秉持着授人以渔、学法以思、真理以辩的教学理念，为了培养出不仅会听课、做题，还会独立思考、善于发现、勇于尝试、有合作精神的学生，我在教学内容安排和学习方式组织上都有我自身的特点。

在教学内容安排上，为了兼顾学生的实际能力、需求和课程内容标准，我会根据具体内容实施某种程度的课程整合。

研讨学教法核心环节是研讨过程，过程需要人人参与，需要组与组、人与人思维火花碰撞、观点交锋来激活过程，调动人人参与积极性，因此科学性、人文性分组是必须要做的首要工作。我通过学生自测各类能力表，拟定学生综合素养，从人文科学（人文情怀、情感态度、价值取向）、自然科学、主持协作、科学精神（理性思辨、批判质疑、勇于探究）、实践创新、提问发现与辩论能力等 7 个方面权衡，按综合素养 X= 人文科学 ×15%+ 自然科学 ×15%+ 主持协作 ×15%+ 科学精神 ×20%+ 实践创新 ×15%+ 提问发现 ×10%+ 辩论能力 ×10%，计算学生综合素养量化值，按量化值排序，如班级为 36 人，分成 6×6，1～6 名为组长，7～12 名逆向排序，为主辩手，……依次类推，31～36 名为助理辩手，这样分组，各组综合素养均值差距很小，可以形成组与组的竞争，针对不同难度问题，找到同层次学生进行研讨。当然分组是动态过程，每月一调整，并且综合素养排序不会对学生公布，学生能理解他所在的客观位置，教师会激励他们努力进步，不落下每一位学生。

	研讨小组	A	B	C	D	E	F
分组表	综合素养排序	1	2	3	4	5	6
	代码（主持人、组长）	A－1	B－1	C－1	D－1	E－1	F－1
	综合素养排序	12	11	10	9	8	7
	代码（主辩手）	A－2	B－2	C－2	D－2	E－2	F－2
	……						
	综合素养排序	36	35	34	33	32	31
	代码（助理辩手）	A－6	B－6	C－6	D－6	E－6	F－6

三、初为人师之育人选择

选择了教师职业，就是选择了三尺讲台，受党和政府的委托对受教育者进行"教书育人"的专业工作。在教育活动中，教师是人类文化、科学知识的继承者和传播者，也是学生智力的开发者和个性的塑造者，是学生做人的镜子。

我在教学中坚持以学生为中心，使用研讨学教法，通过几何模型、沙盘讲解等有效手段来组织教学，不仅传播了知识，还传递了实践创新精神，达到教书育人的双重目的。在日常生活中，我关注家庭困难、学业困难的学生，及时给予帮助，关注心理有问题的学生，主动对心理有障碍的学生进行心理疏导，用自己的人生阅历来开导学生，帮助学生树立理想，展望美好的前途，帮助他们克服中学生年龄段的迷茫和彷徨。

泰戈尔说："不是锤的打击，而是水的载歌载舞使鹅卵石臻于完美。"在育人方面，我选择了身教为主，劝教为辅，从不说教，确定了"育人于信，立德于行，立威于宽"的育人理念。

育人于信，教育的初心是育人，育人的成败是诚信，诚信是育人之根本。

立德于行，中学是学生人格塑造的关键阶段，教师是学生做人的镜子，教师的言行会直接影响学生的品行。对待周围的人诚信、友善、有原则；对待事情积极、乐观；对待工作兢兢业业。这样的教师能影响学生，使学生拥有宽阔的胸襟、积极的生活态度、认真严谨的工作作风。

立威于宽，严于律己，宽以待人，辩证应用好"严"与"宽"，佛性立威，善待学生，呵护学生的天性，尊重学生的个性，养成学生的诚信。

四、不以成绩论英雄——鲜明的教育观

刻苦学习、认真听讲、成绩优秀、名列前茅的学生是多数老师心目中

的优秀学生和家长心目中的"别人家的孩子",而我心目中的卓越人才是思维活跃、性格开朗、遇事动脑、观点独到,具有思辨与批判精神。

我的学生观有独到之处,我关注的是学生的整个人生规划与家国情怀。2007 年进入海南华侨中学的学生庄晨,在高一年级第一次期中考试中,数学考了满分 150 分。庄晨读初中时,每次考出好成绩时,老师会主动找他谈心,可是我并没找他谈什么,庄晨就揣摩我的用意,希望得到老师的表扬,后来他发现我关注的是学生的终身发展,并不在于一次的得失,而看重学生的学习方法与过程。我在高一、高二与家长交流时拒绝谈论学生的成绩,家长会上我常说:"在高一、高二只想谈为什么学习,怎样学习,不谈成绩,更不作任何比较与排名,因为社会、家庭、学校给予学生的压力已经很大了,现在他们是'学生',不是'考生',现在我拒绝谈论学生的成绩,我会在高三下半学期把学生打造成'优秀的考生'。"在庄晨整个高中三年,在我记忆中,我从来没有与他谈论过考试成绩与年级排名,谈论比较多的是具体的学习方法与需要思考的问题。

这样的教育观念缘于我对教育的长期思考和对中外科学家的成长轨迹的观察,我发现在科技研究上有作为的人是不能仅由解题和回答别人提出的问题来成就的,必须通过实验方法去培养一种好的思维习惯与坚持不懈的品质成就。

我虽然没能顺利地接受正统的教育,但我仍然在自学和生活中养成了良好的思维品质。从接触数学到现在,我对数学的研究非常执着,这缘于我对数学、对教学的热爱。子曰:知之者不如好之者,好之者不如乐之者。我对中学数学知之甚深,好之经年,乐此不疲,是一个不折不扣的数学控。数学带给我的是不断的好奇、探索与惊喜,一切的潜能都在这样的过程中不断被开发。

教育的终极目的就是要把学生骨子里的潜能激发出来,德国数学家希尔伯特(David Hilbert)无论是做学生、当教授还是应征服役,都会利用散步与同学、同事探讨问题，只有这样执着的人才能成为大师。中华民族拥有五千年灿烂文化，在天文地理、测算数学、航海技术、传统中医、纺织印染、造纸印刷、军事理论和哲学思想等方面引领世界。这是一个善于思考、锐于发现、勤于实践、勇于创新的伟大民族。当前中学数学教育虽然取得了一定成绩，但也存在严重问题，多数教学演变成单一的解题教学，忽视数学的本质，应用意识淡薄，应用能力低下，根本达不到激发学生潜能的目的，尤其是在核心素养幌子下的当前中学教学。为了扭转当前中学数学教育的局面，提升数学教育的品质，真正做到立德树人，落实中学数学的核心素养，中学数学教学不仅要在学科上培养创新能力与意识，而且必须辅以人文素养、心理疏导、健全人格和理想教育。我们的教育须深植于家国情怀，尤其是国内社会处于转型时期，存在着人心浮躁、诚信缺失、价值扭曲等不好的现象，而国际形势诡谲多变的今天更需要用人文思想塑造个性、健全三观、树立理想、提倡爱国。科学人文性是中华民族精神的沉淀与灵魂，承载着中华民族的历史与担当，只有把教育的品位从狭隘个人前途的层次上升到民族兴盛的层次上，学生接受教育才有持久的动力，才能激发民族情感，从而激发潜能，脚踏实地落实学业，才能肩负历史责任，完成中华民族伟大复兴之梦。

名师档案

李红庆

　　湖北省天门市人，民建会员，毕业于北京师范大学。海南华侨中学特级教师、海南省首批正高级教师，中国数学学会理事，中国教育学会考试专业委员会常务理事，海南省教育学会中学数学教学专业委员会常务理事，海南省数学会常务理事，国家"万人计划"教学名师，享受国务院政府特殊津贴，入选海南省委联系服务重点专家，领衔的海南经纬基础教育发展研究院入选海南省委人才办"双百"研究团队。

我在一线数学教学的点点滴滴

浙江省教育厅教研室　张金良

收到关于撰写个人成长案例的约稿已有半年，我一直忐忑不安，难以起笔，一方面没有闲散的时间，另一方面不知从何写起，也不知我的成长经历对后人有多大的启发。光阴荏苒，岁月如歌，从事数学教学、教研已有 38 年，已是名副其实的数学人生，人生数学，一辈子只做了一件事，教数学、做数学、传播数学。受省考试院的邀请，入围参与一项特殊的工作，与外界隔绝却给了我写作的时间，我凭栏远眺翠绿的群山，近观雅致的园林景观，思绪慢慢展开，渴望成长的心路历程和一路走来的酸甜苦辣渐渐浮现。期待我的成长故事能让读者受益。

一、求学于动乱与高考恢复时期

1962 年，我出生于浙江海盐石泉的农村，年幼时捕鱼、抓蟹、捉泥鳅，玩耍于蓝天白云之间。13 岁后放牛、割草、种田，样样农活都试着学。初中时代正值"文革"动乱时期，学校办学条件简陋，师资贫乏，资料短缺，没有课外阅读材料，又搞"学工学农"运动，大量宝贵的时间被荒废，求知欲难以满足，许多知识在煤油灯下凭着自己的执着获取。高考改变命运，1977 年恢复高考后，家门口办起了乡办高中石泉中学，1977 年下半年，按要求，我就近考入了该学校念高一，担任高一（1）班长。一年后公社中学办高中的缺陷不断显露，海盐教育局应时做出一个大胆的决策，成立海盐县公社中学首届联办班，向全县招收两个理科班、一个文科班，集中优秀学生重点培养，我匆匆准备，一举考入理科甲班（大学班）念高二，第一次远离家门来到县城读书。联办班借校办学，两个理科班设置在海盐城郊中学内，住在校园旁废弃的旧庙，办学条件十分艰苦，但对我而言，能放弃农活全身心地投入学习是前所未有过的，已十分幸运。同学们个个勤奋好学，晚自修熄灯铃响起，都舍不得回宿舍就寝，总要让班主任规劝后才依依不舍回去。数学老师祝锦如的专业素养、教学水平进一步激发了我对数学的热爱。1979 年高考时，我以数学 91.5 分，总分班级第二名的优异成绩应届考入浙江师范学院（现浙江师范大学）数学系。大学期间，先后担任了两年班级团支书，两年学习委员，连续三年被评为校级三好学生。

刚入浙师院时，我心情郁闷，考师范并不是我的首选，我童年时的梦想是长大后成为一名工程师或医生，高考填报志愿误打误撞，让我成了一名数学教师，而且成了我的终生职业，然而，这并不妨碍我日后深深地爱上数学教育工作。四年大学，我有一种莫名的责任感——为国家发展而学。我勤奋学习，从不懈怠，成了班上有名的"书虫"。我晨起锻炼，白天上课，晚上自习，教室、图书馆、食堂、寝室四点一线，大三暑假、大四寒假留校学习，即使回家也带着许多书回去自习，记得大二的暑假，我躲在舅舅家完成了复变函数的预习，后来期中考试获得了满分。四年本科的学习生涯，更重要的是让我学会了学习，也养成了终身学习的理念。我每学一门功课总能理清这门课的知识结构，系统做一遍相关的习题，弄清相关的研究进展。例如在学习数学分析时，我看完了苏联 F.M. 菲赫金哥尔茨著的《微积分学教程》，系统做完了《数学分析习题集》，选做了徐利治著的《数学分析的方法及例题选讲》，波利亚、舍贵著的《数学分析中的问题和定理》，自费订阅了《美国数学月刊》《数学译林》，1983 年当我从浙江师范学院数学系本科毕业时，已做好了做一名优秀中学数学教师的精神准备和知识储备。

二、初为人师，见贤思齐

1983 年 8 月，我被海盐教育局分配到海盐二中任教，学校坐落于海盐西北门户沈荡，当时的沈荡是去往嘉兴、海盐、海宁、平湖水路交通的枢纽，小镇沿河而建，东西一条街，它离县城二十多公里，我家去沈荡要通过水路绕道海盐或海宁中转，耗时四个多小时。那里的老百姓纯朴善良，教师兢兢业业，但受"文革"的影响，教师团队参差不齐，数学素养、专业水平、教学观念已落后于时代的发展。我作为恢复高考后的新一代大学生的加盟，给这所农村中学注入了一股新鲜的活力。第一次教研活动，我谈及集合、函数等内容如数家珍，第一次上公开课采用"自学辅导法"，读读、议议、讲讲、练练，让同行耳目一新，倍受震撼——数学课还能这样上？事实上，这样的课堂教学我坚持了三年多。课堂教学时，我常常鼓励学生质疑、提问，甚至模仿上海段力佩"茶馆式"教学，希望上课前学生提出问题，让老师回答，若能把老师问到，予以表扬。工作之初，同行最佩服的是我的解题能力，印象特别深的有两件事，一是当时的教导主任胡老师要给学生讲一道条件不等式"已知 $x + y = 1$，$x > 0$，$y > 0$，求证：$\left(x + \dfrac{1}{x}\right)\left(y + \dfrac{1}{y}\right) \geqslant \dfrac{25}{4}$"，临近上课了还不会证明，胡老师向我求援，我立即用了三种方法解答，事后还将问题推广到 n 元一般情形"已知 $\sum\limits_{i=1}^{n} x_i = 1$，$x_i > 0$，求证：$\prod\limits_{i=1}^{n}\left(x_i + \dfrac{1}{x_i}\right) \geqslant \left(n + \dfrac{1}{n}\right)^n$"，这样的不等式证明，今天看来十分容易，但在当时是比较难的一个问题。另一件事是，高三物理袁老师在解答物理题时需要解一个六元方程问题，他问遍数学组的老师未果后，一天早晨我正在食堂用早餐，他凑到我的面前，一本正经地告诉我：我有一道难题问遍你们数学组老师都做不了，你能不能帮我做一下。于是匆匆用完餐后，我跟随这位老教师来到高三办公室，一路上满腹狐疑"什么题这么难"，然而当我一看到题目后，略作思考，五分钟就完成求解。从此，我的解题水平传遍了校园，流传于"江湖"，无论是老师还是学生，一遇到不会做的数学题就有求于我，恶作剧的学生故意找一些难题来考我这位年轻教师。但无论是高考题还是竞赛题都没有难倒我，大多数题目立等可取。就这样，我的专业素养得到群众的广泛认可，领导也格外器重我。工作第二年，学校就任命我为班主任、教工团支书、年级长、数学兴趣小组教练。工作第四年，我又兼教研组长，工作积极性也因此而激发，工作创造性也得到了焕发，我以更加饱满的热情投入工作。

初为人师的那些岁月，正值国家改革开放，各种思潮狂飙突进，不少同事、朋友纷纷"下海"或改行，在一片新的天地里用金砖打造人生，铸就辉煌。我有两次机会可以不做教师，改革开放初期，家父曾和朋友合作创办灯泡企业，经营了十多年，企业鼎盛时，企业老总动员我加盟其团队，家父年迈时亲友们曾盼望我接班。但我并没有动心，因为我已爱上了数学教育，为了数学女皇消得人憔悴已是无悔的选择，我守住了驿动的心。由于在海盐二中出色的竞赛与高考成绩，我被海盐中学校长相中，于是1990年下半年调入海盐县最好的中学海盐中学。

90 年代的海盐中学名师荟萃，数学组除年长于我的崔老师外，都是"文革"前或"文革"期间毕业的大学生，年龄均在 50 岁上下，我是数学组保持了 5 年之久的最年轻的教师，当时的海盐中学是由以张仁谋、祝锦如为代表的一批老教师构成，我虚心向前辈学习，不断积累自己的教学经验，梳理总结了在班级管理、学科教学、英才培养、教育科研上积累的经验教训，尤其在数学教学上进行了认真反思，总结出"新课教学要遵循低起点、小步子、快节奏、多提问、高落点，注意讲深讲透及时反馈；复习课教学要大容量、快节奏、高密度，概念教学要讲背景，要讲来龙去脉，要反复质疑与辨析；习题教学要举一反三，一法多用，一题多解，多题一解；试卷讲评要事先调研，揭示本质，切中要害，切忌就事论事，流水账式的讲解"教学心得。

1990 年下半年，学校安排我任教高三两个文科班，这也是我工作生涯中唯一任教的两个文科班。针对文科生惧怕数学的特点，我降低教学难度，放慢教学节奏，增加趣味性素材，加强学法指导，调动学生数学学习积极性。学生从恐惧数学，到渐渐喜欢数学，最后高考数学平均分列嘉兴文科第一。1990—1991 年带出一届文科毕业班后，又去高二接替周老师的两个一重一普班，由于周老师身患重病，任教班级学生的数学基础相对于平行班较弱，我接班时心情郁闷，只好默默用功。学生层级多，我从细处着手，实行分层教学，高考时依然取得很好的成绩。三年两届的高考业绩得到了全校师生认可。1994 年，我担任了班主任兼三个班的数学教学，两个高一、一个高三，及数学兴趣小组活动。这是我来到新单位第一次做班主任，我格外投入，起始教学的头两个月每天晚上与学生一起晚自习。可惜高强度的教学任务、过强的责任感与好胜心击垮了我的身体，1995 年春节过后，我生病住进了医院，在家休养两个多月，身体康复后，无可奈何放弃了我心爱的班主任工作，继续留任两个班的任课教学和数学兴趣小组教学。病愈后我不气馁，不灰心，一方面加强锻炼，一方面注意劳逸结合，总结教学经验，提升自己的教学水平。

三、不断修炼，追求"高观点"的数学教学

数学，对普通人而言，似乎是枯燥和乏味的代名词，甚至在有些读书人的心目中，数学仅仅是一堆抽象的、无用的数字和公式，学习数学除了

应付考试和对智力发展有一点帮助外，其他毫无用处，生活中用到的也只是一点点简单的算术知识，根本用不到任何高深的数学。这是对数学的偏见和敌视。然而，在今天社会里，数学的重要性已无须再证，尽管人们走上社会以后，渐渐淡忘了学校里所学的数学知识，但那种铭刻在人们心头的理性精神和数学思想永存，它在人们的学习、工作和生活中将长期发挥着重要作用。法国作家雨果说过一句名言：人的智慧掌握着三把钥匙——一把开启数学，一把开启字母，一把开启音符，知识、思想、幻想就在其中。数学教育的核心价值在于育人，通过发展人的思维尤其是理性思维来提升人、解放人、完善人。虽然在数学上我有所擅长，但我的天赋决定我成不了数学家，只是内心存在一股对数学能揭示某种神秘规律的执着的爱好，正是这种执着推动着我。要成为一名真正优秀的数学教师，要不断自我修炼，厚实自己的学科底蕴。

"勤能补拙"是古训，唯有不断地学习才能跟上日新月异的世界。"学足三余"是浙江老一辈特级教师杨象富的数学人生经验之谈："黄昏深夜"是一日之余，"双休日"是一周之余，"寒暑假、节假日"是一年之余。在"三余"里，我总是珍惜时光，学这学那，从不停止。

在评上特级教师之前，我更多地研习专业知识与教材教法，厚实自己的学科底蕴，如克莱茵的《古今数学思想》，波利亚的《怎样解题：数学思维的新方法》《数学与猜想》《数学分析中的问题和定理》，常庚哲的《高中数学竞赛教程》，《希尔伯特》《科学研究的艺术》《数学思维方法》《组合数学》，等等。这种数学的专业理论的学习，并不是要去无止境地学习和了解那些新的数学理论，而是要把精力放在与中学数学直接延伸相关的那些数学内容上，在深刻理解上下功夫，从而从高观点和现代数学的角度来审视和把握中学数学内容。例如当我授完数列方幂求和：$1^2 + 2^2 + 3^2 + \cdots + n^2 = \dfrac{n(n+1)(2n+1)}{6}$ 一课时，经常有学生问我："张老师，$1 + \dfrac{1}{2} + \dfrac{1}{3} + \cdots + \dfrac{1}{n}$ 等于几，有公式吗？"我脱口而出：$1 + \dfrac{1}{2} + \dfrac{1}{3} + \cdots + \dfrac{1}{n} = \ln n + C + O\left(\dfrac{1}{n}\right)$，其中 C 为欧拉常数，$O\left(\dfrac{1}{n}\right)$ 为 $\dfrac{1}{n}$ 的高阶无穷小量。2002 年带高三毕业班时，高考压轴题考了这样一题：数列 $\{a_n\}$ 中，$a_{n+1} = a_n^2 - na_n + 1$ ($n \in \mathrm{N}$)（2）当 $a_1 > 3$ 时，证明：① $a_n > n + 2$ ($n \in \mathrm{N}$) ② $\dfrac{1}{1 + a_1} + \dfrac{1}{1 + a_2} + \cdots + \dfrac{1}{1 + a_n} < \dfrac{1}{2}$。有的班级的许多学生在处理第②小题时，直接利用 $a_n > n + 2$ 这一结论，放缩成 $\dfrac{1}{1 + a_1} + \dfrac{1}{1 + a_2} + \cdots + \dfrac{1}{1 + a_n} < \dfrac{1}{4} + \dfrac{1}{5} + \cdots + \dfrac{1}{n + 3}$，然后设法证明 $\dfrac{1}{4} + \dfrac{1}{5} + \cdots + \dfrac{1}{n + 3} < \dfrac{1}{2}$，导致失败，但由于平时教学时已渗透过 $1 + \dfrac{1}{2} + \dfrac{1}{3} + \cdots + \dfrac{1}{n} + \cdots$ 的发散性，我班这样处理的学生就很少。无独有偶，后来得知温州大学方均斌教授上中学时也向当时的高中老师问过这样的问题，可惜老师没有回答，搪塞而过。一次浙江省教师 90 学时培训时，我专门举例，讲如何用 $1 + \dfrac{1}{2} + \dfrac{1}{3} + \cdots + \dfrac{1}{n} = \ln n + C + O\left(\dfrac{1}{n}\right)$ 发现、编制或证明不等式 $10 < 1 + \dfrac{1}{2} + \dfrac{1}{3} + \cdots + \dfrac{1}{10^6} < 20$。又如在教授圆锥曲线时，我常常从高等几何的视角俯视圆锥曲线，将部分圆锥曲线中的切线、切点弦性质在高等几何中作了较好的统一，将椭圆理解成压扁了的圆，即 xoy 平面上的椭圆 $\dfrac{x^2}{a^2} + \dfrac{y^2}{b^2} = 1$ 可理解成作压缩变换 τ：$\begin{cases} x' = x \\ y' = \dfrac{a}{b}y \end{cases}$ 后由 $x'o'y'$ 平面上圆 C'：$x'^2 + y'^2 = a^2$ 压缩而成，更清晰地认识与椭圆相关的斜率、面积问题保持了圆的有关性质。从而使课堂教学居高临下，深入浅出。

现代教育理论是数学教育的指路明灯，一名优秀的数学教师应深刻理解现代教育理论和方法。评上特级教师后，我加强学习，积极参加各类业务进修班，2003—2004 年在浙江师范大学脱产攻读教育硕士学位，深入学习教育教学有关的理论，如普通教育学、普通心理学、教育心理学、国内外教育史、中国教育简史、中小学教育科研、教育测量与评估，以及阅读施良方的《学习论》、吴庆麟的《认知教学心理学》、卢家楣的《情感教学心理学》、袁振国主译的《教育研究方法导论》、林焕章的《教育科研操作指南》等名著，从而弥补了本科学习时的不足。2005 年当了省高中数学教研员后，我明晰博学、深思、善写、能说、广联、践行是教研员的立身之本，扩大了学习的范畴，阅读了大量与课程、评价及与专业有关的书籍，进一步拓宽了知识面，刷新了教学理念。2006 年完成了浙江师范大学数学教育硕士学位课程，获得了教育硕士学位。撰写的硕士论文《关于浙江省高中数学教师实施新课程教学适应性的调查》在 2007 年被评为浙江师范大学优秀硕士论文，同年被评为首届全国优秀教育硕士。"宝剑锋从磨砺出，梅花香自苦寒来"，理论的学习与实践的积累，奠定了我从事教研工作所需的课程理论与数学专业功底。

四、教研结合，以研促教

成长需要环境和土壤，我们的时代并不吝啬给教师提供成长的条件，但成长还需要自我的加压和努力。数学教师因对数学教育事业和学生的热爱，对待工作的精益求精是永无止境的，用科学的教育教学理论指导课堂教学是我始终不懈的追求。一线任教期间，我边做学问，边深入课堂，深入学生，让自己的学说在实践中得到检验、修正和完善，让自己的人生在多维的生活空间中得到延伸拓宽，讲课时各种材料信手拈来，各派观点脱口而出，在推敲的时候容易给学生以系统、严谨的启示，在质疑的时候常常给学生留有巨大的想象空间。我坚信探索最佳教学方法时，容易实现教学与研究的突破，完成高质量的研究教学改革的论文，课堂教学也越来越受学生欢迎，教学效果越来越好，课前课后的灵感也越来越多，思考与探索也越来越深。

迄今为止，我在《数学通报》等全国公开发行的专业刊物上发表论文100多篇，出版《高中数学教学的行与思》《名师面对面之数学核心素养谈》《普通高中数学新课程案例研究》《高中数学必修知识拓展与引申》《浙江省普通高中数学学科选修课程建设案例》《成人高中数学》《高中数学基础知识》《高中数学解题方法100讲》《三角函数》等著作30余部，主持或参与国家、省、市级研究课题16项，获省政府基础教育教学成果奖1项。其中一线工作期间，在《数学通报》《电化教育研究》《中学教研（数学）》《中学数学教学参考》《福建中学数学》《数学教学研究》《湖南数学通讯》等十多家全国公开发行的刊物上发表论文近40篇；合编的数学教学参考7本，2002年获浙江省教育科研先进个人。

一线工作期间，我的教科研有一个鲜明的特点，即完全是草根式，紧贴课堂教学的实际。发表的教学论文大多来自课堂教学实践、教学规律探索、同行学术争鸣及数学竞赛辅导。例如在探索解析几何教学时，连续撰写了《有心圆锥曲线若干性质再探》《关于圆锥曲线焦半径的一个重要性质》《椭圆上的四点共圆的一个充要条件》三篇文章，均于1998年发表于《中学教研》《中学数学教学参考》《湖南数学通讯》；在研究记忆力对学习的影响时，我撰写了《当前高中生记忆力状况调查与思考》发表于华东师大《科学教育》1999年第4期；在研究多媒体教学时，撰写了《开展数学多媒体辅助教学的若干实践与思考》发表于西北大学《电化教育研究》2003年第5期，并获中国电化教学协会论文评选全国二等奖；在竞赛辅导过程中，对同行热议而不能解决的问题展开研究撰写成论文。如1998年全国数学联赛加试第二题："设 a_1，a_2，$\cdots$，a_n，b_1，b_2，$\cdots$，$b_n \in [1, 2]$，且 $\sum_{i=1}^{n} a_i^2 = \sum_{i=1}^{n} b_i^2$，求证：$\sum_{i=1}^{n} \frac{a_i^3}{b_i} \leq \frac{17}{10} \sum_{i=1}^{n} a_i^2$"，当时的学生普遍不会做，我通过钻研写成了《一道加试题与一类分式不等式》发表于浙师大《中学教研（数学）》1999 年第 6 期；在总结特长生培养时，撰写《理科特长生数学自主学习的研究与思考》发表于浙江教育学院《教育月刊》（中学版）2002年第 11 期，等等。针对教学中疑难问题申请课题开展研究，虽不高大上，但解决了数学教学中的一些具体问题，例如在承担学校数学实验班教学时，主持嘉兴市级立项课题"理科特长生自主学习实验研究"，在开展技术与课堂教学如何整合时，分别主持国家级子课题"高中数学课程教材与信息技术整合研究与实验"及省级课题"计算机辅助教学与网络环境下的数学学习模式"，其中省级课题"网络环境下高中数学学习方式的改进研究"报告获省二等奖，同时获省教育厅优秀课题奖，相关成果获全国二等奖并在国家级学术期刊上发表。总之，我始终坚持教而不研则浅，研而不教则废，边教边研是减轻学生学习负担、提升教学质量最重要的途径。

五、渡人成己，丹心育人

教师作为一个通过燃烧自己开发学生价值潜能的人，也有实现自身价值的需要。我们知道，任何一个工厂都是通过其生产的产品的价值来实现自身的价值的，如果哪一天这个工厂不能再生产市场需要的产品了，这个工厂的价值也就不存在了。教师的价值是通过其所教过的学生的价值来体现的。教的学生越多，学生发展得越好，教师教育的价值就越大。苏格拉底之所以成为世界名师，是因为他的学生有的当了将军，有的当了领袖。

我在一线从教 22 年，我喜欢和学生在一起，欣赏和分享他们的快乐和烦恼，节假日带学生到我家玩，烧好吃的给他们吃。我喜欢当班主任，前后当过 10 年班主任、5 年半副班主任。我以为做老师不当班主任，充其量是半个教师，尤其对一个数学教师而言，做好班主任工作是当个好老师的基本要求，况且一个好的班主任往往更容易把学生学习的兴趣吸引到所教的学科上来，这是一件很占便宜的事情。在班级管理上，我积极倡导"教师引导，学生自主，活动载体，实现自我"的班级管理模式，工作中坚持"尊重信任与严格要求相结合、说理疏导与纪律约束相结合、集体教育与个别教育相结合"的德育原则，在班干部培养和学生自理能力的培养方面有独到之处，形成了"以情感人、注重全面、目标引路、分层激励、严而活泼"的工作特色。所带班级班风正、学风好，会考高考成绩显著，升学率高，后劲足。多次被评为校文明示范班集体、县优秀班集体，深受同事、家长好评、学生爱戴。我所带过的班，无论是基础很好的班，还是中途接替的状况较差的班，最后都成了学校的先进班集体，我带的学生很多成了省、市的三好学生。以 1999 年送走的毕业班为例，接班时其与兄弟班实力悬殊，学生学习基础差，农村学生多，每一次期中、期末考试，班上第一名位于年段十五至二十五名。面对学生实际，我不气馁，默默地用功，从关心学生的生活入手，以创文明班集体为抓手，调动学生的学习积极性。每一项集体活动，我都鼓励学生勇争第一，这样经过三年的学习，学生进步很快。三年中最后三个学期班级均被评为校级文明示范班，两次被评为县级先进班集体与先进团支部。各科会考合格率优异，高考上线率名列五个理科班第一。51 名考生中，上线人数 44 人，重点大学上线 14 人，马原、周恬，许稷分别撰写的两篇科技小论文获省一等奖、全国一等奖。当时，家长们都以能把子女送进我任教的班级为最大的幸运。

我教过 8 届高中毕业班，每届学生出色的高考数学成绩都给我带来付出后的满足感。不放弃任何一名学生是我的工作信条，我坚信"每一位学生都是可塑造的"，只要方法得当，每一名学生在数学学习上都能达到其能力所及的水平。辩证地吸收古今中外各种教学方法的优点，与时俱进地改进教学方法，倡导传统教学与现代教学、激趣教学与引深教学的整合。在长期的教学实践中，我形成了"细、实、活、深"的教学风格，教学效果显著。20 多年教学实践证明，我所带的学生思维能力强、成绩好、后劲足，所教班级优等生明显领先于同年级中其他班级，我执教的七届高三毕业班无论是会考还是高考成绩都很优异。以 1996 届、2002 届为例，我教的 1996 届高三（3）班，会考合格率 100%，优秀率 91.7%，高考平均分为 109.4 分，其中 140 分以上 3 人，130 分以上 11 人（130 分以上人数占了全县总数的 1/2）；2002 届高三（6）班，会考 A 等率 80%，高考平均分为 126 分，满分 1 人，2001 年全国数学竞赛获全国一等奖 1 人，获全国二等奖 1 人，获省二等奖 2 人。

作为因材施教的一种尝试，我先后十多次组织数学提高班或兴趣小组，曾创立了"一人牵头，专题分工，集体合作"的竞赛辅导模式，是学校也是当时嘉兴地区数学竞赛辅导的核心力量，起着领头羊的作用，竞赛成绩显著。几十年来，我一直活跃在数学竞赛辅导的讲台上，每年为本校各年级竞赛辅导班做专题讲座，也经常被邀请去外地做数学竞赛辅导讲座；调任省教研员后，仍致力于数学特长生培养，参加数学竞赛命题，召开全省数学特长生培养研讨会；连续 16 年参加一年一度的全国数学联赛颁奖会并发表讲话，主编《高中数学奥林匹克竞赛教程 基础篇》，为推动数学竞赛活动的健康发展，为发现与培养人才尽上绵薄之力。一线教学时，我辅导学生参加全国高中数学竞赛、全国"希望杯"数学竞赛，有 51 人次获市、省、国家级奖，其中全国高中数学竞赛一等奖 4 名，二等奖 5 名，进冬令营（中国奥林匹克）1 名，保送天津南开大学数学教育试点班 1 名。2016 年出版的专著《高中数学教学的行与思》涵盖了课堂教学探索、高考复习指南、考试评价探析、解题方法提炼、数学尖子培养、数学课改实践、初等数学研究等方面，是我在课堂教学诸多方面的一个缩影，"志学—得术—悟道—建功"是我在一线成长的概括。沾学生的光，我曾获得第七届"苏步青数学教育奖"二等奖、全国首批优秀教育硕士、浙江省劳动模范、浙江省教育科研先进工作者、嘉兴市劳动模范、嘉兴市新世纪专业技术带头人、嘉兴市首批学科教学带头人、海盐县有突出贡献的优秀专业人才等荣誉称号。

近年来，我在数学教育界影响力不断提升，2019 年 1 月当选为浙江省教育学会中学数学教育分会会长，还先后被省数学学会选为常务理事兼中学数学教学委员会主任、全国中等数学专业委员会理事及学术委员会成员，入选教育部"国培计划"专家库成员，被国内数学教学界权威杂志《数学教育学报》等聘为编委，被浙江师范大学聘为教育硕士导师、客座教授，被人教社聘为教材培训专家组人员，被江浙沪教研部门联合聘为"长三角基础教育高中数学学科专家"。2006 年被中国科协青少年工作部聘为暑期中学教师培训的指导专家，2014 年暑期被上海市教委聘为上海市特级教师理科组评委，2017 年被江西省教育厅聘为"万人计划"评委，2018 年暑期被江西省教育厅聘为江西省特级教师数学组评审组长，同年被教育学会聘为国家基础教育国家网络评审专家，被浙江省教育工会聘为中小学青年教师比赛高中组评审组长，2021 年被广东省教育厅聘为广东省基础教育成果评审专家，长期担任全国高中数学课堂教学评比评委，还担任杭州市有突出贡献的专业人才、温州市教育领军人物、湖州绍兴特级教师评审工作。这些社会工作以奉献为主，有时候甚至影响自己休息和科研，但我一如既往，没有怨言，觉得特级教师就要发挥辐射作用。

路漫漫其修远兮，吾将上下而求索。展望未来，我信心满怀。天生我才为教育，这辈子注定为教育奋斗终生，我将一如既往"严谨治学、执着追求、甘于平淡、求实创新"。

名师档案

张金良

　　浙江省高中数学教研员，浙江省中学正高级教师、特级教师，第七届"苏步青数学教育奖"获得者，浙江省劳动模范，浙江省优秀教研员。现任浙江师范大学教育硕士兼职导师、客座教授，教育部"国培计划"专家库成员，浙派名师培养指导教师，中国教育学会中学数学专业委员会常务理事、学术委员会委员，浙江省教育学会中学数学教学分会会长，浙江省数学会常务理事、中学教学专业委员主任，《数学教育学报》《中学教研（数学）》编委、《中国数学教育》执行编委，张金良名师网络工作室主持人。曾在一线任教 22 年，带出高三毕业班 8 届，先后担任副校长、党总支委员等职，形成"细、实、活、深、趣"的数学教学特色，在《数学通报》等专业刊物上发表论文 100 余篇，出版《高中数学教学的行与思》《名师面对面之数学核心素养谈》等著作 30 余部，主持或参与国家、省、市级研究课题 16 项，获省政府基础教育教学成果奖 1 项。

红烛在我心　无悔育桃李

北京市第二十中学　吕娟娟

我觉得，人生最大的幸运，就是自己的兴趣和职业能够完美契合。我深爱自己的工作岗位，以自己的事业为骄傲，并在工作中感受到十足的成就感和幸福感！我也特别荣幸能够分享我的成长经历。

一、匠心钻研，执着进取——做"学科专家"

师者，当怀一颗匠心。匠心就是用最初的心做永远的事，始终如一，初心不改。从登上讲台的那天起直到现在，我始终不忘"躬身敬业，教书育人"，牢记苏霍姆林斯基在《给教师的一百条建议》中提到的"对每一节课，我都是用终生的时间来备课"。

还记得初登讲台，心里无比兴奋和激动，几乎一夜未眠，把讲课内容在心里反反复复演习了很多遍，甚至不放过一个表情一个停顿。可是当我信心满满地走进教室，却发现学生上课根本不听我的，都在自顾自地讲话、开小差，我当时真是感到无所适从。课后，经过其他经验丰富的教师提醒，我才明白，教学并不是一味地向学生灌输备课内容，而是要抓住学生的兴趣，为他们创造一个轻松、愉快的学习环境。看到周围优秀的老教师工作起来那么的游刃有余，我心里暗暗发誓，一定要当一名专家型教师。

教要有提升，学必无止境，于是在不断钻研英语教学知识、提升口语水平的基础上，我广泛阅读书籍，每天坚持写读书笔记，并抓住一切学习的机会，远赴加拿大英属哥伦比亚大学培训。在参加各级各类公开课教学、教师技能比武中磨炼自我、提升技能，获国家、省、市级教学比赛特等奖、一等奖近百次。教学中，我以新的教育教学改革为契机，始终坚持以科研课题为引领，以教研带动教学、促进教学。2000—2007 年负责国家教委重点课题"五步三先"教学法研究，参与国家级课题探究性教学研究、任务型教学研究等，执教"逗人发笑的艺术""英美现代诗歌鉴赏"国家级课题验收课，受到专家好评。

从 2008 年开始，我着力在教学实践中探索和建立英语学科不同课型高效的课堂教学模式，尤其是在黑龙江省"十二五"青年专项课题"高中英语不同课型课堂教学模式研究"的实验过程中，对课程有了更加深入的理解，通过将不同课型的教学设计在实际教学中实践、修正、运用，收到良好的教学效果。在这期间，因为在语法课教学模式的研究中遇到了比较大的障碍，我又专门申请主持了国家级课题"'一条龙'英语教学"子课题"'一条龙'高中英语语法课教学设计"，进一步探究语法课这一较难应对的课型。

我在实践中检验，在反思中完善，历时五年多，逐渐梳理形成了阅读课、听说课、词汇课、写作课、语法课五个课型教学模式体系，关于这五种课型阐述的论文陆续发表在《山东师范大学外国语学院学报（基础英语教育）》《基础外语教育》《中学生英语》等专业期刊上。五年中，在国家、省级研讨课、优质课、微型课比赛中，荣获国家、省级教学比赛特等奖、一等奖 20 多次；指导青年教师运用此模式设计的阅读、语法、听说、词汇、写作等各类课获得国家、省级特等奖、一等奖 40 多次；4 人次代表黑龙江省参加全国比赛获得一等奖，并得到专家的一致肯定和好评。省里教研员找到我，说这么成熟的教学体系，应该出一本专著让更多的英语教师受益。刚接到这项任务，我是有畏难情绪的，我是英语教研室主任、教研组长，又担任班主任，还有两个班的教学工作，任务已经非常繁重，但是能够和更多的同行分享我的教学理念又让我动力十足，于是我给自己"定了一个小目标"——每天不管工作多忙，必须坚持至少两个小时的写作，有时写到酣畅淋漓时不愿停笔，经常工作到凌晨三四点钟，非常的辛苦，但也非常充实，最终形成了30多万字的教学专著《新课标高中英语不同课型教学设计》。作为课题的研究成果之一，我的省级课题"高中英语不同课型课堂教学模式研究"得以充实圆满地结题，这本论著2017年获得首届黑龙江省基础教育成果奖二等奖。但是我并没有就此停止教学研究的脚步。

2013年9月，"大庆市高中英语吕娟娟名师工作室"正式挂牌成立。我借助名师工作室的平台，通过72名成员将成果在全市所有高中实践推广，对全省、全市英语学科教学起到了更大的引领和辐射作用。为了解答学员们在成果的实践运用过程中遇到的一些问题，在对全市不同高中学校的英语教学进行了深入调研的基础上，2013年我主持研究了市级重点课题"影响高中英语高效课堂教学的问题及对策的实践研究"，进一步探究五种课型教学模式在不同层次学校运用中所遇到的问题和应对策略。历经三年时间，课题于2016年6月顺利结题，并取得了丰硕成果。

面对高考改革的新形势，英语教学要与改革同步，就要思考在前，未雨绸缪。所以，我申请了课题"高考改革新形势下高中英语教学策略的研究"，并通过"十二五"黑龙江省教育科学规划课题立项，2015年3月正式开题，为教学策略与方法的研究开拓了更加广阔的天地。

历经国家课题子课题、省"十二五"青年专项课题、省规划课题和市重点课题4项课题的研究、实践和完善，2018年，教学成果《高中英语五种课型教学模式建构与实践创新》获基础教育国家级教学成果奖二等奖，

《高中英语五种课型教学模式》获省基础教育教学成果奖一等奖，2015年教学专著《新课标高中英语不同课型教学设计》获省首届基础教育教学成果二等奖。"高中英语五种课型教学模式建构与实践创新"在2018年第四届中国教育创新成果公益博览会、2019年教育部基础教育国家级教学成果展示会上宣传推广，现刊载于"基础教育课程资源网"《教学成果集萃》栏目，并入选教育部（2019—2022年）基础教育国家级优秀教学成果推广应用项目，已在30多个省、市、自治区推广应用，产生了广泛学术影响。

近10年，我获得基础教育国家级教学成果奖等国家、省、市科研成果、奖励20余项；出版教学专著1部，主编论著12部，任副主编4部；在《基础外语教育》等英语专业期刊发表论文12篇；担任"基础教育课程资源网"基础教育一线课程专家等；做国家级、省级培训讲座20多次；参加教学比赛获国家级、省级特等、一等奖20余项；指导学生参加全国竞赛获指导教师一等奖17项。

二、行者无疆，无问西东——"甘当人梯"

一个人，只有置身于一个强大的集体，才能发挥更大的作用；一个带头人，只有打造出一支强有力的队伍才能彰显价值！作为学校的领军教师，我率领的英语教研室是学校的一支领军团队。但是，教研室内年轻教师比例较大，加强团队建设，尤其是引领年轻教师迅速成长，是学校英语教学发展的当务之急，也是我作为英语教研室主任一直思考的问题。于是我确立了教研组的总体工作思路——以人为本，团队作战。

青年教师的培养以"三年入门、六年合格、九年优秀"为目标，采取了师徒结对子、以老带新的方法，结成师徒对子20多对。这种方式使得新教师在模仿中探究、提高，快速成熟与发展。同时，徒弟也在新的教学技术手段应用方面成为师傅的好助手，做到师徒教学相长。每学期英语教研室都举办教师基本功大赛、青年教师汇报展示课、优秀教师示范课、教学优质课、研讨课等活动。每位授课的年轻教师背后都有一个由师傅和其他同组教师组成的备课团队，大家共同精心设计、反复打磨，每一节课都呈现了集体的智慧，发挥了团队的力量。青年教师们在比赛中锻炼、在实践中成长，老教师们也在磨课中不断更新理念、获得提升。

此外，我积极为教师们争取到国家、省、市更大舞台上磨炼和展示的机会。2010—2019年，我带领教研室纪艳秋等42名教师参加国家级、省级各类教学比赛，全部获得特等奖、一等奖，得到了省、市教研员的赞赏；孟雨等18人次代表省、市参加全国和省教学比赛，均获特等、一等奖，得到国内英语教学专家的好评。这一切成绩的取得与参赛教师的个人努力分不开，更有他们身后教学团队的默默付出。我时刻提醒青年教师珍惜每一次锻炼和成长的机会，每个人不仅仅代表着自己，更是代表着学校，要为集体争得荣誉。每一次比赛我都亲自带队参加，每一节课我都是亲自指导，精心设计，从教学的理论应用、教学模式的采纳、重难点的设定、策略与方法的选择、活动与问题的设置，到教师的课堂语言表述、语音语调、仪表教态、着装发型等一一把关。每一节课的试讲少则5次，多则十几次，不断完善，力求做到完美。

记得2012年4月省教育学院组织全省教师的微型课比赛，我们学校有9名教师经过全市选拔获得了参赛资格。但在当时教师们第一次听说"微课"这一新名词，更不知道如何上微课。于是我在教研室做了一个关于微课的专题讲座，指导教师如何上微课，并帮助每一名参赛教师修改教学设计、听试讲、不断改进。由于从接到通知到比赛前准备的时间较短，当我带队在比赛前一天下午到达活动主办城市时，刚刚报到结束，我就马上组织9位教师来到我入住的房间，按照比赛抽签的先后顺序，给每位教师做最后一次的试讲指导。北方的4月倒春寒，那天气温很低，室内又没有供暖，或许是因为旅途匆忙饮食不适，我当时胃痛得特别厉害。几位老师发现了我身体不适，就说："吕老师，要不您休息，我们就自己看看算了。"感受到他们心疼我的身体，但又为自己的比赛感到担忧、心里没底的那种纠结的心情时，我淡然地说："你们别担心，我这没什么大问题，帮我用矿泉水瓶装两瓶热水，暖暖就好了。"于是从下午到晚上，老师们就像是正式比赛一样，一个接着一个地在我面前展示，我怀里抱着两个热水瓶认真倾听，给每一个人做出针对性的修正、指导，并给予充分鼓励。看着他们信心满满地离开，去为第二天的比赛做最后的准备，我的内心也充满了欣慰。一切进展得都很顺利，预期当晚 11 点之前我们就能完成这项工作。可是，晚上 9 点多，突然停电了！还有两位老师没有指导，他们当时就急了，"吕老师，怎么办？我们还没说呢，您不最后给我们指导一下，我们心里没有底！"我马上说："别着急，你们俩是明天下午讲课，现在先回房间睡觉、养精蓄锐，明天早上 5 点钟我们准时开始，一定来得及。"就这样，本次比赛，我们 9 名教师全部获得一等奖，是全省所有参赛学校中的唯一。在比赛颁奖、活动总结中，评委专家们说，本次比赛，很多选手对微型课概念不清楚，授课方式不恰当，但他们尤其表扬了我们学校的参赛教师对微课理解到位，授课方式标准。

这些活动使得年轻教师迅速成长，涌现出一大批教学骨干。教研室团队近五年获省市级荣誉称号有"黑龙江省优秀教研组"、"第一届全国中小学外语教研工作示范校"、"市先进女职工集体"、全国创新英语大赛"优秀生源基地"、全国"百校工程"项目实验学校、大庆市市级重点学科带头人梯队等。

小溪只能泛起小小的浪花，大海才能迸发出惊涛骇浪。在工作室里，我有机会为更多年轻教师的成长引路导航。工作室确立了"以科研为先导"的工作宗旨，我毫无保留地将《新课标高中英语不同课型教学设计》作为交流材料，分发给每位成员，与大家共同学习交流。七年时间，我带领三批近二百名学员完成了省级规划课题和市级重点课题两项课题的研究。我做培训讲座，解答学员们在课题研究和教学过程中遇到的问题。并通过组织课题阶段成果分享、交流研讨、东三省"同课异构"、不同地区"一课一议"、"观课议课"、"带教巡讲"、"带教下乡"、"名师巡讲"、"工作室开放日"、网络平台互动等订单式的服务，了解教师的实际需求，切实解决教学中存在的困惑和问题。

随着课题研究的深入，我不断为年轻教师提供展示、锻炼的平台，工作室成员成长迅速。大庆实验中学孟雨老师参加第八届全国高中英语课堂教学优秀课展评，荣获一等奖，并在此基础上，被选拔代表黑龙江省参加在西安主办的"全国英语教师研讨课比赛"，阅读课获得一等奖，得到全国英语教学顶级专家的好评；我获得"全国英语教师研讨课"指导教师一等奖；大庆一中梁晶老师参加全国第二届"绿色课堂杯"优质课比赛荣获特等奖；矫兴华老师参加全国说课比赛获得一等奖、最佳教学设计奖，并在省教学研讨会上做展示课，等等。

借助网络平台，工作室共收到教育教学论文552篇，教学设计648份、教学反思589份，读书心得656篇，优秀教学案例352例，科研课题138项。从这沉甸甸的积累中便可看出成员的成长。工作室成员获得国家级、省级、市级奖项及荣誉奖励数百项，工作室被评为黑龙江省五一巾帼创新工作室、市优秀工作室，一批批工作室成员逐渐成长为各自学校的骨干和中坚力量。

三、爱生如子，润物无声——做"教育名家"

在我的从教履历中，27年是班主任。我总结出了班级管理"五字诀"——"德""爱""严""赏""活"。以德正其心，培养他们健康和谐的人格品质；以爱动其情，关照他们的内心，培养其美好的情感；以严导其行，引导其树立正确的竞争观念；以赏激其能，因材施教挖掘每一个孩子的特质潜能；以活促发展，纠正其偏执的心理，引导他们去拥抱通达的人生。在悉心的教育引导之下，学生个性发展更为平和，对自我的认识更加清醒，奋斗竞争意识更为理性。

很多人说，你始终是在全省知名的重点高中任教，所带的班级都是学校最好的班级，所教的学生是大家公认最优秀的群体，肯定是顺风顺水、称心如意。但实际上，学生们是鲜活的人，成绩只是他们的一部分，无论多么优秀的孩子，都会有不尽如人意的地方。尤其当前网络信息空前发展，社会上各种思潮交织碰撞，面对受多元化价值观影响的学生，我们要格外关注他们的心理感受，不仅要照亮他们的迷茫，更要给他们指引方向。

曾经，我接手的新班级中有一个孩子不爱说话，上课趴在桌子、经常哭、冲动暴躁，甚至有自残倾向。我了解情况后才知道这孩子是中度抑郁症患者。她妈妈曾经绝望地跟我说："吕老师，对不起，我没跟您说实话，其实医生是要求她住院治疗的，但是我不想承认孩子是一个真正的病人，要不然我还是把她领回去吧。"说到这里时，她已经泣不成声。说实话，如果这个孩子退学了，对我而言，真的是一种解脱，我再也不用每天提心吊胆、察言观色，但是，如果让她脱离集体，后果会更严重！开始，我想领孩子去做心理辅导，可她拒绝就医，于是我自学心理学专业书籍，通过网络收集相关案例，向专业医师咨询。渐渐地我发现，拥有一个可以完全信赖的人，是对抗抑郁症最有效的方法。我一次次地尝试和她沟通，她也逐渐感觉到了我的善意，渐渐地向我敞开了心扉。这期间她的病情几度反复，我也失落过、动摇过，但当想到自己是一名教师，也是一个孩子的母亲时，我不再犹豫，一定要帮她找回健康。两年后，她彻底康复了，所有人都说这个孩子像换了个人，毕业前孩子的家长跟我说："孩子将来的路还很长，也许还需要您的引导，您就认孩子作女儿吧！"我欣然答应了，因为我知道，从踏入这个班级起，每一个孩子的命运便与我息息相关，我愿意履行一名慈母的责任，为他们的一生护航！

其实，在班主任工作生涯中，我也曾有过退缩的想法。记得我的班级里曾有一位成绩优异的女生学习成绩突然下滑，家长签字的试卷上分数有改动的痕迹。这一系列反常的情况引起了我的注意。经过了解我才知道，孩子父母不久前离异，看到孩子成绩下滑，父母心急，决定复婚，条件是孩子成绩必须赶上去。可这不是一朝一夕的事，所以孩子就偷偷地改了分数。得知事情的当天，我建议孩子父母晚自习后一同来接孩子，以消除孩子的不安全感。可在夜里，孩子父母给我打来电话，说没接到孩子，孩子也没回家。一夜的苦苦寻觅，让我人生第一次感觉到什么叫心痛。终于在凌晨四点多找到了安然无恙的孩子后，疲惫不堪、心力交瘁的我回到家中，委屈、失落各种情绪涌上心头，坐在家里的写字台前看着满满待批的作业和试卷，心里真的打了退堂鼓。这时写字台玻璃砖下面的一张明信片映入我的眼帘："三尺讲台，三寸舌，三寸笔，三千桃李；十年树木，十载风，十载雨，十万栋梁。亲爱的吕老师，愿您坚守三尺讲台，归来依旧是少年！"我突然想起写这张明信片的学生当时也是类似情况，初中学习成绩优异，但上高中之后成绩一直不够理想，他写道："第一次考试便排在四百多名，是我读书以来的最低纪录，我已经找不到自我，就这样堕落下去吧！"无意间看到孩子日记的家长找到了我，我一面安慰手足无措的家长，告诉他们如何给孩子减压，一面观察他的一言一行并积极开导他，由于他的心态不好，考试成了他的软肋，所以考前辅导、考后疏导是我给他私人定制的必修课，2006 年高考，他圆了祖辈几代人的梦想。就是这样的几句话让我又打起了精神，在我的帮助下，女孩的成绩很快提升了，当年高考，她考取了"985"名校，现在就职于我国顶尖大学。

新时代呼唤新使命，做教育也要有新作为。我们要为实现"中国梦"伟大复兴培养出更多的合格人才，为实现富强、民主、文明、和谐、美丽的新中国而努力奋斗。

不忘初心，方得始终。我一定会坚持初心，在我热爱的教育沃土上，永远怀着一颗敬畏之心，不断前行，享受为天下育英才的快乐！

名师档案

吕娟娟

　　正高级教师（专业技术二级岗），英语特级教师，国家"万人计划"教学名师，"基础教育课程资源网"基础教育一线课程专家。荣获全国先进工作者（劳动模范）、国务院政府特殊津贴专家、黑龙江省高层次人才、黑龙江省劳动模范、黑龙江省政府特殊津贴、黑龙江省首届教学名师、黑龙江省师德先进个人等荣誉。

　　主持完成多项国家级、省级科研课题，成果《高中英语五种课型教学模式建构与实践创新》荣获基础教育国家级教学成果奖二等奖、《高中英语五种课型教学模式》获黑龙江省基础教育教学成果奖一等奖。出版教学专著 1 部，主编教学论著、教材 11 部，发表论文 50 多篇。

行走在教育事业之路上

上海市奉贤中学　张育青

　　我出身在教师世家，耳濡目染，教书上课对我来说并不陌生，而父母好像在我出生时就想让我当教师，还给我取了"育青"这个名字，这也许是老一辈教师希望他们的事业在我身上得到延续，继续实现他们未实现的愿望。茶余饭后，我们家的话题总是教书的事、学生的事。父母是我第一轮师傅，是他们把教书的经验和窍门毫无保留地传授给我。

一、职初教师的成长

　　父母的养分是远远不够的。在学校，我得益于英语教研组的前辈们对我这个年轻教师无微不至的关心和帮助：怎样确定重点难点，怎样巧妙地设计教学活动，怎样对付调皮的学生。是她们不厌其烦的指导伴我成长。

（一）压担磨炼

　　对于一个新教师来说，前五年的磨炼是至关重要的。工作刚半年，因为组内师资紧缺，学校就让本来上高二的我跨头兼高一的课，这对刚工作半年的我确实是一种考验。我对高二教材还不熟悉，却又要接触高一的教材，每天备课量很大。虽然会苦一点、累一点，但我觉得这个任务能让我尽快熟悉高中教材，对专业成长无疑是个好机会，因此欣然接受了。事实也是如此，第二年学校就让我担任了班主任和两个班的英语教学任务，接下去又连续两年担任高三毕业班工作，并兼班主任。因为年纪轻，精力充沛，我把全部时间都投放在学生的教育教学上，任教的班级班风正，学习成绩好：1988届（1）班从高二起直到高考，各学科总成绩和英语成绩始终名列年级第一；1989届（3）班高三接班时起点低，但是经过一年的努力，总成绩和英语学科成绩突飞猛进，孙玮韵同学摘得上海市高考理科状元的桂冠，班级英语平均成绩从高三接班时的年级第六上升至第三。就这样，我从一个新教师，成长为一名压得起担子、出得了成绩，学校信任、学生喜爱和家长欢迎的成熟教师。

（二）事业激励

我自幼勤奋好学，大学时非常注重自己专业知识的学习和能力的培养，工作不久，就感到上海的英语教育要求不断提高，原来的知识和技能不能满足新的教学需要。我虽然一直在学习，但仍渴望得到进一步进修的机会。俗话说：机遇是给有准备的人提供的。1994年，国家教委选派教师赴美进修，给上海两个名额，经过专业知识和能力的测试，我在全市40多位被推荐的教师中脱颖而出，幸运入选。在当时，这种机会是很少的，我很珍惜。就这样，我舍下4岁的儿子，告别了病重的父亲，来到了一个没有人讲汉语的地方，开始了一年的学习。当时一个月只有60美元，比美国人小孩的零用钱还少，打电话很贵，也没有e-mail，所以只能靠写信来解相思之苦。我充分利用这次机会到各种学校听各种类型的课，学习他们的教学方法，也为当地学校上中文课、文学课，到大学或俱乐部介绍中国的风土人情、地理、历史和艺术等情况，这样，我既在语言上得到锻炼，又在教学方法上得到新的尝试，一时在当地成了一名文化使者，当地报纸也争相报道了我在美期间的点点滴滴。功夫不负有心人，回国后，同行评价说我练就了一口美音。

二、骨干教师的进步

随着教育的发展，国家教委、市教委都逐步推出各种教师进修的项目。我很幸运，大学毕业，就被分配到奉贤中学这所重点中学，学校虽然地处郊区，但历任校长和学校其他领导尤其注重师资队伍建设，他们支持青年教师参加县级、市级、国家级骨干教师进修，甚至出国进修和研究生学历学习；又利用市内德高望重、具有丰富教育教学经验的专家和老教师资源，制定了合同制、师徒制、导师制和专家引领等带教形式，使青年教师通过不同级别的带教，在师德修养、教育教学理论与实践能力以及教科研能力等各方面有显著进步，并逐渐成熟起来。我就是这样一步一步从普通有潜力的青年教师成长为首批国家级骨干教师。

（一）不断进取

作为首批市级和国家级骨干教师培养对象，其中一个要求就是要完成更高一层次的学历。那是 1997 年冬天，我正担任高三毕业班的英语老师兼班主任。父亲患尿毒症在做血液透析。我平时上班不能照顾他，但作为唯一的女儿，我要常常去看他，安慰他。接到学校的通知，我首先考虑到的是我不能辜负学校的希望，一定要考上。就这样，我利用周六去华东师大上复习课，晚上住在外语系条件非常差的地下室里，周日回到学校后每天管理学生上晚自修，我就坐在教室里和学生一起紧张地复习迎考，最后我以超过分数线 60 多分的成绩被录取。

在华东师大的三年学习时光很快就过去了。写毕业论文时，又轮到我上高三的课。父亲病危，又遇上导师出国。接替他的导师看到这种情况，劝我别太赶了，建议我再推迟一年，但我想下一年还有下一年的事情，我拼也要把这课题论文拿下。就这样，我一边带好我的高三两个班，为学生答疑；晚饭时去医院看父亲；晚上做题目、备课，深夜做课题，写论文到凌晨一两点。写好初稿后，后任导师与前任导师思路不一样，冯教授对我说，要么改题目，要么重做课题。我选择了前者，在一个月内赶出了第二稿，又在第二个月内赶出了第三稿、第四稿，最后在 5 月顺利地通过了论文答辩，评委老师评价我的研究结果很有参考价值。我感到很有成就感：我又攀登了一个高峰。

（二）收获学习

我生性好学，并善于在学习中找到乐趣。一次偶然的机会，市区一位英语教学专家发现了我，他建议我帮他一起写英语教学和学习参考书。在这以前我一直只是读书，很崇拜这些写书的大作者们，难道我也能写书吗？这是一种挑战，也是一个很好的学习机会，于是我下决心要好好学习。为了写好其中的某个部分，我要看大量有关这一方面的内容，重新梳理知识，从不同的角度阐述，还要配上恰当的例子和范文。写书要求很高，要写好，得花很多时间和精力，而且有时为了赶上出版时间，常常熬夜到凌晨一两点钟。就这样，我白天上两个班级的英语课，有时还当班主任，家里还有老人和小孩要照顾，晚上写稿子。在那些年里，我基本上每年参与写一两本书，还主编了两本，指导组内老师一起写，大家积极性也很高。回顾那些日子，收获真的很大。

三、称职教师的修炼

于漪老师说"一辈子做教师，一辈子学做教师"，作家冰心也说过"有了爱就有了一切"。要做一个好老师，我修炼着对祖国的爱、对家乡的爱和对学生的爱。

（一）修炼师德

1994 年，我通过国家教委选拔，赴美进修一年。进修期间，我刻苦学习专业理论、知识和先进的教育教学方法，积极提升专业能力。在与发达国家差异较大的年代，我毅然拒绝当地导师和房东的主动帮助，回到祖国，把学得的教学方法和理念用于教学中，受到领导和同行的称赞。

2002 年，又在大量郊区师资流向市区的潮流中，能顾全大局，放弃市区名牌中学的聘请机会和优厚的待遇，扎根在远郊奉贤，继续战斗在教学第一线，为稳定奉贤区的教师队伍做出较大贡献，被媒体誉为"定海神针"。

从教 36 年来，我始终以学校、学生的利益为重，经常以校为家，在管理班级、关心学生的学习、生活和成长方面都倾注了无限的爱，特别在高三教学期间，坚持每天晚自修结束后才回家，投入大量的时间和精力在答疑、批作业、钻研和备课上。师生关系亲密，被学生称为"青青姐姐"，也得到家长的喜爱和学校的信任。

（二）教书育人

春华秋实。36 年第一线英语教学，又担任多年班主任工作，可谓桃李满天下。下面摘录刚毕业的一位学生在他高一"感恩老师"活动上写的话，学生的评价就是镜子，是我一直追求"学高为师、身正为范"的动力。

"随风潜入夜，润物细无声。"形容我们的英语老师张老师，再合适不过了。

与张老师相识。高中第一节课，张老师没有过多介绍，直接给我们放了一段 TED 演讲视频，鼓励我们去潜心钻研英语。那是我最难忘的一节课，忘不了她优美的口语问答和对我们殷切的期望，忘不了我回答完问题后的那句 Very Good！

与张老师相知。晚自习上，本该下班的她总是对我们丝毫不懈怠。曾有一次，我在英语默写中出现了多个低级错误。在张老师眼中，这些小细节代表着我的松懈。她询问、启发、鼓励我，在这背后是老师无私的付出与心血。师德在她身上表现得淋漓尽致。

与张老师相熟。上课时，她常常用一些很生动的语言来帮助我们理解记忆英语，她在上课时的那饱满的神情，似乎是恨不得把她所知道的东西一股脑的全交给我们。她默默付出，不图回报，全身心投入教育事业，良师是对她最好的诠释。

"厚积而薄发"，她常这样告诉我们。她慈祥的笑容、庄重的神态，都将永远映现于我的脑海。

四、特级教师的使命

上海教育界对青年教师的进一步重视和培养使我在 1999 年有机会被破格评为上海市英语特级教师，那年我才 34 岁。我不把获得这一称号作为教师生涯的终点，而是把它作为学习、工作的新起点。

（一）立足课堂

课堂是教师的生命，我积极更新教学理念，不断探索科学的适应教育新发展的教学方法。在教学上逐步探索，形成了"精准设计，多维导学"的特色。

为了提高郊区学生英语应用能力，我采用任务型教学法，设计接近学生生活的任务，以主题为引领，以文本为载体，精准搭建内容和语言学习的脚手架，指导学生在完成任务的过程中锻炼应用知识的能力；为了提高学生自主学习能力，我精心设计"导学单"，通过"导读、导思、导研、导行"，引导学生课前、课中、课后全程学习；为了促进学生个性化学习，我引入信息化英语学习平台，建设分类分层线上学习资源，通过诊断学生学习习惯和水平，推送适合的学习资料，指导学生利用移动终端，配合线下课程进行个性化学习。我欣喜地看到学生不仅整体进步显著，而且尖子生突出，有的获得上海市"海文杯"和"科普英语"竞赛一、二等奖；有16位学生获全国"演讲与辩论"五项全能展评一、二等奖。

同时，我注重教育教学研究，在国家级、市级和区级刊物上发表了多篇论文。完成了"高中教师课堂管理观念和管理方式的现状分析与研究""关于教师课堂提问作用的分析与研究""任务型教学课堂教学实践研究"等课题，还组织、管理和指导学校"英语小班化分层教学实践"课题开展工作，该课题成果对学校英语教学改革有重要的指导作用。2006 年，我申报立项了区级课题"高中英语新课标下学科发展的实践研究"，该课题为推动奉贤中学英语学科发展和提高教师专业素质起到了积极作用，作为学校发展研究中心主任，积极组织课题研究，主持完成区级课题"信息技术条件下改善学生学习方式的实践研究""高中英语数字化课程开发与实施的实践研究"和"应用现代教育技术优化中学口语教学的实践研究"的研究，探索现代教育技术在教学中的应用策略与方法，并把研究成果通过"中国英汉语比较研究会语音教学研究专业委员会线上高层论坛"和"上海市教师共创成长计划"等讲座，在全国和全市推广。

（二）共享辐射

几度春秋，现在的我渐渐地成为以前的她们。我继承和发扬传帮带的优良传统，把接受的各种培训，无私地通过讲座、示范课、课题或带教，与同行和年轻教师们分享，与大家交流参加各种培训的体会和活动积累的经验。

我最先为奉贤区英语教师介绍了"输入·内容·语言·输出"的任务型课堂教学模式，宣传了"以学生为中心，以活动为中心，以能力为中心"的教学新理念，开了能具体、直观地展示这一教学模式的题为"Languages"的示范课，使很多老师对这一教学模式有了较深的认识。作为区"名导师"，我在区内开设了讲座，如"高考试题分析和复习指导""怎样选择课题""怎样做课题""计算机辅助教学在英语学习中的应用""怎样教写作""怎样设计导读学案""怎样教音标"和"教师课堂教学语言的优化"等；作为特级教师，我还被邀请在市内其他区县做各种讲座。2004 年以来，共做各类讲座 20 多次；同时，作为华东师大教育顾问和上海师大特聘教授，为来自全国各地的教师上示范课、做讲座。

我培养团队，引领辐射，主持校英语学科建设、区特级教师工作室、市"双名工程"培养基地。通过"理论学习—实践体验—反思研究—实践提升"的培养模式，重点提高学员以理论指导教学实践的能力，和导师何亚男老师一起组织、指导学员编著了高中英语阅读、语法、词汇和写作教学活动设计丛书 4 本，深受欢迎，多次再版。又通过任务驱动，挑战学员组织专题活动、指导教学实践和承担教师培训等。组织跨省市和市内公开教研活动 35 次以上，辐射效果受到市教委领导和专家的充分肯定。团队已有 8 名学员成为特级教师，6 名学员成为国家级英语教师名师。

接下来，我将通过国家"万人计划"教学名师项目，组建团队，汇聚高端培训资源，聚焦中学口语教学研究，形成有效的教学策略与方法，提高学生的英语口语表达能力，让我们的学生能像马云一样，站在世界的平台上传递我们中国的声音。

名师档案

张育青

英语特级教师、正高级教师。1985 年毕业于上海师范大学外语系。首批国家级骨干教师，上海市"双名工程"英语名师培养基地主持人。曾受聘为华东师大教育顾问、上海师大特聘教授。

教学上注重"精准设计，多维导学"，所带学生获得上海市"海文杯""上外杯""科普英语"等竞赛一、二、三等奖。通过市"双名工程"英语名师基地、区"特级教师工作室"培训等发挥引领辐射作用。

完成"应用现代教育技术优化中学口语教学的实践研究"等多项区级及以上课题，主编和参编书籍 20 本，多篇论文在国家级、市级和区级刊物上发表。

曾获得上海市"教书育人楷模"、全国"先进工作者"、国家"万人计划"教学名师等荣誉。

一条路·一颗心·一片天

福建省宁德市柘荣一中　杨良雄

　　也许在同行眼里，我是一位务实求新的实干家，在学生心中，是一位可敬可亲的好老师。在工作中，我扮演了多种角色：教育的痴迷者、学科的带头者、经验的传播者、教材的建设者、教研的实践者。

　　工作至今，在教育这一条路上，我即将走过 35 个春夏秋冬。回顾这些年，感慨万千。教学中发生的许许多多故事构成了我生命的重要组成部分。我用心去做自己所热爱的事业，不断践行我自己的那句朴实的教育感言"I teach what I love; I love what I teach"（教我所爱，爱我所教）。

　　凭着对教育的一颗赤诚之心，我 35 年如一日耕耘在教育第一线。大学毕业参加工作至今，先后担任班主任、年段长、教研组长、教科室主任、教务处主任、副校长、校长，常常超负荷工作。2004 年 11 月至今，在担任副校长这 10 余年期间，我大多承担两个班的英语学科教学工作。是对教育的爱、对教育的情结使我充满了力量，使我不知疲倦地工作。担任校长期间，我还在一线坚持上课。

一、春风化雨，守望理想坚持教学一线

35 载执教生涯，我由一名山区普通英语教师成长为福建省特级教师、福建省首届中小学教学名师、福建省杰出人民教师、国家"万人计划"教学名师，一路艰辛一路歌。说起我的教育情缘，这得从童年说起。孩提时，我就有两个梦，一个是当一名军人，另一个是当一名教师，虽然未实现第一个梦，却走进了第二梦。当我走进第二梦时，就立志要当一名好教师。20 世纪 80 年代中期，除柘荣一中外，其他学校均没有专业英语教师。为了培养一批外语人才，我一毕业分配到母校柘荣一中就办起了英语兴趣小组。学校缺少这方面材料，我四处奔波，先后自费到宁德、福州等地购买磁带与书籍。那时到福州乘车还须一天时间，我不知多少次历尽艰辛才购买了急需的外语视听材料。为了帮助学生通过英语口试关，除了加强课堂听说教学外，我牺牲了许多课余时间，甚至是假期时间，冒着酷暑到校指导学生听说训练，有时夜间还护送学生回家。早期高考在 7 月举行，高考期间多遇台风。好几回，高考前夕遇上台风，我顶着暴雨，赶到学生家里给学生解答难题，衣服被雨淋湿了，但在这关键时刻，为学生答疑解难，为学生多做点牺牲，在我心里算不了什么。为了激活竞争机制，我多次用稿费或工资买书籍、文具奖励学生。1988 年，我担任高三（4）班班主任，为了满足学生观看奥运会开幕式的迫切愿望，特地将电视从家里抬到了学校。当我上气不接下气将电视机从家里抬到学校时，学生欢呼雀跃起来，这时我心里暖洋洋的。我深深感到：没有对学生的爱，没有师生的合作，教师岂不是成了一叶孤舟？我虽付出了一些，但得到了很多很多的回报。最令我自豪的是被学生评为最受尊敬的教师。每当教师节来临，我会收到许多精美的贺卡，有的学生在贺卡上写道："老师，能成为您的学生是我的幸运，是您改变了我的人生；在您身上我看到一种无形的力量，催我上进，催我勇往直前。"每当我出差归来，学生自然流露的由衷喜悦令我感到阵阵欣慰，这样的师生情，真是至真至诚。有的学生给我这样写道："老师，我能拥有您这么一位可敬的师长朋友，这是我一生中最大最大的财富。"我的班级学生积极进取、极具凝聚力，班级团支部曾被评为省先进团支部。

说实在话，初为人师，我对学生常常是严格有余，和蔼不足，因此常令学生敬而远之。这主要是受"师道尊严"的影响，现在回想起来，我感到十分内疚。

在后来的教学中，我常用叶圣陶先生的"怒是教师的大忌"这句话提醒自己。我认为教师、学生之间需要民主，否则我们的创造力如何得以发挥？在教学中我提倡学生敢于对老师说"不"，鼓励他们大胆质疑，给他们一个安全的港湾。我设立了"求疵奖"，鼓励学生吹毛求疵，班门弄斧，让课堂焕发出生命活力。

当一名教师，只教会几个优生算不了什么。我认为只要是金子无论放在哪里都是闪亮的。能够转变后进生，这才是我们教师教育的艺术。工作至今我始终对学生实行成功教育、"微笑教育"，给学生创造成功的机会，让学生进一步认识自己，发现自己，为新的成功不断努力。我想方设法让每个学生都抬起头来走路。记得 1990 年，我刚接手高三（2）班当班主任，恰逢学校举行大规模歌诵比赛，比赛场地设在县电影院，我班级的参赛歌曲是国歌《义勇军进行曲》，由于音响设备的原因，同学们根本听不见伴奏带的声音，他们唱完了，伴奏带还在无情地转动着，演唱与伴奏音乐完全脱节，比赛失利了。同学们十分沮丧，有的甚至当场流泪了。针对这一情况，我上班会课时，在黑板上写了"失败了照样要昂首挺胸"10 个大字，鼓励同学们在哪里跌倒，就要在哪里站起来。

从教至今，我始终满腔热情地投入教学，每一堂课都尽力用自己的心灵去感应学生的心灵，追求师生之间心心相印的境界，让每一节课都能听到师生欢快、和谐的笑声是我追求的教学风格。我善于以情感人，在课堂上，始终做一名微笑的教师，于是，学生不再是学习的机器，而是鲜活的生命，快乐地畅游知识的海洋。我还致力于培养学生的自主探究精神，使各层次的学生都得到发展。1993 年，我被评为福建省优秀青年教师，是宁德市英语科中第一个获此荣誉的教师。1994 年，我荣获全国首届中小学外语教师园丁奖。2002 年，只有 36 岁的我就被评为福建省特级教师，当时是福建省中学英语学科中最年轻的特级教师。2005 年，我被评为宁德市杰出人民教师，幸运地行驶在教育教学的快车道上。

我爱生如子，与学生密不可分。记得 2005 年，我被公派到加拿大卡尔加里大学进行高级研修。出发时，高二（11）班同学送给我一件十分珍贵的礼物，在一张大纸上写满了他们对我的祝福与期盼，有些甚至用英语小诗来抒发他们的依恋之情，使我享受着无限的温馨和慰藉。在加拿大，我心里装着的还是亲爱的学生，经常通过越洋电话问候、鼓励他们，特别是那些学困生。

从加拿大学成归来，我给每一位学生带回了枫叶以及别具一格的书签。冰心说："有了爱，就有了一切。"作为教师，有了爱，就有了教师的一切。我喜欢学生，喜欢上英语课，喜欢三尺讲台。在这个过程中，我找到了自己的快乐和幸福，与学生一起进步，共同成长。我深深地爱着我的学生，愿意为他们无限地付出。

"既为人师，就要当一名成功的教师"，我时刻这样鞭策自己。我把每一天都当作一个新的开始，新的起点。辛勤的工作是给予，更是幸福。几年来，我被学生评为"最受学生爱戴的教师"。我的学生中有近 10 人考上北大、清华；作为 2008 届高三英语教师与包段领导，我所指导的董英霞同学摘取了宁德市文科状元，实现了历史的飞跃。2011 年，我班上的吴志远同学又摘取了宁德市高考理科状元。

二、博览群书，勤于学习翱翔书海之中

为了给自己的教育教学注入新鲜的血液，我购买了各类书籍，从中汲取营养。我家的二楼有一间约 50 平方米的大房间，里间是卧室，外间是书房，那是一个书的王国，各种书橱摆放着好几千册书籍，三楼也堆满了书籍和报纸杂志，家里到处都是书，光是与英语谚语有关的字典就有 20 多本。

在学校，我是出了名的"书呆子"，却也是一位有智慧的教师，我善于将所学知识应用到教学之中。2012 年 12 月 22 日福建省外语教学研究会，我做了"做一位有智慧的英语教师"发言，得到与会专家、老师的好评。

无论再忙，我都要抽空到图书馆。我是柘荣一中图书馆、资料室的常客。只要到高校学习，我都要去那儿的图书馆逛逛。2005 年 6 月，我在北京大学参加了由教育部组织的普通高中英语学科新课程骨干培训者国家级研修。那期间，一有空我就骑着租借来的自行车在北大校园里看看能否"捡到"适用的、宝贵的二手书籍，最终开开心心地买了两箱。2012 年，福建省名师培养人选集中在福建省中医药大学研修时，我利用休息时间到图书馆查看资料，拍摄了很多宝贵的资料。

我非常渴望学习，一看到喜欢的书本，就像一个饥饿的孩子扑向面包似的。我经常随身带一本小笔记本，随时随地记下所见所闻所想所思。35 年来，我总是边教边学边研，留意身边所发生的一切教育现象，不轻易让身边的宝贵教研资源无端流逝。

每到一个地方，若没去逛书店，我就仿佛没到过这个城市。图书馆是我心驰神往的地方。2005 年我到加拿大学习高级研修期间，加拿大的图书馆是我最向往的地方。我到过卡尔加里的 10 多个图书馆。那里的英语教学书籍应有尽有，还有影视资料及软件，图书一次性可借 100 多本。有的图

书馆除节假日 24 小时开放。为了看书，我甚至忘了就餐，真正达到了废寝忘食的境界。周末，我干脆将午餐及晚餐带到加拿大卡尔加里大学图书馆，从上午 8 点一直待到晚上 8 点。乘车到家时，房东已经入睡了。虽然有点累，却感到学并快乐着。

在多年的读书过程中，我所做的笔记有两大箱，所整理的材料有 10 多箱，撰写的书稿有数百万字，在《中小学外语教学》（中学篇）等多家刊物上发表了 200 多篇文章，10 篇被人大复印报刊资料全文转载。不断积累、不断反思使我有了厚实的沉淀，这恐怕也是有的老师赞扬我的英语课"充满活力、充满灵性、充满智慧"的原因之一吧。

三、潜心教研，跻身全国教材编写行列

2007 年 11 月 7 日《教育文摘周报》头版作了题为《杨良雄：撑起一片希望的蓝天》的专题报道。其中著名外语教育家、原中国教育学会外语教学专业委员会理事长刘道义教授对我教育教研方面所取得的成绩给予了高度评价。评为特级教师后，我更加严格要求自己，并把这作为新的起点，不断学习、不断反思、不断追求。这些为我成为一名研究型教师、学者型教师奠定了坚实基础。

做研究型、学者型教师一直是我努力的方向，在工作之余，我常给自己加压，不断学习古今中外教育教学理论，用来指导教学实践，并形成了自己的教学理念。

福建师大外国语学院黄远振教授在《课程·教材·教法》撰文《论英语课程理念向教师个体观念的转化》评价我：在探究教学理论转化为个人观念的过程中形成了丰富的个体信念和独特的教学风格；认为我的成功是教师自主发展的典型案例，具有示范性意义。

我编审、主编、参编了 30 多部书籍。我还应邀参加了人教社全日制

普通高中（必修）《英语》第二册教参、全日制普通高中（必修）《英语》第三册教参、全日制普通高中新课标实验教科书《新高中英语》第二册教参的编写工作，并成为人教版高中新课改英语教科书编委会成员，这在福建省中学外语界属于富有开创性的工作，为全国英语教材建设做出了自己的贡献。我参与的"新颁英语课程标准的理论与实施"课题成为2004—2005年度全国基础教育外语教学研究资助项目。我主持的"英语课堂教学有效性研究"于2006年被列入2006—2007年全国基础教育外语教学研究资助项目，2012年申报的"中学生英语写作能力发展研究——在中学实施'写长法'教学之实证研究"课题成为中国教育学会外语专业委员会"十二五"规划课题，其课题成果之一——学生的多篇习作，在报刊上发表。

四、成绩卓越，成为享受国务院政府特殊津贴专家

2007年，我被选调参加了福建省普通高校招生全国统一考试命题工作，并担任英语科审题组组长。2009年，我再度肩负重任，参加高考命题，为我省实施新课改后第一次高考命题工作贡献了自己的一份力量。2013年，我又参加了高考命题。2015年是福建省高考自行命题收官之年，我又肩负使命，圆满完成了命题任务。从2003年至2015年，有11年我代表福建省高考评卷专家指导组，执笔撰写了福建省高考英语试卷第二卷质量分析报告，并做专题发言，就英语教学及未来高考命题提出了自己的建设性建议。从2016年至今，作为福建省高考英语学科评价组核心成员，我参与或主持了《福建省普通高考英语学科评价报告》撰写工作。

2003年10月，我被聘为福建师范大学教育硕士毕业论文评委及答辩委员会委员；2004年7月被确定为福建省中小学学科带头人培养对象；同年，入选国家"百千万人才工程"第三层次人选；2007年，我被评为宁德

市首届"十佳人才"，同年，荣获全国五一劳动奖章。

2011 年 3 月份，《中国组织人事报》公布了经国务院常务会议审议通过的"2010 年国务院颁发的政府特殊津贴专家"，我榜上有名，是福建省中学英语界唯一获此殊荣的教师。同时，我也是宁德市迄今为止中小学幼儿教师中唯一获评正高二级的教师。2012 年 7 月 15 日在武夷山全省中小学名师培养人选培训会上，我做了题为《我愿做永远的追梦者——记特级后十年教育心路历程》成果汇报。2015 年我被评为福建省首批中小学教学名师，为宁德市争得了荣誉。

五、传授经验，西藏等地讲学载誉归来

我多次应邀前往宁德市各县市以及三明、泉州、福州、莆田、南平、厦门、漳州、龙岩等地作教学教研指导。经常有外县教师慕名来校听我的教学观摩课及讲座。

从幼儿园到大学讲台都留下了我的身影——我曾为柘荣县机关幼儿园开设教师专业成长的讲座，还为宁德师院外语系学生和福建师大外国语学院学生等开设讲座。作为柘荣县首届师德标兵，我到柘荣每个乡镇作了题为"我的梦——做一位顶天立地的教师"的师德演讲。2013 年 11 月我还为参加"国培计划"学员开设了"英语课堂有效性教学"的讲座。

除了在学校开设讲座外，我先后到柘荣县烟草公司与溪坪社区党员共建活动大会上开先进模范事迹报告会，2013 年到福安移动分公司等地在道德讲堂开设了"燃烧创业激情　展现美好才华——与中国移动福建有限公司福安分公司员工一席谈"讲座，受到福安移动分公司员工的好评。

我还多次参与送教送培下乡活动，2013 年 3 月参加宁德市与福清市联合举办的送教下乡活动，在福清宏路中学开设了公开课。课上根据具体生情，因材施教，深受学生喜爱，上完课后，学生纷纷涌到讲台，要求签

名留念。2013 年 12 月 18 日，我在福建省名师优质课展上执教了"Learn Some Proverbs"，在省内反响较大，12 月 20 日省教育厅网站作为头条新闻进行了报告，福建省基础教育网、宁德市教育网等转载，并受到福建省教育厅教育管理信息中心的通报表扬。2015 年高考之后是我特别繁忙的时光，因为 2016 年是福建省回归全国统一考试的首次高考。2015 年高考一结束，我就在福建省外语年会、福建省普教室、福建省教育学院等地就英语高考改革开设了多场讲座，为各地传授经验。2016 年初，我应广东邀请在"广东省（全国卷）高考英语备考研讨会"上开设了"洞悉全国英语卷特点　实现教学考平稳过渡"讲座，深受好评。

我最难忘的一次经历是 2003 年 8 月光荣地加入教育部委托福建省教育厅组织的"福建省特级教师讲学团"赴西藏讲学的行列，其间克服种种困难，特别是强烈的高原反应，讲学获得了成功，为西部教育尽了自己一份力量。

刚到西藏，我不顾高原反应就投入了紧张的准备工作。我的首场报告"英语教师与行动研究"结束时，老师们迟迟不肯离去，原本只安排 45 分钟的报告延长到 150 分钟，博得了阵阵掌声。8 月 27 日这一天我起得特别早，背着教具，怀着讲义，前往林芝地区第一中学上示范课。当走上讲台，看到一双双渴望知识的眼睛，我感动了。我将整个情感都注入课堂之中，听课的老师情不自禁地投入英语教学活动中，甚至与学生一道大声朗读着英语句子，整堂课充满着生命的活力。整堂课成为师生共同创造的过程。8 月 29 日，根据上级安排，我的讲座"在中学英语教学中如何实施任务型英语教学"临时进行了调整，由原来的一节课改为整个下午。可是讲座讲到一半时，停电了。300 多人的礼堂，没有麦克风，做报告多难啊！是一种使命感、责任感使我走下讲台，走到老师中间，继续讲了一个多小时。讲座博得了阵阵掌声。课后记者采访了老师和学生，有的学生说，"有这样的老师我们也能考北大、清华"。有的老师夸："有这样的导师我们也能成为骨干。"这样的赞扬不仅是对我的鼓励，更是对我的鞭策。我为此而感到自豪，因为我无愧于"福建省特级教师讲学团"的使命。

我多次参加公益活动，2014 年 5 月 10 日参加了福建日报报业集团主办的《海峡教育报》举办的公益讲座。2020 年新型冠状病毒疫情暴发期间，我在中国教育电视台"同上一堂课"开设高三学法指导课。

六、扎根山区，无私奉献换得桃李芬芳

我在教育教学中寻找人生的快乐，在笃行中丰富自己的人生，在勤学中不断成长，在育人中不断为社会奉献自己的青春，自认为能够甘于清贫，乐于奉献。我热爱故乡，深深感到山区更需要优秀的教师。至今还有发达地区以高薪并提供住房的优厚条件邀请我加盟他们的学校，但都被我谢绝了。我将继续守望着故乡，守望着这片"贫瘠"却充满着生机的土地，守望着无数求知的孩子。我热爱闽东，乐于奉献，不会忘记关心、爱护我的领导，不会忘记和我一起共事的老师，更不会忘记我的学生。我把爱倾注到柘荣一中的一草一木，把爱倾注到学生身上。

我还是慈善团体"鸿爱会"的名誉副会长，经常探视贫困生，先后资助了数十位学生。看着一个个被自己援助的学生走上成功的道路，这时的他们是幸福的，我也是幸福的。每年教师节，雪片般的感谢与问候会从全国各个角落捎来，这是一年中最有阳光的日子，这是奉献之后，一个教育者平凡而朴实的幸福。

我经常用稿费买书籍奖励学生。2012 年 3 月 5 日，我到福鼎市第十二中学开展捐书活动，并为师生作了国旗下的讲话"读书改变人生"，收到了很好的效果，激发了学生的学习热情。2014 年 4 月我的福建省教育科学"十二五"规划立项课题（批准号 FJJKXB13-257）研究成果《短文填词新

题型与英语谚语巧运用》一书问世了，我首先想到的是自己的学生，无偿将书本赠送我班上的 100 多名学生，每人一本。学生看到老师用自己的血汗与智慧凝聚而成的著作，激动不已，爱不释手。在"名师百校行"活动中，我应邀到顺昌一中等学校给学生开设了有关英语学法的讲座。我还多次应外校邀请开设读书励志讲座或报告。先后到漳州双语实验学校、三明一中、寿宁二中、周宁十中、尤溪一中、宁德一中、福安二中、福安三中为学生开设讲座。

我鼓励学生积极"疯狂"学习。我时刻提醒自己：No child should be left behind.（不应该落下一位学生。）在我眼中，组成 CRAZY（疯狂）的五个字母 C、R、A、Z、Y 有它们各自的内在含义：C: Confident（自信）；R: Responsible（责任）；A: Ambitious（抱负）；Z: Zealous（热诚）；Y: Young（青春）。我坚信：If we are confident, responsible, ambitious, zealous, and young at heart, we will achieve anything we want（只要我们拥有自信、责任、抱负、热诚和年轻的心，我们就一定能实现我们的目标）。

在这么多年的教学中，我一直用 CRAZY（疯狂）来激励自己。我以这种热爱家乡、乐于奉献的精神不仅成功培养了无数的学生，也影响和带动了众多的教师更加爱岗敬业。以我领衔的名师工作室在课堂教学、课题研究、师资培养等方面起到了很好的示范、指导、引领和辐射作用。除了指导本县、本市老师外，我还指导省学科带头人福州高级中学的郭彩凤老师、连城一中的官福凤等老师开展教研工作，她们的教学论文均在报刊上发表。指导王丽平等老师分别在省级开设了公开课或片段教学。我所指导的众多老师成为当地甚至省内教学的中坚力量。我也先后被评为福建省陶研奖先进个人奖、全国师德先进个人。

我的事迹先后被福建省教育电视台、福建电视台新闻频道、《福建教育》《福建师范大学校报》《疯狂英语》和《福建基础教育研究》等媒体报道。福建省教育厅主办的《福建教育》以"特级教师风采——柘荣一中杨良雄老师"为题进行了专题报道。国家教育部主管、原中央教育科学研究所主办的《教育文摘周报》头版对我的教育理论和教学方法进行宣传报道。

2009 年我被评为"福建省第二届杰出人民教师"，2010 年我被国务院授予全国先进工作者称号，进京参加了颁奖大会，受到党和国家领导人的接见。2018 年被授予国家"万人计划"教学名师称号，2021 年被教育部聘为教育部基础教育外语教学指导专委会委员。

在教书育人这一条宽敞的道路上，我用一颗赤诚之心开辟着广阔天地。

名师档案

杨良雄

　　福建省宁德市柘荣一中正高级教师、特级教师，教育部基础教育外语教学指导专业委员会委员、全国劳模杨良雄工作室领衔人、福建省中学英语名师工作室领衔名师、享受国务院政府特殊津贴专家、国家"万人计划"教学名师、全国先进工作者、福建省杰出人民教师、福建省首批教学名师，福建师大教育硕士实践导师、吉林外国语大学兼职教授、宁德师院兼职教授，荣获全国五一劳动奖章。担任人教版普通高中课程标准实验教科书编委会成员。在《中小学外语教学》（中学篇）等刊物发表200多篇文章，主持或参与10多项国家级、省级课题研究。在中国教育电视台、福建电视台、福建教育电视台开设讲座。先后到西藏、陕西、广东、新疆、贵州、北京等地讲学。先后被公派到加拿大、英国和美国研修或访学。

光阴的故事　成长的脚步

广东省教育研究院　陈式华

在岁月长河中，人的一生是短暂的。爱因斯坦说："人只有献身于社会，才能找出那实际上是短暂而有风险的生命的意义。"作为一个普通的教育工作者，追忆光阴的故事，回看成长的脚步，是为了坚定前行的方向。

一、奋斗的青葱岁月：我的第一次成长，迈入"桃李园"，努力把讲台站稳

1998 年 7 月，我从华南师范大学思想政治教育专业毕业，来到顺德沙滘中学（现改名乐从中学）工作。刚入讲坛，意气风发，青葱教师，元气满满，朴素想法就是把课上好。

（一）奋斗是青春最好的底色

习近平总书记指出："办好思想政治理论课关键在教师。"只有亲其师，才能信其道，每一个教师都应努力成长为自己所期待的老师，努力成长为学生所喜欢的老师。

好学是教师成长的催化剂。有人说："读万卷书不如行千里路，行千里路不如阅人无数，阅人无数不如名师指路。"初为教师，我很庆幸自己遇见了教学指导师傅冯荣雄老师，他上课生动，举例新鲜，很受学生喜欢，我经常去听他的课，受益良多。回想自己高中求学时期，也遇见两位不同类型的思政课教师。其中一位思政课教师见多识广，语言生动幽默，事例生动有趣，思政课成为我们最喜欢的课，很多思想教育潜移默化，学习成绩也蒸蒸日上。我不但积极主动去听师傅的课，也经常去听学校有经验教师的课，既有思政课，也有历史课、语文课等各学科的课。听课的时候，我会认真观察同学们的课堂反应，了解孩子们喜欢哪种授课方式，讨厌哪种教学风格，思考怎样吸引孩子们的注意力，研究如何激发孩子们的内驱力，甚至经常代入式地思考，如果我来执教该课，我应该采取哪种教学方法，等等。

博学是教师发展的保鲜剂。思政课教学需要不断增强思想性、理论性和亲和力、针对性。下课之余，我经常去图书馆阅读各种专业杂志，充实自己的专业知识和理论素养，吸收鲜活的事例，开拓教学视野；我经常收看电视新闻节目和访谈节目，提升理论厚度；我积极争取外出听课学习的机会，观摩别的学校的老师们是如何上思政课的，哪些优点可以借鉴，哪些不足可以改进。

反思是教师成长的凝聚剂。我经常在自己讲完课后认真反思课堂教学情况，思考哪些地方讲得比较好，学生喜欢听、身心投入、讨论热烈、效果好……，从而在下一堂课上立即调整我的教学设计，改进教学方法，完善教学环节，丰富教学素材，创新教学活动。正是如此这般的对课堂教学的高标准严要求，推动了我教学水平的不断提升，得到了学生们的喜欢和信任，也获得同事们的肯定和领导的信任。工作第三年，教学设计发表在知名杂志、获得了"教坛新秀"称号、成为学校最年轻的学科组长等等，初步树立了我的教学自信。

（二）勤勉是人生永远的本色

门捷列夫曾说过："没有加倍的勤奋，就既没有才能，也没有天才。"刚参加工作的前6年，勤勉是对我这个时期最好的描述，这其实也是我以后工作的本色。我经常每天早上6点半左右到学校，晚上10点左右离开办公室，工作紧张而充实。认真备好每一节课的教学设计、课堂作业、课外作业，课后及时写好每一课的教学反思，认真研究每一份试卷，出好每一道试题，讲好每一个教学环节，研究好每一年的高考真题，把握好命题规律和趋势，与学生沟通交流，辅导学生，等等，是我工作的常态。规范而严格、认真而扎实的教学常规的自我要求，为我的教学基本功打下了较为厚实的基础，让我的课堂教学有的放矢，高效实效，教学成绩较为理想，助力孩子们实现了心中的升学理想。现在回想起来，我在教育上取得的一些进步，勤勉是一个重要因素。

匆匆6年教坛青葱岁月，连续3年高三教学历练，让我从杏坛菜鸟，成为教坛新秀，成为学校骨干。我基本能做到教材熟稔于心、教学游刃有余。但内心还是诚惶诚恐，对教学教育丝毫不敢懈怠。我深知自己只是一个教学的熟手，还算不上教育的能手；只是一个合格或较好的经师，对教学规律的把握还有待强化，对教育内涵的理解还有待深化。我应该有更大的成长，对教育本质的诠释更加深化、更加丰富。我期待自己能成为对孩子们终生成长有益的良师，而不只是熟练的教者。我不应该满足于教材的熟悉、应试的熟练、教学的熟套、教育的熟手，我应该有第二次成长，蜕变性的成长，我需要走出舒适圈。

二、奋发的而立之年：第二次的成长，走出"舒适圈"，奋力把讲台站好

2004年8月，我调入全国素质教育标兵广东实验中学工作，一切都从

新开始。这一年，我国高中新课改开始起航，新课程方案、新课程标准、新教材开始实施。我积极投入新课程改革，研究新课标、学习新理念、探索新方法、熟悉新教材、实践新教法。"自主合作探究"成为师生课堂教学互动新样态，"教师主导、学生主体""发挥学生主体地位"的学生中心观成为师生教学关系新要求，"教学要从重视知识逻辑演绎向基于生活逻辑建构转变"……新理念、新思路、新提法让我茅塞顿开，我的学生观、教师观、教学观、教育观得以革新发展，日渐丰富；知识、能力、情感态度价值观等三维目标的提出，让我对教学目标理解更为深刻，实现了从"教书"向"育人"的转变，从"知识"向"素养"的转变。广东实验中学丰富多彩的社团活动、异彩纷呈的学生节日、立体多维的五育并举，让我看到了教育本来的样子。这一切的一切让我兴奋和激动，我更进一步理解了"立德树人"的价值本义、丰富内涵和实施路径。我积极投入，全身心参与，不断实践探索。

（一）担当是教师成长的发动机

如果有人问我，提高教学水平最好的路径是什么，我肯定会说，多上公开课是一条捷径。2004 年 10 月，我有幸执教全国四省（自治区）新课改交流研讨公开课。在备课的 40 多天，我积极向专家请教、和同事研讨，几十次修改教学设计和教学课件，数十次对着空无一人的教室试教，改进教学，思考如何彰显学生主体地位，如何给学生深刻的体验，如何让学生参与、活动、互动等等，许多新理念、新方法都期待在教学中呈现，短短 1 个月，暴瘦 5 公斤。即使在上课前一分钟，我还在修改课件，完善教学环节，追求更好的展现。在学校里，我经常执教各种公开课、研讨课，每一次公开课的压力、磨砺，都让我对课堂教学的理解更加深刻、更加真实、更加充实，快速提高了我的教学水平。

如果有人再问我，提高教学能力最好的路径是什么，我肯定会说，多上高三毕业班是一条捷径。毕业班面临高考考验，面对着学生、家长、学校、社会对你的期待，你必须在有限的时间内实现无限的期待，你需要深入研究教育教学规律、高效复习规律、科学备考规律、有效辅导规律、学习激励规律、学生成长规律等等。在广东实验中学工作的 8 年中，我 5 年执教高三毕业班，其中 4 年连续执教高三，并且担任备课组长、文科综合备课组长、学科组长。面对一届届不同的高三毕业生，面对学校领导和家长、学生更高的信任和期待，我毫无怨言，不能辜负，勇担重任，扎实备课，科学研究，精心上课，均取得了优异成绩。我荣幸地入选为学校学术委员、政治科组长。

如果有人还问我，提高教研能力的最快路径是什么，我应该会说，多交流分享是一条捷径。在做好学校教育教学工作的同时，我也积极承担各种省市教研工作，时任广东实验中学校长郑炽钦老师、广东省教研员谢绍熺主任以及很多前辈给了我许多的交流学习机会，并且给予悉心的指导，让我的业务水平飞跃成长。我有幸被聘为人民教育出版社新教材培训专家，经常在暑假到全国各地做讲座或上公开课……我想我的成长也来自一个个任务驱动、一次次项目撬动、一回回实践推动。

（二）学生是教师成长的永动机

教育的一切、一切的教育都是为了一切孩子、为了孩子的一切。学生的成长是教师工作的中心。苏霍姆林斯基曾说过："情感如同肥沃的土壤，知识的种子就播种在这个土壤上。"孩子们喜欢我的课堂，教师的亲和力、教学的生动性、课堂的活泼性、成长的可见性都是主要因素。真诚真心真切挚爱教育、关爱孩子是根本原因。我真诚地对待每一个学生、认真对待每一堂课，真切地关心孩子们的成长、真诚地引领孩子们发展。作为教师，我永远把学生的成长放在心上，用心对学生好。徐同学是我 2007 届学生，在高考前，我观察到她学习状态有较大幅度的下滑，主动找她聊天谈心，给她极大的鼓舞，让她恢复了信心和决心。叶同学在高二时曾陷入迷茫期，选读了物理却不得要领，当时我帮助他分析了个人学科优势和兴趣，建议他选报政治学科，帮助他在短期内跟上学习进度，并不断鼓励，寄予希望。毕业后，这些孩子经常回校看望和问候我，让我常常感觉作为一名教师的幸福。孩子们的正向反馈和激励给了我工作的动力和幸福。

（三）好课是教师成长的加速机

人民教育家于漪老师认为，"教育，一个肩膀挑着学生的现在，一个肩膀挑着祖国的未来"。

作为教师，教书育人、立德树人是使命所在，而课堂是育人的主阵地，叶澜教授在《让课堂焕发出生命活力》提出："课堂教学应被看作师生人生中一段重要的生命经历，是他们生命有意义的构成部分。"好上课、课上好、上好课是教师最大的师德。什么是好课，不同的人肯定有不一样的看法。如何上好，不同的人也有不同的见解。但所有的好课都应该有一定的标准，例如，从课的价值意义上看，应该是能激励学生爱国情、强国志、报国行的课，应该是能唤起学生家国情怀、播种理想信念、孕育能力担当的课，应该是能启迪人生、点亮未来、启发思维的课，应该是既传授知识，又启发思维、培养能力、孕育素养的课。对于好课的认识，我也是在实践中不断深化、提升的，从知识到能力到情感态度价值观，从三维目标到素养目标，从高分应试到全面发展……随着我对好课标准的不断认识，对课堂教学追求也在不断地提质。在教学中，我经常采用互动式、体验式、探究式，使师生交流更加频繁，课堂氛围益发温馨，课堂经常充满笑声，心灵共鸣时刻发生。我的课一直较为受学生热捧，或许是因为风趣幽默、授课活泼、富有亲和力，善于把课堂活跃起来。我一直认为教师视野开阔、博览古今、表达有趣，跟学生之间亦师亦友，学生就会喜欢你的课。我喜欢上课，每当看见孩子们课堂上求知的眼神，专注的神态，开心的笑容，看到我的课能得到孩子们的喜欢，能带给孩子们收获的时候，看见了孩子们成长的时刻，我总能真实地感受到课堂的温度，也真实感受到了唯有触及学生的思想和灵魂、触动学生情感和情怀的教学，才能指引前行、点燃思想、开启智慧，助力筑梦圆梦。除了上好课堂的课，我还引领孩子们上好社会这门课。我连续多年精心组织开展了系列社会实践活动，鼓励孩子们积极投身社会大课堂，把小课堂和大社会结合起来，实现学有所思、学有所获、学有所用、学有所为、学有所成，立鸿鹄志，做奋斗者，争当有理想、有本领、有担当的时代青年。

（四）奋力是成长最好的雕刻机

韩愈认为"业精于勤荒于嬉，行成于思毁于随"。努力做到更好，不断追求能力极致，是我有所长进的一个原因。在每次上课前，我耗时最多的都是备课，我精心准备好每一个素材、事例、设问、活动、练习，哪怕这课我已经上了很多次，我期待呈现给孩子们最棒的教学，让他们获得最大的收获；在做讲座的时候，我常常在上讲台前的最后一分钟还在修改课件，哪怕这个课件我已经修改了数十次，已经非常熟悉，因为我想呈现给听众最新的思考、最贴近的分享，期待让听众获得最有价值的收获；我在撰写一篇文章、一篇报告，起草一份方案、一份文件，策划一个活动、完成一个项目，研究一个课题等时都会无数次地精心琢磨，不断打磨，反复研究，多维考量。有幸在领导的关心、导师们的指导、同事们的帮助下，我获得了学校先进工作者标兵荣誉，获得市和校的高考贡献奖、科研突出贡献奖、竞赛辅导奖，获得全国新课程交流展示一等奖，文章发表在全国核心期刊，等等。

三、攀登的不惑岁月：第三次成长，翻越"高原区"，接力把讲台筑好

2012 年 7 月，在广东实验中学执教完 2012 届高三后，我调入了广东

省教育研究院，担任广东省高中政治教研员一职。从一线教师转变为教育研究工作者，更大的平台让我压力陡增。我在学校当老师，影响的只是学校几个班的孩子，而在省教研员这个岗位，需要思考的是全省学科教学的发展。角色的转型迫切需要我走出职业发展的高原区，必须有更高站位、更广视野、更远眼光、更强能力，亟须从一个经验型教师向理论与实践相结合的研究型教师转变。唯有从零开始，不断学习，百倍努力，千分用心，才能有所作为。

（一）厚积才能薄发

唯有虚心好学才能更好前行。我认真学习国家和省的教育政策文件、国内外教育理论、教学理论、德育理论，积极申报课题，撰写论文，参加各种培训，努力走出舒适区，走出成长的高原区，从经验型教师向研究型教师转变。星光不问赶路人，时光不负有心人。自2014年至今，我发表文章21篇，其中核心期刊12篇，被人大复印报刊资料全文转载8篇，摘录1篇，其他发表的文章基本都被人大复印报刊资料索引。近5年主持3项省教育规划课题。2018年出版《基于学科核心素养的中学思想政治教学》专著（现已经第3次印刷）。主持的教学成果分别获得2018年国家级教学成果奖二等奖、2019年广东省教育教学成果奖特等奖、2017年广东省教育教学成果奖一等奖。2015年成为广东省"百千万人才培养工程"的教育家培养对象（2019年考核优秀），2018年成为广东省中小学名教师工作室主持人（2020年考核优秀）。

（二）用心才有作为

作为教师，我努力创新教学方式，探讨基于真实情境的教学、社会活动教学、议题中心教学及项目式学习、合作探究学习、深度学习等教学新方法，探索思政课教学与信息技术深度融合，增强思政课的思想性、理论性和亲和力、针对性，引导学生扣好人生的第一粒扣子，在心中埋下"真善美"的种子。作为教研员，我努力给老师们搭建舞台、提供机会，精心策划组织了系列教研活动，例如教师能力大赛、TED 教学分享、教师的素养演讲和时事开讲、网红高中思政老师评选……充分发挥教师的积极性、主动性、创造性，激励老师们不断研究教学方法，不断发现和分享有营养、有影响、有引领力的教育理想、教育情怀、教育故事，鼓励他们将心中的教育理想转化为现实教学行动。

于漪老师说过，"一辈子做教师，一辈子学做教师"。作为新时代思政课老师，我将牢记"四有""六要"标准，发扬为民服务孺子牛精神、创新发展拓荒牛精神和艰苦奋斗老黄牛精神，学无止境，研有长新，永葆初心，奋力前行，不负韶华，最美的教育永远在脚下。

名师档案

陈式华

　　广东省教育研究院中学政治教研员，中学正高级教师。教育部思想政治（道德与法治）教学指导委员会委员，教育部基础教育课程教材发展中心高中思想政治教研基地（广东）常务负责人，国家中小学教材基地道德与法治（思想政治）兼职研究员，广东省基础教育新一轮"百千万人才培养工程"教育家培养对象，广东省中小学名教师工作室主持人，华南师范大学兼职教授、硕士生实践导师。曾任广东实验中学校学术委员、高中政治科组长。主持的教学成果分别获得 2018 年国家级教学成果奖二等奖、2019 年广东省教育教学成果奖特等奖、2017 年广东省教育教学成果奖一等奖。近 5 年主持 3 项省教育规划课题，发表文章 21 篇，其中核心期刊 12 篇，被人大复印报刊资料全文转载 8 篇，摘录 1 篇。2018 年出版《基于学科核心素养的中学思想政治教学》专著。曾获全国新课程新理念教学交流展示一等奖、全国优秀指导教师等荣誉。

成长是"慢"的艺术

湖州师范学院　张建庆

自从 1990 年大学毕业，走上中学思想政治学科教学工作岗位，转眼间已有 32 年了，从最初的"站上讲台"到"站稳讲台"，而至于今日的"站好讲台"，我也在自己所做的"事"中过了"知天命"之年。2018 年 9 月，我有幸被评为浙江省特级教师，当时有一位记者前来采访，问及我对教师成长的感受，我说，成长就是"慢"的艺术，台湾校园歌曲《蜗牛与黄鹂鸟》里的那只小蜗牛，就是我成长路上最好的榜样，它的行动虽然缓慢，但目标却异常坚定；它不怕黄鹂鸟的讽刺和挖苦，显示了无比强大的内心；它坚持一步一个脚印向前走，为人生创出了一片新天地。

一、做好一份工作

当年从浙江师范大学政教系政教专业毕业，我被分配到一所普通中学当了一名政治教师，那个时候并没有什么特别的想法，也谈不上什么远大的志向和抱负，就是希望自己能够把课上得好一点，让学生能够接受、喜欢而已。许子东老师在评价老舍先生笔下的《骆驼祥子》时发过一段感言：

"一般来说，我们做一件事情，是能够做的，是乐意做的，也是能获得好处的。这三个要素，是很多人的人生观的很重要的部分。我们理想的基本信念，就是祥子的信念。"[①] 初为人师的我也正是这样想的，我相信自己所做的这份工作，是能够做的且乐意做的，也是会获得好处的，当然还希望着能够努力将这份工作做得更好一些，让自己的内心更踏实一些。

参加工作后不久，当我从最初的新奇和激动中平息下来时，却并没有在三尺讲台上看见什么特别美好的风景，日复一日单调的教学使我产生了困惑和厌倦，那时（20 世纪 90 年代）身边有几位同事，以及大学一起毕业走进中学教师队伍的不少同学，都先后离开了教学岗位，甚至也有人鼓动我"下海"去闯一闯，这确实让我对自己最初的信心产生了动摇，曾经有一段时间，我都在思考这个问题："我人生的位置是不是就仅止于这三尺讲台？"

我特别佩服那些能够坚持下来，心无旁骛喜欢上课的教师。记得有一次学校举办教研活动，特地邀请了一位即将退休的语文老师为我们青年教师开设一堂示范课，授课的内容是《庖丁解牛》。课后，我向他请教了一个问题："为什么庖丁做这样的工作一点也不厌倦，而且还能够做得那么有意思？"老师说，人活在世界上总是要做事情的，或者做自己喜欢的，或者做自己能做的，一旦决定了就要做下去，一个人一辈子能坚持做一件事情是不容易的，要把看似平常的事情做得好、做得有意思，就更不容易了。庖丁所做的事情，是绝大多数人都不屑为也不愿做的，但是他不仅坚持下来，而且能够"技近乎道"，这就不一样了。庖丁所做的"事"背后就是他的立身处世之"道"，一个人首先要"明其位"，自己明白人生的位置和方向到底在哪里；其次是"做好事"，要尽心尽力把自己该做的这份事情做好，明白"活在当下"的意义；最后是"求自在"，庖丁是"在"当下所处

---

① 许子东.许子东现代文学课［M］.上海：上海三联书店，2018：327.

的状态中，在自己所做的这份工作中，在自己所成的"事"中，证明了自己和成全着自己的。这一番话，让我沉思了很久，我扪心自问：除了这份工作，我还能够做什么？能不能比现在所做的做得更好？

曾经有人问沈从文先生，"您的小说为什么写得那么好？"先生说，"写一辈子小说，写得好是应该的；写得不好才是怪事咧！"作家二月河也有这样的体会，"我想一个人无论怎样笨，只要认准一件事，每天干它十几小时，这样坚持一二十年，总会弄出点东西来。"是的，一个人只要能够坚持，认真地做好自己该做的事，总是能够做出一点成就来的。这样想想，我也逐渐坦然起来，我想只要自己肯学习肯钻研，总是能够将这件事情做出一些样子来。

二、牢记两种身份

回顾我的教育生涯，其实只有两种身份——老师和学生。从小学到大学，我是老师眼中的学生；大学毕业之后走上工作岗位，我成了学生眼中的老师。但是，我知道要成为一个好老师，应始终牢记"要做别人的先生，先做别人的学生"。

在不断深入教学的过程中，我慢慢地发现，原来大学阶段专业学过的那些东西很快就不够用了，有些甚至用不上了，从一个坐在教室里听讲的学生，转变为一个能够稳稳当当地站在讲台上的教师，不是一件那么容易的事。高中段的思想政治学科，内容涵盖了经济、政治、哲学、文化、法律等诸多学科领域，以及与时代风云变化相关的诸多信息和复杂的社会现象，如果教师自身对这些相关的学科内容没有一定程度的学习，对现实世界中与学科相关的问题没有自己的体会和思考，就只能在课堂上照本宣科了。我给自己定下一个基本要求，每一学期围绕所开设的学科内容，进行专题性阅读，以丰富知识结构、拓展学科视野。2006 年，在有幸成为当时成立的浙江省新课程改革专业指导委员会（高中思想政治）成员以后，我突然间却发现自己对于教育、教学方面的理论学习极为匮乏，因此又转回身去阅读相关的书籍，以进一步积累和充实理论素养，提升研究能力。"教师的人生是持续学习的人生，"日本学者佐藤学告诉我，"处于历史转型时期的教师们，不但要成为'教的专家'，还要通过修炼和研修成为'学的专家'"，"向儿童学习、向教材学习、向同事学习、向社区学习、从自身的经验中学习——正是这种持续学习的步伐，构成了教师的人生"。[①] 这么多年来坚持阅读，坚持写作，坚持在反思中不断改进教学，我发现自己逐渐地喜欢上了这门课。在一次省里的展示课教研活动后，有老师问我上课是什么感觉，我忽然想起庄子笔下那个庖丁的形象，就回答了六个字："为之踌躇满志。"

原浙江省教育厅教研室高中思想政治学科教研员祝国强老师给我留下的深刻印象是手不释卷。因为有幸参与省学科指导委员会的工作，所以有了更多的机会向他求教和学习。祝老师有两句话一直鞭策着我——"上课要深入浅出""课后要孜孜不倦"，告诉我做一个好教师首先要好学习。四川大学的王红老师总结自己33年的从教生涯，用了三个词：成为、成全、成长。"我用了33年时间，成为我青年时代最景仰的那群人，是讲台和学生成全了我，而教师这一工作，让人成为一个终身学习者。中国人最怕'物壮则老'，开始走下坡路了，但对于教师，因为能够终身学习，居然能让我逃避这一可怕的规律，不断成长着。"王红老师的体会，正契合我成长的这一段心路历程。

有一次和学校的青年教师座谈，有老师让我说说对"教学相长"的理解。在传统意义上，我们习惯于将"教"和"学"分割为两类主体所展开

---

① 佐藤学.教师花传书：专家型教师的成长［M］.陈静静，译.上海：华东师范大学出版社，2016：序9,63.

的不同方向，即教师的"教"和学生的"学"，"教"引导和促进"学"，"学"也推进着"教"，这当然并没有错，但我更坚持认为，"教学相长"在本质上意味着教师自己需要打通"教"与"学"这任督二脉，从而自觉实现"教"和"学"的内在融会贯通。我用一首"打油诗"和大家分享自己的体会，诗曰：

先生先生，本是学生；欲做先生，先为学生；

做好学生，可为先生。学生未必成先生，先生务必做学生。

先生和学生，日日得新生。生生常相惜，生生永不息。

三、任教三个年级

30 多年来，我一直在高中任教三个年段的思想政治学科教学，担任了 12 届高三毕业班的教学任务，当过 15 年班主任，其中甘苦难言。古人云，"桃李不言，下自成蹊"，我不记得自己这些年带过多少学生，他（她）们先后走进了我的课堂，又一个一个走出了我的视线，走向一个更为辽阔的、宽广的、丰富的世界，他们在我的教育生命中，留下了深深浅浅的印记。

每一届学生即将毕业时，我都会做两件事情。一是让每个学生给 20 年后的自己写一封信，以抒发对未来美好生活的愿景和期待，而我就是那个专职的"邮递员"，我把学生的每一张信笺都格外细心地保存下来，现在，有些信件已经寄达远方工作的学生了，还有很多仍然安静地躺在我的书柜里，在时光的流逝中等待着它们各自的主人。二是我会给学生写一首诗作为赠别的礼物，这些年来先后写下了《春天的校园》《毕业照》《在一首诗中留下你的名字》《离别的时候》《在五月的南风中》等以"毕业的诗歌"为主题的系列诗歌，下面这首《人生最难的试题》写于 2011 年 5 月 12 日——那一年高三的学生刚刚一起拍了毕业照，正是紧张地准备高考冲刺的时候：

三年前，我们在这座春天的校园相遇／曾经，你看着我，我看着你／好奇地问起，彼此来自哪里／从高一到高二，从高二到高三／相处朝夕，陌生转化为亲密的熟悉／多年的朋友，结成了现在的姐妹和兄弟；

三年里，我们一起讨论了很多问题／在安静的课堂上，在温馨的寝室里／在漫天的星光下，在微醺的南风里／我们冥思苦想，勤奋努力／从来没有想到，有一天／要在毕业的信笺上，刻下特别的话语；

老师们走进课堂，和我们交流过许多话题／语数外，政史地／有枯燥的知识，也有人生丰富的哲理／可是，我几乎都没有好好留意／直到此时此刻，老师转身在黑板上写下／人生最难的一道试题，竟然是"别离"；

对着这页空旷的白纸／我突然间无从下笔／明天，总会有漫长的风雨／你一定要告诉我，那一天正走向哪里／不管过去许多天，不论经历多少年／我们的命运，有过时光交会时深刻的痕迹；

很多很多，有关高中时代的记忆／很多很多，有关我们私下里的秘密／不过，请不要再记得／我曾经生过你的气／时光流转，一年四季／每一次春暖花开，每一回落叶飘起；

那一场冬天的大雪融化，微风吹醒久远的回忆／等到岁月的沧桑在额头写下深深浅浅的笔迹／请告诉所有天涯海角的姐妹和兄弟／我们回到这间教室，找一找从前可爱的自己／听老师们，再来讲一讲，这一道人生的试题／每一个人，都一定会有满意的答案写在心底；

每一个答案，都一定会散发思念绵长的甜蜜／校园里，一排一排高大的香樟树下／再一次肩并肩、手拉手，走过了我和你／还有最亲爱的老师，被紧紧地包围在一起／听，绿色的号角响起，为着明天的重聚／且让我们把这道试题，小心地播种在温暖的泥土里。

2018 年教师节，我作为高中优秀教师代表在全市的教师节表彰大会上发言，我选择的主题是"和学生的相遇成就我的教育人生"，我说："在大的角度上来说，教育就是文化的薪火相传，所谓弦歌不辍，继往开来；而从小的方面来看，教育其实是生命与生命的彼此唤醒和长情相伴。教育当然是阳光是雨露，是四季流转中日月星辰的照耀，但教育更应该是我们校园中那一棵棵茁壮的树，扎根于广阔的大地，梦想着高远的天空，展开拥抱的胸怀，彼此相互摇动、相互唤醒、相互激励。借用舒婷《致橡树》中的一句诗来说：我愿意是你近旁的一株木棉，／以树的形象和你站在一起，／根，紧握在地下，／叶，相触在云里。／每一阵风过，／我们都互相致意。"

教师的生涯，其实很奇妙也很美好。现在，曾经教过的学生，甚至是学生的学生，竟然也和我成了同事、同行、同道，我们在教育的世界里相遇、相离，又相聚，我们相互切磋，彼此勉励，一起走在校园的林荫路上。

四、感恩四所学校

"如果我不在学校，就在去学校的路上。"学校于我具有特别的意义，学校是春天，是希望，是未来，是不断生长的地方；我喜欢学校，喜欢这里的每一棵树，每一株草，每一块石头；我喜欢每一条路，每一缕夜晚的灯火，每一声烂漫的欢笑；我喜欢这里的春花秋月，人间过往，心灵的低吟浅唱。我在这里安放尘世的生活，静待生命的绽放，寻求灵魂的慰藉……

什么是学校？我特别喜欢"校"这个汉字所承载的意蕴——在一棵大树下，老师和学生一起开始了人生相遇的旅程。记得在中央电视台播出的《朗读者》第一季中，主持人董卿说过这样一段话——"从某种意义上来说：世间一切，都是遇见。就像冷遇见了暖，就有了雨，春遇见了冬，有了岁月；天遇见了地，有了永恒；人遇见了人，有了生命。"学校，就是我们和学生相遇的地方，而"我们与孩子的相遇，是给了相互的新生"。[①]

---

① 郑锦杭. 始终：对教育及人生的一份心意 [M]. 北京：教育科学出版社，2013：3.

在我的成长路上，要特别感恩四所学校——在双林中学，我完成了高中三年的学业，于懵懂的少年时代开启了我教育生涯的起点；在浙江师范大学，我接受了四年系统的师范教育和学科专业学习，由此奠定了我作为一名中学思政教师专业成长的厚实基座；在菱湖中学的十年时光里，我完成了从"站上讲台"到"站稳讲台"的转型，逐渐成长为一个合格的中学教师；在湖州市第二中学的二十年间，我一步一个脚印，在立足课堂的基础上，逐渐走出学校，走向了一个更大的世界，让自己的生命在自己所热爱的事业中得以尽情绽放。

正是在学校这个充满无尽生机的世界里，我和我的老师相遇，和我的同学相遇，和我的学生相遇，他们都是我生命历程中重要的"他者"；正是在学校这个丰富的美好的世界里，我与过去的自己相别，与现在的自己相守，与未来的自己相约，是的，感谢自己——在教育的辽阔、广大和生长着的世界里，一路前行，一路成长，一路发现，收获了无限美好的风景。

很多年前，我读到美国诗人弗罗斯特的《林间小路》，印象极其深刻，诗人这样说：黄昏的树林里分出两条路。我选择了其中一条，留下一条改日再走。可是，我知道每一条路都绵延无尽头。一旦选定，就不能返回，从此决定了我一生的道路。

现在，当我即将走出那一片茂密的森林，回头再望，也可以试着写下这样的感言了：

菁菁校园，郁郁成林；莘莘学子，悠悠我心；

十年树木，百年树人；一条林荫小道，漫步教育人生。

名师档案

张建庆

现任教于湖州师范学院马克思主义学院，先后荣获全国思想品德·思想政治优秀教师、浙江省五一劳动奖章、浙江省特级教师等荣誉称号；目前是浙江省基础教育课程改革专业指导委员会（高中思想政治组）成员、浙江师范大学教育硕士（高中思想政治）指导教师。

在高中思想政治课堂耕耘 30 余年，立足教学一线，先后在省内外开设近100 场公开课、专题讲座；先后主持了多项省市级研究课题，在《思想政治课教学》《中学政治教学参考》等学术期刊发表论文 30 多篇；在参与高中课程改革、推动学科发展和队伍建设方面发挥了积极作用。

让奋斗之风吹旺生命之火

江苏省徐州市第一中学　张安义

墨西哥寓言讲到，当墨西哥人跑得太快的时候，总会停下脚步，问其原因，他们说，因为跑得太快了灵魂就落在后面了，要让灵魂跟上自己匆匆的脚步。寓言从一个侧面告诫人们，谈现实、想未来，都不能忘了历史，忘记过去无异于背叛。我虽不常谈起自己成长的苦难，但熟知我的领导和同事常说："安义老师的成长历程就是一段教科书式的励志故事。"

一、从困厄中汲取幸福的养料

我出生于江苏铜山汴塘乡的一个贫苦农家，在我两岁时候，父亲病逝了，童年我与母亲相依为命，过着清贫的日子。20 世纪 80 年代初，家庭联产承包责任制在我们乡村全面推行，这一政策的最大利好是使我不再为挣工分而面临辍学，在兼顾种地劳作的同时终能如愿读完中学和大学。记得从 13 岁起，我就必须帮助母亲承担起家庭生活和生产的重担，挑水、拾粪、施肥、割草、插秧、割麦、打场、拉犁耩麦、收切山芋等几乎所有农活我都干过。就是现在回老家，一提到收割麦子，近房几位嫂子无不称赞我干农活又快又好，是家庭的好劳力。

中学时光，我一直是靠自带白干面煎饼就着咸菜喝学校提供的白开水生活。高考前夕，班主任提醒我要加强营养，"舍不得金弹子打不到巧鸳鸯"，于是我奢侈地买了一次油条，并截成几片分为几顿来吃，学校食堂 5 分钱一份的土豆丝能买一次尝尝就是莫大的幸福，那种香味让人久久回味。1985 年高考的预选前，我得了重感冒未及时治疗而引发神经性头痛，靠吃安乃近片和 APC 片暂时解除疼痛，可是在疼痛减轻的同时，知识的记忆却变得模糊和减退，复习效果很差。乘车去高考地途中晕车，高考发挥失常，当年被录取到徐州教育学院，成了师范类专科学校学生……

我做了教师便痴迷于课堂，凭借持之以恒的课堂教学改革渐渐在铜山县小有名气，其后我参加了评优课比赛，并先后获得了学校级、乡镇级、县级初中、县级高中、市级高中、江苏省高中等 6 个级别大赛一等奖第一名。因而得以从农村初中调入县重点高中，再通过选拔进入了徐州市第一中学。我用"三个三"概述了自己的教学经历：第一，我先后毕业于三所高校，即 1987 年徐州教育学院专科毕业、1991 年南京师范大学本科毕业、2009 年江苏师范大学教育硕士毕业；第二，我先后任教于三所中学：铜山县汴塘中学、铜山县侯集中学，2001 年调入徐州市第一中学。刚工作时我心目中农村初中学校的模样是"碎石墙红瓦房，种地同时进课堂"，调入县重点高中侯集中学时我的感慨是"学校原来可以有楼房"，于是 8 年的教学和班主任工作我都申请在最顶层教室，在调入徐州一中时的所闻所见所感是："呀，学校竟然可以有电梯，教师坐电梯去课堂，那该是一种多么美妙的感受呢！"第三，调入徐州一中后，我先后兼职过三个职务：任年级主任时兼职过班主任、任教务处长时兼职过年级主任、任副校长兼职过教务处长，兼职时间均为一年。

至今，我在徐州一中任教近 20 年，熟悉我的同行和家长都说我工作起来是"拼命三郎"。两次大病未愈坚持工作的事迹给师生们留下深刻印象。

一次是 2001 年 11 月 25 日上班途中遭遇车祸，左肘跟部粉碎性骨折，住进了徐州医学院附属医院 ICU 室，做了肘骨部钢钉固定手术，医生建议至少卧床休息两周。但我考虑正带两个高三毕业班并任班主任，术后第四天我强行出院并带着沉重的石膏绷带走上讲台，整整坚持了八个星期的课堂教学。当时年级主任张雪梅老师开玩笑送我个绰号——"独臂神侠"。由于出院太早，骨头错位，我坚持到高考结束后，才安心地再次住进了徐州医学院附属医院，进行了二次骨骼矫正手术。因耽误了最佳治疗时间，左臂至今不能伸直。另一次是 2006 年 11 月，由于新课改工作千头万绪，我主持徐州一中教务处工作，经常加夜班超负荷运转，感冒几周未能及时治疗，在 11 月 12 日加班到凌晨 3 点钟感到胸闷难耐，赶到徐州医学院附属医院检查，被确诊患了急性心肌炎，心脏呈点灶性缺血状态。刚住院几天，我是"医生上班我先到，医生下班我再回校赶材料"，因而心肌酶指标不降反而升高，主治医师王志荣主任了解情况后告诉我及家人，心脏损伤是内伤，随时会有生命危险。住院不久，医院连续给我下了两次病危通知单，意识到严重性后，我全身心配合医生治疗，入院一个月心肌酶指标终于降到接近正常值。但是，当办理了出院手续、遵医嘱两年内注意"不感冒、不熬夜、不饮酒、不生气"后，我拖着虚弱的身体又像正常人一样迅速投入紧张的教学和管理工作中。

这种苦难的求学和从教经历，铸就了我的自强与坚毅。徐州市教育局一位领导了解到我的经历后说："没想到你竟起于如此困厄之境。"我想说，既然苦难无法回避，那就应该学会从困厄中汲取幸福的养料。

二、让"反思"为课堂插上腾飞的翅膀

教师从优秀走向卓越，是多种优秀品质汇集造就的。在诸多品质中，起到至关重要或具有点爆性的"第一品质"是什么？我认同将"反思"作

为教师发展的"第一品质"。叶澜先生认为，一个教师教了几十年的书可能成不了名师，如果坚持几年写教学笔记，包括反思性的教学后记，则很有可能成为名师。反思，让教师走向理性，意味着走向对事物的质疑和批判，走向系统化，实现从经验走向科学。

记得在教学"我国的政党制度"这一课时内容时，当我津津有味地分析多党合作的基本方针是"长期共存、互相监督、肝胆相照、荣辱与共"时，一个学生突然站起向我发问道："老师，这种党派合作不就是搞江湖义气吗？"学生的"突然袭击"着实令人难以驾驭。没有经验和缺乏教学机智的教师可能采取三种对策：一是告诉学生不能用人与人关系中存在的江湖义气比拟政党关系；二是提醒学生不要偏离教材，胡思乱想；三是警告学生不要出风头，搞恶作剧。这三种做法不但不能以理服人，甚至还会挫伤学生的自尊心，更难以培养学生学习中应有的创造性思维能力。于是，我在冷静后用惊奇和赞赏的目光鼓励学生，顺势让学生讨论，并提醒："什么是江湖义气？持江湖义气的人在处理人际关系中讲不讲政策原则？"学生在小组合作学习讨论后达成了共识：我国的政党关系以坚持中国共产党领导为合作的政治基础，以宪法和法律为根本的活动准则。因此，绝不是无原则的所谓"江湖义气"。

对于学生的一句似乎干扰性的问话，我在课堂上来了个顺水推舟，一解开了政党关系问题的疑团，二强化了政党关系的基本内容，三培养了学生分析问题、解决问题的能力，可谓"一石三鸟"。课后我进一步反思：一些具有开发和利用价值的动态生成资源，往往是可遇不可求、稍纵即逝的，学生的意见、质疑甚至牢骚话，都有可能成为教学契机，教师应迅速捕捉、判断，适时调整教学进程和教学内容，这样往往会收到始料不及的教学效果。我更深地体会到：有价值的生成即使影响了预设的安排，也不应该草草了事；有质量的预设也不应该为了顾及低层次的生成而患得患失，为生成而生成。于是我写成了一篇5 000字左右的文章《课堂因"生成"更精彩——例谈教学的预设与生成》，发表在 2008 年第 4 期陕西师大《中学政治教学参考》上。

我把课堂反思的习惯，迁移到通过课题引领课改的方向上来。2004 年以来，我借鉴相声中故意抖包袱的手段，在课堂教学中故意创设冲突问题情境，摸索出"课堂教学冲突教学法"，使我的课堂变得生动活泼，受到学生喜爱。据此所撰写的论文《例谈思想政治新课程有效课堂教学冲突的创设》发表在 2006 年 9 月华中师范大学《教育研究与实验·新课程研究》杂志上。

2006 年，我主持了省级课题"新课程背景下互动高效教学体系构建"和市级课题"核心问题互动教学方法"，形成了"五动"教学模式，即"课前预习预设互动—创设情景引发互动—过程探究展开互动—知能提升深化互动—课后达标巩固互动"的课堂教学法。该教学法提高了效率，激发了学生思维，培养探究、合作精神，获得江苏省基础教育教学成果一等奖。

2009 年，徐州一中全面启动学案教学，我在基于学案教学听课调研的基础上，进行了"基于学案的四段教学法"课堂教学改革，即"以案导学，查知学情—自主深化，创设环境—精讲点拨，注重提升—即练即评，迁移达成"。我撰写的四段教学法解读发表在《徐州教育科研》2010 年第 5 期上。该教学法现已在徐州一中各学科全面深入推广，并在徐州市中学界产生了较大影响。

2012 年以来，我被选拔为"江苏人民教育家工程"培养对象，在各位导师特别是南京大学胡大平教授的指导帮助下，我开始了"思想政治课认同教育的课堂教学策略"研究。我主持江苏省"十二五"规划课题"以认同为焦点的高中思想政治课教育研究"，明确提出了思政课"认同教育"主张。2018 年来又陆续主持了"普通高中国学课程的开发与实施研究"等两项省部级课题。研究成果在积累中逐渐丰满，个人能力素养和专业发展也实现了"五个跨越"：一是学历学位上，从初学历专科到硕士；二是课堂教学上，从乡镇优质课评比第一名到江苏省评优课一等奖；三是教育科研上，从在县级报纸发表"豆腐块"文章，到在省级以上报刊发表教育教学论文100余篇，出版了《基于认同的思想政治课教育》等专著2部，主持过6项省部级课题，多次获江苏省基础教育教学成果一、二等奖，教育教学思想也被辑入《著名特级教师教学思想录》；四是专技职称上，从中学13级教师到"二级教授"；五是专业发展上，从一名乡村学校的优秀教师，到徐州市名教师、市优秀专家、江苏省特级教师、省"333工程"培养对象、省"六大人才高峰"第11批培养资助对象、江苏省有突出贡献的中青年专家、国家"万人计划"教学名师、享受国务院特殊津贴专家。

三、让风格飘荡在育人的田野之上

当年凭着省评优课一等奖的成绩，我走进了徐州一中。思政课是落实立德树人根本任务的关键课程，能否让受教育者理解认同，并内化于心、外化于行是衡量思想政治教育实效的准绳。

长期以来，受应试教育的影响，思政课教育教学中一定程度上存在着"认同度"不高的问题，其表现在于：把思政课变为单纯学科知识的传授、学科技能习得的应试课，导致思想政治课教学与教育脱节；实际教学中部分学生存在着对思政课的基本观点和价值观念认识不清或不能认同正确价值观；学生接受学科的基本思想、基本观点和价值观念时思想不明、言行不一；思政课对学生考评重知识和纸笔测试，轻视对正确价值观引领和日常行为考查；学生对思政课教育认同度不高。

我在参加"江苏人民教育家工程"的实践中得到了南京大学马院胡大平院长、省教科院基教所彭钢所长的指导，于2013年10月初步提出思政课的"认同教育"主张，创生了思想政治课"认同教育"思想理念，初步构建了"认同教育六大体系观"，包括：① 合作澄清学习观；② 主题问题链教学观；③ 学本自主学生观；④ 自育育人教师观；⑤ 价值引领评价观；⑥ 目标整合课程观。

课程落实的关键在课堂。在实施"主题问题链"教学时，我提出了认同课堂"两线三柱四环"说。"两线"即把握贯串认同教育课堂的两条线，一条是主题情境线，一条是问题探索线。情境线表现在课堂教学的外在形式上，而探索线则是课堂教学的实质。所谓"三柱"，即为了真正把思政课上出高度、味道和效果，我提出了培养核心素养渗融课堂应夯实"三大支柱"的主张，即通过创设情境场，模拟现实孵化问题意识；通过构建问题链，移步换景提升合作探究力；通过实施活动型学科课程、具象议题促进知行统一。据此撰写的《夯实思政素养培养的三大支柱》一文发表在 2019 年 4 月 24 日的《中国教育报》上。所谓"四环"，就是在师生双方教与学的互动过程中，特别是从关注引导学生心理期待、转变态度、改变行为等方面导向认同的过程中需要经历四个环节，即"创境议题—对话辨析—价值澄清—观念形成"（该环节经华东师大崔允漷教授点拨形成）。

课堂教学中，通过创设"活动—体验—澄清—认同"教学机制，形成优化的主题问题教学观。通过创设连续性的主题"情境串"，引出"问题串"，促使学生去发现提出问题，通过自主探究，分析解决问题。在移步换景解决"问题串"的过程中学会合作交流，在活动和交流中获得情感体验，在体验中澄清认识进而形成正确的价值观，在促进学生综合能力发展的同时，持续提升教学的有效性。

学生这样评价："政治课枯燥死气的内容，只要经张老师一讲就会活灵活现，不容你不听，你的情感也总是被他所左右。"因此，经常出现上届学生毕业了，下届学生争着要选我来任课的情形。

我多年来的课改成果得到省教科院基教所彭钢所长、南京大学胡大平教授、华东师大崔允漷教授等的高度评价。在牵手苏中苏南农村教育活动中，我通过示范课和讲座把"认同教育"理念传播出去，发挥了良好的示范辐射效应。

我认为教育是一种融入生活、浸润生命的实践活动，具有科学性、艺术性和伦理性的三维品质。教育是科学，需要在求真中认识和把握规律、获得智慧；教育是艺术，需要在臻美中形成风格、发展个性；教育是伦理，需要在尚善中提升境界、完善品行。

教育教学改革是一段没有终点的旅程。未来我依然会锐意进取、脚踏实地，相信通过不断的反思和执着的努力，自身的教育行动会离教育的原点更近、贴学生的心灵更紧。因为与大地贴得更近，看天空才会更远。

名师档案

张安义

　　现任徐州一中业务校长，二级教授，被评为享受国务院政府特殊津贴专家、国家"万人计划"教学名师，江苏省特级教师，"江苏人民教育家工程"培养对象，江苏省有突出贡献中青年专家，江苏省"333高层次人才培养工程"培养对象，江苏省"六大人才高峰"培养对象，江苏省评优课一等奖获得者；是教育部"国培计划"首批专家库成员、江苏师范大学硕士生导师；主持过6项省部级课题，获江苏省基础教育教学成果一等奖，在省级以上刊物发表论文100余篇，出版《基于认同的思想政治课教育》等专著2部；近五年应邀在省内外讲座讲学30余次；创生践行了思政课"认同教育"思想与教育模式，其教育教学思想被辑入《著名特级教师教学思想录》。

教育科研在创新中发展

山东省青岛市第一中学　李芳

　　创新，是一个国家、民族发展的不竭动力；创新，是一名教师专业成长的不懈追求；创新，是教师成功的必由之路。当我义无反顾地选择了教师这一职业，就意味着我的人生是"教师人生""科研人生"和"创新人生"。作为教师不能把教育仅仅看作一种职业、一项工作，而应当看作自己人生的重要组成部分。教育需要生命的活力和精神内涵，需要全身心的投入，需要生命的激情和灵动。教育需要爱和关心，需要感动自己，感动学生，感动社会，感动未来。教育需要走科研之路，需要创新发展，教育需要责任，需要体验成功的快乐和分享成功的喜悦。正是这种爱心与责任、科研与创新伴随我在教育工作岗位上不知不觉度过了 38 年的幸福美好时光。

一、在探索课堂教学中前行

　　1983 年从全日制大学历史系本科毕业后，我被分配到中学做历史教师。在 1983—1988 年工作的第一个五年，踌躇满志、豪情满怀的我，怀着憧憬着当一名好教师的美好愿望，脚踏实地、忙忙碌碌地工作着。但当时受种种客观条件的制约，自己也只是没有目标地盲干。记得刚工作的前两年，我一人任教高一和高二两个年级的历史课，当时没有集体备课，甚至没有教学参考书。我一人挖空心思地写教案备课、添加历史故事和趣闻，甚至把教材内容背得滚瓜烂熟，然后再讲给学生听。到讲台上一站就把书放一边，边讲课边提问学生。学生竟然非常喜欢，听得入神。后来我从学生那里了解到，在我之前他们的历史课都是其他学科如政治、地理、语文等老师代课或者上自习课。要知道 20 世纪 80 年代初，一个本科毕业生到中学教历史也是难得的。尽管当时我很受学生欢迎，学生也有理想的考试成绩，但毕竟不知道进行教法研究和对学生进行学法指导，没有先进的教学理念和教学思想，更不知道开展课题研究等，真是自己在摸索中前行。其间我只上过两节研究课，评课老师都大加赞扬，学校领导也夸奖，但我自己真不知该努力的目标是什么，前进的方向是什么。写过的几篇教育教学论文，也分别获得省三等奖和市二、三等奖。那时的我仅仅把教师工作看作一种职业，一项工作，还不能深切领会教师的责任与"教师人生"，不知道教学与科研的内在关系，不明白创新在教育工作中的重要性。

二、在反思课堂教学中成长

所谓教学反思，是指教师对教育教学实践的再认识、再思考，并以此来总结经验教训，进一步提高教育教学水平。教学反思是教师提高专业水平的一种有效手段，教育上有成就的大家一直非常重视教学反思。很多教师会从自己的教育实践中来反观自己的得失，通过教育案例、教育故事或教育心得等来提高教学反思的质量。

教师工作是辛苦着、快乐着、收获着的。1990 年在青岛市青年教师评优课比赛中，我获得市南区高中组第二名的好成绩，但当时教育局教研室规定一个区只能是第一名参加决赛，我失去了参加决赛的机会，最后自己只得了优秀奖。此事给我很大震撼，当时我就痛下决心，一定要在下次的优质课比赛中进入决赛，为自己、为学生、为单位添光彩。自此以后，我朦朦胧胧有了一种科研的意识，自费订阅了有关历史教学方面的学习资料，认真研究教学方法，虚心听同组老教师甚至到周边学校听老教师的课，还兼听语文、地理、政治等相近学科教师的课。精心设计、备好每一节课，进行备课三部曲。第一，预设备课：备本课指导思想、大纲、教材、教学资料、教法、学生、学法指导，确定重点、难点及突破重难点的方法策略；设计板书提纲、撰写教学过程的教案。第二，现设备课：我在课堂上时刻关注学生的表现，通过讨论问题、启发引导、探究合作等多种方式，调动学生积极性，使学生主动参与到课堂教学中来，这样师生、生生之间就有碰撞交流。"现设备课"的生成资源，使教学过程有变化；会出现预设备课中没有准备的问题，意料之外的问题就是现设备课的生成资源。第三，反思备课：课后我落实预设备课的教学设计，特别是回忆现设备课的达成情况。根据课堂效果、学生反馈或通过课堂检测，了解学生掌握知识的程度，进行课后反思，在预设教案中整理出课后笔记。

作为教师，课前需要备课，课中需要备课，课后仍需要备课。课前的"预设备课"只是准备上课，是全程备课的前奏曲。课堂上，不同的班级，不同的学生，教学过程会有不同的变化，教师一定要灵活应变。课堂上的现场设计与修改，就称为"现设备课"，是全程备课的变奏曲。比如，学生课堂上突然提出教师没有准备的问题，教师既不要害怕避开，也不要草草了事，而要正视它、解决它。这就是朝气蓬勃、活生生的课堂。现设备课中的问题，老师能当堂解决的一定现场解决，如果不能现场解决的，课后应立即查询资料或集体备课研讨，当天一定要解决，要尊重学生，培养学生创新精神和实践能力。"现设备课"的关键是教师要善于发现、应变、思考、解决问题。上完课是课堂教学暂时的结束，但对"备课"来说，并没有结束。教师应认真地回忆自己的教学实践——"反思备课"。课后最好及时地拿出预设教案，回顾课堂教学实际，落实课标达成情况。想想哪些重点问题讲得好，学生掌握得好；哪些知识讲得不够好，学生掌握得不够好；哪些教学方法运用得当，讲课中师生存在的问题等；并在预设教案上标记出值得改进的地方。如果有老师听课，要虚心征求评课意见。反思备课是备课的续奏，是老师进一步提高教学能力的重要环节。

预设备课、现设备课、反思备课是我备课中一直坚持并力求努力做得更好的三环节。反思备课对我的专业成长大有益处。经过几年的努力，我在课堂教学方面有了自己的备课思想和教学风格，在课堂管理方面有了自己的管理艺术，在师德方面用自己的人格魅力影响着学生，引导学生走向真善美。这时的我已经不仅仅立足于简单的教学了，而是在教学实践中不断提升、积累智慧、注重教学反思，要做研究型的教师。每一个人的成长、成功都是不断实践、不断反思的结果。因此，注重课堂实践经验的积累非常重要。我把每一节课学生易错或不明白的问题记录下来，反复修改，直到学生听明白、理解透彻为止。几年下来，我的课后反思竟有几万字之多。我的课堂教学也进步很快，更受学生欢迎了。在 1994 年的青岛市青年教师说课比赛中，我获得全市第一名的好成绩。1995 年，我参加青岛市优质课评选，获全市一等奖。1993 年，我所教高三年级历史成绩名列全市前茅，这是 1977 年恢复高考以来我校历史上高考最好的历史单科成绩，因此受到单位和市教育局领导的表扬。其间除分别参加了市级说课和优质课评选，我还举行了几节市级公开课，撰写教育教学论文 10 余篇，分别获省、市一、二等奖。这是我在教学反思中扬弃自我、完善自我、丰富自我的时期，它为我以后的专业发展奠定了坚实的基础。

三、在科研课堂教学中进步

教育科研是促进教师专业进步与成长的有效途径与方法，它不但解决了教师"教什么"的问题，更重要的是解决了教师"如何教"的问题；教育科研是一项任务，它让教师在完成任务的同时，也获得教育科研的知识与方法；教育科研更是一种责任，它不仅让教师获得了各种荣誉，更重要的是让教师真正投入地开展教育科研，是一种对学校、对自己、对学生负责的责任，这是教育科研内在的价值体现。

"科研兴校"是我校的校训。这四个大字一直矗立在教学楼前，每天学校的每位教师都能看到，但20世纪90年代中期课题承担者多是学校校长，一线教师获得承担课题进行课题研究的机会很少。20世纪90年代中期，我有幸参加了中央教科所和山东教科所在青岛举行的两次会议，深受启发，充分认识到教育科研对教师专业成长的作用。1995年我也开始尝试申请"九五"市级课题"高中历史导学式六环节教学法"，即展示目标、导读导思释疑、归纳综合、分析知识点、精讲试题、课堂检测六环节，获立项。六环节教学法突出学为主体，教为主导；突出分层次教学；突出因材施教，面向全体学生，体现教育教学的公平性。经过三年的研究，带动了本单位和周边学校历史组老师的成长进步，学生更是受益很多。此教学法1999年发表在《山东教育科研》上。1995—2000年，我连续教高三毕业班，用此教学法，高考历史历次取得全市第一的好成绩。因教育教学成绩突出，1995年我获青岛市青年教师优秀专业人才称号，1997年破格晋升为中学高级教师，1997年获青岛市优秀教师称号，1999年获青岛市学科带头人称号。1997年，我参加山东省高中历史优质课比赛获得一等奖。2000年，我在青岛市高中教学工作会议上执教公开课。2000年，科研课题成果发表在《创新教育》《山东教育》等刊物上。还有十几篇论文获国家、省、市各级一、二等奖。科研带动了我的历史教学和个人的成长进步。这个阶段是我教学生涯中比较大的一个转折期，我真正明白了教育的真谛和教育的使命，深切领会了教师的责任与"教师人生"，理解了科研兴校、科研育人和教育科研创新内在的价值体现。

四、在创新课堂教学中发展

苏联教育家苏霍姆林斯基说过："如果你想让教师的劳动能给教师带来乐趣，使天天上课不至于变成一种单调乏味的义务，那你就应当引导每一位教师走上从事研究这条幸福的道路上来。"为推动身边历史教师教学水平的提高，2001—2005 年，我又承担了两项"十五"省级和市级课题，分别是"高中历史情境教学法""高中历史问题探究教学法"，并引导历史组老师主动参与课题研究，进行分工与合作，发挥团队精神。探索教法和学法，使学生学习上达到事半功倍的效果。其间我作为全国唯一的中学历史教师参加了教育部在北京召开的新课程历史实验教材审定会议。新的思维模式、新的视野、新的教学理念、新的教材观深深地感染了我。

2004 年高中历史新教材的编写打破了历史学科的传统系统和结构，体现模块与专题、中外合编的特点。它以政治、经济、文化三个模块为基本框架，以专题为基本单元，以中外合编为体例。纵向看古今贯通，横向看中外关联，体例新颖。但这种编写体例也增加了学生学习历史的难度。这就使中学一线教师和高中学生面临教学和学习上的许多困难。因此，教师要认真研究模块教学的特点，提高业务水平并给学生以学法指导，帮助学生克服学习上的困难。带着问题与困惑，我们课题研究小组全体教师认真研读课程标准，理解了课程标准的宏观目标是指高中学生在学完高中历史全部必修模块和选修模块后，在知识与能力、过程与方法、情感态度价值观等方面所能达到的总要求，中观目标则是指学生在学完某一学习模块后要达到的要求，微观目标即课程标准。

新课改下，历史教材出现一标多本的局面，教材内容只是课程资源之一，死记硬背历史知识已不适应新课改下培养学生能力的要求。历史课时减少了，但历史课内容更丰富了。面对这些困难，我们课题组精心研究教学方法和学法指导，打破传统的满堂灌、学生死记硬背教材内容的教学模式，采用情景模拟、知识竞赛、辩论、讨论、抢答、历史小报、参观访问等灵活多样的教学方式调动学生参与课堂教学的积极性。新课改以来，历史教学中的情景模拟、历史剧表演等已经成为调动学生积极参与讨论，理解及运用知识的有效手段。如何使表演不流于形式呢？我们带着这些问题进行理论与实践的探索，得出的结论是历史剧不能为表演而表演，表演前的问题铺设、表演之后的问题思考，才是最终目标的达成。表演前我们预设了一系列问题，注意观看表演中学生生成的问题。以往有些枯燥难懂的历史问题都是教师讲解，费尽了心思却收效甚微。新课程下新的教学方法和理念是让学生自学，学生在独立的思考探究中，以个性化的方式诠释历史：或把历史知识进行比照，在对比分析中得出特点和结论，从理性角度体现对历史知识的理解；或穿越时空，置身于历史环境中，体验历史人物的内心情感，以直观感性的形式感悟历史。学生借助他们原来积累的知识（生活经验），与历史知识融合起来，以各有特色的方式呈现，这就等于生成了新的知识点。这样教学，每个学生的积极性得到充分调动，每个学生的个性也在被尊重中得到充分的彰显。这就是我们课题研究的情景模拟教学法，它要求我们从精神生命的层次，用动态生成的观念，重新全面认识课堂教学，整体构建课堂教学。当我们真的学会了用模块的灵魂统整历史教学，我们可以更清晰地看到人类政治文明的曲折演进、人类经济生活的迅猛发展、人类精神成长的勃勃生机……我们的历史课堂成为一个富有文化气息和生命气息的课堂！

2002年，我被评为山东省特级教师；2004年，被教育部聘为课程培训团队专家和教材审定委员会专家。2005年，应邀为山东、海南、宁夏、广东、河北等省进行新课程培训。其间发表文章 7 篇，获奖 10 余篇，举行大型讲座和公开课 20 余次。这个阶段不仅是我个人专业得到发展的五年，也是历史组老师共同提高、共同进步的五年。我深刻体会到科研与创新成就了历史组和单位集体的事业，成就了学生的未来。

五、在生命课堂教学中升华

课堂教学的真谛是教给学生真善美，传递思考和内涵。用教师自身自然流溢的精神之美、文化之美、人性之美、激情之美濡染学生，用学科魅力打造生命课堂。2006—2010 年的五年，我又承担了"十一五"国家级、省级、市级三项重点课题，即中国教育学会"新课改下高中历史学法指导"、山东省教研室"高中历史模块教学的探索与研究"、青岛市"高中历史主体合作式教学模式的探索"。"十五"和"十一五"课题推动了青岛一中整个历史组老师的进步和成长。在"十一五"课题研究中，我又动员和吸收了其他实验学校的教师参与课题的研究，以此推动更多的历史教师科研水平和教学水平的提高。

"高中历史主体合作式教学模式的探索"自 2006 年实验，2010 年结题。参与课题研究的老师无论是专业知识水平还是教学科研能力都大大提高，同时培养了学生创新实践的能力。我在青岛市高考复习研讨会和青岛市中小学科研工作站举行讲座介绍此教学法，影响逐步扩大。2007 年，我代表山东省在长沙举行的全国历史新教材培训会议上发言交流此教学法，获得好评。2008 年，课程研究成果获山东省科研成果一等奖并发表在《山东教育》上；2009 年，被中央教科所评为全国优秀科研课题成果一等奖，并由《现代教育报》报道，在全国课改地区推广；2009 年，为教育部提供了 100 分钟视频讲座，供山东、海南等省教师远程培训使用。

主体合作式教学方法包括：（1）合作讨论；（2）情境模拟；（3）多方辩

论；（4）参观访问；（5）历史小报；（6）调查报告；（7）分组抢答；（8）知识竞赛；（9）自由论坛等。具体操作步骤：第一步：转变观念，树立正确的学生观，树立教师为主导、学生为主体的观念，面向全体学生；树立科学的教学观，树立"既要教学生学会，更要教学生会学"的观念；树立科学的课堂教学观，达到高效课堂、有效教学；树立具体而科学的学科教学观，体现学科特点。第二步：改革教案和学案内容，教学设计由重教师讲授到重教师主导下的学生合作；由重知识结论到转向重视指导学生发现规律并总结方法。第三步：精心研究教材，挖掘供师生、生生合作学习的素材，使课堂教学发挥最大效应。第四步：教师精心设计重要问题，进行师生、生生合作讨论学习。第五步：巩固练习、课后反思。此教学法重在探索并实施新课改下高中历史教学中如何提高学生学习积极性，大面积提高课堂效益，如何实现师生、生生、生师之间的合作学习，培养学生（多是独生子女）团结、合作、进取的创新精神和实践能力，达到历史教学的终极目标——培养学生人文素养、科学精神和爱国情操。总目标：促进学生全面发展，以适应社会发展需要；追求以人为本，以学生发展为本的价值观。

"高中历史模块教学的探索与研究"2009 年获山东省创新成果一等奖，我的专著《高中历史模块教学的探索与实践》于 2010 年 8 月由山东大学出版社出版。2007 年，我在北京执教国家级课题公开课；2010 年，参加中国教育电视台电视课堂大赛获一等奖。其间发表专业论文 10 余篇，先后被北京、湖北、河南、黑龙江、甘肃、福建、贵州、广西、澳门等省、市、自治区、特区邀请做新课改讲座和执教示范课，担任国家、山东省课程团队专家。曾获青岛市劳动模范、青岛市创新能手、全国教育科研优秀教师、山东省富民兴鲁劳动奖章、全国模范教师、享受国务院政府特殊津贴等荣誉。但成绩只能代表过去，未来需要开拓创新。我的教学理念是要做一名科研型、专家型教师。

六、引领青年教师成长进步

作为一名一线教师，在获得诸多国家、省、市级荣誉后，我感觉责任更大。近十年来，作为山东省远程研修课程专家、省特级教师工作室主持人、青岛市首批名师工作室主持人和青岛市首批无党派人士工作室主持人，青岛大学和聊城大学硕士研究生导师，在引领和培养中青年教师方面，我做出了突出成绩。如对中青年教师思想理念的引领和专业技能的培养，帮助省内外一大批中青年教师成长起来。其间主持国家级、省级科研课题3项，并顺利结题。2013年，我晋级为山东省首批正高级教师；2015年，获国家"万人计划"教学名师称号；2017—2020年，被教育部公派澳门做指导和交流，为澳门与内地教育教学交流做出贡献；2020年，晋级为正高级教师二级岗。

对国家和社会而言，教师承担着传播人类文化、启迪人类智慧、塑造人类灵魂的神圣使命，承担着培养造就人才、推进科教兴国战略和人才强国战略实施的重要职责。教师应成为一条奔淌不息的河流，具有保持方向的定力，具有寻找源头活水的眼力，具有吐故纳新、自我完善的能力。河流奔淌的过程是教师不断壮大自身、可持续发展的过程；河流奔淌的过程是润泽两岸使学生获得更加丰厚的成长营养的过程。教师应该有发展的境界，在成就学生的同时，成就自我；在发展学生的同时，发展自我。

教师的发展方向应该是成为专家型教师，教育科研是教师专业发展的助推器。参加教育科研也是21世纪教师所必备的一种品质。教育科研作为学校教育教学的第一生产力，愈来愈显示它强大的生命力。增加自己工作的科研含量、走可持续发展的道路、靠科研推动教学等已逐渐成为我国教育发展的大趋势。作为一名教师，由经验型、勤奋型的教师转变成学者型、科研型名师，也必须走教学与科研相结合的道路。

名师档案

李　芳

　　山东省首批正高级教师二级岗，国家"万人计划"教学名师，享受国务院政府特殊津贴，山东省特级教师，全国模范教师，全国巾帼建功标兵，青岛拔尖人才。山东省特级教师工作室、青岛市首批名师工作室和青岛市首批无党派人士工作室主持人。

　　执教市级以上公开课及做大型讲座40余次，获全国、省、市优质课评选一等奖。在全国中文核心期刊等发表专业文章20余篇并出版专著，主编著作8部。主持国家、省、市各级课题8项并已结题。在全国20多个省、市、自治区做新课改讲座和展示名师课堂教学。任教育部教材审查专家委员会成员，山东省远程研修项目课程培训团队专家，青岛大学师范学院客座教授，青岛大学师范学院和聊城大学硕士研究生导师。

教研相生，久久为功

湖南省株洲市第四中学　汪瀛

　　"滚滚长江东逝水，浪花淘尽英雄……古今多少事，都付笑谈中。"这是明代文学家杨慎在《廿一史弹词》第三段《说秦汉》的开场词，后来毛宗岗父子在评刻《三国演义》时将其放在卷首，其意不言而喻。作为一名普通中学历史教师，我既知自己与"英雄"毫无瓜葛，更知在历史老人面前自己是何等渺小。只是没想到，春节前夕，我竟然收到了于漪教育教学思想研究中心"新中国基础教育教师成长规律探究"名师成长案例约稿函，实在令我诚惶诚恐。其实，有关我的成长历程，已有不少研究报道，但为达成其"深入研究新中国基础教育教师成长规律，揭示名师成长的生命密码……为基础教育教师队伍建设的政策设计提供参考，催生与培育更多基础教育优秀教师"的目标，本人只好不揣浅陋撰写此文，以博大家一笑。因为，教研是"教"与"研"的有机结合，教研相生，这似乎应是做教师的常识。

　　说起教研，我"天生不足"。其一，我没有上过高中。1974年初中毕业至1980年参加高考期间，我一直在家务农。除参加农业生产外，我还参加过开荒造田，修过水库、水渠、公路，学过木工、漆工。当时想法简单，那就是老老实实地做一个有点手艺的农民，能养家糊口和给父母养老送终足矣。恢复高考后，我主要利用夜晚休息时间通过自修而跃龙门。其二，本人为衡阳师范专科学校（今衡阳师院）毕业。这种专科学历，相对于本科生和研究生，实在不值一提。后来，为满足学历达标，我有幸获得湖南师大本科函授学历。如此学历，竟然有机会成为"名师"，实在汗颜！若要追溯"成名"之路，或许源于我持之以恒的教研追求吧。究其动因：第一，不愿做误人子弟的教师；第二，不愿做被学生嘲讽与厌恶的教师。我从小读书，既有幸遇到过才华横溢，授课形象幽默、深入浅出、通俗易懂的老师，也偶遇过照本宣科、味同嚼蜡且自我感觉良好的老师。前者普遍赢得学生由衷赞誉，甚至崇拜；后者则普遍遭到学生嘲讽，甚至厌恶。一想到自己做教师，就如芒在背，不得不致力于教研。

我的教研追求起于衡阳师专读书期间，当时的研读重点是历史专业知识。因为，教育学告诉我，教师要给学生一杯水，自己必须有一桶水。专业知识是教师的立身之本，成长之本，发展之本，成功之本。我的听课经历也告诉我，凡拥有扎实、广博知识且在专业领域有一定研究的教师，其授课就如鱼得水，左右逢源，收放自如，生动活泼，风趣幽默，既激活学生思维，开阔学生视野，又寓学科素养培育于其中。于是，我尝试研究一些历史问题和撰写研究习作。虽然这些研究习作，或许在专家眼里显得幼稚可笑，但无疑提升了我的专业素养、问题意识与研究历史问题的能力。为鼓励后来者，我不揣浅陋，将其中的一文《"文景之治"之我见》，收入自己所著的"杏坛追梦"系列 ①《杏坛追梦·为教研史》一书中。

---

① "杏坛追梦"系列共7册，分别为《杏坛追梦·为教研史》《杏坛追梦·课程初识》《杏坛追梦·课题探新》《杏坛追梦·我思我在》《杏坛追梦·求法悟道》《杏坛追梦·考导求索》《杏坛追梦·师道不易》，由光明日报出版社2019年出版。该系列既选录了笔者一些已公开发表过的文章，也选录了一些没有公开发表过的文章，旨在鼓励广大中学历史教师积极投身历史教研，提升自己的专业素养和教育教学能力，并不断超越自我。

1983 年 6 月从衡阳师专毕业后，我正式成为一名中学历史教师，历史教研也就成了我的人生常态，直至 2019 年 6 月退休。为了方便，我分三个阶段作一简述。

1983 年 7 月至 1994 年 7 月为我历史教研生涯第一阶段。这一阶段，我在核工业部中南地质勘探局 303 大队子弟学校工作。该校位于湖南蓝山县乡下，编制与管理却与所在市县无关，只在统考、学生升学和某些重要教研活动方面存在联系。该校规模虽然不大，但从小学到高中各年级都有，而历史教师却只有我一人。这种格局，就个人成长而言，虽存在一些困难，如缺名师和长者指导，对外交流学习机会少等，但也促使我发奋学习和研究历史教学问题。

在 303 子弟学校工作 11 年，我包揽全校初高中历史教学，虽然每天备课、上课、批改作业很辛苦，但一年一轮初高中各年级通关，也使我比一般历史教师更熟知不同版本的初高中历史教科书内容和教学特点，拙文《中小学历史教学的衔接问题》就是在此基础上撰写与发表的。为厚积薄发，解答学生疑难，丰富课堂教学内涵，我研究了不少历史问题，并投稿发表。主要有《从〈魏征传〉看其治国之道》《举贤治国论》《唐玄宗、安禄山与安史之乱》《皇帝、天子、万岁》《浅析黄兴实业救国思想》《善照"镜子"的唐太宗》《刘秀用人论略》《古史传说与我国原始社会文化》《日本米骚动及其影响》等。为减轻学生负担，增强历史教育教学效果，我还注重总结自己的教学实践经验、教训，撰写并发表的文章主要有《历史作业设计探微》《历史教学中板书设计初探》《历史教学中"国情国策教育"一例》《知公元求干支一法》《历史教学中自然灾害防治意识培养刍议》《如何进行"落后挨打"的教育》《试论历史图画在教学中的功能》等。其间，我还对历史课堂提问做过系统研究，撰写过 8 万余字的《历史课堂提问探索》，后收入"杏坛追梦"系列《杏坛追梦·求法悟道》一书中。

功夫不负有心人，或许得益于持之以恒的教研，生动形象、通俗易懂、深入浅出、寓历史学科核心素养于其中便逐步成为我的授课风格，并深受学生欢迎，教学效果也还可以，各年级学生参加蓝山县历史统考，考试成绩稳居全县前三，第一也有不少。

1994 年 8 月至 2004 年 7 月是我的历史教研生涯第二阶段。因国家军工改制，303 子弟学校难以为继，我调到永州市第三中学从教。我的工作由原包揽初高中各年级历史教学到只执教高三历史，并担任了 7 年高三文科班班主任。让自己执教的学生考入高等院校，成为我工作的头等大事。

为提高历史教学效益，我响应国家倡导的提升学生素质的教育改革要求，发表了《历史教育断想》《问疑教学与素质教育》《实现素质教育目标的历史问题教学模式》《历史教学中如何实现"主导"与"主体"有机结合》《历史教材中小字的功能与使用》《运用历史课堂提问开发学生智能》等文章。

为增强高三历史教学的针对性，我深入研究历史高考大纲和高考历史试题，发表《历史复习方法漫谈》《运用课外活动提高抗战史教育效果五法》《历史规律复习法》《近三年高考历史问答题命题的四大特点》《复习中国古代文化史应注意的四个问题》《世界资本主义史复习中的几个问题》等 10 多篇文章。为提高学生学习历史效率，增强学生应试能力，我出版或发表的代表作品有《历史学习诀窍点拨》《历史题型解法研究》。为增强历史教学的深度与广度，解答学生疑难，以适应高考历史命题改革需要，我出版了《汉武帝》，还发表《怎样理解资本主义政治经济发展不平衡规律》《如何认识魏源的"师夷长技以制夷"》《日本传统文化对其经济发展的积极影响》《中国历史问题中的地理因素解析》等近 20 篇文章。

也许是因为我重视学生素养教育，重视历史教法、学法和学生所遇到的历史疑难问题研究，我授课除保留原有教学特色外，教学针对性更强，更能激活学生思维与学习动力，提升学生学习品质，不仅深受应届高三毕业生欢迎，也很受来自不同市县高三文科复读生的喜爱。学生说我的课往往令他们视野大开，流连忘返。我执教的历届班级学生高考成绩稳居零陵地区（后改为永州市）前茅。同时，领导、专家与同人对我的课也赞许有加。我于 2002 年有幸被评为湖南省历史特级教师。

或许有人质疑，你研究历史教法、学法肯定有利于提升高三历史教学效益，只是你研究出版《汉武帝》似乎与提升高三历史教学效益毫无关系。事实并非如此。因为，《汉武帝》一书不仅涉及汉武帝功过是非，更涉及一个时代。如汉初休养生息政策与汉武帝治国方略的转变，西汉与匈奴关系的转变，西汉与西域及其他边地的民族关系，汉武帝独尊儒术与儒家思想演变等，都是高中历史教学的重要内容，且为高考重要考点。也许是巧合，在研究撰写《汉武帝》过程中，我有意识地将司马光评说汉武帝之语用于课堂教学，即"（汉武帝）异于秦始皇者无几矣"，又说"（汉武帝）有亡秦之失而免于亡秦之祸"，要求学生结合所学知识，谈谈自己对汉武帝功过是非的理解与认知。谁知，正好撞到当年全国高考历史试题。我的学生考试出场后，高兴得手舞足蹈，抱住我抛向空中。这自然是无心插柳，但让我更深刻地感悟到厚积薄发在教学中的价值。

2004 年 7 月，我调到株洲市第四中学从事高中历史教学，直至 2019 年 6 月退休，这是我历史教研生涯的第三阶段。这一阶段，我主要从事高三历史教学，其间也执教过高一、高二的历史，每周课时从未少于 12 节，还兼任学校历史教研组长 14 年。学生历史考试成绩也稳居全市前茅。在历史教研方面，我主要做过以下工作。

第一，加强课题研究，提升历史教育教学能力和创新能力。

21 世纪初，伴随着国家新一轮课程改革，中学历史研究性学习开始摆在历史教师面前。为此，我特意申报和主持了省级课题"历史研究性学习的理论与实践"，借以提升本人及研究团队的专业素养，以及指导学生开展历史研究性学习的能力与效益。

为提升自己专业素养和所带团队教师的执教能力，我在完成上一课题研究后，又申报和主持了两个省级课题，即"新课程背景下中学历史有效教学行为的研究""新课程背景下中学历史课堂教学行为有效性研究"。这两个研究课题结题后，为提升自身专业素养发展和促进株洲市历史教师专业发展，我应株洲市教科院张建军之邀，作为核心成员和指导教师，参加了他主持的省级课题"课堂教学结构的理论建构与教学策略研究"的研究。为促进徒弟匡志林的专业发展，我指导她申报了省级课题"高中历史课堂教学生成资源开发与利用研究"，自己也从中获益良多。

为加强株洲市第四中学特色学校建设，我作为核心成员，参与了国家级课题"城乡接合部普通高中艺术教育可持续发展研究"，有机会站在特色学校建设的高度认识历史教学，完善自己的历史教育教学思想。

第二，加强高中历史教法、学法与命题研究，继续研究和解答学生在学习过程中遇到的历史疑难问题。

在这方面，我研究出版过《高中历史新课程教与学》《行为决定结果——中学历史教学行为有效性探微》《历史学习与复习迎考》《中学历史自主学习导引》等专著，发表过170余篇文章。说心里话，我不喜欢以学生考试成绩论英雄。然而，很具讽刺意味的是，为满足学生历史学习与历史考试的需要，在我研究与发表的文章中，却以历史学习与考试研究的文章最多，仅《中学政史地》杂志，就发表过近90篇文章，如《高三文科综合复习方法漫谈》《科学冲刺　理性迎考》《题在书外　理在书中》等。

第三，参与国家历史课程改革研究，提升自己正确认识中学历史课程、开发和执行中学历史课程的能力。

我研究中学历史课程及教科书起步于303子弟学校，但真正深入研究中学历史课程建设，则在株洲市第四中学工作期间。为解读《普通高中历史课程标准（实验）》提出的"学习从历史的角度去了解和思考人与人、人与社会、人与自然的关系，进而关注中华民族以及全人类的历史命运"，我利用在衡阳师专史地双修的专业优势，出版了《自然环境与人的生存发展》一书，还发表了《历史学科应重视渗透自然环境教育》。

为增强自己处理新版历史教科书的能力，我依据《普通高中历史课程标准（实验）》和历史新课程实验教科书，系统研究其变化，发表了《〈中国古代史〉新旧教材的变化略说》等文章。

为开发校本课程，我出版了《中学历史校本教材开发理论与实践》《艺术风流人物》等书；又负责研究、开发、主编"株洲市第四中学特色校本课程"（共 11 种），并在此基础上发表了《艺术教育特色学校建设校本课程的研发》一文，撰写和出版中学生读本《美育》（八年级上册）第 6 课"戏剧的精神之维"。我还为湖南省电化教育馆、湖南省基础教育资源中心研究开发高中历史课程资源，借以提升自己开发历史课程资源的能力与水平。

2010 年至 2018 年，我曾连续两届担任国家基础教育课程教材专家委员会委员（只存在两届），多次参与了《义务教育历史课程标准（2011 年版）》和依据该标准编写的所有版本历史教科书的审定工作。在此基础上，我出版了《义务教育历史课程标准（2011 年版）解读》一书，发表了《〈全日制义务教育历史课程标准〉修订中的几个问题》《关于〈义务教育历史课程标准〉坚持唯物史观的一些思考》等文章。

曾有某市历史教研员公开对我表达了对中学历史教科书有关抗日战争史的疑意，这令我相当震惊。为此，我特意到人民教育出版社查阅了中华人民共和国成立以来所有版本的中学历史教科书，发表了《对历史教科书的误读——以人教版初中历史教科书"抗战史"为例》，有力回击了这一错误认知。

第四，深入研究和纠正历史教学当中的一些不良现象。

我曾有机会参加众多中学历史教学研讨活动，每年听课不下百节。我通过这些听课研讨活动，既提升了自己的专业素养和执教能力，也有机会发现和研究其中存在的问题。对于发现的问题，我进行了系统整理和深入研究，出版了《精彩·荒谬·效率——中学历史课堂教学探微》《行为决定结果——中学历史教学行为有效性探微》等著作，发表《湖南省历史课堂教学竞赛听课随想》《理学·心学·成语》《基于课堂观察的问题剖析和感悟——我看历史"角色体验"教学》《基于文明史观与革命史观的中学历史教学——以辛亥革命胜败评析为例》《历史教学预设与课堂教学生成——以孙中山让权袁世凯为例》《才情四射与荒诞偏颇的课堂教学——从"美国联邦政府的建立"一课的观察说起》《史料引用与解读之偏颇——以〈美国联邦政府的建立〉教学为例》《美国 1787 年宪法评析是与非》《中学历史史料教学"四忌"》等众多文章。

或许大家不会忘记，"杜郎口教学模式"曾席卷全国。我市某校为打造自己的课改神话，模仿"杜郎口教学模式"推出了"一三六"课堂教学模式，即一中心：以学为中心，以学定教；三特点：自主、开放、高效；六环节：学前反馈、目标导入、自主探究、合作交流、展示提升、达标检测。学校校长曾踌躇满志地宣称："我们学校打造的'一三六'教学模式已经取得卓越的教学成效。我们不需要名师！即使刚毕业的大学生，只要经过我们短暂培训，使用'一三六'教学模式，照样能获得一流的教学成绩。"真有这样优异的课堂教学模式吗？现实并非如此。我到该校听了一节历史课，执教老师已有 10 年教学经验，然而还是令人大跌眼镜。为此，我发表了《模式教学与教师素养——以"宋元的科学技术"教学为例》。这里需要声明的是，我不仅不反对教育教学改革，而且大力支持教育教学改革。但任何教育教学改革，都必须遵循教育教学规律，而非其反。

或许有人质疑，你的课就完美无缺吗？自然不是。一节好历史课，不一定是一节完美的历史课，但必须是一节符合教育心理规律和历史认知规律的课。我的历史课，有时因研究、备课不够，也会出问题。例如，我在执教人教版高中历史必修一《祖国统一大业》时，就因运用"邓小平与英国首相撒切尔夫人会谈"影像授课而遭到学生的质疑。当时，学生问我，这影像是现场拍摄的，还是后来演员演的。我回答：影像是现场拍摄的，还是后来演员演出拍摄的，我没有查证，但影像中的对话是真实的。学生以课本插图为依据，指出该影像为后来演员演出拍摄的。于是，我以此为切入点，深入研究中学历史影像教学应注意的问题，发表了《"历史影像"的真实性与历史教学效果——从"邓小平与英国首相撒切尔夫人会谈"影像材料说起》，从而提升了自己开发与运用历史影像进行历史教学的能力。

教师的专业发展和教育教学能力的提升永无止境，而学习与研究则是促进自身专业发展和提升自己教育教学能力的主要途径。这是我在 30 多年教研生涯中获得的基本感悟。30 多年来，我不仅研究他人，也研究自己；不仅研究中国历史教育，也研究借鉴外国教育。例如，我曾利用到新加坡考察教育 20 天的机会，认真学习和研究，出版了《新加坡教育观感》，既有完善自己教育教学理念之功，也有提升自己教育教学能力之效。

目前，我虽退休，但仍然在奔驰的时间列车上行进。我无力改变世界，但能干一些力所能及之事。于是，在总结原有研究成果基础上，我整理出版了《抗日，谁主沉浮？》《你不知道的美国历史真相》两本专著，希望有助于解决抗日战争史和美国史教学中存在的问题。2019 年 10 月，我应湖南教育出版社之邀录制出版了 60 课时培训课，希望有助于《普通高中历史课程标准（2017 年版）》和历史必修教材《中外历史纲要》的教师培训。2021 年春节前夕，人民教育出版社李洁老师向我约稿，请我就《中外历史纲要》教学写一些辅导文章。于是，我不揣浅陋，撰写了《如何阐释中国共产党是抗日战争的中流砥柱》《试析〈中外历史纲要〉执教之道》，希望其发表后，有助于解决同人在教学中存在的某些困惑。大漠与孤烟、长河与落日、光荣与梦想已成为遥远的背景，但春残依旧未残，梦断依旧未断。

名师档案

汪　瀛

　　湖南首批正高级教师，特级教师，硕士生导师，衡阳师院客座教授。国家"万人计划"教学名师。国家基础教育课程教材专家工作委员会委员，中国教育学会理事，湖南省教育学会历史教学研究专业委员会副理事长，湖南省教育科学中学历史教学研究基地首席专家。已出版历史和教学专著 25 部，发表论文 260余篇。荣获省部级成果奖 5 项，市级成果奖 8 项。录制出版高中历史新课程培训课 60 节，承担学术讲座 200 余次。荣获全国模范教师称号和徐特立教育奖。

我成长中的三个"故事"

江西省九江市第一中学　周明学

接到于漪教育教学思想研究中心"新中国基础教育教师成长规律探究"课题组的约稿函，约我写一份名师成长案例，讲述自己的成长故事。我有点受宠若惊，也有些犯难。为何犯难？一者，"名师"，我不敢当。做"孩子王"30多年，慢慢明白了一些教书育人的道理而已。如果同行愿意称我为"明师"，我倒乐意接受，起码我名字中有一个"明"字。"明学老师"简称为"明师"，估计大家也不好说我"僭越"。二者，一名高中教师，教材、高考是专家的，教学才是自己的，且教学也只能"照着讲"，不能"接着讲"，平凡如草芥，没有什么精彩的故事。三者，讲自己的故事，稍不留神，就有自夸之嫌了。但千里之外的约稿，毕竟是一份难得的看重。《围城》中说："就是条微生虫，也沾沾自喜，希望有人搁它在显微镜下放大了看的。"再说，约稿函来自我待了四年的上海，本课题对推动基础教育的教师成长也很有现实意义，理应共襄盛举。所以，这些天，我大致回顾了自己教书育人30多年走过的路，似乎有三个时间节点上的"故事"可以一聊，或许对我们青年教师的专业成长有所启发，同时希望对本课题的研究有所助益。

节点一：1996 年，工作第 7 年，发表第一篇教学论文

第一个故事，是 1996 年，即工作的第 7 年，我在《中学历史教学参考》第 8 期上发表一篇文章——《评价要公允　表述要准确——历史教学如何摆脱"左"的思潮束缚》。这篇文章，缘起于此前读到了《中学历史教学参考》1996 年第 3 期上北师大历史系刘宗绪教授的一篇文章。刘教授写的主要是大学的世界史教学存在着"左"的思想束缚，我马上联想到中学历史教材与历史教学也存在着同样的问题，所以利用暑假写成了这篇文章，其间反复修改，最后誊清、投稿。这是我教师生涯中第一次投稿，没有任何经验，也不敢有任何妄想。没想到一投即中，很快见刊。这对于一个没有什么资历的年轻老师来说，真是天大的鼓励，不仅提升了我在历史组的"历史地位"——这是我们历史组教师发表的第一篇教学论文，而且是在中学历史教学界的名刊上发表的，更大的意义是激发了我写作的信心和兴趣，从此有点一发不可收的味道，我也由此走上了在研究状态下教书的幸福之路。多年以后回头来看，我要特别感谢刊发拙文的责任编辑任鹏杰老师，他的"慧眼"与高效，播下了一颗带梦的种子。吉林大学王洪教授说："发表时间的快捷也使我感受到写作的快乐，……较长时间的等候发表，会将论文中原本富有的鲜活的成分扼杀而枯萎，从而泯灭了学术创造过程中体现的生命信息。"[①] 我也有同样的感受。

回想这事，我感觉可能有三点启发：第一，要自己订阅专业刊物。中学教师读书，我觉得首选是读"刊"，因为刊物上的文章实用性强。对于时间不自由的中学教师而言，订阅专业刊物是成长的捷径——有些成果

---

① 木斋.原典：学术研究的基础原点和基本方法［N］.中华读书报，2015-7-8（3）.

可直接用于教学，教学可少走很多弯路；有些成果可引发进一步的深入思考。从教后，我自费订阅了《历史教学》《中学历史教学参考》《中学历史教学》《历史教学问题》《历史研究》《中国史研究动态》等10多种刊物。自费订阅的好处是方便自己，可随时随地查阅。如果没有订阅专业杂志，没有看到刘教授的文章，那么很可能就没有我教师生涯的处女之作，我也可能会遭遇教师生涯的"七年之痒"，我的教师成长史可能也要改写了。刊物、书籍，就是老师手头的"锄头""镰刀"，是必备的工具，多多益善。第二，要及时把思想碎片记录下来，适时写成文章。中学老师在备课、上课等日常工作中，都可能发现问题，产生灵感与想法，要及时地把这些思想碎片记录下来。一个思想碎片，可能孕育一篇文章，或者几个思想碎片，可能就可合成一篇文章。否则，很多好的思想碎片就会随风飘逝，非常可惜。做有心人，及时记录，实际上就是培养自己的问题意识，这是论文写作的重要前提。中学教师可以从写教学后记着手，这不仅是教学检查的需要，更可能是论文写作的源头活水。从教学后记出发，积累问题，思考问题，解决问题，一篇文章就可能水到渠成了。中学教师的科研价值，体现在始于教学问题、终于教学问题，教学与科研相长。一旦养成了习惯，写出了第一篇，就上路了，自己受益，同行受益，学生受益。第三，工作七年左右是教师走上科研之路的起步期、关键期。中学教师基本上是循环教学，三年一轮。头六年的目标是站稳讲台，成为合格的教师，大量的时间、精力是花在备课上，是花在把教材知识体系变成自己的教学知识体系上，是积累与构建的过程。两轮下来，教学知识体系的框架基本搭建起来了，此后则是小的修改与完善——备课仍是无底洞。讲台站稳了，教学框架搭好了，下一步应该可以兼顾科研、走教研相长之路了，初为人师的青年教师对此要有清醒的认识。从现实看，如果中学老师在第三轮教学中，没有走上科研之路，那么他这辈子的教师生涯就基本上与科研绝缘了。大器晚成的，文艺工作者中时有所见，中学教师中则闻所未闻。中学教学工作很容易"固化"和"内卷化"，青年教师要有所警惕。

节点二：2000 年，工作第 11 年，开始兼任教学以外的工作

第二个故事，是 2000 年，工作第 11 年，走上学校行政管理岗位，并加入中国民主促进会，不久成为九江市政协委员、常委。从此，走上了教学与行政相长、学校工作与社会工作相长之路。

2000 年，我竞聘上了学校的科研处副主任岗位。走上行政管理岗位，对我而言，是个艰难的选择。那时，我只想做一名好老师，根本没有其他想法。当年，有教育情怀的游华新校长推行内部管理改革，学校部分中层岗位实行公开竞聘，还新设了一个中层处室——科研处。办公室张成卓主任与我同教一个文科班，他极力动员我报名参加竞聘。是否报名，我犹豫了好多天，最怕的是影响教学，毕竟教学是我所热爱的。一次在学校篮球场，我碰到了来校听课的市历史教研员周慈忠老师，谈起竞聘之事。他听后，也极力鼓励我参加，并分析说，参与行政管理对历史教学有帮助，会让我更加理解"历史"。现在想来，真要感谢周老师一针见血的鼓励。参与科研处的组建，于我至少有三个好处：一是强化了自己的科研意识。这不仅是因为游校长要求我们带头搞科研，还因为在收集科研成果时，发现退休教师廖可珍老师的丰厚科研成果——在《化学通报》《人民教育》《教育研究》《化学教育》《化学教学》《课程·教材·教法》等刊物上发表论文60 余篇，出版《中学化学教学艺术》《化学教育学》两部专著，这给我的震惊不仅大，而且久，我油然而生了学习、效仿的念头。二是强化了自己的课程意识。当年学校成为江西省校本课程开发与研究基地，我不仅精读了钟启泉、崔允漷、吴刚平等教授的专著，组织编印了校本培训教材《校

本课程研究：国内研究成果》一书，还开设了"金学漫谈""近代中西文化交汇"两门校本课程。三是强化了"了解之同情"意识。对历史上的制度、现象、事件、人物等，少了一点误读，多了一份理解，如制度规定的历史不一定是真实的历史。

由于廖老师是民进会员，又是华东师大校友，当年，我很自然地加入了名师荟萃的民进组织。不久，因是民进会员，我又"加入"了有人才库、智囊团之称的政协组织，成为一名市政协委员。这样，我的活动舞台，就从学校延伸到了学校之外的社会。人们常说，政协是所大学校，是个大舞台，的确如此。通过参加政协组织的活动，履行政协委员的职责，与其他政协委员交往，我的视野更开阔了，发现问题、解决问题的能力更强了。由于务实履职，我多次在政协大会上发言，多次被评为优秀委员。今年江西人民出版社还出版了我的履职成果《破解教育热点、难点问题的建言：我的政协委员的履职答卷》一书。

兼任行政工作，兼任党派、政协委员等社会工作，我的平台多了，阅历多了，体验多了，见识多了。兼职工作有助于了解社会，进而易于理解历史，正如考古学家俞伟超先生说："现代社会是理解古代社会的一把钥匙。"[1] 过去说，教学相长，其实，教学与科研也相长，教学与行政也相长，教学与社会工作也相长。古人说，读万卷书，行万里路，识万种人，经万般事，真是至理名言。教师在象牙塔工作，主要就是与学生、与课本打交道，久而久之，很容易产生不易察觉的局限性，对社会、对政治、对人性、对历史的了解与理解，容易片面化和浅显化。参加了行政兼职工作、社会兼职工作，对所教内容（特别是语文、历史、政治等人文社会学科）的了解与理解可能会更加全面、更加准确。所以，如果有机会，各位青年教师在站稳讲台之后，要积极参与其中，有意识地克服沉浸于一种工作所带来

---

[1] 张爱冰. 考古学是什么？——俞伟超先生访谈录 [J]. 东南文化，1990（03）：68.

的局限性。只要自己能够处理好教学与行政、本职与兼职的时间关系，这些行政工作、社会工作，不仅不会影响教学工作，相反会对教学工作起到促进作用。我从事行政工作 20 多年，担任市政协委员也近 20 年，从来没有耽误一节课，历史教学的广度、深度和效度更强了，也更加受学生欢迎了。

节点三：2005 年，工作第 16 年，评上特级教师

第三个故事，是 2005 年，工作第 16 年，我评上了特级教师。这对我而言，有些意外，但对教师成长而言，则应了一句老话——机会总是留给有准备的人。有准备的人，其实就是实干的人。

大家知道，"评特级"是改革开放初期中国社会主义改革开放和现代化建设的总设计师邓小平给予中小学教师的"福利"。江西省 1979 年第一次评特级，1980 年出结果，第一批特级 31 位。后来 1991 年、1997 年又评出第二批、第三批。七年之后，2004 年组织第四次评选，此后三年一评，就比较规范了。2004 年，我 39 岁，又是"副课"老师，根本没有这个想法。那时评上特级的，我们九江一中先后有三位，分别是姚剑云老师（物理）、胡智老师（数学）、范玉昆老师（数学），他们都是主课老师，都是 50 岁以上的资深教师。当年分管教科研的范玉昆副校长（1997年评上特级）极力动员我申报。就这样，抱着试一试的想法，我申报了，结果竟然就评上了。后来了解，我各方面条件都蛮好，在九江市排名靠前。当年评特级的条件，现在看来，应该不算高，有明显的时代印痕。如除教学业绩、班主任工作、课题、论文以外，开设校本课程、制作课件、指导青年教师也占有比较大的分值。据说，有些被推荐上去的老师，就是没有后三项而落选了。当年特级的条件好像是为我"量身定做"的，别人有的，我有，且更多；别人没有的，我也有。开设校本课程、制作课件、

指导青年教师，都是科研处分管的工作。那时，老师们参与这三项工作的积极性还不太高，作为科研处副主任，我只有"亲自"动手，力图"以身示范"，逐步推进。2000年开始，我就上了"金学漫谈""近代中西文化交汇"两门校本课程，留有现成的手写教案和打印教材，还留下了上校本课程的相片。那时，省、市教研室年年有制作课件比赛。2003年，老师上报的课件实在太少，我只得在电教组袁玲珍老师的指导下，做了"甲午中日战争"一课的课件，结果被评为省里一等奖，发了证书，没想到，第二年评特级就用上了。至于指导青年教师，我先后带了两个徒弟（冯慧、吴桃珍），有拜师协议，有三年的履职记录，有出师报告，材料样样齐全。

说实话，从教中学后，我并没有自己清晰的职业规划，只是想做一名好老师，不要给母校华东师大丢脸（那时，华东师大毕业生很少在中学任教）。兼任行政工作后，我给自己的定位是要求老师做到的，自己一定做到，不能只做"指挥家"。评上特级，完全是平时实干的副产品，没有一样业绩是主动"设计"的。评正高也是如此。2016年，省里开始评正高，需要有编写地方教材、指导学生综合实践、在全国中文核心期刊发表论文等方面的业绩。而此前我参加了《江西历史与名胜》《人杰地灵诵江西》的编写，也是为了完成省教研室喻金水副主任分派的任务；指导学生综合实践，也是我分管的工作，为了以身示范，我指导文科班部分学生2012年暑期在庐山开展综合实践活动，调查史学家陈寅恪先生安葬于庐山植物园的缘由，获得了省里一等奖；在全国中文核心期刊发表论文，当时要求2篇，我有15篇（同时也是C刊），其中14篇是评上特级以后发表的。2017年评国家"万人计划"教学名师，也只是把平时的业绩材料略加整理。所以，我常跟青年教师讲，机会是给有准备的人的。平时要勇于、乐于承担学校、市、省组织的各项专业比赛活动，不要"躲"。"躲"过去了，可能永远就"过去了"。"任务驱动"是青年教师成长的重要机会和路径。你不知道哪个活动就有用，不知道哪朵云会下雨，尽力参加就是了。总之，平时的业绩一点都不会"浪费"的。

陕西师大历史文化学院教授徐赐成博士说："明学兄的个性化的成长道路，是他人不容易复制的。"① 的确，每个教师的成长之路，都是"合力"的结果，他人难以完全模仿。但"名师"成长有一点共性：不是"评"出来的，而是干出来的。

① 徐赐成.教师状态与教育存在（代序）[M]//周明学.高中历史讲义纲要.南昌：江西人民出版社，2021.

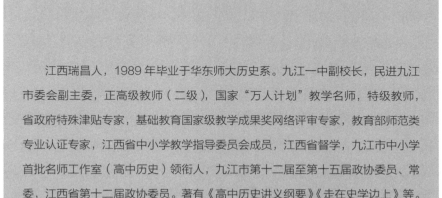

名师档案

周明学

江西瑞昌人，1989 年毕业于华东师大历史系。九江一中副校长，民进九江市委会副主委，正高级教师（二级），国家"万人计划"教学名师，特级教师，省政府特殊津贴专家，基础教育国家级教学成果奖网络评审专家，教育部师范类专业认证专家，江西省中小学教学指导委员会成员，江西省督学，九江市中小学首批名师工作室（高中历史）领衔人，九江市第十二届至第十五届政协委员、常委，江西省第十二届政协委员。著有《高中历史讲义纲要》《走在史学边上》等。

教师自我成长"六字诀"

河南省淮滨高级中学　臧传发

一切教育都是自我教育，一切成长都离不开个人内在的意愿和外在的扎实行动。教师的自我提升须有思想引领，也要有路径可循。上中学时期求学的艰难、教育资源的匮乏，使我明确自己为之追求的目标——当一名教师，做一名好教师、专家型教师，造福学子，助力教育！到今天忝在"名师"之列，回首走过的路，我把个人的成长经验总结为六个字"梦、研、新、细、学、展"，不妨称之为教师自我成长的"六字诀"。

一、"梦"——引领前行的灯塔

梦想不是虚无缥缈的，它是一种理想，是一种追求，是一种力量，激励人们去拼搏，去实现自己。我出生在农村，小学阶段是在半学、半玩、半干农活和家务中度过，家与学校一墙之隔，记忆很深的是利用下午下课时间还能回去帮家里做饭，对学习和未来认知很少，但很轻松快活。初中阶段，学校离家很远，每天来回的艰辛还不在话下，更主要的是看到父母的辛苦又不能为其提供帮助而感到愧疚，一度产生辍学的想法，父亲的一句"好好学习，将来能当个教师就是对家里最大的回报"，让我在心里埋下了当教师的种子。初三时，曾有在县城上中学的一位同学拿了一套"中考押宝试题"来，在班里引起震动，那是我们从来没有见过而又渴望得到的资源，教育资源的差异更让我下定决心努力学习，将来当一名教师，使我的学生也能享受到这样的教育！功夫不负有心人，我考上县里最好的高中，从老师身上，我看到他们的敬业、责任、付出和知识的渊博，更让我憧憬着："长大后我也要成为你。"1987年参加高考，当时，师范并不是很热门，按我的成绩，老师也建议我学医或其他专业，感谢的同时，我很毅然地报考了师范，圆了当教师的梦想。在多年教师生涯中，"当一名好老师、专家型教师"的梦想一直引领我不断前行，过程中有艰辛、困惑，更有收获和成长。今天的正高级教师、特级教师、国家"万人计划"教学名师、河南省"千人计划"中原领军人才、国务院政府特殊津贴专家、河南省名师、河南省地理学会常务理事和副理事长，也成为我教师梦追寻中的收获。

二、"研"——铺就成长的路径

"教而不研则浅，研而不教则空"，在我看来，教和研是相辅相成的，是教师专业化成长的两条必由之路。新课程的实施对教师提出了新要求，教师要远离"教书匠"的旧形象就必须走教学与研究相结合的道路，跳出经验型教师的藩篱，勇于从内部打破自己，在"研"字上求突破，在实践研究中提升。

教师的工作对象是有独特个性、独立思维的鲜活生命，这就意味着我们无法机械地用昨天的经验来解决今天的问题，而每一个新问题的出现都将是一个研究的契机。对待日常教学及管理过程中的"痛"与"惑"，我坚持"问题即课题，把教学中的问题当作课题来研究"的成长观，在研究中探寻问题解决之路，也铺就教师发展之路。

2008 年，学校任命我当年级主任，由于学校规模扩大，当年新招聘了 106 位教师，面对 90% 以上的新入职教师及入职仅一年的教师就担任了学科组长的实际，青年教师培养成为学校工作的重点，让他们站稳讲台是最现实的问题。学校以课堂为突破，提出了"课堂教学革命"的口号，我带领青年教师听课、研讨、反思，按"说—评—讲—说—评 + 前后反思"的流程开展课堂教研，一个学期下来，我听了 160 多节课，组织了 100 多次教研。我将教学中的问题转化为课题，开展微课题研究，从研究的角度加以解决，探索"读、练、议、点"四步教学法，总结"预设—发现—探索—生成"课堂教学设计策略。发现教师好的做法，及时总结、宣传和推广，达成教学共识。构建起"三段六块、立体交叉"教学模式及课堂教学行动策略，该课堂模式包括：课前、课中、课后相互联系，相互交叉的"大课堂"系统；师生互"预"，师生互"备"，共建问题，达成目标的课前预习系统；师亦生、生亦师，共同参与、质疑碰撞，交互式学习和评价的课中学习系统；跟踪目标实现，养成学习品质，教学相长，共同提高的课后知识、能力、品质生成系统。2014 年，课堂改革成果获国家级教学成果奖二等奖。2015 年，信阳市在我校召开课堂改革现场会。2018 年，河南省教育厅在我校召开"课改先锋"高峰论坛，推广成果。我也获得信阳市课改先进个人、河南省课程改革先进个人、河南省校本教研先进个人等荣誉。回顾课改探索之路，我认为：善于发现问题、勇于追问问题、乐于解决问题，是每一名教师成长过程中应保持的务实态度和成长密码。

三、"新"——注入发展的动力

教师要肯在"新"字上下功夫，坚持不断学习，与时俱进，要着力把自己置身于教育改革的最前沿，学习把握先进教学理念与教学技能，更新自己的知识体系。我习惯于关注地理教育改革新议题，并在教学中加以联系和运用，这不仅能够激发学生的学习兴趣，还能提升他们的胸怀和格局，能够站在全人类发展的高度来审视环境、资源等问题。

地理学科跟人的生活密切相关，为此，我一直立足家乡地理环境、结合学校条件，努力研究和开发自己的教育教学资源，在课程的发掘中逐渐丰富专业知识、提升自身的课程力。

2014 年开始，我主持开展"学习生活中的地理"综合实践活动，指向培养学生发现问题、解决问题的能力，促进学生更好地在真实的情境中观察、感悟、理解地理环境，以及它与人类活动的关系，提高活动组织能力、创新合作的能力，增强社会实践能力和责任感。通过编写《淮滨乡土地理教材》，为开展乡土地理教学提供现实的学习资源。建设地理学科教室和校园地理园，让学生能够置于真实情境中解决问题，学习有用的地理。使学生形成对淮滨独特的乡土地理的直观认知，进一步理解地理原理和规律，并应用于实践，解决生活中的地理问题。指导学生开展研究性学习，培养学生掌握选题、方案设计、调查、观察、记录、统计、整理、上网检索资料、撰写报告、成果展示等开展研究性学习的一般方式、方法。提高学生的地理实践能力、问题解决能力及综合表达能力。通过这一综合实践活动的开展，我逐步形成了自己的课堂教学主张——"学习生活中的地理"。

2017 年，一场高级教师对垒教学机器人的人机教学大战在河南上演，高级教师和教学机器人分别对 78 名初中生进行为期四天的数学课程辅导。大战的结果竟是机器人人工智能教学全面碾压优秀教师，在最核心的平均分提高上以 36.13 分完胜优秀教师执教的 26.18 分。由此也引发了一系列思考：人工智能对未来教育到底会产生怎样的变化？教师是否会被人工智能机器人代替？教师职业会不会被淘汰？对这些时代教育话题的回答，使我意识到，教师若想不被淘汰，必须跟上时代的步伐。2017 年，学校开设了智慧课堂班，我主动先行先试。我编制学案，制作微课，推送资源，在线答疑，生成共性问题，课中师生互动，在此基础上构建起基于智慧课堂的"学习前置、问题驱动"课堂教学模式。尤其在 2020 年春季新冠肺炎疫情期间，通过智慧课堂，真正实现了停课不停学、不停教，也起到了示范带动作用。

教师永远不能自我设限、单调重复，而应在掌握学科知识体系的同时，积极掌握前沿知识、探索新的疆域、开发课程资源，这既能提升教师职业成就，也能为教师成长提供不竭动力。

四、"细"——教学能力的修炼

教学不是冷冰冰地把知识从一个脑袋装进另一个脑袋里，而是师生之间无时不在的情感交流。对生命的发现、影响、探索和追寻，将永远是教师自我修炼的永恒主题。而生命对生命的影响，更多体现在教学细节中。"教学细节"的具体表现形式是多种多样且丰富多彩的。教学中我坚持通过捕捉"亮点"、引发"异点"、发掘"误点"等教学细节，来体现生命影响的责任和担当，提升自己的教学能力。

一是捕捉"亮点"，激发自信心。教学过程中的"亮点"便是值得关注的重要细节。在我的执教过程中，"亮点"可以是学生独立思考后提出的鲜明观点、思维火花碰撞后达成的共识以及在教师引导下思想的顿悟；这些无不都是教学弹性的体现和课堂生命的彰显，需要教育者敏锐地捕捉，将其转变成学生自主学习和合作学习的成果，并及时给予评价、完善和纠偏，使其成为学生自信心的催化剂。

二是引发"异点"，点燃好奇心。对于同一论题不同的见解、对于同一题目不同的算法、对于同一说法正反的评价等都是教学过程中学生基于自身学情所呈现出的学习成果，没有好坏高低之分。我坚持批判性地看待、一分为二地对其进行评价，从而培养学生的批判性思维能力和发散性思维能力，进一步激发学生的好奇心和求知欲。

三是发掘"误点"，指引进取心。在真实教学情境中，学生对于知识点的暂时性遗忘、理解偏差和认知错位都会造成一系列错误的回复，即教学过程中的"误点"；我认为，在教学过程中这是一类意义重大的教学细节，把握这样一类教学细节，可以引发新的教学契机，使得学生能够更新认知系统和完善知识技能体系，真正做到学与思相结合，学与练相促进，学与改相伴随，不断进取、持续提升。

五、"学"——自我素养的提升

教师是一种增值智慧、浸润心灵的职业。为了避免教师走入自己思维的陷阱，坚持学习、坚持阅读便是开拓视野、升华思想的成长方式之一。一本好书，就像一盏思想的明灯，潜移默化地影响我的心灵世界，高屋建瓴地引领我成长。在阅读时，我感到自己在与著名教育大家对话，与先进教学理念对话，与自己心中那个不断追求成长的自己对话。滴水藏海，海纳百川，我想一名真正的教师，是在借古鉴今中不断成长，在融汇交流中完成自我修炼的。多年来，除大量阅读教育理论书籍之外，《人民教育》《中国教育报》《中学地理教学参考》《中国国家地理》等报刊一直在我桌前案头，伴我成长。

"学而不思则罔"，学思结合是教师自我修炼的法宝。当然，反思不是口头一句话，不是脑中一个闪念，而应该是手中一支笔。用笔将心中所想、脑中所思完整清晰地写下来，这才是真正的反思。我坚持这样的反思，其实就是叙述自己教育教学中的故事，叙述自己在处理这些案例时的思考。读书时摘抄、写体会和感悟，听课时写评价和改进，上课后写收获与反思，并定期对这些体会、感悟、收获、反思进行整理和内化，已成为我生活和职业的一种习惯。同时，我将这些体会、感悟、收获、反思转化为课题，在"实践—探索—反思—研究—实践"的大循环中，进行成果升华。这种基于问题意识的实践反思而得来的成果，获基础教育国家级教学成果奖二等奖，获省级基础教育教学成果一等奖两次、二等奖一次，获省级科研成果一等奖三次；有8篇论文发表于核心期刊等杂志。

六、"展"——搭建成就的平台

教师最大的成就在于"输出"，有分享才能取得共赢。多年来，我积极创设机会参加各种优质课、公开课活动。1994年和2017年，我曾作为最年轻和最年长的教师参加省级优质课，尤其是2017年在参加省级优质课之前，我对当前各级优质课竞赛中出现的重教师的素养展示、"众人编剧个人演"、脱离学情的事先约定多次彩排、课堂活动表象化、声光电等媒体滥用的现象进行了深入的反思，我坚定地选择了一种"朴实"的展示，基于学习前置、问题驱动，重学生展示、课堂组织、学生生成，在与优质课评价标准不完全吻合的情况下，经专家评议，成为当年省级优质课的一个亮点，摘取了优质课竞赛第一名。课后，围绕这节课，专家还召开了一个现场研讨会，将有些观点充实进来年的优质课评价标准。2012年，学校推进课堂改革，在专家指导下，开展"小组合作式学习"探索，在没有任何基础和准备的情况下，专家让我们结合自己的认知，先上一节公开课，当时，没有老师敢上，作为年级主任，我自告奋勇，课后遭到众多质疑，也引发了对这种课型的大讨论，真正起到了抛砖引玉的效果，我也因此收到了诸多很好的建议，为以后课改的开展积累了第一手宝贵的资源。

我一直坚持利用各种机会和平台展示和分享自己的教育教学。在研讨会上积极发言、交流，做课堂改革、教师培训、校本教研、课题研究、课堂思想、课程建设、学习方法等各种专题报告，为自己创造展示提升的平台和舞台。通过展示和分享，既能发挥引领辐射作用，更能暴露自己的短板和不足，得到专家、同行的支持和帮助。

教育的本质是生命对生命的影响，教师的素养、视野和格局直接影响甚至决定着学生的发展。在学校办学思想的统领下，我逐渐坚定了"为生活幸福奠基、为生命精彩引航、为使命担当铸魂"的教育价值追求。实现价值追求的路很长，只有努力夯实自己的知识、打开自己的视野、放大自己的格局，把教育教学这项工作放在一个更加开阔、高远的层面上去理解、探索、体验，才能不断提升自己，实现自我事业与精神的超越，担负起时代赋予我们的神圣使命。

名师档案

臧传发

　　河南省淮滨高级中学副校长，正高级教师、特级教师、国家"万人计划"教学名师，河南省"中原千人计划"中原领军人才、国务院政府特殊津贴专家，河南省名师、河南省师德先进个人、河南省课程改革先进个人、河南省教学标兵、河南省教育技术装备和实践教育专家，河南省地理教育学会常务理事、副理事长。曾获国家级教学成果奖二等奖，获河南省基础教育教学成果一等奖两次，获河南省科研成果一等奖三次，获河南省优质课大赛一等奖。主持国家"万人计划"教学名师工作室。

做一个有教学主张的老师

浙江省义乌中学　吴加澍

　　我是浙江省义乌中学的一名物理教师，从事中学物理教学的实践与研究 50 余年。回眸漫长的教学生涯，觉得自己专业成长的轨迹与众多教师的经历大致相仿，也是沿着"教学技能—教学经验—教学模式—教学主张—教育信仰"这样逐次递增的台阶不断攀越的过程。

　　入职头几年，自然是要苦练教学基本功，掌握必要的教学技能，尽快登上第一个台阶，成为能适应教学的合格教师。接下去，随着教学经历的延续，对教学规律的理解及把握能力不断提高，相应的教学经验也日益丰富，从而登上第二个台阶，成为能胜任教学的骨干教师。再接下去，许多教师会把过往的教学经验总结提升，逐渐提炼自己的教学个性，进而构建一套既具操作性与有效性，又有着个人印记的教学模式，这样，他就登上第三个台阶，成了一名教学的行家里手。但令人遗憾的是，不少教师至此就以为自己的专业成长已趋饱和，失去了继续发展的动力和方向，从而陷于"高原期"而不能自拔。与之相反，也有许多教师不愿就此止步，他们并不满足于这些操作层面上的东西，还想进一步探知其背后的本质和规律。为此，就站到一个更高的高度，对自身的教学实践进行深刻的审视与反思，逐渐形成了自己对教学个性化的、坚定的见解与观点，亦即教学主张，从而登上第四个台阶，成为一名有思想、有智慧的教师。当然，这也并非专业发展的终点，后面还有更高的台阶有待我们去攀登，那就是"教育信仰"。朱自清先生在《教育的信仰》一文中说得好："教育者须对于教育有信仰心，如宗教徒对于他的上帝一样。"教师拥有了这样的信仰与情怀，他就会从内心激发出一种对教育的终极追求，为了实现自己的理想，每一天都朝此迈进，不敢懈怠。

纵观上面所述的教师专业成长的进阶过程，我们也可大体将其划分为两次成长：第一次是"走向成熟"，第二次是"追求卓越"。其中第一次成长主要靠经验的积累，大多表现在行为方式的变化，是一种适应性的成长；第二次成长则须用理论来反思自己的经验，它主要体现在价值取向以及思维方式的提升，是一种超越性的成长。实践证明，一名教师要走向成功，仅有第一次专业成长是不够的，起决定性作用的还是第二次专业成长。因此，如何逾越"高原期"实现第二次成长，就成了教师的专业能否持续发展，进而从优秀走向卓越的关键所在。

清代书画名家郑板桥一生写竹画竹，造诣极深。他曾为自己的一幅墨竹画题诗："四十年来画竹枝，日间挥写夜间思。冗繁削尽留清瘦，画到生时是熟时。"这种艺无止境的追求令人感佩。画竹如此，教学又何尝不是呢？笔者将其中的两句诗改成："几十年来教学子，教到生时是熟时"，以此来勉励自己。年轻的教师对教学由生疏逐渐变得熟练，这应是他的专业长进；但对从教多年的老教师而言，教材教法都已烂熟于心，又该如何发展呢？我曾为此深感困惑。现在从郑板桥诗句中得到启示：这时应努力使自己由"熟"变为"生"。值得指出的是，此"生"非彼"生"，即它所指的已不是生疏、陌生的"生"，而是一种充满新意、生机盎然的"生"，这绝非倒退，相反是达到了一个更高的水平。"由生到熟"和"由熟到生"，其实也就是教师的第一次、第二次专业成长过程。显然，对教师来说后者的难度更高，挑战也更大。因为"由生到熟"基本上是一种自然趋向，通过教师自发的行为即可达成；而"由熟到生"则是一种自我超越，要靠教师自觉的行动才能实现。从自发到自觉的转变，有赖于唤起教师内心的觉醒。于漪老师说过："教师真正的成长在于教师内心的深度觉醒"，对教师专业发展最具根本意义的，也正是发生在精神层面上的成长与变化。众多名师的成长案例表明，构建教师的个人教育哲学，提炼自己的教学主张，可以有效地激发教师的内心觉醒，为其精神成长奠定坚实的思想基础，从而使我们的专业发展行稳致远。

教育哲学乍看似乎与我们相去甚远，其实它就近在咫尺，蕴含于日常教学之中。比如上了一堂课，我们要分析教学效果，自然会联系到相应的教学方法，但这样做只能"知其然"；如果我们进一步追溯到教学策略乃至教学理念的层面去分析，那就可以"知其所以然"；但教学理念还不是问题的根源所在，它又是由更为本质的东西，即人们的价值取向和思维方式所决定的，我们若能由此分析，那就更为深入透彻，进而"知其所尽然"了。实际上，如果问题一旦深入到价值取向和思维方式的层面，也就意味着进入了教育哲学的范畴。所以从这个意义来说，所有教育问题最终都可归结为哲学问题，哲学处于教育的上位，它对教育起着决定性的规范和指导作用。由此可见，教育哲学对于教师成长有着多么重要的价值和意义，诚如著名教育哲学家奈勒所说："那些不应用哲学去思考问题的教育工作者必然是肤浅的。"因此，我们都应增强哲学意识，学会哲学思考，即要回溯到教育的原点，运用哲学的观点和方法，对教育现象、教育问题乃至教育本质进行寻根究底的反思与追问。古人有云：形而上者谓之道，形而下者谓之器。相对于教育，如果把其中的"道"理解为学术性（如教育理论），"器"指的是操作性（如教学实践），我们应该做到"道器不二"、既知且行，要坚持行走在"道器合一"的中间地带，亦即要善于从自身的实践经验中，去悟出自己的行动理论。具体地说，我们一线教师的哲学思考，不妨采用

"案例＋反思"的方式，力求从小案例中悟出大道理，并用自己的话讲述自己的故事，从而逐渐形成具有个性特色的教学主张。

哲学思考的对象都是本原性的问题。通过对众多教学问题的分析比较，可筛选出如下具有本原意义的问题，即：为何教？为谁教？教什么？怎么教？我们只有自觉地结合自身的教学实践，对上述教学本原问题不断叩问、深刻审思，进而理解它们的真谛，才有可能树立起明晰的、符合教学本真的教学观念，使自己成为一个有思想、有主张的教师。限于篇幅，这里仅以"为何教"为例，谈谈笔者对此问题学习、思考的心路历程。

对于物理教师而言，这个问题也可具体表述为"我为什么教物理"。过去我曾认为这是个不成问题的问题——"我是物理老师，当然就教物理"，直至遇到一件令我难以释怀的事。有一年高考，最后一场考试结束了，学生都在教室里忙着整理物品，准备收拾回家。我刚好有事走进一间教室，无意中发现地上有一个本子，捡起一看，原来是物理听课笔记，写得密密麻麻、整整齐齐的，足见它的主人为此花了很多功夫，看了本子上写的姓名，果然是一位学习努力、物理成绩优秀的女生。当时我以为是她不小心无意丢失的，于是就拿起本子亲手交还给她。想不到的是，她接过本子看了一眼后又随手一扔，还说了句"这个没用了"。她的话声音不大，但却如一记重锤敲在了我的心头。因为在我看来，这本听课笔记本不但凝聚着这位同学的心血，同时还见证了她高中三年难忘的、美好的青春时光，陪伴着她一路成长，因此是值得珍藏的。但在这位同学看来，它不过是块敲门砖而已——现在高考结束，门已敲过了，当然也就丢弃了。这件事看似不大，但却深深地触动了我，催我深思。我不由得躬身自问：我的物理教学难道只是为了让学生考个高分吗？它的价值究竟在哪里呢？由此引起了我对"为何教"这一问题的重视与思考。

回想起来，我对"为何教物理"的认识并不是一步到位的，而是先后曾经有过三种不同的回答。一是"为考而教"（因为高考要考物理），二是

"为教而教"（因为我是物理教师），三是"为学而教"（为了学生的发展）。不难看出，这三种回答其实反映了三种不同的教育理念，即知识本位、学科本位以及学生本位。如果要问它们孰是孰非，似乎谁都能轻易作答；但值得指出的是，人们对观念的转变与更新，绝不像做单选题那样可以一选了之，往往需要一番剧烈的心灵交锋，乃至思想的蜕变才能实现。我也正是这样一路走来，经历了从拨开知识本位的迷障，到摆脱学科本位的羁绊，最后回归到学生本位的曲折漫长的过程，并在此基础上对"为何教"的问题作出自己的回答。

（一）拨开知识本位的迷障

长期以来，我对"为何教物理"的回答都是："我要将尽可能多的物理知识教给学生，以满足他们高考所需、终生之用。"因为我深信知识就是力量、知识改变命运。然而令人困惑的是，我们授予学生那么多的知识，在他们往后的生活和工作中，却很少显示出直接的功用。美国数学教育家波利亚曾有一个统计：中学生毕业后，研究数学和从事数学教育的人占 1%，使用数学的占 29%，基本不用或很少用数学的占 70%。这个结果完全出乎我的意料之外。原本以为我们教给学生的知识，尽管忘掉一些，但绝大部分都是终身有用的，想不到现实的反差是如此之大。无独有偶，前些年某师大物理系也曾做过类似的问卷调查，其中有个问题是，要了解牛顿第二定律 $F=ma$ 在生产、生活实践中的应用情况。我们都知道，$F=ma$ 是物理教学的重点，也是历年高考的热点，教学中为此花了大量的时间和精力。令人大跌眼镜的是，即便如此重要的物理知识，在生产或生活中竟然也很少派上直接的用场。他们访问了各行各业的很多人（包括与力学紧密相关的建筑工程师等），结果都是如此。后来又去问出租车司机，因为出租车经常加速或减速，也就是改变运动状态，而牛顿第二定律正好是反映运动状态变化规律的，所以问得很对口，但司机却被问得莫名其妙，他们说："我们怎么可能用它呢？你如果算一下再踩刹车，那就来不及了！"看到这样近乎黑色幽默的调查结果，我的心里真是五味杂陈，这么重量级的物理知识尚且如此，那就更遑论别的知识了。这对我的知识本位观念无疑是一记重击。

除了这些统计数据和调查资料，我也不免联想起自己身边的事例。我参加过多次师生聚会，发现学生在同老师寒暄之后，常常会不约而同地说出这样一句话："您教给我们的物理知识，全都还给您了！"听了此话我深感失落，觉得自己的物理教学失败了；当然也埋怨学生的不争，心想我掏心掏肺把知识教给你们，可你们却忘得一干二净，今天还说这种风凉话来气我，于是也怼了回去："那你们高中三年岂不白读了吗？"面对我的反诘，这些离开学校多年的学生，却又异口同声地予以否定，一致认为高中学习对于他们绝对有用。其中还包括很多当年没考上大学，留在义乌本地小商品市场经商、办厂的学生，用他们的话说，"我们赚的钱就是要比初中生、小学生多"。听了学生的话，我的心里也得到一些安慰，因为他们没有白学，也就说明我没白教。接下去我又很想知道，究竟是哪些具体的物理知识用处最大呢？面对我的追问，他们却又一脸懵懂，谁都说不清楚。后来我明白了，这是一个不可能有答案的问题，犹如谁都明白吃饭有营养能长身体，可又谁都说不清楚，吃了这顿饭究竟会在身上什么地方长了块肉。

正是通过上述事例的分析思考，我逐渐拨开了知识本位的迷障，意识到作为一个物理老师，仅仅将物理知识教给学生是远远不够的，我们还应该有更高的价值追求。

（二）摆脱学科本位的羁绊

我原先在农村普通中学工作，后来调到市重点高中任教，面对着这么多聪颖、优秀的学生，我心中的目标也"水涨船高"，不禁暗下决心：我要通过物理教学，使尽可能多的学生今后成为物理学家。当时还觉得自己这个志向很高远，并以此为豪。但不久我就遇到了一件令人沮丧的事：我的物理课代表居然不愿报考物理专业。大家都知道，课代表是任课老师的得意门生，那几个物理课代表在我看来，个个都是学物理、以后研究物理的料，我对他们寄予厚望并重点培养。临到高考填报志愿时，我亲自出马，竭力为他们推荐北大、复旦等名校物理系，我觉得这些全国顶尖的专业，他们是完全有实力进去的。面对我的推荐，他们当时都满口应允。但几天过后，在正式填报时却个个食言，没有一个按照当时的约定填报物理系。我想，连自己的得意门生都搞不定，那更何谈把其他学生培养成物理学家呢？这给自己的学科情结迎头泼了盆冷水。

就在我陷于迷惘之时，原复旦大学校长杨福家先生的一则事例，给了我极大的启迪。当年在他的建议下，复旦大学物理系曾对核物理专业毕业生的去向做过一次调查。结果发现，只有不到十分之一的学生毕业后从事与核物理有关的工作，其余的都纷纷改行，活跃在金融、企业或行政等岗位上。这一调查结果使得复旦物理系掀起了轩然大波。多数人认为：我们辛辛苦苦培养出来的学生，十之八九都不务正业，这是复旦物理系的失败，要吸取教训、引以为戒。然而杨福家先生等少数人却由此认定，这正是复旦物理系的成功。因为在调查中还发现，虽然学生改了行，但他们很快就适应了新的工作岗位，并且用不了多长时间，他们的工作表现和业绩，反而远远超过了其他科班出身的毕业生。这充分说明，复旦物理系四年本科教育给他们打下了坚实的基础，"一个人只要基础打好了，他以后干什么都会好"。杨先生的这种眼光与见解，令我豁然开朗，我由此感悟到：我从事的物理教育不应只是"成家"的教育，而应该是"成人"的教育。这样，就使我从内心深处认识到"学科本位"的偏颇，逐渐摆脱了它的羁绊。

（三）回归学生本位的取向

前面讲过，我们教给学生的知识大多都是用不上的。但我发现也有例外，那就是在我教过的学生中，有人报考师范院校，念的也是物理系，毕业之后又同我一样教高中物理，对于这些学生来说，我教给他的物理知识不全都能用上吗？然而这样的人毕竟少之又少，充其量不超过百分之一。就这样，一个尖锐的问题摆在了我的面前：既然只有1%的学生今后会用物理，为什么却要100%的学生都学物理？显然，这个问题的实质就是要追寻物理教学的价值究竟在哪里。这个核心问题的解决，同样离不开我结合自身亲历的案例，进行深入的叩问与反思。

记得有一次，我应邀参加一批毕业二十周年的学生举办的同学会。身旁有位学生同我聊起了他"印象最深"的一堂物理课，说我在课上提了个问题把大家都给镇住了。原来那堂课讲的是重力势能，为了说明重力势能的相对性，我指着教室的窗台，问："你们谁敢从这三楼的窗台上跳下去？"学生乍一听都愣住了，认为这太玩命了，但后来仔细一想，又都忍不住乐了：别往窗外跳，往里跳下来不就安全了吗？这位学生觉得这个例子特有意思，于是经久不忘。但当问他这个事例说明什么物理知识时，他却一脸茫然，摇着头说忘了。这使我十分不满，心想我是为讲这个知识举的例子，你把知识忘得一干二净，例子倒是记得牢牢的，二十年都不忘，这岂非本末倒置？正当我面露憾色要数说他时，他自言自语地说了句话："这个例子说明世界上的事情都是相对的。"听了此话，我不禁感慨不已：二十年前我给这位学生上了一堂物理课，今天看来它的价值究竟何在呢？相关的物理知识早被他遗忘殆尽，知识价值已然归零；然而通过这堂课，使他领悟到"事物都是相对的"这一辩证法的基本道理，这应该也是收获；但继而一想，这是政治老师讲的东西呀，能算那堂物理课的价值吗？起初想不通，后来我突破学科的樊篱，"跳出物理看物理"，终于明白了，这正是那堂物理课在这位学生身上体现出来的价值。

诸如此类的案例给了我极大启示，我想起了诺贝尔物理学奖获得者劳厄说过的话："重要的不是获得知识，而是发展思维能力。教育无非是一切已学过的东西都遗忘掉的时候，所剩下来的东西。"这位物理学家一言道破了教育的真谛，教育的终极追求并不是获取知识，而是在学习过程中积淀下来的东西，这就是学生发展的核心素养。正是基于这样的认识，我将"为提高学生的科学素养而教"作为自己物理教学的价值主旨，促成学生实现三个转化：一是把人类社会积累的知识转化为学生个体的知识，使他们知道世界是什么样的，成为一个客观的人；二是把前人从事智力活动的思想、方法转化为学生的认识能力，使他们明白世界为什么是这样的，成为一个理性的人；三是把蕴含在知识中的观念、态度等转化为学生的行为准则，使他们懂得怎样使世界更美好，成为一个创造的人。

总之，通过对"为何教"这一问题的深入思考，我进一步厘清了物理教学的价值取向——从知识本位回归到学生发展；同样地，对其余几个本原问题，我也在学习、思考的基础上作出了自己的回答："为谁教"——把属于学生的东西还给学生；"教什么"——从学术形态深入到教育形态；"怎么教"——让学生重演知识的发生过程。上述关于物理教学的见解与观点，其实也就构成了我的物理教学主张。如果单从字面看，这几条结论并非我的原创，早就见诸报章文献，但那是人家写在纸上的，而现在它们是我从心底里悟出来的。写在纸上的东西就是平常说的教育理念，从心底悟出来的则是个人的信念。理念与信念虽仅一字之差，但两者的意义、作用截然不同。写在纸上的理念可能只是挂在口头上，而从心底悟出来的信念，才会自觉落实到行动上。当下我们最缺的不是公共的教育理念，而是教师的个人信念。过去我曾一度为"学过的教育理念为何用不上"而深感困惑。后来才逐渐明白，从教育理念到教学实践，中间并没有一步到位的直达通道，必须以教师的信念作为中介和桥梁。即先要"内化于心"，将普遍的理念转化为教师的信念，继而"外显于行"，再通过教师的信念去指导教学实践。由此可见教师的个人信念是多么重要，而教师的教学主张正是其个人信念的显性化表达。

教师拥有了明晰的、符合教学本真的教学信念（或教学主张），就为自己的教学实践乃至专业发展找到了主心骨、定向标，可谓受益匪浅；然而相对于笔者漫长的教学生涯来说，这种追根究底的思考又显得为时太晚。正是出于这份抱憾，我殷切期望年轻的老师要学会哲学思考，及早抓住教学的本原问题进行深刻的审视与反思，做一个有思想、有主张的老师。若能如此，那就一定会在专业发展之路上走得更远、更好。

名师档案

吴加澍

浙江省义乌中学物理特级教师、浙江省功勋教师、浙江省教坛二十杰、全国先进工作者（劳动模范），享受国务院政府特殊津贴，被聘为浙江师大物理系兼职教授。

长期从事中学物理教学与研究，形成了自己鲜明的教学特色和教育思想。基于"为提高学生科学素养而教"的主旨，提出"以实验为基础，以思维为中心，以过程为主线，以变式为手段"的物理教学优化策略体系，成功地构建了"实验·启思·引探"教学模式，有效提升了物理教学质量。

找准方向　持续超越

四川省成都市嘉祥教育集团学术委员会
周昌鲜

习近平主席说："一个人遇到好老师是人生的幸运，一个学校拥有好老师是学校的光荣，一个民族源源不断涌现出一批又一批好老师则是民族的希望。"人们常说：不为良相，则为良医；而我认为：不为名人，争做名师；从事教育教学近40年，我一直朝着成为一个好老师、名师的方向不懈努力。

一、用教师的信心去激活学生的信心

1982年8月，我怀揣"天生我材必有用"的豪情来到了四川省资阳县保和中学，面对一些情绪十分低落甚至绝望的学生我感到了空前的压力，因为这些学生是当地说的"四类苗"，即：第一类学生被中师或中专录取了；第二类学生被省重点中学录取了；第三类学生被县重点中学或区重点中学录取了；第四类学生就被我们这种条件比较差的农村中学录取了。对学生冲击最大的还是学制的问题，当时重点中学的学生高中读三年，而我们的学生高中只能读两年。有的学生和家长在报到入学时当场就哭了，泪眼写满了无奈和不甘；有的学生习惯比较差，不去上课并认为自己已经不可能有任何希望了，有的学生甚至晚上在谷草垫的床上坐着抽"叶子烟"，这就会给一个教室改装的住着 28 人的寝室带来巨大的隐患。学生对学校失望，家长对学校教师也很有意见，我第一次去买点猪肉，店主问我是不是老师，我说是，他说不想卖肉给我，我问为何，他说：你们这些老师和有"本事"的家长，把自己的小孩和亲朋的小孩送到好学校去求学，把我们的孩子留在这里读书，结果考大学无望。我感到了深深的震撼和不安，我努力的方向在哪里？当时我想：我们教师要用我们的信心去激活学生的信心，用我们的自信去带动学生的自信，用我们的热情去激活学生的青春热血，用我们过硬的专业知识去带给学生奋发向上的动力。初中输了、高中重来成了学生的追求，这些学生不仅改变了不好的习惯，而且对每一件小事都全力以赴，他们形成了这样的共识：把每件小事做到极致就是一种艺术，就会不做或少做无用功，高考后也有十名学生进入了大学。我认为，高中学习学生收获的应该是开心、感恩和自信，享受奋斗的青春所带来的快乐。而作为教师的收获是：放弃学生的同时就放弃了教师自己；教师不仅是学生的良师益友，而且在学生成长的关键时期常常可以发挥关键作用，学生的不断成长就是教师砥砺前行的持续动力。

二、鼓励学生敢于"异想天开"

促进学生发展的不仅仅是文化课。2000 年 4 月 24 日，四川省成都市西北中学的校长张胜利对我说："你带学生去参加中央电视一台举办的《异想天开》节目吧！"中央电视一台举办的《异想天开》节目，是为了激发学生学习科学的兴趣、培养学生科学研究能力的别开生面的"趣味比赛"。其比赛项目有：制作纸桥、制作筷子桥、定向爆破、气象仪。制作纸桥的要求是：每个参赛的学生团队，只能用普通的 A4 纸去建造一座跨度为 75 厘米的桥，连接处只能用普通胶水连接。如果质量15千克的小车能从桥上顺利通过，则质量越轻的桥名次越高。比赛现场，参赛选手不仅要介绍制作过程，而且要回答其他选手、节目主持人和现场专家的质疑。通过比赛，不仅学生制作的纸桥获得了《异想天开》大奖，而且学生还有以下几个方面的收获：一是得到了巨大的鼓舞。现场点评专家清华大学土木工程系崔教授说，学生制作的纸桥有三个特点：1.比较科学，他们事先对纸管进行了抗折、抗压、抗裂的系统测定，得到了比较科学的数据；2.制作精密，他们采用了打孔、加气的方法来保证桥梁的稳定，符合现代桥梁的特点；3.造型合理；4.有知识产权的保护意识，桥的左边写有学校名字，桥的右边写有制作者的名字。崔教授还鼓励学生报考清华大学。二是撰写论文。学生将制作纸桥的过程和感悟写成了名为《桥的魅力在哪》的论文。另一个获得《异想天开》大赛"最佳工艺奖"的项目也被学生写成了《巧在移花接木——建造"筷子桥"的设计原理》的论文。两篇论文均被收集在四川科学技术出版社《异想天开》一书中，第一篇论文还成为"综合实践活动课"教材的范文。三是学生收获了适合自己的学习方法。在参与比赛的间隙，我让学生一起学同一节课文，每一个学生都要当"教师"，谈自己对该节课文的理解和感悟，并接受其他同学的质疑，同学们对既当教师又当学生的角色非常投入，结果回到学校，他们学习的进度和广度都比原班学习的学生情况要好，而且他们的这种互为师生的学习方式也提升了全班同学的学习效率，不少同学撰写的论文都在不同的刊物上得到了发表。在数学、物理、化学这三个学科的竞赛中，全班有37人获奖，物理竞赛进入全省实验复赛的三名女生中我班就有两名，而竞赛学习都是在充分尊重学生意愿的基础上让学有余力的学生只用星期六上午半天时间来完成的。虽然我们的学生是当地招收的第三批次录取的学生，此前很难有学生在竞赛中获奖，更不要说考北京大学等名校了，有的家长甚至认为，他们能考个重点大学就不错了。但是学生们敢想、敢做、敢拼，走出了一条属于他们自己的成功之路。参加《异想天开》的同学的学业没有受到影响，还都考上了重点大学，其中一人北京大学本、硕、博连读，一位现在在清华大学当教授，一位就读于中国科学技术大学，一位去新加坡南洋理工大学全公费留学。在这些学生的带动下，全班形成了良好的学习氛围和团队精神，在2003年的高考中，我们班有七人的高考分数超过了北京大学和清华大学的录取线。

高中三年，学生们明白了一个道理：不怕基础差和平台低，只要持之以恒地去搏击，就能"异想天开"，就会创造奇迹！

三、在做中成长并在成长中领先

教师要想让自己尽快成长，就要善于抓住机会、争取机会甚至是创造机会。会做的要去做，不会做的要学做，在做中成长，在成长中去领先。一般来说，教师可以从以下四个方面提高自己。

（一）撰写教材

1. 参与地方教材的编写。如我参与了以下教材的编写：七城市高中选修教材"全日制普通高级中学选修教材（实验本）《高中物理实验探究》、高中物理奥林匹克同步教材等；参与了经过四川省教材审定委员会审定通过的教材的编写，如：《家庭·社会与法制》八年级上册和九年级上册、"新课程实践与探究丛书"《科学》第二册、九年义务教育《综合实践活动》等。

2. 参与国家新课标教材的编写。作为作者，我参与了经全国中小学教材审定委员会通过的教材"普通高中课程标准实验教科书"《物理》（选修3—4）的编写，参与了"普通高中课程标准实验教科书"《物理教师教学用书》（选修3—4）的编写。作为主编，我主编了经国家教材委员会专家委员会审核通过的教材"普通高中教科书"《物理》必修第二册和"普通高中教科书"《物理》选择性必修第一册；主编了与这两册书对应的《教师教学用书》和"学生实验报告手册"等。

通过参与教材的编写，我和其他编者都深刻认识到：教材是国家意志在教材中的体现，在教材编写中，作者会主动去研究对应的"课程标准"和相关要求，研究中华人民共和国成立以来的教材及其影响，研究国外教材的特点，优化教材的育人功能。

（二）示范课和讲座

1. 争取上示范课。我经常主动争取去上示范课并非常珍惜上示范课的机会。在试讲的过程中，不仅请同行来质疑和优化，而且请非同行甚至是家人来听课并谈需要改进的地方。我上示范课的教案也经常发表在杂志上，如"超重和失重"的教案就发表在杂志《物理教学》上。

2. 做讲座。做讲座的过程不仅是学习、感悟、总结、提高的过程，也是心灵升华的过程。我经常到各省、市为师生做讲座，也主动争取到革命老区、少数民族地区和灾区去为师生做讲座，也曾到中央教育电视台和四川教育电视台为师生做讲座，看到在条件特别艰苦的地方老师和学生在追梦路上不怕万难、砥砺前行的身影，我感受到了他们身上不断释放的正能量，我和我的伙伴及工作室学员都非常乐意和非常主动去争取为他们发展助力的机会。

（三）开展命题研究

开展命题研究是减轻学生过重学业负担的重要路径之一。作为四川省高考命题指导委员，我多次参加了四川省的高考物理命题工作。命题是一门科学，需要研究其特点和功能，如在规定的考试时间内，一套试题的阅读量、运算量怎样？易、中、难试题的比例是否合理？需要考查学生哪些知识和能力？是否体现了公平、公正？是否有助于高校选拔人才？是否有助于中学教学？等等。研究了命题，教师在设置课堂练习和布置课外作业时就有了比较客观的依据，学生练一次，就会诊断一次、巩固一次、提高一次，而不是练一次就伤一次，直到"伤不起"。各个学科都能这样开展命题研究，就会推动减负工作的落实。

（四）教育教学科研也是一种生产力

人们常说：没有分数就过不好今天，没有科研就过不好明天。开展科研可以促进激发教师的潜能、提高教师专业化提升的速度。

有的教师会想：我不会做课题研究，我也不知道怎样去撰写论文。事实上：学生到校学习的目的之一就是把不会变成会；同样，教师若不能把不会变成会，不断提高自己的进取能力，就难以对学生实现言传身教的影响，就更难以体现学高为师、身正为范的功能，只有与时俱进的教师才会给学生带来不断进取的动力。事实上，什么时候开展科研都不晚，我工作室有一位老师 47 岁才开始全面发力冲刺，5 年时间里不仅参与的科研课题获得了省政府奖、得到了一项国家发明专利，2020 年他 52 岁时还被评为了中学正高级教师和四川省教书育人名师。教师要培养学生终身学习的能力，首先就要从自己做起，只要教师坚持不懈地努力前行，教师这个职业不仅可以养家、养身，而且可以像人民教育家于漪老师、共和国勋章获得者钟南山院士那样"事业养颜"。

四、注重创意教学

我认为，教材使用有三种境界，即用好教材、融合教材、创意教学。

第一境界：用好教材

教师要理解教材编写的意图，引导学生学习、理解教材文字描述和插图的意义；能够按照教材的要求开展理论探究、实验探究或实验验证，引导学生通过自己的研究去得出结论，通过开展讨论和交流，掌握研究问题的技巧和方法；激发学生对世界科技前沿亟待解决问题的兴趣，鼓励学生把这些问题作为自己以后研究的方向，培养学生的责任意识和使命担当；引导学生充分认识到科技进步是撬动社会进步的杠杆。

第二境界：融合教材

融合教材就是要求教师主动去研究和使用教材，去优化教材的使用。教材编写的局限之一是：教材编写的一些素材是教材成稿之前的科技成果，有一定的滞后性。教师可以将最新的科技成果特别是我们国家的最新成果融合到自己编写的教案中去进行教学，体现教学的时效性。教材编写的局限之二是：教材受到篇幅的限制。很多有趣有效的素材可以通过教师的研究去进行融合，我在引导学生学习万有引力定律时给学生展示了从西昌卫星发射基地拍摄的"万户飞天"的照片，学生们就在下一节课的课堂中展示了他们分析的结论：在鄱阳湖水战中，朱元璋的军队用万户制造的火炮打败了陈友谅，助力了明朝的建立；万户是中国的原创科技工作者；国际天文学联合会将月球上的一座环形山命名为"万户"；他是第一个应用反冲原理飞天的飞天者；如果从明朝初期开始，有大量的像万户那样的科技工作者持续研究，中国的近代史包括"甲午海战"都将改写。学生们意识到：科教兴国要落到实处，必将是一代又一代人的不懈追求。教材的编写的局限之三是：对于教学技术特别是人工智能的突破，教材难以完全引入。所以教师可以通过技术的突破来丰富自己的教学手段，来帮助突破教学难点和突出教学重点。教材的编写的局限之四是：学生的思维层次和学习能力是有区别的，教材难以体现对不同学生个体的针对性需求。所以教师可以通过对大数据的分析和对脑科学的研究，来开展小组学习或项目式学习等多种有针对性的教学形式。

第三境界：创意教学

创意教学就是教师要在教学手段、教学形式、实验创新、教学内容等方面开展创造性的工作，通过教师的创新去带动学生的创新。教师和学生的创新虽然有时可能是比较低级的创新，但它却是教师和学生进行高级创新的基础。创新是一个民族前进的动力，创新是第一生产力。我认为创新教育不仅仅是大学或科研单位的事，创新意识应该从娃娃抓起。如四川省石室中学的学生在学习"变压器"这一节内容时，我和学生一起来进行了一个创新实验：用手机播放《我的祖国》的乐曲，并将此手机与一个比较小的线圈相连，当此线圈靠近或插入另一个与音箱相连的大线圈时，音箱就同步播放出《我的祖国》的音乐，同学们在感受到神奇和振奋的同时提出了这样的问题：能否用无线传输的原理来传输照明用电和工业用电？同学们讨论后认为：理论上可行。但同学们又分别提出了如下问题：大量的电磁波在空间传输，所到之处对人、动物和植物会产生什么样的影响？用什么方式来测量这种影响？测量周期大概要多长？等等。成都嘉祥锦江外国语学校的学生在研究竖直平面内小角度摆动中小球的位移随时间变化的规律时，就分别提出了可以用光电门、闪光照片、描迹法、电火花记录等多种研究方法来探究。可见，创意教学极大地激活了学生思维并释放了学生的天性。我们提出了创新教学的三种操作模式：教师的实验创新带动学生的实验创新；师生共同进行实验创新；学生主动进行实验创新。创意教学的一个重要目的就是：在教师执教的一个周期中，你总有一节课或一个教学片段，让学生受到振奋，得到启发甚至获得灵感。

名师档案

周昌鲜

　　二级教授，国家"万人计划"教学名师，四川省学术与技术带头人，四川师范大学硕士生导师，四川省成都市嘉祥教育集团学术委员，四川省高考命题专家，全国新课标高中物理教材主编（教科版），主编或参编专著 20 余部，多项研究获国家专利，发表论文 30 余篇，多次在中央教育电视台、四川教育电视台做专题讲座，多次到革命老区、少数民族地区、灾区等地义务支教，是嘉祥教育集团周昌鲜名师工作室和成都市周昌鲜名师工作室领衔人，共送了 16 届高三毕业班，教学效果优秀。

循物理之本，享教学之乐

福建省福州第一中学　林立灿

1981 年 7 月，我从福州第四中学毕业，同年考取厦门大学物理系。在厦门大学物理系读完本科及研究生并取得硕士学位后，于 1988 年 8 月被分配到福建省教育科学研究所，从事教育期刊编辑工作。1996 年 9 月，调到福州一中从事高中物理教学至今。不少同行在了解我的经历后，都很想知道，我研究生毕业后，为什么会被分配到福建省教育科学研究所（以下简称省教科所）？为什么又会在省教科所工作 8 年后调到福州一中任教？现借于漪教育教学思想研究中心收集"新中国基础教育教师成长规律探究"名师成长案例之际，对我的教学生涯作个简单回顾。

一

在研究生毕业前一年，我思考着毕业去向。当时，父母希望我回福州工作。综合考虑后，首选去省级政府机关工作。经时任厦门大学高等教育研究所所长潘懋元教授推荐，分配方案（当时高校毕业生就业还是国家统配）是到福建省高等教育研究室（隶属于福建省高等教育厅）从事《福建省高等教育研究》编辑工作。1988 年恰逢国家政府机构改革，原国家教育部和国家高等教育部合并组建国家教育委员会。相对应地，福建省教育厅和福建省高等教育厅合并组建福建省教育委员会。在这次机构改革中，福建省高等教育研究室划归省教科所管理，成为福建省教委下属的事业单位。1988 年 8 月，当我怀揣毕业生调配通知书来福州报到时，理所当然成了省级事业单位的工作人员。在省教科所工作两年后，1990 年 8 月获评编辑职称。

直接导致我离开省教科所的重要原因是收到一位作者的批评来信，他在信中一一列举我担任他的论文责任编辑的错误。3 000 多字的论文，竟有 60 多处的错误。读到来信，我羞愧无比，就把来信撕毁。事后冷静一想，认识到自己的文化底蕴和文字涵养不足以支撑做好编辑工作。那时，省教科所的福利待遇太低了，难以胜任编辑工作和追求高收入，促成我立马奔忙选择新单位。调换单位，我做了很多尝试，都没成功。这时，想到举家移民到新西兰。那批一起申请移民的有 4 个家庭，只有我一家没有办成。

在我非常无助时，1995 年 10 月，一位好朋友说："立灿，我看你这个人的性格适合当老师。"于是，我开始认真思考是否从教。当时，以我的学历是可以到福州大学或福建师范大学谋求教职的。是到大学从教，还是到中学从教，比较之后，为了孩子日后能够受到良好的基础教育，我选择到福州一中任教。福州一中也是省教委下属的事业单位，调动相对容易。

1996 年春节过后，怀着摆脱编辑工作窘境、谋求高收入和让小孩日后能够到最好的学校读书的心情，我来到福州一中朱鼎丰校长的办公室，向他表达想在福州一中从教的愿望。朱校长当即叫来时任校物理教研组正副组长的林应基老师和陈申老师。两位前辈老师，当场表示欢迎我到物理组任教。他们说，像你这样没有任何教学经历的，来福州一中任教，必须试讲（其实，来福州一中之前，我有过一段短暂的教学经历。那是 1993 年至 1994 年期间，我边为移民做准备，边到一所财经类的中专兼教英语，以提高英语水平）。两位前辈老师问，如果试讲，想上哪个章节。我哪知道啊？当时，对高中物理教材与教学体系，我一无所知，只好说了一句：一切听从安排。陈申老师说："过两周，我开始上机械波课，要不然你就上一节'机械波的形成与传播'吧。"我说好啊。于是，我就回家备课，并多次到福州一中物理实验室熟悉实验设备。高中物理有几节课是不好上的，"机械波的形成与传播"就是其中之一。试讲当天，朱校长和没课的物理组老师全来了。当年我 33 岁，与我同龄的福州一中老师至少都是有 11 年以上的教龄了。面对他们试讲，我心里有点发怵。试讲结束后，他们一致表示满意。学校决定，我从 1996 年秋季开始正式任教。1996 年 4 月，福州一中临时缺少一位物理老师，就让我马上当代课教师。代课几个月后，我就顺利成为福州一中的正式课任教师了。

二

我是福建省第一位全日制硕士研究生到中学任教的。当年很多好朋友都反对我到福州一中任教，认为是大材小用。他们哪知道，因为离开物理认知已经许久，很多知识点都忘记了，我当好教师的压力相当大。1996—1997 学年在高一任教时，我暗下决心，一定要走出一条属于自己的教学之路，一定要当一名优秀的物理老师，这样才能对得起自己。我不断地去聆听一中老先生们的课，但我没有照搬老先生的教学设计和讲法。对每个知识点的教学，我都力争讲得跟教参与课本的不一样。记得，有一次我听黄腾蛟老师上"简谐振动的振动图像"。在课堂上，他画出一个竖直方向的弹簧振子，与当年课本上的例子不同。我发现这个思路很好，因为后面画振动图像时很顺利，避开了一些不必要的思维障碍。回家后，我就想第二天用有别于黄老师的方式来上课，但到午夜也没想出比黄老师更好的方式。在我刚到一中任教的前几年，晚上备课备到凌晨一两点是很正常的事。我实在没有思路了，第二天就用黄老师的方式讲了简谐振动的图像。为此，我还专门打电话，告诉黄老师我用了他的教学思路，向他表示感谢。

1996 年 6 月，学年快结束时，学校宣布新学年任教名单。我新学年还是被安排在高一。听到这个安排，我就不愉快了。由于课时总数的原因，当时在高一任教的两位年轻老师，有一位新学年必须留在高一继续任教（这叫"踏步"）。按照学校惯例，就是新老师留下来"踏步"。我找到了陈小敏副校长说，我教得那么好，怎么还要再教高一？新学年我要上高二。陈副校长说不行。我说，我想不通。陈副校长说，那你先回去再想吧。我没办法，只好灰溜溜地回家去了。在家里，我想新学年单在高一任教，是不是有点可惜了？新学年总要做点什么不一样的。后来，突然间想起，我要当班主任！我的思路是：既然来中学当老师了，就要把老师当好了，必须经历中学教学的方方面面，班主任是一个很重要的经历。第二天，我又找到陈副校长，跟他说，我想通了，可以留在高一。但是，我有一个要求，想当班主任。他就笑着说："这容易，我同意，答应你。"

在那个时候，担任班主任经历还没成为评定教师职称的硬性条件，很多老师不愿意当班主任。担任班主任对我来说，是人生非常重要的一步。我在 1997 年由编辑职称转评为一级教师，到 1999 年参评高级教师。巧的是，那年评定中学高级职称的教师，必须有两年以上的班主任经历！我的班主任经历派上用场了！2000 年 2 月我被评为中学高级教师。2000 年 3 月，被任命为校物理教研组副组长，2004 年被任命为校物理教研组组长至今。2018 年 3 月，被评为中学正高级教师。

记得在 2014 年 12 月首届福建省教学名师培训结业汇报会上，我作总结时，受作家莫言人生成长三个阶段观点的启迪，回顾自己所走过的教学成长之路，我也总结为三个阶段：第一阶段是为生活而从事教学，第二阶段是喜欢教学，第三阶段则是正在为我与物理教学融为一体而奋斗。

三

2000 年 4 月，福州一中获得一个参加国家级骨干教师培训（物理学科）的名额，参训老师必须是年龄在 40 周岁以下的高级教师。当时福州一中物理组符合条件的只有我。我就顺理成章地去北京师范大学，参加为期一年的国家级骨干教师培训。在此之后，我的教学生涯就在国家基础教育改革的大背景下一步步向前迈进。

我先后被聘为教育部"普通高中新课程远程研修项目"物理课程团队核心成员、福建师范大学兼职教授、福建教育学院兼职教授、福建师范大学专业学位研究生校外实践导师、福建省基础教育课程改革实验学科指导组成员、福建省物理教学委员会副理事长。先后获得福建省教学名师、福建省优秀教师、福建省特级教师、福建省高中物理林立灿名师工作室领衔名师、全国教育系统职业道德建设标兵、全国模范教师等荣誉称号。2016 年 7 月，入选国家"万人计划"教学名师，是福建省基础教育界第一位入选的教师。2020 年 8 月入选全国教书育人楷模候选人（共 66 名）。

2021 年，我编撰的个人专著《还物理教学之本然——林立灿教学活动实录》由福建教育出版社出版。该书还原了我实践"还物理教学之本然"教学主张的足迹。"还物理教学之本然"是我接受名师培养时，提出的个人教育主张。

在整理这本专著的过程中，我仿佛又看到了自己的教学成长史，有时浮想联翩、感慨万千。其中有一个是我参加过的中国教育电视台组织的《"5+2"我为老师打分》现场教学比赛，特别有感触。

那是我从教以来第一次，也是到目前为止唯一的一次参加电视台组织的现场教学比赛。这次活动前前后后发生的故事，给我留下深刻的记忆。

首先说 5A 人才标准的由来。2003 年 12 月 6 日（周六）下午，时任福州一中校长的特级教师李迅要求我们物理组全体老师到学校旁听北京大学石副校长为福州一中高三优秀学生开设的讲座，因为石副校长是研究物理的。我跟其他老师一样坐在最后一排，刚开始报告的内容我不是太感兴趣。但是在报告最后提问环节，有一名学生问石副校长，北大期望什么样的学生去报考北大。石副校长当即回答说："你这个问题涉及人才标准的问题，有关人才标准的说法很多。前几天我刚从美国回来，在美国看到一则公司招聘的广告，当中提到公司需要人才要具有 5A。"石副校长念出五个 A 打头的英语单词，我一下子就觉得这个很重要，但我只记得他说的最后一个 Ability。这件事那时就算过去了。2004 年 2 月 15 日下午我在北京整理自己第二天准备参加《"5+2"我为老师打分》现场教学比赛内容时，突然想起了这个 5A 理论，想着第二天在回答现场学生、学生家长及专家的提问时可能会用到。抱着试试看的想法拨打了北京大学的总机，请接线员转接石校长的办公室。石校长的秘书接听了我的电话，在我简单自我介绍和表明用意后，他说他 2003 年底跟石校长一起在福州一中，他很愉快地把剩下的 4 个 A 都告诉了我。这下 5A 都齐了，分别是 Appearance（外表、形象）、Attitude（态度）、Accountability（责任感）、Ambition（志气、抱负）、Ability（能力）。从那个时刻起，我就把培养学生的 5A 作为我物理教学的目标之一，并且不断深入对它的认识。2011 年 4 月，我有幸被评为福建省首批中学名师培养人选，参加了为期三年的培训。福建省教育厅要求每个中学名师必须有自己的教学主张。我的教学主张就是：还物理教学之本然，促学生 5A 之发展。

其次说参加比赛之前的一些故事。当初中国教育电视台向福州一中发出邀请函，希望每个学科都派一位老师参加《"5+2"我为老师打分》现场教学比赛。李迅校长让我代表物理老师参加比赛，我当时就拒绝了。我跟李校长说，物理组不缺帅哥美女级的优秀教师，他们在电视机前的表现一定比我更优秀，更会取得比赛的胜利，为学校赢得荣誉。后来应该是学校直接就把我报送出去了。我经不起中国教育电视台三番五次的催促，最后赴京参加比赛。

再次说比赛中的事。这个节目有固定的模式。两位 PK 的老师都是一男一女，一南（方）一北（方）。现场的学生、学生家长以及专家嘉宾都是北方的。因为南方的教师普通话水平普遍不如北方老师的高，所以在那档节目中几乎都是北方的老师最后赢得比赛胜利。我当时的普通话水平是够低的，我能够赢得胜利实属不易。记得赛后有一位学生家长主动过来跟我打招呼，说我很真诚，课也上得很好，我顿感心情愉悦。

十几年后的今天，当我重温自己在节目中的 2 分钟激情演说的画面时，心情依旧不能平静，我为当时就有现在看来还不落伍的教育观念感到由衷的自豪。我当时的 2 分钟激情演说词如下：

我下面要演讲的题目叫作《还学生一片蓝天》。

读万卷书、行万里路，这是我追求的生活境界。要追求这样的境界，必须有闲暇时间。

众所周知，培养学生健康的、积极向上的兴趣与爱好对学生的身心发展至关重要，但兴趣与爱好的培养需要有一定的闲暇时间。不知从何时起，放学回家做老师布置的书面作业就构成了中学生课业生活的全部。学生根本无时间去发展自己的兴趣和爱好。孔夫子曰：教学相长。学生如果在课后都是与教师探讨如何解题，如何用某种更快捷的方法解题，长此以往，学生就成了解题机器，教师也不知不觉成了教书匠。其结果对学生发展不利，对教师发展不利，对中国教育事业的发展更不利。

其实，中学教育的主要目的在于提高学生的素质。在我看来，中学各个学科的教学的目的在于通过知识载体，全面提高学生素质。知识本身固然重要，但其外延在提高学生素质方面也是功不可没的。学生如能在课余闲暇时间思考物理课堂中提及的某位科学家的工作方式或工作思路及工作过程，有闲暇时间去查阅语文课上提及的某位作家的其他作品，将其思考的结果与教师进行探讨，照此发展，学生就有可能不知不觉地在某些方面养成兴趣与爱好，教师也可能成为智者、成为圣贤。

为了学生的未来，为了我们教育事业能健康发展，请教师们不要再布置过多的书面作业了，让学生课后有自由闲暇时间，还学生一片蓝天。

我多次反省，如果说我能取得一点成绩，应该归功于对教育最本然的理解，并将我对物理本真的爱传递给学生，通过我真诚的教学，让学生感受到物理学科的魅力，让学生喜欢物理，从而达到物理学科所要达到的育人目的。"教育无他，唯爱与榜样而已。"（德国教育家弗里德里奇·福禄贝尔语）

我喜欢教学，喜欢跟学生们在一起。每当我在课后看到一张张可爱的笑脸时，每当我由教学经历所提炼出的观点受到同行认可时，我都感到由衷的高兴。当好一名学生喜欢、同行认可的老师是我人生追求的目标。我享受着教学给我带来的快乐！

名师档案

林立灿

正高级教师、特级教师。现为福州一中物理教研组长，福建省物理教学委员会副理事长。

先后被聘为教育部"普通高中新课程远程研修项目"物理课程团队核心成员、福建师范大学兼职教授、福建教育学院兼职教授、福建师范大学专业学位研究生校外实践导师。先后获得福建省教学名师、福建省优秀教师、福建省高中物理林立灿名师工作室领衔名师、全国教育系统职业道德建设标兵、全国模范教师等荣誉称号。2016 年 7 月，被评为国家"万人计划"教学名师。

不忘初心　与时俱进

广东省清远市第一中学　熊宏华

初心，意指做某件事的最初的心愿、最初的原因。每个人都有自己的初心。年少时，长者的一个质疑激发了我的初心，掐指算来，我在三尺讲台上已走过了三十九个春秋，顺着时间轴追忆起来，也算得上是"不忘初心，与时俱进"。

一、缘起初心

四十年前的一天傍晚，全村男女老少围坐在一部 14 英寸的黑白电视机前，随着室外天线的转动，布满雪花斑点的图像时隐时现，有人拿来一根长竹篙将天线升高了一大截，收看效果终于有了根本性的改善。"室外接收天线架设得越高，电视机的伴音与图像就越清晰吗？"当时还在念初中的我被村里故事大王张大爷的这一质疑给难住了。第二天，我去学校请教物理老师，老师的回答也是未置可否。后来我翻看了几本当时出版的《无线电》杂志才慢慢悟出道理：电视节目信号搭载于无线电波几乎是沿直线传播，天线的高度以能避开其与信号发射台之间的障碍物为宜，过高反而会因为过长的馈线电阻使信号大幅度衰减，同样影响收看效果。这一经历让我开始意识到：事物都是相互联系、相互制约的，也正是这次经历让我开始迷上了物理这门学科，并萌生想做一名释疑解惑的物理教师的初心。

二、不忘初心

1981 年，师范毕业后我被分配到了一所偏远的乡村小学做语文教师。虽然现实与理想存在一定的落差，但我还是随遇而安。那个时候的生活很艰苦，不少学生衣不遮体，我常将自己小时候的衣服送给班上有需要的学生，掏钱给学生买必备的文具。学生也逐渐亲近我了，常把粘有手印的玉米棒、脱皮变形的熟红薯（在书包里挤磨所致）悄悄放在我的办公台上，学校没有食堂，一根玉米棒、一个熟红薯就是我的一顿早餐，学生的纯朴与老师的关爱相互感动，很快我就走进了那些可爱孩童的内心世界。一天上课，我在黑板上写好课题"爷爷的俭朴生活"，刚回过头，就看见县语文教研员已落座后排听课，而恰在此时靠近后门的两个学生正为桌面各自的领地起了争执（那时是两人共用一张桌子、一条长板凳），我急中生智引导学生就刚书写的课题进行了如下的对话：

课题中的"朴"字是什么结构？

左右结构！

左右结构的字书写时要注意什么？

左右对称！

如果左边"木"字的一捺伸到了右边"卜"字上，或者右边"卜"字上的一点伸到左边"木"字上，写出的"朴"字好看吗？

不好看！

对！不仅不好看，甚至是犯错！

听着听着，两个正为桌面领地起争执的学生似乎意识到了什么，相互推搡的动作慢慢停了下来，一场偶然发生的课堂"危机"在不知不觉中化解了，师生的互动也渐入佳境，整堂课的构思与实施赢得了教研员的高度赞赏！

"左右对称""月光曲""读写例话""什么是美"……一个个动人的教育故事凸显了我的教师潜质，入职时间不长的我多次担任全乡镇乃至全县语文教研活动的主角。第二年就评为"黄冈地区先进教育工作者"。一晃三年过去，学生就要上初中了，一千多个日日夜夜的朝夕相处已让我们难舍难分，"老师，我们一起上初中吧！"心有灵犀的学生一下拨动了我的初心……

三、追随初心

1984 年，我争取到了一个物理专科进修的机会，如愿以偿地当上了乡镇初中物理教师，我非常珍视这份工作，花了近三个月的工资买了一套《十万个为什么》让学生自主阅读。

彩虹为什么是七色的？

荷叶上的水珠为什么是椭圆的？

摩擦力究竟是动力还是阻力？

……

五花八门的问题层出不穷，我号召学生成立若干课外学习小组，通过查找资料、交流讨论、科学引导、适度点拨等方法帮助学生解决问题，收到良好效果。

在一次校运会上，跳高时"为什么背越式比跨越式跳得高"引发了学生的热烈讨论，根据学生争论的几个关键点，我引导学生结合生产、生活实际认真学习课本上重力、重心等相关知识，通过学习使学生明白：形态可变的物体其重心的位置是可变的，像人体的重心位置就可通过人体姿势的改变来调控，许多体育运动项目，人就是通过对自身重心位置的有效调控，来把握动作要领、取得较好成绩的。在此基础上我提出了如下几个问题：

跨越式过杆时，人的重心在哪里？

背越式过杆时，人的重心又在哪里？

人的弹跳力决定了重心提升的高度，"重心提升高度"与"人体过杆高度"是一回事吗？

一连串的追问引发了同学们的深度思考，尤其是对"重心提升高度"和"人体过杆高度"的揣摩与比较，使学生慢慢悟出了答案：

跨越式跳高，过杆时人体呈"大"字形，尽管人将两腿尽可能分开，但其重心肯定在人体上且一定在横杆以上；而背越式跳高，过杆时人体呈"弓"字形，重心不仅在人体之外，且可在横杆以下。对某一运动员而言，他能将自己的重心提升的高度基本是一定的，从两种姿势对比中不难看出，在重心等高的情况下，就过杆高度而言无疑是背越式明显高于跨越式。且身体的柔韧性越好，身体弯曲度越大，重心就下移得越多，成绩就越好，这就是跳高时背越式胜过跨越式的奥秘。

源于实际的学习活动让学生活学活用物理及其他相关知识的能力显著增强，1991 年我组织学生参加首届全国中学生应用物理知识竞赛，21 人获奖，其中一人荣获全国二等奖，是当年湖北省唯一获国奖的农村中学生。我的努力与付出赢得了领导、同事的认可，我还荣获黄冈市优课竞赛一等奖、黄冈市"新长征突击手"、黄冈市优秀教师等荣誉。

四、与时俱进

1993 年，我又争取到了湖北大学物理本科学习的机会，并通过竞聘当上县重点高中的物理教师。我一边钻研高中教材，一边探索高中教法，较快进入了新的角色。高中物理中的很多概念抽象难懂，必须设法让学生获得充分的感性认知才能上升到理性认知，如在教"波的干涉"时，为让学生获取充分的感性认知，课外活动时间我与班上的物理课代表夏金松一道提前准备演示实验，利用发波水槽和胶片投影仪呈现水波干涉图样，通过四个多小时的多方尝试才找到让人满意的干涉图样，第二天正式上课时实验效果特别好，动感、清晰而又稳定的水波干涉图样给学生强烈的视觉冲击，学生既好奇又疑惑，通过破解疑惑让学生慢慢悟出干涉图样形成的根本原因，并引导学生总结出"加强区大起大落、减弱区小起小落或不起不落"的点睛之说。后来成为华中科技大学教授、博士生导师、武汉光电国家实验室首席科学家的夏金松同学回忆起当年的情景深情地说："是熊老师的言传身教为我的后续发展奠定了基础、指明了方向。"

2004 年，广东省率先开展新课程改革，此时的我已调入清远市第一中学，我应邀承担了全市高中物理教师的新课程培训任务。带领一个团队潜心展开新课程实施的科学研究工作，我立足课堂，渗透新课程理念，大胆开展探究式教学的实践与研究，一个偶然的机会，我在英德市英西峰林的农田间发现了一个古老而又颇具匠心的低水高灌设施，让人称奇，我通过几幅草图将这一素材带到了"机械能守恒定律"的课堂上，激发了学生的头脑风暴，引得不少学生假日自发前往实地察看。团队的同事将台秤搬到电梯间拍摄视频用来讲"超重与失重"，将录音机提到铁道线附近录制列车通过时的鸣笛音频用来讲"多普勒效应"……诸如此类紧密联系实际的实招打破了传统课堂的时空制约，激发了学生学习的兴趣，提高了课堂教学的效能。

个体间的相互作用与整体对外显现的动力学行为，步行的人前后脚底所受摩擦力的相反与相成，这些无疑都是对立统一规律的最好注解；虚实的镜像对称，神奇的点阵对称，多彩的径迹对称，电生磁、磁生电……太多的美学因子蕴含于物理学中的方方面面。在物理教学中除了注重理论联系实际，我还特别在意哲学思想渗透和美学教育的启迪。这也正是培育学生学科核心素养的必然要求，它虽不能立竿见影地反映在学生的考卷上，但它的确有利于学生的成人成才，有利于学生的终身成长。

乐于思考、勇于实践、勤于笔耕让我小有收获，主持的省级课题"新课标下高中物理探究式教学的实践研究"荣获清远市第二届教育教学科研成果一等奖、广东省第七届教育科研成果二等奖。作为核心成员参与的省级立项的重点课题"基于网络环境下的学校教学资源库建设与共享研究"被广东省专家评审团评定为中央电化教育馆"十一五"全国教育技术研究重点课题"网络学习社区资源的整合与优化研究"的省级立项重点课题的优秀成果，并被政府选定为代表本地区的重大科研与应用成果，参加2012年9月24日到27日教育部在深圳举办的首届"全国中小学信息技术教学应用成果展演"会议。在展演会上，更是得到时任教育部领导刘利民副部长、中央电教馆王晓芜副馆长、广东省教育厅罗伟其厅长等主要领导的亲自体验和高度评价。资源库已成为教师共建共享、学生自主学习、覆盖学校内外的教学宝库。主持的省级课题"高中物理思想方法渗透的实践研究"荣获清远市第一中学教学科研成果特等奖，在市、省、国家各级的学术讲坛上做专题报告十多次，在《中国教育报》《物理教学》《中学物理教学参考》《物理教师》等二十多种学术报刊上发表论文百余篇。出版了《物理教学前沿的智慧》《高中物理思想方法》《高中物理经典讲练》等七部专著。

我2000年被评为湖北省师德先进个人，2010年被评为广东省特级教师，2015年入选广东省首批领军人才，被评为广东省"特支计划"教学名师，2016年入选国家第二批领军人才，被评为国家"万人计划"教学名师，2018年被评为广东省正高级教师。先后荣获国家、省特批的专项科研经费百万余元。按照教育部和广东省教育厅的相关要求，在市教育局、市教研院和学校领导的大力支持下，我组建了一个教学科研团队，定名为"国家万人计划广东省特支计划教学名师熊宏华工作室"。工作室以群体智慧为依托，以科研项目"中学物理教学优化与学生核心素养培育的实践研究"为抓手，推动教学、教研工作的深入开展。工作室成员依托本源要素聚焦物理课堂，以教学能力大赛、同课异构和开放研讨为平台推出一系列"精品课"，产生了十分积极的影响。工作室成员参加省、市两级的教学能力大赛、教学基本功比赛有9人次分别荣获省一、二、三等奖（其中省一等奖2人次、省二等奖3人次），有5人次荣获市一等奖，在"一师一优课、一课一名师"活动中，一个课例获国优，两个课例获省优。2019年7月29日在青岛举行的全国创新物理实验大赛中，工作室成员的参赛项目"基于智能手机的单摆实验创新设计"喜获全国一等奖。工作室成立三年多，成员14人公开发表教育教学论文41篇，其中29篇发表在《物理教学》《中学物理教学参考》《物理教师》《物理通报》等核心或学术期刊上，主编或参编教学专著或教学参考用书11部、校本教材3本。通过"识物明理"微信公众号推送原创教育教学作品300余项。2020年9月，我主持的项目研究成果集《物理教学优化的实践研究》正式出版，首都师范大学邢红军教授欣然作序，邢教授在序中指出：近年来，为了促进教师的专业发展，各级各类学校都建立起名师工作室。在工作室里，由名教师带领若干名青年教师，用师傅带徒弟、团队互助研修的方式，开展教学研究，帮助青年教师成长，同时提升学校的课堂教学质量。这种由名师主导、既结合教学实际又契合教师成长实际需要的研训模式弥补了其他教师培训方式的不足，能够有效促进教师专业发展，特别是一些收效显著的名师工作室更是值得关注与推广。他认为，我主持的高中物理名师工作室就是这方面的杰出代表。

《学记》曰：善歌者，使人继其声；善教者，使人继其志。几十年的教育教学经历让我深深体会到：作为教师只有不忘初心、与时俱进，才能担当为党育人、为国育才的初心使命！

名师档案

熊宏华

　　中共党员，生于 1962 年 11 月，湖北黄冈人，现任职于广东省清远市第一中学。中学物理正高级教师，国家"万人计划"教学名师，广东省"特支计划"教学名师，广东省特级教师。从教 40 年，教学业绩优异。在课堂教学中，不断探索和实践探究式教学法，注重物理思想方法的渗透，形成了以生为本的互动式教学模式。主持和参与多项省级科研项目，教研成果荣获广东省第七届教育科研成果二等奖。出版专著或教学参考用书 7 部，发表教育、教学论文 100 余篇。

向科研型教师迈进

湖南省长沙市第一中学　黄洪才

一名优秀的教师，应当具有扎实的知识功底、严谨的工作态度、先进的育人理念、科学的管理方法、精湛的教学艺术，而要成为一名"名师"，则还应当具有较大的社会影响力。所以，名师必定是科研型教师，教研成果丰硕。

撰写教学论文是教学研究的一个方面。能写出高质量的教学论文是教师成长的一个标志，也是从经验型教师向科研型教师发展的有效途径。我在教育教学之余，经常思考有关教学上的问题和学科上的难题，并尽量把所想所得撰写成论文。到目前为止，我在省级以上刊物上发表了50余篇教学论文。下面谈一下撰写论文的心路历程与心得体会，期望对老师们的发展有一定的借鉴作用。

一、撰写论文的心路历程

1. 心存理想，初步尝试

1983年大学毕业后，我被分配到了炎陵三中工作。这所学校是农村中学，规模不大，仅有 6 个初中班、6 个高中班，物理老师 4 人，每位老师至少要承担一个年级的物理教学。当时，我的主要精力是学会中学物理教学，主要目标是成为合格的物理教师，思考的主要问题是如何备好课、上好课，如何使学生学好物理。

撰写论文的萌芽是在一次教师会上形成的。当时，学校张义生校长从上海开会回来做报告时说："上海 ×× 老师说，一个老师要成为名师，就要编写十部著作，发表百篇论文。"这个"标准"，使我感到震撼，也使我萌发了一种理想——发表论文。

从此以后，我更加认真阅读教学杂志，也开始尝试写点文章。为了提升学生的学习兴趣，解答学生的学习疑难，我与数学唐老师、化学王老师一起编印了《学习小报》，每周一期，赠送给高中理科学生。这份小报，我们自己用钢板刻写并油印，尽管版面不是那么漂亮，内容不是那么齐全，但学生非常喜爱。《学习小报》的编写，可以说是撰写论文的萌芽。

2. 潜心研究，喜获成果

1988 年，我调到炎陵县一中工作，并开始担任班主任。在新的环境中，如何搞好课堂教学，如何当好班主任，是当时的主要任务。"勤奋刻苦，踏实认真"是我对自己工作态度的要求，"发展自我，超越当前"是我对自身发展的期望。几年下来，确实取得了不小的进步，先后担任了物理教研组长、学校教科室副主任，连续被评为株洲市第一届、第二届高中物理学科带头人。

随着教学实践的深入，我逐步认识到教师要做好教育、教学工作，必须做好教研工作。教研既是教育、教学的发展，也是教育、教学的保障。1991 年开始，我更加认识到撰写论文的重要性与迫切性，用笔记本制作了论文集，记载自己撰写的论文。论文集扉页 1 上写的话是"求实，创新，达理，规范"，作为撰写论文的准则；扉页 2 上写的话是"有时，你在黑暗中，发现了你想看到的……"，预示着发表论文的价值。

1995 年 4 月,《数理化学习》杂志发表了我的首篇论文《用图象法分析系统误差》。看到自己的文章得以发表,看到自己多年的愿望开始实现,我内心无比高兴,心情无比激动。首篇论文的发表,更加激发了我撰写论文的积极性,也促使我反思究竟怎样的论文才能达到"发表"的标准。同时,在教育教学过程中,潜心钻研教学方法,深入探究解题方法,关注教育改革的动态,收集撰写论文的素材,提升撰写论文的水平。截止到 2001 年,我发表论文已达到 32 篇。

3. 克服困难,坚持不懈

2001 年,我来到长沙市一中工作。长沙市一中是长沙市"四大名校"之一,教学成绩显赫,尤其是学科竞赛成绩名列全国前茅。到长沙市一中后,我担任物理竞赛教练。新的工作环境,新的教学任务,新的教学要求,不得不使我花巨大的精力用于竞赛培训工作,包括提升自己的知识水平、探索竞赛的教学方法、研究竞赛的试题特点、培养学生的学习能力,绝大部分时间用于备课、上课、命题、阅卷、辅导等教学环节。由于刻苦钻研,勤奋工作,我很快适应了新的工作,竞赛培训也取得了不错的成绩。2001—2014 年,我共担任 5 届竞赛教练,学生获得了 2 枚国际物理奥赛金牌、3 枚亚洲物理奥赛金牌。

担任竞赛教练期间,因为工作任务重、压力大,用于教研的时间明显减少。但是,我始终坚持"以教学带教研、以教研促教学"的理念,克服各种困难,挤时间做好教研工作,基本上达到了"每年发表一篇论文"的要求,独编了《奥赛经典·分级精讲与测试系列》(高二物理),参编了《高分突破·高考物理实验设计》等多部著作。

2017—2020 年,我担任长沙市中学物理名师工作室首席名师;2018—2021 年,担任长沙市高中物理学科带头人。我的工作任务增加了一项新的内容:为长沙市培养优秀物理教师,为长沙市高中物理教学改革提供帮助。物理名师工作室坚持"聚焦课堂教学,着眼教师成长"的工作思路,以课题带教研，以教研促教学，我带领 37 位老师深入探讨中学物理教学规律，努力实践课堂教学改革，物理名师工作室被评为长沙市优秀名师工作室。我主持的省级课题"中学物理教学中培育学生物理核心素养的实践与研究"获得湖南省创造学会课题研究成果一等奖，主编的著作《基于核心素养的中学物理课堂教学》由湖南师大出版社出版，撰写的多篇论文在杂志上发表。

二、撰写论文的心得体会

（一）留心观察，获取素材

开始工作后的几年，我很想写论文，但不知写什么，也就是说找不到论文的素材。后来发现，只要留心观察，获取素材并不难。我认为，论文素材的来源可以有以下几个方面。

1. 教学困惑

在教育教学过程中，我们经常会遇到各种困惑，也会出现各种问题，有的困惑或问题还带有一定的普遍性。如何走出这些困惑？如何解决这些问题？当我们通过查阅资料、思考探究找到了解决某个问题的办法时，就为撰写一篇论文提供了素材。例如，我在教学过程中发现，许多学生由于解题习惯不好，在审题、建模、作图、列式、运算、评估等环节会出现各种各样的错误。如何使学生养成好的解题习惯呢？我写了论文《养成良好的物理解题习惯》。

2. 经验总结

教师经过多年的教学实践后，积累了丰富的教学经验和解题技巧。如果把这些经验与技巧进行归纳、总结、提炼，往往可以写成很有价值的论文。例如，电学中有一类很常见的习题，就是电路的参量变化问题。如果用常规的方法去分析这类问题，则难且烦。后来发现，电路的参量变化符合"并同串反"原理，于是我写了一篇论文《巧用"并同串反"快析参量变化》。

3. 瞬间感悟

有时在课堂教学中，或在解答学生问题时，或在不经意地思考时，会突然冒出一些奇异的想法或对某个问题瞬间的感悟。如果能对这种想法或感悟进一步分析，可得到某些重要的结论。例如，我在讲牛顿的"月—地检验"时突然想到，因为地球在自转，如果苹果树逐渐增高，脱落的苹果会怎样运动？如果苹果树足够高，苹果树上的苹果的速度不就可超过光速了吗？这与相对论不就发生矛盾了吗？对这一问题进行思考之后，我写作了论文《"牛顿苹果"的遐想》。

4. 他人启发

我们在阅读报纸杂志、科幻小说，或者听取专家的报告时，往往会有不少的感触和启发。在此启发的引导下，可能对某个问题就有了独特的见解，或者对某种现象就有了研究的思路。例如，我在《中学物理》杂志上读了一篇文章《课堂教学的空白艺术》，深受启发。一堂好课，必定是科学性与艺术性有机统一的课，课堂的艺术性应体现在课堂的各个环节之中。之后，我写作了《物理新课导入艺术》《课堂纠错艺术》《物理作业批改艺术》，都在《中学物理》杂志上发表。

5. 社会热点

教育教学总是在不断改革中发展的，一段时间后就会出台新的课程标准、新的教材体系，就会出现新的教学理念、新的教学模式和新的评价体系。一段时间后，科学技术总会有些重大的突破，物理学界总会发生一些特殊的事件。如果我们有心关注新的形势、新的热点，往往可以写成有意义的论文。例如，2017 年教育部出台了新的课程标准，我仔细研究后写了《解析课标变化　促进素养发展——〈普通高中物理课程标准（2017 年版）〉的解析与实施》。

（二）反复推敲，确定标题

俗话说"好的开端是成功的一半"，好的标题是好的开端的重要体现。因此，我在确定论文的标题时，总会反复推敲、细心琢磨。

1. 基本要求

第一，点明主题，不空泛。点明论文研究的范围、研究的内容。如：《以问题促能力　以方法成素养》《巧用边缘光线解高考题》。

第二，含义清晰，无歧义。论文题目表达的意思清晰明了，不会产生歧义，不会让人觉得模棱两可。例如：《物理极值问题的数学方法》清晰明了，《中学物理课程中物理学史探究性教学》则不明确。

第三，言简意赅，不拖沓。论文题目要简明扼要，字数不要太多。例如，我在帮同事修改论文时，把《在培养拔尖中学生物理学习过程中引入微分的初探》改为《引入微分思想　培养拔尖学生》，把《拔河问题不能简单用牛顿第三定律和地面对人的摩擦来解释》改为《揭开拔河取胜之奥秘》。

2. 较高要求

第一，尽量避免"浅析""浅谈""略论""……之浅见""……之初探""……与……"等用语。如《平抛运动的解法与讨论》就不好。首先，对平抛运动可以"讨论"，不能说"解法"；其次，文章的论点"解法"与"讨论"，并不是并列关系。

第二，要有新意，能吸引人。如：《简单电路的不简单问题》《2008 年理综Ⅰ卷第 23 题的奇思妙解》，都是很有新意的论文标题。

（三）精心构思，撰写正文

撰写正文是写论文的重头戏，论文的好坏、论文的价值都体现在正文之中。如何撰写正文？我在撰写论文时，一般是先确定二级标题，再开始书写，写完以后再反复修改、校正。

1. 基本原则

第一，具有科学性。科学性是论文的生命所在。论文中阐述的论点、方法或理论，必须符合自然科学的基本原理及教育学、心理学的基本原则，文中的叙语、数据、实验方法必须真实可靠。

第二，具有创造性。论文要有价值，必须"新"，也就是别人未认知、未发现的东西，或者未研究、未实践的课题，或者未归纳、未提炼的理论。别人没有提出过的理论、概念，别人没有试验过的方案、方法，别人没有解释过的现象……都是具有创造性的成果，由此写出的论文就具有创造性和新颖性。

第三，具有适用性。论文的价值，还体现在它具有适用性。论文提出的教育理论、教学模式有助于提高课堂教学效率，有利于培养学生的核心素养；论文总结的解题方法、技巧有利于学生解决实际问题，有利于提高学生的思维能力。

2. 基本要求

第一，叙述严谨，条理清楚。论文的结构要具有条理性，论文的论述要具有逻辑性。为体现条理性，一般的论文都有二级标题，二级标题通常有递进式和并列式两种写法。如《归还"六权"，让物理课堂更加有效》的二级标题：问题的解决权还给学生；实验的操作权送给学生；问题的总结权留给学生；方法的领悟权交给学生；情感的体验权让给学生；效果的评价权放给学生。

第二，叙述准确，语言精练。撰写论文，不论是言语叙述、公式表示，还是图表展示，要尽量做到准确和精练。要对每句话、每个词进行推敲，避免出现语法上的错误，避免出现语意上的误解，避免出现科学上的错误；要尽可能减少不必要的话，删除不必要的字，做到"能删则删""能减则减"。

第三，叙述规范，通俗易懂。论文的书写必须注意规范性。论文的规范性体现在以下三个方面：首先，论文格式遵循学术规范。正规的论文包括：标题、摘要、关键词、正文、参考文献。但篇幅较短、内容单一的论文，不需要摘要和关键词。其次，名词术语、字母符号遵循学科规范。高质量的论文虽然讲究辞章，追求科学与文学的融合，但论文的文字不要附带个人色彩，一般不采用比喻、拟人、夸张等修辞手段，不要把日常用语当作科学概念，不要把网络用语当作科学术语。再次，文体形式体现学科特色。撰写论文时，在保证准确、精练的前提下，要保证语言通俗易懂，立意清晰明了，体现物理学科特色，不要故作高深、故弄玄虚，把物理论文写成文言文或半文言文的形式。

三、结束语

美国心理学家波斯纳提出了教师的成长公式：成长 = 经验 + 反思。"反思"的最好方式是撰写教学后记、教育叙事、教育案例、教学论文、课题报告。教师的教研既是教育发展的需要，也是教师成长的需要。教师要有终身学习、不断发展的意识，要有勇于实践、勇于创新的精神，努力使自己从经验型教师转变为科研型教师。

回想 38 年来自己的工作经历，从乡村到县城再到省城，从常规教学到竞赛培训，可以说做到了勤恳努力、踏实认真，不论是教学还是教研，不论是自我发展还是教师培养，虽然都取得了一些成就，但总感觉仍不够，尤其是撰写论文、课题研究等方面，起步时间较晚，投入精力偏少，成绩不是很突出。我将不断努力，继续在科研型教师的成长之路上迈进。

名师档案

黄洪才

　　1963 年生，湖南省长沙市第一中学物理教师。1983 年参加工作，一直从事高中物理教学，2001—2014 年兼任物理竞赛教练，辅导学生获得了 2 枚国际物理奥赛金牌、3 枚亚洲物理奥赛金牌。独编著作 2 部，参编著作 10 部，发表论文 54 篇，主持省级课题研究 1 项，参与省级以上课题研究 3 项。2008 年获评湖南省特级教师，2009 年获评全国优秀教师，2013 年获评全国师德标兵，2014 年获评全国模范教师。2017 年获评中学正高级教师，2018 年获评国家"万人计划"教学名师。

踏教书育人之路，做快乐奔跑蜗牛

河南师范大学附属中学　刘新选

一路收获，一路成长，首先得益于教育部门、师大和附中领导们的关爱和指导，也得益于同事、同行、同学们的包容和帮助。

一、追梦教育，激情满怀

成长不会一蹴而就。让我们穿过时光隧道，追溯到 30 年前，拾起往日的成长记忆——

首先，最为紧要的是自我唤醒，即唤醒专业发展的意识。《论语》有云："己欲立而立人，己欲达而达人。"我认为，作为教师应该再加两句：唯有达己达人，方能立德树人。也就是说，要想成就学生，先要发展自己。

回想过往教育教学和专业成长的点点滴滴，无不源于我学生时代的教师梦想，源于内心炽热的教育激情，源于教学相长的治学态度，源于乐教善研的进取精神。这些成绩的取得，又愈发坚定了我对教师的职业认同和职业信念。

西方有句谚语：如果你不知道去哪里，那么你哪里也去不了。是的，

1987 年，我以超过省控重点线 11 分的成绩报考师范，选择从教，仅是出于对老师的崇拜，随着对教育生活的不断体悟，职业认同感日渐增强。毕业后，又有两次毅然放弃到手的热门岗位，选择从教。新时代背景下，国家对"立德树人"教育目标的确立与回归，更激发了我从教的坚定信念和使命担当。正如马云所说：工作是辛苦的，但带着梦想的辛苦是幸福的！

二、信念不移，耕耘不辍

正如物理学家法拉第坚持研究"磁生电"一样，他相信物理学具有和谐统一与对称之美，既然奥斯特发现"电生磁"，那么在一定条件下，磁一定会"生电"。在这种信念的指引下，法拉第十年如一日，终于发现了"磁生电"的规律。所以，坚持不该坚持的，就是固执；坚持应该坚持的，就是执着。而固执与执着最大的区别就在于是否有坚定正确的理想与信念。

正是有了立起教育的信念与担当，才促使我在常态的教育教学活动中持续研究学生、研究教学，从中不断汲取成长营养、提炼教学思想、生发教育智慧，反过来指导教育实践。

当然，教师的专业发展又不同于法拉第的"磁生电"研究，后者必然之中带有偶然性，也许一年就能发现，也许穷其一生难有所获。但教师的专业成长是在对一个个看似偶然教育事件的研究中终成必然，所以我坚持基于学生发展，信念不移，耕耘不辍。

我先后主持"在普通高中物理教学中实施研究性学习的策略研究""基于微课和导学案的中学物理'翻转课堂'教学策略研究"等教育科研课题 11 项，其中 5 项成果获河南省基础教育教学成果一等奖、校本课程建设优秀成果一等奖、河南省课题研究成果一等奖等。

《高中物理翻转课堂试微》等 30 篇教育教学论文在刊物发表或获奖，

参编《学科研究性学习指导》等教材、教辅 21 册，获得全国、省、市优质课、示范课奖 16 节。

三、教学相长，相互成就

教与学是相互点燃、相互促进的过程，学生在老师的引导下健康成长，反过来，学生也同样是教师发展的宝贵资源。教师既要遵循教育教学和学生身心发展的规律性，又要关注不同个体发展的阶段性和个性特点。教学实践中，我不断形成并强化以下观点：

学生没有差生，只有差异，老师要承认差异，尊重差异，差异化发展；学生没有缺点，只有特点，老师应视特点为转化成优点的出发点。因为，教育本是扬长的事业，有教无类，扬长避短，发挥评价的促进而非甄别功能，运用好木桶理论的"长板说"，才是教师应有的态度。

在教育教学活动中，作为级班主任，我和班级或年级教学团队坚持以教师为主导、以学生为主体、以问题为中心，关注学情，优化教法，教贵善导；指导学法、激励评价，学贵自主，引导学生从生活中来，到社会中去，注意调动学生物理学习的趣味性和参与学习的自觉性，习得物理思想方法，突出学科育人价值。总体而言，所教历届学生学习品质好、学习成绩优、综合素质高，中、高招成绩大面积丰收，高分段密集。

赠人玫瑰，手有余香。

家长由衷称赞："有刘老师带班，学生幸运，家长放心！"

学生真情致谢："到了大学，同学们都羡慕我的物理成绩那么好，这时我才理解您的良苦用心！""您的学生在远方送上一份真诚的祝福，感谢您的教诲！""刘老师，我即将赴新加坡留学，特向您报喜！我有今天的成绩，一定要感谢您！"……

我也先后荣获学校"最受学生欢迎教师"、高招功勋教师、教学先进个人、优秀班主任等称号。

但我更在意的是学生们的夸奖。因为，教师和学生是相互成就的。

在第 30 个和第 35 个教师节，我作为教师代表两次在省人民会堂受到省委书记的亲切接见。

四、教研融合，凝练思想

人们普遍认为物理学是抽象的，甚至有点儿枯燥，但我觉得若能源于生活，创设情境，用以致学，学以致用，就有利于让学生在格物明理中激发兴趣，习得能力，感悟人生，实现学科育人功能。这一朴素的想法促使我慢慢形成了一个粗浅的"生活物理"的教学思想。

这一思想从实践上说，符合陶行知先生"生活即教育"的思想；从新课标来讲，符合"从生活走物理，从物理走向社会"的教学理念。恰好我的导师对"生活物理"也进行了长期的研究与实践，更增添了我的信心。

同时，随着教学体悟的日渐深入，我感觉到教学思想是教师对教学问题系统的、深刻的、清晰的思考和见解，具有一定的稳定性，一旦形成，不容易改变，并对教学行为产生潜在的影响力，行为是由思想而生的。而教学思想的形成和提炼，就是引领教师从教学经验走向教学理论，从教学思考走向教学思想的过程，是克服低水平重复，创立教学品牌的过程，是往教育家方向和境界发展的过程。今后，我将沿着归纳和演绎的路径去慢慢参悟。

格林斯基说：风格是思想的浮雕。而思想是风格的内核。没有思想的教学风格，只能是一个空壳，教学就会蜕变为"表演秀"。

五、同伴互助，携手并进

独行快，众行远。作为"中原名师刘新选高中物理工作室"主持人，我身体力行帮助年轻教师专业发展。通过专家讲座、岗位练兵、任务驱动等，将工作室建设成了集"教、研、训"于一体的有机适应型教研共同体。工作室聚焦教学真问题，逐渐成为教师研修的基地、教学展示的舞台、教改探索的窗口、科研助教的引擎、教学改革的论坛，发挥了示范、引领、辐射作用，引领教师专业成长，改变教师职业气象。

目前，校级工作室成员主持、参与省、市级课题42项，19人次获得省、市级教学大赛优质课奖，发表或获奖论文29篇，63人次荣获教学先进个人、中高招功勋教师、优秀班主任等称号，均已成为学科教学的骨干力量。

自2017年始，根据《依托中原名师工作室培育省级名师、骨干教师试行方案（2016—2020）》精神，省级工作室又承担了每年培育5名省名师和10名省级骨干教师的任务，为助力河南教师队伍梯队攀升体系建设尽己所能。

同时，积极申办2015、2016、2017、2018、2019年"国培计划"物理特岗教师的培训任务，共计培训700名教师。在包括清华、北大在内的40多家培训单位中，综合评估均居前列，2015年位居全省第3。

为进一步加强交流和协作，我牵头成立了河南省"泥石流"物理工作室联盟，并加入了全国物理名师工作室联盟，被市总工会授予"创新工作室"称号，省总工会授予"河南省工人先锋号"称号。

六、憧憬未来，快乐奔跑

在朋友们看来，我属于成功者。可我认为：成功不是状态量，教学不止、耕耘不辍才是我们应时时把控的过程量！因为，教师是教育的第一资源，教师可持续、专业化的发展是学生成长的前提。

我将以"领航工程"为契机，以立德树人为根本，以育人能力为核心，团结和带领工作室成员一道，从以下四个方面切入，形成各自教学风格，提炼教学思想，提高育人质量，努力做新时代"四有"好老师。

（一）做好规划，明确目标。依据《中学教师专业标准》、中共中央国务院《关于全面深化新时代教师队伍建设改革的意见》等指导性意见，结合自身实际，制定力所能及的发展规划，实现有向、有序、有效发展。

（二）专家引领，向上生长。马云说：人们对新兴事物的认识，输就输在：第一，看不见；第二，看不起；第三，看不懂；第四，来不及。教育的变革也是如此。因此，要转换角色，向专家请教，虔诚做学生，潜心做学问，由"我不知道我不知道"到"我知道我不知道"，最终达成"我知道我知道了"，以防专业发展上的低水平重复，像"摊煎饼"一样，大而不厚，多而不精。

（三）建立机制，组团发展。"水本无华，相荡乃成涟漪；石本无火，相击乃现灵光。"专业发展离不开同伴间的合作。同伴犹如井底青蛙与井边小鸟，朝夕相处，各有局限。正如已经揭牌成立的名师工作室一样，通过建立有机学习共同体，以更好地聚焦发展趋势，探索发展路径，推广发展经验。

（四）自我反思，行动研究。子曰：学而不思则罔，思而不学则殆。只有将学习与实践相结合，学思践悟，知行合一，集教、学、研于一体，才能内化于心，外化于行，物化于果。再者，要实现真正有效的反思，还必须克服思维定式，赋予"教育观、学生观、活动观，教师观、教学观、评价观"新的内涵，从常态现象中，发现新问题，思考新问题，让行动研究有目标，有抓手。但又要切忌为变而变，要守正创新。比如启发式教学，不变的是启发式，变化的是启发的方式，这是教改的总原则。我们都说芬兰教育世界领先，芬兰人自己却说：我们所做的，都是回归常识的教育。

总之，一要主动发展，让学习成为一种生活方式，不断吸收精神营养和思维钙质，坚定理想信念，做师德表率；提升专业能力，做育人能手；满怀博大爱心，做心灵使者，过一种完整而幸福的教育生活。二要心系同伴，培育一批骨干，形成一批成果，带动一支队伍，服务一方教育。

亚里士多德说："教育的根虽苦，果却很甜。"让我们一道在追梦教育的路上，教学不止，耕耘不辍，做一群自信而执着的蜗牛，为自身成长，学生成材，学校成功，快乐奔跑！

名师档案

刘新选

　　中学物理正高级教师，西南大学、河南师大、郑州师院兼职教授和硕士研究生导师。河南省中原名师，河南省"千人计划"领军人才，教育部"国培计划"中小学名师名校长领航工程教学名师，国家"万人计划"教学名师。现任河南师大附属中学教师发展中心主任，河南师大附属洛阳中学副校长。

　　先后荣获河南教育新闻人物、河南最具影响力教师、河南省优秀共产党员称号。入选河南省基础教育专家，河南省教师教育专家，教育部"国培计划"专家，教育部大学物理教学指导委员会大中物理衔接专委，全国名师工作室联盟专家，中国人生科学学会教育策划专业委员会专家，中国教育专家网教师专业发展导师。

你若盛开　清香自生

广东省佛山市南海区平洲二中　陈进文

　　我 1967 年 12 月出生，自大学毕业后就在广东从事教育工作，是中学物理正高级教师，三级教授，广东省特级教师。在国家级物理专业或核心期刊发表 45 篇教育教学论文；先后主持了 5 个省级或国家级教育教学科研课题；出版个人专著 3 部；省内外做了 53 场专题讲座，分享自身的科研成果；同时兼任广东省第二师范学院兼职教授。

　　三毛曾说过："岁月极美，在于它必然的流逝。春花，秋月，夏日，冬雪。"世人都认为这句话有些禅意，但于个人而言，这话也求实。若不是历经春花、秋月、夏日、冬雪，怎能感受到岁月的美丽，又怎么能认识到岁月之美在于它必然的流逝。岁月如此，人亦是如此，人总是在岁月流逝中不断地变化。有些人历经风霜总有所获，有些人碌碌度日无所为。身为教育工作者，若是在岁月流逝中任由时间变化而不进取、提升自我，如何能成为名师呢？唯有得到上级与同事、学生的认可，才能评为名师，而得到认可的关键，在于默默奉献与积极进取、坚定教育之路。

一、荣誉，来自奉献

我幼年就备受当教师的兄长影响，对教师这个职业充满了仰慕与热爱，对于教书育人有着深入骨髓的深刻情感。20 世纪 90 年代初，我大学毕业后，没有像辞职下海的师兄一样前往深圳"淘金"，也没有执着于早早出人头地，而是默默地为了自己深爱的教育事业，去佛山市南海区最偏远的一个小镇，做起了自己最爱的教师工作。自那时起，教书育人就成为我一生的追求。近三十年来，我扎根于基层中学教育岗位，默默奉献自我，以高度的责任心与优良的工作作风，影响着身边的每个人。我在家是严父、一家之主；在校是爱岗敬业的模范教师，按时、按质、高效地完成每一项学校工作，严于律己、宽以待人，从不怠慢；在班级，我又是所有学生的避风港、学习与成长的领路人，动之以情、晓之以理，以身作则。

作为教师，我总是心系学生，心系班级，心系课程，用自身的言行感染着身边的每一个人。在我的眼中，学生没有高低之分，我从未轻视任何一个学生，却又能关爱与呵护每个学生，努力做到有教无类、因材施教。我善于引导优秀的学生总结学习方法与分享自身的学习经验，积极与学困生交流学习心得，帮助学困生解决学习困惑，增强了班级凝聚力，使得班上的学生形成了互帮互助、共同进步的学风。我善于挖掘学困生身上的闪光点，在我眼中，学困生只是有更多值得教育的地方，成绩从来就不是评价学生学习的唯一标准，更不能以成绩去评价学生的优劣。在教学中，我总是会"蹲下身""弯下腰"，与学生打成一片，主动与学困生交流互动，始终坚持以人为本的教学原则，让学困生正确认识自我，发现自己的"闪光点"。如 2009 学年中，班上的小吴总是公然违反纪律，不仅上课大声讲话、开小差，还经常在课后惹是生非，学习态度非常消极，从不交作业，也难以在班上交上知心的朋友，特别是各科成绩均在 50 分以下，让家人也非常头疼。我觉得，孩子的成长与发展总是离不开家庭与学校的影响，小吴的表现不佳，就要先从家庭入手找到病症，方能对症下药。

通过和班主任家访，我们了解到小吴的父亲长期在外打工，除了过年很少回家，小吴很少享受到正常的父爱与有力的管教，母亲也管不住他，只好放任自流。明确小吴的病症是家庭教育的缺失后，我觉得最大的难题在于"撬开"小吴的心扉，让他学会和其他学生一样，正常地与人相处，而不是纠结于内心的不满与缺失。我抓住小吴喜爱篮球这一特点，号召班级展开篮球竞赛和其他趣味活动，并任命小吴为主力及队长，表扬他在赛事中的优秀表现，并动员了一名优生与他组成"结对帮扶"，在日常班级活动中与小吴互动，定期指导其学习，逐步引导小吴养成了优良的学习习惯，提高了小吴的学业成绩。动之以情，晓之以理，最终以真心实意打动了小吴，让他改掉了自身的坏习惯，并引领他向善、向学，使得他在中考中以优异的 556 分考上了重点高中。也正是因为我的不懈努力，近三十年来，我所教或是帮扶过的班级，无论是班风还是学风，都首屈一指，多次获得"文明班级"或"先进班级"的荣誉称号，我也以出色的工作表现和无私的奉献，在 2017 年被评为南海区优秀校长，在 2019 年获得了广东省五一劳动奖章。

近三十年的耕耘、付出，才取得了现如今的耀眼、闪亮的成就，这些荣誉的获得，正是得益于默默奉献，无论是说，还是做，都不能忘记自己的职责与义务，所教、所做、所为，都要对得起学校的信任、同事的肯定与学生的爱戴。

二、魅力，扎根于言行

有人说，我是一个魅力四射的人，这实在不敢当。在潜心教研的同时，我与学生打成一片，一边探究一边实践，始终言行一致。在教育科研上，我努力做一个大胆进取的探路人；在班级管理上，我努力做一个实事求是的监督者；在教学实践上，我努力做一个敢于创新的求索者。教育的发展与进步，是代代教育工作者呕心沥血、艰苦奋斗得来的，促进教育创新与改革，也是每一位教师的职责与义务。作为长期奋斗在教学第一线的物理学科教学工作者，我从来都是稳扎稳打，先律己再育人，无论是教学基本功，还是业务能力都非常的扎实，随着教龄的增长，教学理论与教研能力都愈加成熟，如果说我有一点魅力，那只不过说明，我言出必行，言行一致而已。

首先，我从参加教学工作之初到现在，一直秉承虚心求教、刻苦钻研、精益求精的工作态度，不断地学习新的理念、新的方法与新的技术等，通过不断提升自我的方式，强化自身的工作能力与提高自身的教研水平；坚持以德育为首，以趣激学、以法导学、强化基础、培养能力、寓学于乐为教学准则，形成了独特的教学风格，并在教学中不断地探索新的教学模式，取得了显著的成效。近些年来，我所任教的班级，无论是平均分还是合格率，抑或是优秀率，都始终名列年级前茅，处于南海区前列，我的学生何大为、吴绮华两位分别在 2004 年、2006 年的中考中斩获了南海区物理学科单科状元的桂冠，一大批学生考上了市、区重点高中。面对迎面而来的荣誉，如 2010 年 9 月被评为南海区优秀教师、2008 年 8 月被评为佛山市名教师等，我从未自满，而是坚定地在平凡的岗位上继续付出与奉献。

其次，我身先士卒，总是第一个报名，并积极承担教学公开（示范）课。自 2004 年开始，就先后主持与参与了多个全国、省、区课题，将课余的大量时间投入到了各个教学课堂项目中，取得了累累硕果，先后有 50 余篇论文发表在国家级、省级刊物上，荣获了国家、省、市级一、二等奖。特别是 2017 年 11 月所主持的广东省教育厅教育科研处立项的课题"初中物理'自主合作式概念教学'的策略研究"（课题编号：2014YQJK081），经省专家组评审验收，同意结题，并被评为优秀课题，荣获广东省教育科研成果一等奖，我还出版了两本专著，其中由光明日报出版社出版的《敲开初中物理知识之门："自主合作式概念教学"策略研究》备受广大物理科教师的欢迎。2012 年，我通过遴选成为广东省中小学新一轮"百千万人才培养工程"初中名教师培养对象，并在 2016 年结束了为期三年的名师培训，获得了优秀学员的称号。这些荣誉，都扎根于我的虚心求教、刻苦钻研，但我本人并不觉得自己出色，因为我自身还有很多需要改进的地方。

再者，我从未停止前进。学习是永无止境的，教研也是一样。我认为，所有优秀的教师，学习都是自觉的，笨鸟应先飞。直到现在，我还是在教师的岗位上不断地学习、进取，锲而不舍地坚持学习，在课余积极上网检索论文，了解学科动态与科研成果，订阅期刊、借阅图书，一方面提笔写论文，分享自己的教学方法与观点、发表自己的读书感想，另一方面则是积极与其他教师交流学习。我始终坚信，厚积才能薄发。边学，边实践，是我科研与教学的常态，学习会开阔人的视野，也会让人迷茫，为了不断地提升自我，不被学习束缚思想，在学习之余，我更加注重实践，因为实践是检查学习成效的唯一途径。这些年来，我所发表的论文从最初的教学问题分析到教学实践论证，从学生物理学习成绩到学生物理学习动机，从课堂物理教学活动到课内外物理教学发展，正是通过不断的学习与积累，我对物理教学的看法与研究才更为深入，通过对自身教学的批判性反思，自身才能在课堂教学与科研实践中愈加游刃有余，体会到教学与教研的真正乐趣。

三、风范，源自实践

一个人的风范，既是个人三观、道德修养与知识水平等的综合体现，也源自自身的刻苦与坚韧。对于教师而言，教学风范更是自身教学经验与教学能力的综合体，教与学既是相互独立的存在，又是关系密切的两个重要环节。教师的风范和教学水平，更是学生成长的外部因素。教师教学风采与教学水平，会直接影响到学生的学习效果。作为教师，既要有不居于人下的成长、进取之心，又要有虚心求教、敢于实践的恒心，唯有如此，才能做到育教育人，堪为表率。从教近三十年的生涯中，我多次担任班主任、德育主任、级长工作，从 2012 年开始成为德育副校长，至今仍旧坚持每年结对帮扶一个教学班，在新学期伊始就针对学生的心理与生理特点，认真展开教学，也认真对待每一项关于学生的教育工作。我也因此赢得了学生较好的评价。如学生陈丽钰就曾在 2017 年的教师节发来节日祝福："我最记得的是您所说的一句话，'做学生要比老师更成功，这是对老师最好的回报'，这句话在我心中留下了不可磨灭的印象。陈校长，您是我学习物理的启蒙老师，同时也是我人生的启蒙老师，我会永远记住您……"

我自从事教学工作伊始，就潜心教研，尊重学生，能够以宽广的胸怀关爱每一位学生，使教育发挥最大限度的作用。尤其是在教研上，更是鞭辟入里、遵循实践出真知的原则，力主从实践反思自我、创新教学。随着新课程改革的深化实施，初中物理学科也有了较大的发展，无论是科研，还是教学，抑或是师生关系，都发生了变化。然而，教学质量与效果总是不尽如人意，还存在着一些问题。有些教师认为，中学物理课堂过于沉闷，应当积极引入游戏、实验等充实课堂，有些教师认为课堂过于活跃，教师就难以控制好课堂秩序，无法组织好课堂，反而会使得物理教学有效性大打折扣。我始终秉承实践出真知的原则，提出"情境联动"的教学策略后，就积极将其付诸实践，通过实践检验"情境联动"教学的优劣，促进自我反思。

在实践中，我发现，之所以会出现"情境联动"教学严重影响物理教学效益的情况，主要有三个问题，一是情境互动教学成了形式主义，二是情境互动教学设计出现偏差，三是情境互动教学形式出现偏差。不少教师都是根据课程标准要求设计学生的探究活动，或者是为满足课程标准的要求而设计了师生互动活动，很少会从效果入手去考虑活动的实践性与互动性，导致在课堂上师生之间缺乏互动交流，师生之间的互动交流也就失去了真正的教学意义。有些教师则是将自己作为旁观者，没有清楚、正确地认识到自身身份与师生关系的变化，在听课学习中发现有些人会在布置学生学习任务后就在教室里兜圈子，学生则冥思苦想，教师似乎成了旁观者。还有些教师设计的问题较为简单，师生一问一答，也称为师生互动教学，使互动教学沦为机械重复，学生学之无味，造成不良的教学氛围和效果。这也就意味着，实际教学中对于学生听了些什么、说了些什么，教师根本不关注或是并不是特别关注，教师更为关心的是活动的实施情况，有没有完成教学任务，是否讲完了课本知识等等，以致生生互动定位出现偏差，课堂教学环节并不完善，师生之间关系疏远。

　　然而实际上"情境联动"本质上指的是，在具体环境下，人与人之间针对一定的事件、情景而发生的各种形式、各种性质、各种程度的相互作用和影响。"情境联动"教学是指在教学过程中充分发挥教师和学生双方的主观能动性，形成师生之间、生生之间相互对话、相互讨论、相互观摩、相互交流和相互促进的一种教学方法。既然要互动，课堂学习自然不能过多地聚焦于讲课，应增进师生之间的互动与交流，教师需关注学生的精神世界，走进学生的情感世界，将自己视作学生的朋友，亲近学生，方能唤醒学生的兴趣、激情等等。从这件事可以看出，要讲究实事求是，而不是妄言对错，追求在实践中检验教法，反思自我。正是通过实践反思"情境联动"教学，我才真正发现了"情境联动"教学所存在的实际问题，并针对问题找到教学的不足，提出"创设导入情境，使学生迅速进入角色""利用多种手段创设情境，突破教学的重、难点"的解决策略，发现了教学中师生关系与地位的变化。

　　名师成长，非一蹴而就，而是不断地前进，不断攀登高峰，不断地积累，从而厚积薄发。你若盛开，清香自生——漫长的付出与刻苦的探索，终究不会被辜负！某一天，一批真正的教育家必然会在名师队伍中涌现！

名师档案

陈进文

　　广东省佛山市南海区平洲二中校长，中学物理正高级教师，三级教授。广东省特级教师，先后主持了 5 个省级以上教育教学科研课题，其中在 2018 年主持的广东省教育科研"十二五"规划课题的研究成果被广东省教育厅评为广东省教育教学成果（基础类）一等奖；近年来，撰写了 45 篇教育教学论文，分别在国家级物理专业核心期刊发表或获奖；先后出版个人专著 3 部；近几年到省内外做了 53 场专题讲座，分享科研成果，立足省内，辐射省外。同时兼任广东省第二师范学院兼职教授，并担任广东省物理学会理事。

　　由于教育教学成绩突出，近 3 年，被评为国家"万人计划"教学名师、国家基础教育杰出人才、"广东特支计划"教学名师、广东省特级教师、广东省中小学名师工作室主持人，荣获广东省五一劳动奖章，广东省"百千万工程"名教师优秀培养对象、佛山市国家基础教育杰出人才、佛山市名教师、佛山市南海区首席教师等荣誉称号。

与学生同步成长

浙江省杭州市第二中学　林肃浩

　　1983年，22岁的我步入了教师行列。岁月悠悠，这一方三尺讲台，一站就是38年；蓦然回首，我用人生里的大半时间做了这一件事情——教书育人。漫长而又短暂的38年，让我真切地品尝到了作为教师的艰辛、肩上的责任，但更多的是感受到了作为教师的幸福与快乐。教师这一职业，很难用"成功"一词来评价，而比成功更重要的是我们能找到自己要做的事和自己喜欢做的事，教书育人无疑就是我要做且喜欢做的事。成功难以界定，但成长有迹可循。

做一名勇于担当，心中有梦的教师

　　大学毕业时，我觉得自己的表达能力比较弱，普通话不太好，但专业知识比较好。既然自己现在已经成为一名教师，我始终坚信自己能胜任教师这份工作，并通过努力，把这项工作做得出类拔萃。

　　第一年，学校分配我的工作是教初三一个班，高一两个班，跨年级教学，每周有7个教案，而初三年级学生是刚学化学，一年以后要参加中考，成绩要见分晓，压力很大。但我想，压力是动力，是挑战，也是机遇。既然学校把重担分给我，那就不能辜负学校的信任。我坚信自己一定能交出一份满意的答卷。我每天晚上备课到 11 点左右，吃透教材，熟悉学生，提高教学质量，也虚心向老教师学习。一年辛苦耕耘，终于收获喜人的成果。无论是初三的中考，还是高一的期末考试，成绩均位列年级第一，这得到了学校领导和老师的高度赞赏。于是我站稳了教师的第一岗，三年后就被评为地区教坛新秀。

1990 年，我调入杭州二中，校长让我教高三，而年级主任希望另一个老师来带，因高二化学省会考成绩当时处于杭州第三名，年级压力很大，而我是刚过来，对我还有些担心。但是校长看过我的档案，对我比较信任，坚持要我带高三，最后学校分给我高三三个班的教学任务。我每周要上 15 节课，还要担任化学竞赛辅导，几乎每天从早忙到晚，特别是考试后，三个班的化学考卷必须当天批好，第二天要讲评试卷。那些日子我很晚才能休息。一年的辛劳结出丰硕的果实，不论是在高考还是在化学竞赛中，学生都取得了骄人的成绩：高考成绩位列杭州市第一，有一个学生的化学成绩得了 99 分的高分（100 分满分），成为浙江省第一，被北大录取。而化学竞赛成绩也是浙江省第一。当年，我评为杭州市教育系统先进。从此，我校的化学高考成绩、化学竞赛成绩一直名列浙江省前茅。

每一个人都有自己的优势和不足，要做到扬长避短，并坚信自己一定能把工作做好。为人师者，既要具有勇于担当的精神，也要胸有丘壑心中有梦。

做一名善思敏行，厚积薄发的教师

刚刚成为教师的前几年，作为一名青年教师，我始终坚持做好这四点：多听听老教师的课，多想想教育教学之中的问题，多看看同行的文章，多写写教学反思。虽然青年教师专业知识比较扎实，但教学经验毕竟不足，如何把学术知识转化为教学知识，这是关键，也是教学过程的难点。

我当教师时，为了尽快适应教学，少走弯路，几乎每天都要听老教师的课，晚上备课时根据自己对教材的理解和老教师的教学过程，明确什么是重点，怎样突破难点。认真学习老教师的教学经验、教学技巧，再结合自己的特点，形成自己的教学风格，这样不仅可以事半功倍，还能提高自身的教学质量。这是一条新教师成长的捷径。在教学过程中，每个问题都要想一下，知识是怎么来的，有什么用，用到哪里，知识的教育价值在哪里；思考如何通过知识的获取转变成学生能力的培养，思维方式的形成，情感态度的养成。对于学生提出的问题，要站在学生的角度，思考学生为什么有这样的问题，从而促使自己去改进教学方法。思考如何让学生独立解决问题，获取知识，找到解决问题的方法和策略。这样的教育才能真正达到我们的目的。"授之以鱼，不如授之以渔。"每次教学过程中都会出现生成性问题，有些好的问题，或者教学灵感，课后应及时写下来。每次教学后我都要写好教学反思，为以后的教学提供参考，同时也为将来写教学论文提供素材。如果工作很忙，我就把教学中的一些小问题写下来放在抽屉里，假期里空的时候整理，这样就把这些闪闪发光的"珍珠"串起来，最终变成一篇有价值的论文了。

我从 1989 年就开始辅导学科竞赛，学生获奖成绩一直名列浙江省的前茅，我不断地反思总结，把它提炼成自己独特的教学模式。2002 年，我完成的课题"让资优学生得到更充分的发展——林肃浩创新教学模式"荣获浙江省基础教育成果一等奖。基础教育虽然没有像大学那样高大上的研究课题，但是也有它自身的教育规律，教学过程中经常出现一些新问题，有待于我们去挖掘、去研究，通过学习，研究提出自己的教学观念，提炼自己的教学成果。我正是通过这样边思考、边实践、边研究，取得了令人瞩目的成果，在浙江省五届基础教育成果评选中，我连续四届都参加了评选，且都获了奖，其中获得三个一等奖，两个二等奖。在基础教育两次国家级教学成果奖评选中，我连续两届都获得二等奖，这些成绩在全省中学界是唯一的。

教师的成长就在教育实践中，在日常的教育教学中，教师做到善思勤学，才能厚积薄发。

做一名渴望成长，敢于展示的教师

教师是专业技术人员，专业成长是职业的必需，可很多教师总是把自己的专业成长当作工作负担，看成生活压力。这种心态严重影响了教师的职业幸福感。成长意识是教师专业成长的起点，缺少成长意识，教师的一生都将碌碌无为。教师起点的高与低并不是决定教学水平高低的关键因素。只要有教育情怀，不断地学习成长，成长后有反思，实现自己的教育理想是迟早的事。在教育界，有一个"中师生现象"，就是二十世纪七八十年代毕业的那些中师生，尽管他们的学历水平不高，但却在教育界引起轰动，他们中有学科领袖，也有知名教育专家。他们的成功经验告诉我们，起点学历不重要，不断成长的精气神才是教师文化底蕴的根基。

展示意识是教师专业成长的生长点。没有展示意识，教师的专业成长就会动力不足，进而倦怠，直至被抛弃。我们学校每学年都有"教学研究月"，有的青年教师参与热情高，竭尽所能展示，这正是学校教育兴旺发达的不竭动力。而有的教师总不愿意参加展示，怕上不好课，得不了奖，长此以往，由于多年的懒惰倦怠，没有展示意识，专业成长几近停滞，专业成长出现了问题。如1991年3月，学校要开公开课，我就主动承担；杭州市高三化学要开研究课，我就毫不犹豫地承担；上课后得到听课老师的一致点赞。虽然开研究课需要准备一周甚至两周的时间，虽然查阅大量资料、创新设计教案、不断修改磨课很辛苦，但上课后得到同行的赞许，心里感到很高兴。更重要的是通过这一过程，自己的教学设计、教学能力又提高到一个新的高度。下半年我又参加了杭州市化学实验调研，获得一等奖，又获得杭州市论文评比一等奖。由于我在杭州市化学各种教研活动中频频亮相，一下子就有了点名气。当年就被评为杭州市"教坛新秀"，第二年，又被评为浙江省"教坛新秀"。

渴望成长，不断提升教书育人的专业水平，教师必然会有收获；敢于展示，给自己站上令人瞩目的舞台的机会，相信成为佼佼者指日可待。

做一名用专业引领，着眼学生未来的教师

当今，中学化学课堂教学中，存在着传递"负能量"的教学现象。如学习"SO_2 的性质"时，总是与"酸雨""SO_2 漂白的银耳"教学情境相伴，提起硫酸性质时，总拿"硫酸毁容"引入课题，这只能让学生感受到"悲情"的化学；从"氯气泄漏事件或毒气弹"中索取氯气性质的知识，也只能让学生感觉到化学是多么的可恶；还有甲醛引起居室污染、珠江漂浮的"水雷"（金属钠）、"61 个阶级兄弟误食亚硝酸钠中毒"等，更让学生觉得化学是多么的可怕。其实，化学是人类社会进步的关键，化学给我们的生活带来了无限美好，像 SO_2 可用来制备硫酸，而硫酸的产量标志着一个国家化学工业发展的水平，在葡萄酒中添加适量的二氧化硫不仅可以保持其果味和鲜度，而且可以阻止葡萄酒被氧化而变质；生活中广泛应用的酚醛树脂就是以甲醛为原料合成而来；"毒害"也不是 Cl_2 的"名片"，Cl_2 作为重要的化工原料，可用来制盐酸、漂白粉，用于制造杀虫剂、自来水消毒，制塑料、合成橡胶等；亚硝酸钠是一种可以用来制备印染剂的重要物质之一，因为有了印染剂，才有了这个五彩缤纷的世界。在教学过程中，教师完全可以让学生明白，这些负面现象是"人为"的，而不是化学带来的，也只有随着化学科学的进步，才能很好地解决人类面临的环境问题或

生活中的不测事件。也就是说，在设计课堂教学时，尽量不要将这些负面的东西作为教学情境去误导学生，而应引导学生去解决问题，并在解决问题过程中体会到化学的真正魅力，这样才能有效培养学生的社会责任感和科学精神的核心素养。

让学生掌握化学知识很重要，但只是为了现在；让学生学会解题技能更重要，但仅能应对高考；让学生提高辩证思维、解决问题能力最重要，这是关注学生的未来。为此，我们应该积极探索教学规律，寻找行之有效的教学方法，减轻学生的学习负担，使学生自主获得可持续发展的学习能力，这才是我们化学教学的真谛。多年来，我坚持根据化学学科特点和高中学生认知规律，结合化学实验教学，让学生去猜想假设、设计实验、评价优化，引导学生深度思考；对于简单的化学问题，也不忘记引导学生迁移知识，以培养学生的发散性思维能力，不失时机地向学生介绍化学前沿知识和发展方向，以提升学生适应未来发展的思维能力；形成了以培养核心素养为目标，以情感为动力，构建"活化'双基'，开发智力，学以致用"的教学模式。如，在学习"碳的同素异形体"时，我第一时间向学生介绍了"浙江大学高分子系高超教授的课题组制备出了一种超轻气凝胶——全碳气凝胶"这一最新化学研究成果，为学生制造了想象的空间，激励他们畅想化学发展的未来。在学习"分子间作用力"时，将我国科学家首次拍到的水分子内部结构照片呈现给学生，增强学生民族自豪感和学好化学的自信心。长期的教学过程带来丰硕的成果，我所辅导的学生已有750多人次在省级及以上化学竞赛中获奖，其中一等奖300多人次，16次获浙江省团体第一；获全国化学竞赛金牌13枚，银牌13枚。2000年，我辅导的汤砚蔚同学获第32届国际化学奥赛金牌，实现了浙江省化学奥赛金牌零的突破。

作为教师，我时刻提醒自己，利用课堂向学生传递化学的"正能量"，而成功的化学教学应该放眼远方，多为学生终身发展和幸福考虑。

做一名睿智博学，美誉幸福的教师

教师的工作是平凡的，但是教育是伟大的事业，教学是科学，也是艺术，因此，教育需要智慧。我当教师的第二年，担任班主任，有一天早自修，我到教室里，发现黑板上写了一句讲物理老师不雅的话，我看后心里很不高兴，我让学生擦掉，没有人肯擦，怎么办？我既要解决问题，又要教育学生，同时给学生一次改正错误的机会。这个时候我想了一个办法，到办公室里拿来照相机，把黑板上的字拍下来，然后我跟学生说："我会请公安来根据字迹辨别，找出哪个人写的，如果你们中有人主动承认错误的话，就不追究这件事。"后来果然有学生主动来承认错误，以后再也没有人在黑板上乱涂乱画了。还有一次，有一位班主任跟我说，班级上体育课的时候，有个同学放在课桌上文具盒里的 200 块钱不见了，怎么办？班主任心里想，如果直接在班级里问谁拿走了钱，显然是行不通的，因为学生都有自尊心，那怎么办呢？当时，班主任感到束手无策。我了解此事后，与班主任分析，判断肯定是自己班学生拿的，于是我给班主任出了个主意，告诉全班学生我们会请公安过来调取指纹查找是谁拿了同学的钱，如果那个人肯主动承认错误的话这件事情就到此为止，并且为他保密。结果那位拿钱的同学，放学时候真的到他办公室来主动承认错误，并且把 200 块钱拿回来，请老师还给同学。

我们的教育对象都是一些未成年人，他们在成长过程中难免会犯一些小错误，同时他们也有自尊心，需要得到尊重，在教育过程中如何做到既保护他们的自尊心，又能及时纠正他们的错误，兼顾严和爱，使他们健康地成长，这需要老师运用教育的智慧，采取巧妙的方法，达到育人的目的。有些新教师做事尽管出发点是为了学生好，但采取的方法学生不能接受，容易产生抵触情绪，这样不但影响师生感情，也不能达到教育的效果。所以青年教师在学习学科教学知识的同时，也应当学习一些青少年成长的心理知识、人际沟通的技巧等，在"教书"和"育人"的道路上齐头并进。

教师还要不断学习，努力钻研。教师除了要向书本学习，向别的教师学习外，更要向学生学习。向书本学习，不仅学自己所教的专业书籍，虽然不可能博览群书，但也需要读点有别于自己专业的书。理科教师不妨读点文艺的书，文科教师也可以读点科普作品，以提高自己的学识和素养。向别的教师学习，学习他们的长处，比照自己的不足，不断改进。向学生学习，当今是信息时代，教师已经不是知识的唯一载体，更不是知识的唯一权威，学生知道的东西可能比教师知道的还要多。韩愈也说"生乎吾后，其闻道也亦先乎吾，吾从而师之"，因此，教师要放下架子，与学生共同学习，把教学组成一个"学习共同体"，在学习中不断提升。

教师的成长与学生的成长是同步发展的。教师在教育教学中引导和帮助学生成长，自己也就成长起来。当教师看到自己教的学生一个个成才，成就感就会油然而生，感到无比的幸福。正如人民教育家于漪老师所说的："教师的生命是在学生身上延续的，教师的价值是在学生身上实现的。"教书育人这一神圣的职业，我认为是最幸福的职业。

名师档案

林肃浩

　　杭州二中学术委员会主任，首批二级正高级教师，国家"万人计划"教学名师，入选国家高层次人才特殊支持计划领军人才，享受国务院政府特殊津贴，化学特级教师，国际化学奥赛金牌教练。先后荣获"全国先进工作者""全国优秀教师""全国五一劳动奖章"，首届"中国化学会化学基础教育奖"、"浙江省有突出贡献中青年专家"、"浙江省杰出教师"、"杭州市杰出人才"等多项荣誉。现任浙江省化学会理事、浙江省中学化学教学研究会常务理事、杭州市化学会副理事长、华东师大、杭州师大硕士生兼职导师，浙江师大特聘教授。《大学化学》编委、《中学化学教学参考》编委。

　　主持和完成省部级及以上课题 8 项。连续两届获得国家级教学成果奖二等奖 2 项；连续四届获浙江省基础教学成果（政府奖）一等奖 3 项，二等奖 2 项。在全国核心期刊发表或获奖论文等 60 多篇，其中获全国一等奖 8 篇，主编或参编的论著有《高中化学实验创新与研究》等 70 多本。

　　指导的学生有 700 多人次在省、全国、国际化学竞赛获奖，其中获国际化学奥赛金牌 1 枚，国家级金牌 13 枚，银牌 14 枚。

脚踏实地　仰望星空

上海市崇明中学　杨卫国

　　说起教师的专业成长经历，应该是各有各的不同，且特色鲜明，具有不可复制的特点，所以介绍成长经历的视角和形式可以是多样化的。我试图以时间顺序为主线来回顾自己的专业成长，以起到抛砖引玉的作用。

脚踏实地，做一个受学生欢迎的教师

　　我是"文革"后首届大学生，从1982年1月毕业进入中学之初，由于学校缺少化学教师，就被安排担任毕业班第二学期的教学工作。从那一刻开始，我就觉得肩上的担子沉甸甸的。当时我面临着迫在眉睫的两大任务：在最短的时间内熟悉中学化学教材体系，并上好每一堂课；学会将化学问题转化编制为化学习题，为学生提供适量的作业。作为一个教学上的新兵，虽然有较扎实的化学基础知识，但化学不等于化学教学，可以说它们属于两个完全不同的范畴，更何况大学化学的知识体系与中学化学教材中的内容有着极大的差异。所以要上好高三化学的总复习课，就需要对中学化学的所有内容及教学要求具有总体的把握，而且要备好每一堂课，这在时间的投入上成本极大。但我就这样挺过来了，我的课也得到了学生的认可。当时另一项极具挑战性的工作就是编制习题。由于当年化学教师手上的资料就是一套教材和教参，几乎没有教辅资料可用，留给学生的作业只能边自编、边收集，然后将其刻在蜡纸上让文印室印发给学生用。当我送走了这一届学生后才发现，这半年的收获实在太大了，我不仅对高中化学的知识体系及教学要求有了完整的把握，而且接触了高中阶段所有类型的化学习题。当然这种收获是苦出来的，但是这种苦，苦得值，它为我以后教学能力的提升奠定了基础。

如果说一开始这半年我对上好一堂课的标准是内容精准、讲课清晰、学生理解，那么随着时间的推移，我对上好课的要求也发生着变化。当接到新的教学任务时，我考虑最多的是课堂教学构架的完整与过程的流畅，在课的设计过程中我渐渐地发现备课就如写文章一样，它要考虑怎样选材、剪材，也要考虑怎样谋篇布局，还要考虑读者的具体状况。正是这种感受，使我的备课过程变成了一种美妙的享受过程。在这样的过程中教学能力以我自己能够感受到的速度在提升，学生的评价也越来越好。

慢慢地，我发现自己的课堂教学有一个致命的缺点——没有关注学生对教学过程的参与。自此以后，我就有意识地引导学生参与到教学活动的过程中来，但实践下来效果不理想。原因是什么？一次偶然的听课使我找到了问题的根源：当时的课堂教学中人与人之间的关系不适合学生参与教学活动。究竟什么样的人际关系才有利于学生的参与？带着这样的问题，我在较长一段时间内反复查找资料，不断回顾自己教学过程中的种种细节，提出了引领学生参与到教学活动过程中来的人际关系应该是"分担与共享"关系的假设。分担是指：集体中每个成员应当分担他人在学习过程中遇到的障碍和情感负担，真心实意地帮助其越过这种障碍，消除这种负担，并从中认识到人与人之间合作所进行的事业远比竞争有意义；共享是指：分享他人在学习中获得成功和进步的喜悦，并由衷地在言行中表露出来，同时也共享他人获得成功的成果。在这种假设的指导下，学生便越来越多地参与到我的教学活动中来了。由此也形成了我的教学特色——学生高度参与教学活动。这样的教学，虽然由于学生时不时提出问题或讨论问题，往往事先设计的教学任务无法完成，但是在我自身看来，这样的教学才是成功的。

为什么要让学生参与到教学活动中来？不是为了课堂的热闹，也不是为了让教师获得一种心理上的满足感，而是为了使学生在参与活动的过程中，去体验、感悟和探究化学学习的方法或途径。自然科学的方法论认为，任何科学探究的方法，不外乎两种形式，一种是逻辑经验主义的方法，一种是理性主义的方法。如何在课堂教学中让学生体验、感悟这两种方法，我尝试着将它们一步一步分解，最终形成两组课堂教学的时序结构：

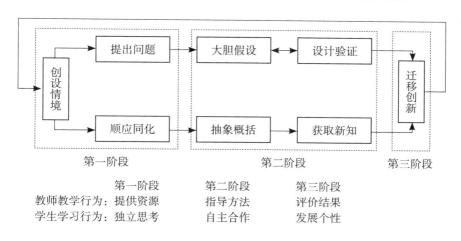

	第一阶段	第二阶段	第三阶段
教师教学行为：	提供资源	指导方法	评价结果
学生学习行为：	独立思考	自主合作	发展个性

上述两组结构真正在课堂教学中实施时，不能生搬硬套，而是根据教学内容和学生的实际，灵活地、相机地应用，它可以是缺少了一个或几个环节的残缺结构，也可以是一组结构就跨越了课与课的时间界限。用到后来，教师做到了胸有结构而不拘泥于结构，结构随着教学的推进而发生相应的变化，此时的课就活了起来。

合理的人际关系加上上述课堂教学结构的使用，使课堂教学成为师生的一种享受。有同学这样写道："杨老师有教师的无私奉献，有军人的纪律和准则，也有设计师的布局和安排，上课时使我们有宾至如归的感觉，课堂成了老师和同学交流的空间，通过它使我们达到科学的彼岸。"

通过十多年的脚踏实地的工作，我的课受到了学生的欢迎，但当时自己也隐隐约约地感到我的课再想有所提升已经很困难了。

一次专家听课后的一句话点醒了我：你的课缺少教学理论的指导。我反复地品味着这句话的含义，终于找到了继续提升自己课堂教学品质的途径。由此作为一个契机，从 20 世纪 90 年代中期开始，我的课堂教学又踏上了新的征程。

仰望星空，做一个对学生发展有益的教师

专家的指点，使我感到要提升自己的教学品位，就得仰望星空，拓展自身的教育视野、丰富自己的教学理论，从更高的视角去审视自己的教学行为。为此，我仔细研读了多个流派的教学理论，并结合已有的教学实践经验，在理论与实践之间的结合点上开展研究工作，提出了一些将教学理论应用于教学实践的具有可操作性的方法。比如在提取了皮亚杰认知结构理论的精髓后，我在教学实践中尝试采用"图式→同化←→顺应→平衡"的结构实施教学活动，很受学生的欢迎。通过几年坚持不懈的努力，我感觉到自己的课堂教学有了明显的提升，课也变得漂亮起来。当这位专家再一次听了我的课后，在汇报会上作了这样的评价：他的课的每一个环节都可以从教学理论中找到依据。

后来，我入选了当时上海市教委的"跨世纪百人工程"，接受为期三年的培训，也参加了骨干教师国家级培训，在人到中年之际到华东师大攻读第一届教育硕士学位。这些学习使我对教学理论、教学实践有了更深的理解，因而对教材的处理、教学活动的组织更加得心应手。

在教学实践中，我发现化学中充满了哲学，哲学的思想方法几乎可以解释所有的化学变化。以"对立统一规律"为例，它认为一切事物内部对立着的诸方面之间存在着相互依赖、相互排斥的关系；它存在于事物发展的一切过程中，是一切事物变化和发展的根本原因。这里的"相互依赖"和"相互排斥"从化学的角度可理解为相互作用，它可以是不同物质微粒间的互相作用，也可以是同种物质内部微粒间的相互作用，这种作用的存在，决定了物质的性质。利用这样的思想组织教学活动，可以使学生对化学学习的认识上升到哲学的高度。例如苯硝化时生成一元取代物，而甲苯却可生成三元取代物；甲烷不能使高锰酸钾酸性溶液褪色，而甲苯中的甲基却能。这些化学现象激发了学生对原有图式作出顺应的强烈的动机，此时我向他们略作介绍：在甲苯分子中的苯基与甲基间存在相互作用，这种作用的结果使它们的化学性质发生了变化。接着学生经过讨论得出结论：甲苯中苯基对甲基的作用，使甲基由一般不被高锰酸钾酸性溶液氧化变为能被氧化；甲基对苯基作用的结果使甲基在苯环上的邻、对位氢原子变得活泼而易被取代，故可生成三元取代物。由此得出分子中原子团间的相互作用，会使原子团的化学性质发生变化的结论。对在稍后的学习中遇到的苯酚的酸性及苯酚跟溴水反应生成三溴苯酚的化学性质异常现象，学生也能应用这样的图式得到解释。实际上学生在上述认知结构的构建过程中，其思维能力的层次也随之得到相应的提升。对立统一规律在化学上的应用可使学生的化学学习上升到哲学的高度，几乎所有的化学反应及同类物质间化学性质的递变关系无一不是对立统一规律的很好例证。

化学是一门充满着美的科学，我努力在教学中让学生发现化学之美。其一，规律美。化学世界多姿多彩，其中又充满着规律，在中学化学中常见的规律有化学反应规律、原子结构递变规律、元素及化合物化学性质的递变规律、化学平衡移动规律等等。在中学化学课堂教学中要让学生充分感受化学的这种规律美，但又不能仅仅满足于规律美的体验，因为如果学生学到的仅仅是"规律"，那么他的学习就可能会变得机械，原本美的内容就会失去其应有的魅力。其二，变化美。没有变化，就没有化学，可以说变化在化学中无处不在。这里的变化是指"规律"中所蕴含的不符合规律的变化，这时学生就能列举出常见的化学反应中的特殊情况、原子结构递变中的特殊情况、元素及其化合物性质递变中的特殊情况、有机化合物原子团间的相互作用引起化合物性质的特殊变化等等。同样，在学生探索化学的变化美的时候，我也努力注意不让他们把化学中的变化美与规律美割裂开来，因为如果在化学学习中学到的仅仅是变化的话，那么他们的学习就可能变得盲目而缺乏逻辑。"规律美"与"变化美"是化学中既对立又统一的不可分割的两个方面，只有把两者结合起来，才能使我们对化学有整体的美的感受。其三，和谐美。化学世界是一个和谐的世界，其中看似互不相关的一百多种元素相互作用后和谐地形成了五千多万种化合物，它们或具有五彩缤纷的颜色，或具有各种各样特殊的化学性质，已经成为我们日常生活、工农业生产、科技、国防等各领域不可缺少的部分，而这一百多种元素本身又根据其原子核外电子的有规律排布和谐地组成了元素周期表，从而为人类研究元素的性质、寻找特殊用途的元素和发现新元素指明了方向。

当学生既能用哲学的眼光去审视自己的学习内容，又能在学习过程中体验化学之美的时候，他们的化学学习就会自然而然地从必然王国走向自由王国。当他们踏上社会后，即使不从事化学相关行业的工作，这种思想方法对他们的发展也将是永远有用的。

名师档案

杨卫国

　　上海市特级教师，正高级教师，国家"万人计划"教学名师，华东师范大学基础教育特聘教授，教育部基础教育化学学科教育教学指导组成员。曾获上海市劳动模范、全国优秀教育硕士、全国优秀教师、全国模范教师等称号。现为上海市"双名工程"攻关基地主持人。获国家教育学术委员会教科研成果一等奖等奖项。

反思·感悟·行动
——我的教学生涯关键词

甘肃省兰州市第二中学　吕晓燕

　　"多年躬身育新苗，几番研墨书教育。"甘于寂寞，甘于辛劳，在祖国的教育领域，有无数辛勤的园丁在默默奉献，以自己的教育情怀、赤诚心意、博大无私的爱，完成着教育教学工作中的使命。而我有幸成为其中的一员，从青葱岁月一路走来，育人的同时，自己也在不断成长。回眸沉思，往事如歌，慨叹怀念，涌上心头。

一、反思与成长：教学中的"静"与"镜"

　　说起教学，想到"心静如水"与"心如明镜"这两个词，缘起多年前的一件小事。

　　彼时，正是 2000 年高考之后，学生成绩尚好。2000 届高三（2）班，是我从高一带到高三毕业的第一届学生。平心而论，在教学中我下了很大的功夫，全心全意地带班，尽心尽力地教学，高考成绩优异，化学成绩尤其突出。我意气风发，颇有些自得。一日，两位即将步入大学之门的学生来探望我。随意的聊天中，这两位成绩颇好的学生，不经意间说我上课讲得过多过细，没有留给学生充分思考的时间和空间，大家在我的课堂上"疲于奔命"，听课，记笔记，非常紧张忙碌。课堂上，很多时候是我代替学生解决问题，对他们的能力发展很不利……一番畅谈，醍醐灌顶，让我的心立刻静了下来。说心里话，我一直自认为讲得多、讲得细、讲得卖力是我的教学优点，她们的意见让我很意外，颇受打击。

冷静之后，细细思考，我觉得她们的话很有道理。很多时候，做得多并不意味着做得好，教学也是如此。我们的教学，应该更多关注学生，培养能力，教会方法，所谓"授人以渔"。教师不可代替学生思考，也不可能代替学生成长与进步。在这之后，我的教学思想和教学方法有了很大的变化。在教学中，能始终将学生放在第一位，注重运用问题引导学生，真正做到"眼里有学生"。课堂中，学生在思考，在解决问题，在主动学习和掌握新知识，不断提升能力，积淀素养。事实证明，这样的教学，颇有可取之处。回首往事，面对今朝，我深深觉得现在倡导的学科核心素养培育等教学理念，其实就是从学生真正的需求出发，来更好地完成我们的教学。因此，我能够发自心底地赞成新课程的教学理念，学习与思考，并努力付诸教学行动中，落实于课堂教学的方方面面、点点滴滴。

几度春秋，数届学生，很多往事已经淡忘，但这件事一直在我心里，那两位学生对我说的话，也一直留在我的脑海中。因为，这件事改变了我对教学的认识，更重要的是，这件事时时提醒我，在教学生涯中，需保持"静"，心里要有"镜"。

在多年的教学经历中，我深深感受到：

教学中静神，才能"以理为镜"。远离喧嚣，沉下心研读教育教学理论，以先进的理念对比对照，指导自己的教学实践。

教学中静心，才能"以师为镜"。去听课，去研究课，在观摩交流中扬长避短，磨炼教育教学技能。

教学中静气，才能"以生为镜"，切切实实做到教学相长，与学生有真正意义上的交流和沟通，才能让自己的学生有自信，有底气超越老师，成人成材。

教学中静思，才能"以课为镜"，时时回顾与反思，体会优点，发现不足，感悟教学中的得与失，保持持久的教学热情。

教学中静想，才能"以研为镜"，不断地研究教学。重视教学设计，善于创设教学情境，精于设置问题，长于开展探究活动，以美的方式展开教学，以人文思想贯串教学，以学科核心素养的培育贯串教学的始终。在富有生机和活力的课堂中，学生趣味盎然地自主学习，成长与发展。

教学中，需要"心静如水"与"心如明镜"：在"静"中学习，在"镜"中反思；在"静"中接纳，在"镜"中改进；在"静"中体会，在"镜"中成长……

二、感动与感悟：教学中的"思"与"悟"

静心回想往昔，回忆漫漫人生路中珍贵的那些年，那些人，那些事。这些宝贵的人生记忆，既是我的人生财富，也是我不断努力前行的力量源泉。我珍惜过往的点点滴滴，我也期盼憧憬美好未来，我更要把握好现今的每时每刻，尽职尽责，尽心尽力，为人师，做榜样，培育学生，培养年青一代……

1. "无知无畏"之时，宽容呵护之同伴

我曾经和别人半开玩笑地说过："碰见我的第一届学生，我的第一念想是逃开……"初上讲台的我，对教学可以说懵懂无知，有的只是热情和勇气。当时有滋有味讲授的课，回首却发现有太多不足，感恩那时同伴的呵护与宽容。清楚地记得我的第一届搭班班主任，经常感叹他当时的诚恳、热情和包容。面对那样"无知无畏"的我，他理解、支持并不

断引导。幸运的我，在他的帮助之下，顺利教出了人生的第一届学生，而且，成绩尚可。往后的教学，因为有了这样的良好开端，才有了自信和持久努力的力量。这样的亲身经历，使得现在的我，遇到初入教坛的青年教师，就像看到当年的自己，也能给予他们殷切关注、无私帮助和热情指导。能尽力做到有求必应，经常在休息的时间，陪着他们设计课，修改课，琢磨提升课堂驾驭能力，用热切的希望和宽容的注视，陪伴着他们成长。

2."停滞不前"之时，点拨引导之长者

多少年来，专注于教学研究的我，关注课堂教学，研读教学方法，努力丰富提升教学素养，因而，才有了 3 部教学专著出版，10 多篇论文在国家级、省级刊物发表，20 多篇论文省级获奖……但是，当初的我，直至参加教学新秀评选，还没有一篇教学论文。忘不了当时校长的温和责备："写的论文连一篇好的教学总结也算不上，也不知道规划个人发展。"而我还在纳闷：我每天努力上好课，难道不是在发展，在进步？面对这样"停滞不前"的我，校长以实际行动促我"开窍"。他力推我趁着假期去参加省教科所的重要活动。就是在这次活动中，我得以和很多优秀的老师相处，开眼界，长见识，开始了自己的教学研究之路。体会过教学研究的甘苦，体验过教学研究对提升教学能力不可替代的作用，如今的我也时时鼓励他人：勤于积累，用心感悟，坚持做教学研究，研究"真"问题，会给自己的教学带来很多益处。现在的我，带领着自己的团队，在交流中成长，在教研中进步，静心教学，潜心钻研，与大家携手共进。

3."困惑迷茫"之时，鼓励鞭策之导师

在前行的道路上，总有风雨需经历，会有阻力挡步伐。在评选特级教师成功，初尝喜悦之时，不料风云乍起，风波不断。"困惑迷茫"，不足以描述我当时内心的不平与黯淡。纷乱的心绪，愤懑的心情，使得往日充满魅力的讲台，竟然也失去了吸引力。不能忘记的是，教育局领导在百忙之

中的约谈与交流，在谆谆的话语中，我感受到的是关心、爱护和信任，以及领导对我沉甸甸的嘱托。感受着这种发自心底的温暖，体会着鼓励和鞭策，驱散我眼前的迷雾，用清亮的眼光注视着前方。我抛开困惑与迷茫，坚定信心，努力地在自己的工作岗位上尽职尽责，培养学生，在帮助、引领、指导青年教师的各种活动中尽心尽力。经过了那样的风雨兼程，在遇到困难或不平之事时，我总会时时想起鼓励鞭策我的人生导师，想起那些催人奋进的话语。在困难面前不退缩，在不平之时能静心，以坚韧之精神、平和之态度面对困难，尽心尽力，待人待事。

4. "奋斗拼搏"之时，陪伴相助之亲人

负重前行的道路上，不可能一帆风顺；生而为人，不可能没有惰性；面对生活、工作中的种种繁杂事物和诸多挑战，时时会有疲惫之感袭来，懈怠之心产生。因而，在奋斗拼搏之时，亲人们的相依相伴相助，是不可或缺的精神支柱和力量之源。爱人、孩子、兄弟、同事、学生……都是我们的亲人。忘不了参加教学新秀比赛时，同组老师陪我磨课，在我慌乱无措之时安慰我、鼓励我，想办法，出主意，在他们的无私帮助下，我才能赢得教学生涯中的第一份认可；忘不了在我需要改进实验之时，我亲爱的至亲，帮我找器材，来回奔波，直到成功；忘不了在我陷入人生低谷之时，我亲爱的学生，悄悄精心筹备，让我感受平生最为隆重的生日，分散我的忧愁……在亲人们热切的鼓励中，我才能艰难地重新振作，站立于讲台之上，孜孜不倦地授课，投入各类讲座、送教等活动，充满热情地研究与交流，热心于青年教师、年轻学子的培养，带着他们教研、比赛、送教，不断提升与成长。在繁忙中，在辛劳中，我也在奋斗前行。

5. "成功喜悦"之时，警醒激励之诤友

前进的道路上，有苦涩，有辛苦付出的峥嵘岁月，也有终获回报、充满喜悦之幸福时刻。在成功顺利之时，时时保持清醒的头脑难能可贵。在较为顺利的境遇中，依然能心静如水，努力做到不"飘"不"浮"，认真地做好每一件事情，需要有能够直言相告、坦白真诚的诤友陪伴在身边。他们有丰厚的学养，耀眼的业绩，身居"显"位，却谦恭、温润，一言一行，一举一动，散发着内在魅力，潜移默化地影响着我。在我懈怠之时，他们勤奋的身影在提醒我，让我迅速振作，积极投身于工作；在我言行欠妥之时，他们善意的目光告诫我，让我不可忘乎所以；在我沾沾自喜之时，他们以自己的行动和优秀提示我，让我真正理解"人外有人"的含义。这些诤友，在自己的行业中出类拔萃，却依然务实认真。他们是别人"仰视"之人，却更加兢兢业业，精益求精，在工作中哪怕是一个小问题也不放过。长年累月，他们像学生一样刻苦严谨，不断学习、思考和钻研。有他们在身边，浮躁的心会安静，疲惫的身躯会抖擞精神，抱怨的情绪会烟消云散。"高山安可仰，徒此揖清芬"，人生旅途，有这样的诤友相伴、警醒和激励，才能宠辱不惊，笑看云卷云舒。

三、思考与行动：教学中的"研"与"育"

作为坚守一线的教师，我深切感受到研究对于教学不可忽视的重要促进作用。教学不是简单重复，而是需要持续、深入研究的"课题"。只有在研究中开展的教学，才能教学相长，真正做到"育人"。因此，从论文到课题，再到教学专著的书写，教学研究与教学实践的相辅相成、共同提升，一直是我们付诸积极行动的目标。

1. 重视并努力发掘高中化学教学的育人价值，多元化教学

对于高中化学教学的教学目标，我们应有清醒而深刻的认识。教学不能是单纯的化学知识和原理的传授，而是要着眼于学生的现在和未来发展，通过各种方式，启迪学生的思维。课堂教学的核心是促进学生全面发展，提高学生思维能力、动手能力、观察能力、表达能力、合作能力等。

课堂教学要贯串和渗透学科核心素养培育，教师要"心中有学生"。从教学理念、教学思想、教学行为、教学方式与方法等做起，在教学中以学生为重，充分关注学生，重视课堂生成，教学随着学生而变，及时调整教学流程和进程，注重教学的实效性。教学中突出实践性，"贴近生活，走近社会"，从学生"熟悉"而又"陌生"的生活现象引出学习内容，强化学以致用，引导学生感受"生活中处处有化学"。在点点滴滴、日积月累的课堂教学中，真正着眼和落实对学生的培养和培育。

2. 潜心"问题式"教学研究，深层次教学

我们在教学中，要注重以问题为背景，结合学生所学化学知识，构建课程内容，教学以具有思考价值的问题驱动，强化探究性和内在吸引力。潜心研究"问题式"教学，努力实现学生的深度学习。研究教学中通过问题设置，以"疑"导入教学，以"疑"突破难点，以"疑"回顾反思，充分发挥其对教学积极的推进作用。重视设问，研究设问的方法，提高设问的艺术，优化课堂教学。同时，逐步加强学生在学习过程中的问题意识，引导学生自主发现问题，增强学生解决问题的信心，提高学生解决问题的能力。通过以问题解决为中心的教学实施和推进，努力实现高中化学深层次教学，让学生在思维、能力和素养等方面得到全面提升。

3. 钻研教学设计及课例开发，精细化教学

坚持钻研高中化学教学设计，创造性地开发优秀课例，是我和团队成员一直进行的工作。对于每一节课，我们就像写文章一样精心设计，细心打磨。在教学设计中，围绕教学内容，进行课程资源的开发与整合，恰当创设教学情境，合理安排探究性活动。以教学设计为抓手，实现课堂教学的精细化，努力做到每个教学环节都有利于学生的成长与发展。深入研究和探索在高中化学课堂教学设计中，体现和凸显化学学科核心素养培育的思路、途径与方法，并将其与高中化学学科知识学习有机结合，努力把化学学科核心素养培育渗透于教学的每个环节。进一步研究问题式教学设计和问题式教学实施，逐步完成有利于高中化学教学、有利于学生发展的课堂教学设计。以教学设计开阔教学视野，提升教学理念，教学过程渗透美育和人文素养熏陶，科学态度与精神的培育，对学生的能力发展和身心成长，会起到深远而有益的影响。

"赋予学生发现的眼睛，赋予学生智慧的头脑"，我们在教育教学征程中，反思，感悟，行动，做温暖的教师，志于心，立于行。"育苗有志闲逸少，润物无声辛劳多"，我们辛勤耕耘，春风化雨，为培育优秀的祖国未来建设者而静心教学，精研教学，以更为开阔的教学视野，更为深厚的教学素养，不断成长为更为出色的人民教师。

名师档案

吕晓燕

　　兰州市第二中学化学教师。国家"万人计划"教学名师，甘肃省第一层次领军人才，"中国化学会化学基础教育奖"获得者。正高级教师，甘肃省特级教师，陇原名师。兰州市级领军人才，兰州市"金城萃英"人才计划教育领域首席专家，金城名师，兰州市人民政府督学专家，兰州市高中化学基地主持人。西北师范大学教育硕士专业学位研究生指导教师。被评为甘肃省优秀班主任、甘肃省学科带头人、甘肃省骨干教师、兰州市优秀教师、兰州市三八红旗手等。

　　教育教学理念先进，潜心教学研究，完成教学专著3部、多项省级重点课题等。在教学实践中兢兢业业，不断创新，成绩突出，受到学生、家长和社会的普遍好评。

苔花如米小

新疆维吾尔自治区乌鲁木齐市第一中学
敬鳗力

2019 年 9 月 10 日，在北京人民大会堂，作为新疆教师代表，我参加了 2019 年庆祝教师节暨全国教育系统先进集体和先进个人表彰大会，受到习近平总书记等党和国家领导人的亲切接见，这是国家给予一名人民教师的至高无上的荣誉。回顾自己的教师专业成长历程，我有三点体会。

一、追随初心，如切如磋

1991 年从陕西师范大学化学系毕业的我，回到家乡乌鲁木齐市做了一名中学化学教师。

初为人师的我出任九年级 4 个班的化学教师。面对新鲜活泼、神色各异、渴望知识的 220 多名学生的眼神，内心是忐忑的，也是坚定的：化学成绩必须助力学生的中考，这是九年级化学教师的职责。

认真研读教材、研读教师教学用书，梳理出需掌握的相应知识点，明晰每节重难点，写出详细的教案，达成演示实验无差别的再现，这是担负起责任的保障。然而上课时偶尔瞥见学生迟疑的目光，不免担心：是不是哪儿出错了？批改作业时发现个别题有较多学生做错，是不是我没给学生讲清楚？每一次单元自命题考试后学生的成绩高低不一，才开始学化学，为什么呈现如此结果？

让我的化学课堂给学生留下更多的印记，课上或课后学生能留下有所触动的思考，提高上课效率，是我首要解决的问题。通过观察，我发现在做演示实验的时候学生很兴奋；讲与生活实际联系生动的故事时学生很专注；用刚学的化学知识诠释生活中一些实际时学生眼里闪着光。于是我的课堂上经常出现一些教材中不曾设置的实验，有了好几个"小男孩的故事"，涂抹肥皂水可以缓解蚊虫叮咬引起的不适，是碱和酸反应的结果……课堂上学生们眼中的光芒多了，课后也时常见他们三三两两聚在一起讨论化学问题。

经过两轮九年级教学锤炼，我发现学生在化学课上表现积极了，对化学课兴趣浓了，第一章学习后测试成绩差异性不明显。然而再学习教材一章或两章后，学生学习差异性又开始表现明显，这是什么原因造成的？

通过仔细观察学生做作业的状态，询问学生学习化学的具体过程，我发现学生在接受课堂所授知识大致相等的情况下，其学习习惯会对学习结果产生较大影响。每天认真复习所学知识的学生，知识再现率远高于不复习的学生；边做作业边看书的学生，知识的掌握和思维能力的形成弱于做作业不看书的学生；及时订正错题并定期回顾错题的学生，学习结果好于不订正错题的学生。

这使我意识到指导学生形成学习方法，帮助学生养成好的学习习惯，也是我做教师的职责之一：每天复习20分钟化学所学知识；看书不做题，做题不看书；及时认真订正错题并常回顾。在每届我教学生开学之初，将学好化学的学习方法分享给学生成为我上课必备环节。我还在每节课上课前5—10分钟将上节课核心内容设置成问题请学生回答，从上课环节督促学生养成每天复习的习惯。每单元必测试，测试后当天改完4个班的卷子，在学生知识保持热度的第二天及时讲评，以达到较好的纠偏效果。针对学生知识弱项整合成专题训练，为及时发给学生，20 世纪 90 年代时我用钢针在钢板上刻蜡纸，常刻到凌晨 2 点。即使带着 4 个班，也坚持每周至少 1 次下班答疑辅导，给学生学习过程以有力支撑。

课堂效率的提升、学生合理学法的有力保障，使我所带班的大部分学生化学成绩都有了不错的表现。然而不管是九年级还是高中三年，每届还是有较多学生在一些特定的时间段出现化学学习的滞后，这又是什么原因造成的呢？

针对学情和初高中课程设置架构、内容的比对分析，我发现九年级学生易在元素符号学习和化合价识记处出现分化，高中学生易在物质的量和化学反应原理学习处出现分化。这几部分知识呈现的化学学科特点比较明显，学生原有的知识体系与这部分知识没有较强的联系，而它们却是化学后续学习的基础，没有学好则会在较长的一段时间让学生学习化学感到吃力。发现原因后，我从教学内容编排、作业布置、学生实际状况出发分化难点、突破重点、反复强化，使后续学生拥有喜欢化学的自由。

随着所教的学生相继毕业，他们在大学入学时近一半选择了化学或与化学相关的专业，我想是高中阶段的化学学习激发了他们对化学学习的兴趣，同时给他们未来专业学习打下了良好基础起了一定的作用，那么对于那些在大学学习其他与化学无关专业的学生，在他们人生花季的高中阶段，我所讲的化学课意义是什么呢？

做学问前先做人，立德树人是教育教学的根本任务。我的"氧化还原反应"的课堂上于是出现了老子；"钠的化合物"课堂上走来了杰出的侯德榜；"金属及其化合物"的开篇走来了怀着拳拳爱国心的南仁东；"研究有机化合物的一般步骤和方法"的课堂有了屠呦呦的分离提纯青蒿素不懈的努力过程……研究教材、挖掘相关素材，让我授课的内容充分浸润中华优秀传统文化，让所教学生常常感受着前辈们赤诚的家国情怀，使学生的科学态度与社会责任心得以发展是我的化学课首先应给予所教学生们的。

授人以鱼，不如授人以渔。我会阶段性地设置一些问题，选择一些课题，让学生自己去寻找答案。如教材中的资料呈现《淮南万毕术》记载"曾青得铁则化为铜"，史料记载我国夏商周已大量使用青铜器，春秋才开始大量使用铁器，这是怎么回事？又如让学生阅读教材中甲烷到丁烷的球棍模型图片，自己选择材料搭建甲烷到戊烷的模型并在课堂给大家展示。我推动学生去查相关文献，自主学习，在做中发现问题，思考问题，同学间探讨问题，寻找解决方案。在一次次任务完成过程中，学生们的知识得到扩展，思维得到锻炼，能力得到提升，素养得以发展。这应该是我教的学生毕业后，即使忘却了大多数的化学知识，也仍能给他们未来发展以支撑，留在他们身上的化学课程的痕迹吧？

二、拳拳之心，如琢如磨

一日之计在于晨，班主任每天的工作起始于早晨督促学生准时到校。每天早晨我早于学生 5～10 分钟准时站在班级门口，与每位到校的学生彼此问好，这样既能让学生守时，也能让学生学会文明礼仪。

一段时间后，我发现一周基本上每天都有学生未按要求准时到校。我猜测是学生没有意识到守时是守信的开始。在接下来的班会上，我认真阐述了迟到行为的严重后果，举了几个突出的实例，告诉学生守时关乎守信，希望学生从到校到班不迟到做起。之后班级整体迟到的状况明显改善，早读间或性的迟到主要集中在几个学生身上。看着学生迟到时面对我羞愧的神态，我先是告诫"今天你迟到了"，几次之后让学生告诉我为什么今天迟到了，然而又几次之后还是有学生迟到。我琢磨：是不是我对克服迟到这个行为态度不够坚决，制度是不是能起到更好的约束作用？

2007 届的班会课上，在副班长通报本周迟到学生的名单之后，面对着这个一直没有彻底解决的问题，我再一次阐述了迟到不良行为的危害，决绝地提出从明天早上开始，若再迟到须回家反省半天，写出一篇有关迟到的反思。看着大多数学生略显严肃的表情，我想在制度划定的红线下学生们应该不会把迟到不当回事了吧？明天早上全班应该没有迟到的了吧？

怀着有些惴惴不安的心情，第二天我准时站在班级门口。到了 8 点 55 分，看到教室里坐满了学生，就在心情刚一放松时，我看到了两个空座位。"还有 5 分钟，学生会按时到的。"我心里想。9 点 5 分，一个男孩子犹犹豫豫地顺着墙移到了班级门口，我问："几点了？""我迟到了。"学生答道。"昨天班会课上我们是怎么约定的？""回家反省半天。"学生低着头回答。"家里今天上午有人吗？给你家长打电话说明一下情况。"学生拿着我的手机与家长联系，我在电话里将情况告知了家长，感谢她的支持。男孩子满眼愧疚地背着书包从班级门口移向学校门口。我内心有些不忍。

9 点 15 分，一个女孩子慌慌张张跑到班级门口，看到我时收住脚步低下了头。"迟到了？"女孩点了点头。"给家长打个电话说明一下情况，下午带着迟到说明再来学校。""老师，我以后不迟到了，今天让我上课吧。""迟到对不对？昨天班会课上我们一起才约定的，你为什么不重视这个问题？""我不想耽误课。""既然不想耽误课，你今天为什么还迟到？""你身体有不舒服？"学生摇摇头。"家里有事？"学生又摇摇头。看着学生执拗的表情，我拨通了她家长的电话，说明了情况，感谢家长的支持后把电话递给了学生。接完电话，学生眼神闪烁着说："老师，我下午再来学校。"便背着书包往校门口走去。看着学生离去的身影，内心不禁怀疑，自己这样做合适不？

迟到是不对的。曾反复告诫学生，提前有口头的约定，我严格地执行约定，逻辑上没有问题，无规则意识更是要不得的。这学期接下来的时间里，这个男孩和女孩再也没有迟到过，班里也几乎杜绝了迟到。我在内心有点小喜悦的同时，慢慢地感到了那个女孩对我的疏离，不再见她在我面前有时活蹦乱跳的身影，心中有些怅然若失。

我开始反思，学生迟到了就让学生在家反省半天，这一举措虽然取得了一定的成效，但我认为还是很不合适的，这个所谓的约定没有建立在尊重学生身心发展规律上，其实在执行时内心的不安就已经告诉我自己了。育人是教育的核心，育人的基础是学生对老师的信任，学生感受到来自老师对她的关爱，当老师的行为摧毁了师生间的信任，也就失去了教育的基础。所谓好的结果的呈现不是学生成长的自然达成，而是学生暂时委屈的妥协，教师教育行为的价值是什么呢？严格执行制度没错，但也应该是在学生感受到老师爱的前提下才能指向对学生行为的规范，才能达成育人的功能。

在这次教育行为之后，对于偶尔迟到的学生，我采用了提醒他们注意最近学习的节奏的方式。对于经常迟到的学生，我更多的是先与他们探讨产生这种行为的内在的潜意识是什么，与他们一起寻找逐步解决迟到的措施，并在不断鼓励中让学生看到自己的成长，养成不迟到的习惯，把解决迟到问题变成我与学生共同成长的契机。

"教育是一门'仁而爱人'的事业，爱是教育的灵魂，没有爱就没有教育。"只有爱的教育才能培育出茁壮的可持续发展的人才。

三、学而不厌，诲人不倦

学生时代的我话不多，更善于的是倾听。记得 1991 年 9 月第一次正式走向讲台时的我，内心是局促不安的，目光常常扫过座位上的学生，不敢停留注视。拿着自己对自己试讲过、查了手头 4 本资料又改写过 3 遍的教案，35 分钟课就讲完了，剩余的 10 分钟救急式地安排学生看教材、完成课后习题。当下课铃敲响的那一刻我第一次听出铃声的欢快。一节课教案书写内容之外的话说不上 5 句，以至于我养成了备课时把每一句要说的话都写在教案里的习惯。

不善言谈的我 1994 年参加了自治区青年教师录像课比赛获初中组二等奖，1998 年参加乌鲁木齐市化学说课竞赛获三等奖。随着教龄增长，虽然我已经完全能胜任初高中化学教学，不论是教过还是辅导过的学生不管在中考、高考中，还是参加各级各类的竞赛，都取得了斐然的成绩，但我自己参加教师课堂教学大赛的成绩却不理想。我一度对参加教学课堂大赛没有信心，认为自己不适合参加，然而当想到作为一名教师不能完成一堂基本要素齐备且有特色的授课时又有些不甘心。

沉寂很长一段时间后，我尝试着分析了自己的问题。从上好校内示范课起步，讲课后请教每一位听课老师，征询他们的意见和建议，询问听课学生的感受。不管是能在现场还是通过网上，有机会就多观摩优质课，听课时也常问问自己：若是我上这节课，我如何处理这一环节？我会如何设计这节课？同时鼓起勇气继续参加市里的课堂教学大赛，从接受自己是三等奖水平开始。虽然我在参赛选手里年龄偏大，但想着自己是后知后觉型的，就一门心思认认真真地准备每一次示范课、大赛课。

通过不断的磨炼，我对公开课的认识不断深入。好的一节课教师语言简洁，板书呈现精美，课程结构清晰严谨，重点突出，难点突破；好的一节课学生是主体，教师是学生学习的促进者，师生思维流畅，师生互相促进，共同成长；好的一节课犹如一首悠扬的乐曲，舒缓、激昂、欢快、灵动……

2013 年，我获乌鲁木齐市讲课比赛一等奖；2014 年，参加第九届全国基础教育化学新课程实施成果评比及交流活动录像课获二等奖；2016 年，参加乌鲁木齐市第二届中小学名师课堂教学大赛获高中化学组一等奖；2018 年，面向全市承担了乌鲁木齐市第四届学科带头人示范课"金属晶体的原子堆积模型"，获得全体教师高度赞扬；2020 年，被聘为乌鲁木齐市第九届教育教研月"第四届名师课堂教学大赛"化学学科评委。

2007 年作为正式成员，我开启了中国化学奥林匹克竞赛辅导之旅。面临新的挑战，大学新版教材的《无机化学》《基础有机化学》《物质结构》《结构化学基础》等是我经常翻看的书。带学生参加过冬令营后，深感新疆与其他地方之间的差距，为了给学生更高的平台，我努力学习，提升自己，经常凌晨一点困了不能思考才躺下睡觉，早上六七点起来继续研究，有时甚至通宵达旦。到学生进入奥赛比赛季的暑假，我只给自己放一周的假以让学生调整一下，从 7 月份中旬到 9 月初每周除周日休息，天天朝九晚七给学生进行奥赛辅导。所辅导的学生参加中国化学奥林匹克竞赛，4 届均取得初赛省级一等奖全疆人数最多、省队人数最多、决赛成绩全疆最好的成绩。

学无止境，面对一群蓬勃向上的学生，教师要解决教育教学过程中不断碰到的问题，如：如何提升学生学习效率？如何教学生调整好考试心态？如何提升家长与学生之间沟通的效率？中学化学老师给学生最好的教育是什么？什么是学生未来健康成长的最有力支撑？为了寻找答案，我主动地、被动地更新着自己的知识，自学了认知心理学、思维导图，阅读了《认知天性》《为何家会伤人》《中华传统文化必修课》等书籍，扩宽视野，提升自己的教学教育水平，积极地做学生健康成长的指导者和引路人。

正如学生给我的高度评价："敬鳗力老师为人师表，具有独特的人格魅力和学识魅力。她敬业爱生，治学严谨，专业知识广博、深厚、扎实，注意启发和调动学生的积极性、主动性，注重学生独立思考能力、开放性思维的培养；注重学生素养养成，注重学生潜能的开发，课上精彩纷呈的演示实验，实时分析最新科技成果、联系生活实际及对学生的积极评价极大地激发了我们学习化学的兴趣；在解决问题的过程中，我们懂得了科学探索的艰辛，体会了中华优秀传统文化的深邃，强化了作为未来祖国建设者身上肩负的责任和使命。敬老师尊重、关爱每一位学生，不仅教给我们知识，教会我们如何获取知识，而且注重对我们德行的培养，教我们做人。教我们遇到困难如何面对，学会用感恩的眼光看待世界，乐于助人，敢于担当，要有家国情怀……有幸做敬老师的学生。"

2016 届学生寄语："以前和以后的日子都不会再遇见这样的老师。敬老师关心的不只是我们的成绩、我们的高考，她希望每一个孩子从这里走出去都会成为一个正直的人、都有好的人生……吾爱吾师。"

作为一名普通高中化学教师，我是祖国亿万社会主义建设者中的一分子，就如万千植物世界里的"苔花如米小"，踏实认真全力地做好本职工作，也一定会为中华民族伟大复兴添砖加瓦。

名师档案

敬鳗力

　　特级教师，正高级职称。新疆维吾尔自治区政协委员，新疆化学会理事，乌鲁木齐市第一中学教研组长。入选第四批国家"万人计划"教学名师，中国化学会化学基础教育奖获得者，全国教育教研优秀教师，首批天山领军人才，新疆维吾尔自治区中小学教学能手，新疆维吾尔自治区第三批中小学教学能手培养工作室主持人，乌鲁木齐市第四批高中化学学科带头人。多次在化学竞赛学生培训工作中做出突出贡献，受到中国化学学会表彰。主持完成多个市级、自治区级课题，发表多篇文章，多次被聘为"国培计划"骨干教师授课专家。

学习：教师成长的阶梯

江苏省南通中学　陆军

1983年，我从扬州师院化学系毕业后，在全国第一所独立设置的中等师范学校——江苏省南通师范学校开启教师生涯，那时中等师范教育工作处于恢复阶段，"两代师表一起抓"的师范教育理念，催促我这个从事未来教师培养工作的新手教师尽快走向成熟、优秀乃至卓越。唐太宗李世民有句名言："以铜为镜，可以正衣冠；以古为镜，可以知兴替；以人为镜，可以明得失。"人民教育家于漪"一辈子做教师，一辈子学做教师"，她在担任上海二师校长期间，经常阅读《师范教育》杂志《中师明珠》栏目"浸透教师群体汗水"或"闪烁时代办学智慧"的文章，"以人为镜"，鞭策自己紧跟"导夫先路"者的足迹前进[1]。就在我基本熟悉化学教学工作，为如何才能获得快速成长感到困惑的时候，于漪老师"以人为镜"的经验给予我极大启发，饱含她从教40年成功秘诀的《奉献——教师的天职》成了我前行路上的镜子，并从中深切体会到"学习是教师成长的阶梯"，教师可以通过"为己之学""为教而学"和"应教为学"，使自己到达完善自我、发

---

[1] 于漪.我和《师范教育》[J].师范教育，1993（01）：4.

展学生、奉献教育的多重境界。

一、为己之学：完善自我

在孔子的眼里，"学"是提升自己的"为己之学"，而非求得虚名的"为人之学"。关于教师的"为己之学"，于漪老师认为，"人的学习不可能一次完成"，教师要做到"清如许"，"只有孜孜不倦地汲取知识，以涓涓清泉滋润心田，在教学中才能像流水一般进行灌溉。如果知识贫乏，孤陋寡闻，那就难以引导学生在知识的海洋中扬帆远航"[①]。所以，教师只有天天学，坚持不懈地学，才能全面提升自身教书育人的本领，满足教育教学工作的需要。

由于教师角色的特殊性，人们一直对教师寄予很高的期望。像"学而不厌，诲人不倦"的形象，既是优秀教师的写照，也是对广大教师的要求。中华人民共和国成立之初，教育部在 1952 年 3 月颁布的中小学幼儿园暂行规程（草案）中，就从教学理念、教学知识与教学能力等方面对教师素养提出相应的要求。其中，教学理念方面要"负责各项教学工作和学生思想行为之指导"以贯彻"全面发展的宗旨"；教学知识方面要"根据教学计划、课程标准的规定和学生身心发展的规律，充分掌握教材内容……按照一定进度循序渐进地进行教学"；教学能力方面"应根据理论与实际一致的教育方法……进行教学，以达学以致用的目的"，同时"注意启发学生学习的自觉性、积极性和创造性，培养其良好的学习习惯与分析、批判、独立思考的能力"；等等[②]。随着新世纪教师教育改革的深入，教育部又于 2012

---

① 于漪. 于漪全集 16　教师成长卷［M］. 上海：上海教育出版社，2018：148-155.
② 课程教材研究所. 20 世纪中国中小学课程标准·教学大纲汇编：课程（教学）计划卷［M］. 北京：人民教育出版社，1999：209.

年 2 月印发中小学幼儿园教师专业标准（试行），从专业理念与师德、专业知识、专业能力等维度对教师的专业素养做出更为详尽和明确的规定。

　　就教师专业知识而言，教师专业标准将其划分为教育知识、学科知识、学科教学知识、通识性知识等 4 个领域 18 个基本要求。其中，学科知识领域的 4 个基本要求可以分为 3 类。第一类是"所教学科内容的基本知识、基本原理与技能"，这里的学科是指"教学科目"，具体内容受相应学段课程标准的限制，体现国家对学生学习结果的期望；第二类是"所教学科的知识体系、基本思想与方法"，这里的学科是"科学领域"层面的学科，是课程专家在考虑学生发展、社会需求和学科体系等情况的基础上，从其中选择相关内容编制成相应学段"教学科目"的课程标准，教师拥有"科学领域"层面学科的"知识体系、基本思想与方法"，可以为正确把握"教学科目"层面的内容提供深厚的背景；第三类是所教学科与其他学科以及社会实践等方面的联系，这些内容可以帮助教师了解学科与科学技术、经济发展、社会文明的联系，全面认识学科知识的价值，以宽广的视野指导学生正确运用学科知识解决学习和生活中的实际问题。

　　我是在江苏省南通师范学校工作 18 年之后调入南通中学的，中师虽然有"师范"特色，但化学属于基础课程，与高中大致相同，而且从 1985 年执教五年制师范化学课开始一直使用的是高中化学教材。原本我是在农村小学和初中完成当时初高中学业的，那个年代、"戴帽子"的初高中以及"缩短"的学制，中小学的底子可想而知。为了获得"源头活水"，备课时我坚持结合教学进度同步重修大学课程，广泛阅读化学与技术、社会等方面的书籍以及期刊上的相关文章，并且注意这一系列读物的更新与补充，从而使自己逐渐形成站在"科学领域"层面学科知识的背景下或者是用综合的视角思考"教学科目"层面问题的习惯。遇到有争议的问题不是"人云亦云"，而是经常引用大学教科书中的权威观点，设计精巧的实验让事实说话，从热力学角度探讨反应的可能性，或结合动力学因素分析产生相关现象的原因，这样得到的结论不仅有助于厘清对有关问题的认识，而且在获得同行和高校教师认可的同时，促使自己"为己之学"的习惯得以巩固并一直延续。

二、为教而学：发展学生

在学校教育的体制下，教师"传道授业解惑"的对象是学生。陶行知先生认为，为了教会学生，教师必须设身处地，"以教人者教己"，用教大家的材料先教会自己，他还从学理的角度称之为"为教而学"[1]。于漪老师总是"一丝不苟"地"认真备课"，并告诫自己"绝不照搬照抄教学参考资料"，而要"独立思考，刻苦钻研，力求自己真懂"[2]。这"力求自己真懂"的备课过程启示广大教师，"以教人者教己"或"为教而学"是保障学生获得可能发展的关键举措。

"为教"必须以"为己"为基础，所以，教师专业标准对教师的专业素养从多个维度提出了明确的要求。近年来，习近平总书记勉励广大教师要做"有理想信念、有道德情操、有扎实学识、有仁爱之心"的"四有"好老师，并且要求教师做好学生"锤炼品格、学习知识、创新思维、奉献祖国"等四个方面的引路人。教师应该自觉站在新时代党和国家事业发展全局的高度，首先通过"为己之学"，使自己的专业素养达到或超出专业标准的要求，成为全体学生全面发展的榜样；然后通过"为教而学"，提高教学设计与学科逻辑顺序、学生认知顺序和学生心理发展顺序的匹配程度，切实践行为党育人、为国育才的初心使命，在引导和促进学生获得相应发展的同时，全面落实课程标准中的有关学业要求和素养目标。

---

[1] 陶行知. 生活即教育 [M]. 武汉：长江文艺出版社，2021：112-113.

[2] 于漪. 于漪全集 16 教师成长卷 [M]. 上海：上海教育出版社，2018：148-155.

与教师"为教而学"相对应的教学行为主要是注重"过程"。从知识产生的角度看，作为结论的知识是经过一系列探索过程之后形成的；从学习的角度看，学生的学习结果是在经历一系列学习过程之后实现的。"过程"是形成"结论"或获取"结果"所必须经历的程序和步骤，没有"过程"就没有真正意义上的"结果"。"过程"既是三维目标的有机组成部分，也是落实学科核心素养的重要途径，学生在探索知识的过程中能丰富学科经验、建立学科思想、形成学科能力，从而实现学科核心素养的全面提升。注重过程的教学，要求教师全面理解有关概念、原理的形成过程，把握概念原理的本质特征以及所蕴含的思想方法；在教学中不是把"结论"直接抛给学生，让他们死记硬背，而是通过展示、分析或引导学生参与知识发生发展的过程，让他们不断接近或走向结论。因为学生的"学"，不是把外界的知识简单地"复制"到自己的头脑中，而是要经过分析、综合、比较、抽象、概括以及判断、推理、演绎、归纳、类比等一系列的认知活动，最终才能获得"结论"。而且只有经历这样的过程，学生才能真正理解学科知识，提升与之相应的正确价值观、必备品格和关键能力。

在江苏省南通师范学校工作期间，我已经基本养成"设身处地"从学生出发的习惯。学生化学实验能力的培养是教学的重点更是难点，在对运用实验手段解决问题的全过程进行深入分析时，我发现，实验能力的诸要素受思维能力的统摄，并关系到提出问题、设计方案、操作实验、观察现象、发现规律以及形成结论的全过程，于是，便按照实验程序设定教学目标并全程跟踪，针对学生暴露的薄弱环节采取相应的改进措施，取得良好的教学效果，由此完成的《中师生化学实验能力及其培养》，在国家教委师范司组织的全国中师青年教师教学论文评比中荣获一等奖，并得到评委组长在书面点评时的褒奖。调入南通中学之际恰逢新课程改革的启动，这时我针对高中学生的实际"为教而学"，依托高等院校课程与教学论专家的理论支持，利用基础化学教育实践的平台和化学教育类期刊提供的园地，认识新课程、实践新课程、研究新课程，成为全国高中化学新课程实施先进个人和中国中学化学教育教学年度人物，"新课程高中化学教学的实践与研究"获得江苏省首届基础教育教学成果一等奖，相关专著还得到南京师范大学博士生导师李广洲教授的评点与推介。

三、应教为学：奉献教育

"应教为学"是古之为师者的基本功，具体是指教师既讲学授课又著书立说。孔子是我国教育史上"应教为学"的典型代表，他"终生都在以诗、书教学，执礼雅言，编六经，著春秋，所讲之学，所著之学，统一为儒学"[①]。由于现行教育制度要求教师的授课内容必须遵循课程标准的规定，"应教为学"便逐渐演化成教学与研究的一体化。于漪老师认为，教育是着眼于未来的事业，教师应该跟随时代，学会认识时代的特征，善于接受来自各方面的信息，使自己的思考与实践具有时代的气息[②]。显然，要获得具有时代气息的思考与实践，首先需要实现"为什么教（学）""教（学）什么""怎么教（学）"等基本问题的时代答案与自己答案的融合，教学与研究相结合的"应教为学"是最佳路径。

我的大学毕业论文《关于无机含氧酸和氢酸强度变化规律的探讨》曾获在母校《扬州师院学报（自然科学版）》发表的机会，并被高校《无机化学》教科书列为参考读物，这也是我走上教学与研究相结合道路的关键事件。长期的实践表明，相对于专家学者以发现和揭示具有普遍适用性的未知教育规律为目标的教育科研而言，教师研究属于群众性教育科研，具有

---

① 王鉴.论教师专业发展之"教"与"学"及其关系［J］.云南师范大学学报（哲学社会科学版），2019（06）：104-110.

② 于漪.于漪全集 16 教师成长卷［M］.上海：上海教育出版社，2018：148-155.

个体化和实践性的特点，主要是为了解决在自己教育教学工作中发现的实际问题，探索改善个体教学实践和提高教育教学效能的可能途径和方法。在从教30年的时候，我还结合自己的实践从质疑起步、合理迁移、自我补白和走向无意等4个方面进行总结，以描绘自己在教科研这条幸福道路上留下的"应教为学"的履痕，记录从蹒跚学步到稳步前行的身影，以及自己专业发展的技术路线[①]。

2011年底我有幸入选"江苏人民教育家培养工程"培养对象，面对提炼教学主张的活动任务，拟用"教学即研究"进行概括。"教学即研究"是由美国哈佛大学达克沃斯教授提出的教学思想，主要是指"引导学生去探究"和"研究自己的教学"。学科基本问题是"贯串于一个学科的全部历史并且推动着学科发展的那些问题"，按照学科基本问题的结构，"教学即研究"有着"教学为什么要研究""教学应该研究什么"和"教学怎样进行研究"等基本问题，对应"教学即研究"的目的、内容、路径等要素，其答案分别指向为教与学而研究、对教与学做研究以及在教与学中研究，只是不同时代和不同个体的答案不尽相同而已。在此基础上完成的"'教学即研究'的理论建构与实践探索"获得2017年江苏省基础教育教学成果一等奖。我国基础化学教育研究的开拓者、北京师范大学教授刘知新先生90高龄之时在《写给"化学教育博士/硕士研究生学术交流论坛"的信》中指出：一线教师结合教学开展研究已产出许多优秀教研成果，陆军老师的专著《"让教学成为研究"的历程》（东南大学出版社2016年版）就是其中的杰出代表。[②] 在"教学即研究"旗帜的引领下，工作室多名成员成长为省特级教师或正高级教师，工作室高品质建设的相关经验先后受到《江苏教育》

① 陆军.我的教科研之路［J］.化学教学，2013（11）：31-33.

② 刘知新.写给"化学教育博士/硕士研究生学术交流论坛"的信［J］.化学教育（中英文），2018（09）：4-6.

《教学月刊》等杂志的关注和报道。

"以人为镜"是教师学习的路径，"为己之学""为教而学"和"应教为学"是教师学习的目标。著名画家范曾先生认为，"画家之所从事是为己之学而非为人之学。为己之终极目标仍为利他，将自己的光照温暖霜结之人生；将自己的生命化为甘霖，润泽枯索之世道"①。既然画家能在"为己"的同时"利他"，让读者通过作品获得"光照"之"温暖"和"甘霖"之"润泽"，那么教师之学的终极目标也应该是"为己"而"利他"。在"利他"范畴内，"为教而学"就是发展学生，"应教为学"又是在教学与研究一体化的实践中，建构具有个人特色的理论体系，并在一定范围内发挥辐射引领作用，为教育事业的繁荣发展贡献自己更多的智慧和力量。

习近平总书记要求全国高校思想政治课教师坚持做好"教书和育人、言传和身教、潜心问道和关注社会、学术自由和学术规范"四个方面的统一，这些要求也都适用于基础教育领域的教师，指向教师学习的终极目标。广大教师要结合自己的教学工作"关注社会""潜心问道"，不断提升自己"教书育人""言传身教"的本领，同时注意学习目标不能是炫耀自己的"为人"，不能冲着国家为"表彰特别优秀的中小学教师"设置的特级教师等荣誉称号而急功近利甚至违背"学术规范"。最近，成尚荣先生提醒广大教师，"一切工作都有目的，但去掉功利心，防控目的性颤抖……一切都在努力中，一切都会自然生长起来"②。虽然绝大多数教师难以到达"巨人"的高度，但可以"以'巨人'为镜"。只要对自己的学习有适切而又明确的目标定位，脚踏实地，循序渐进，一定能够到达专业发展的理想彼岸，同时获得教学相长、师生共进，以及学校、区域乃至整个教育事业的蓬勃发展。

---

① 范曾.三绝诗书画［M］.天津：天津人民美术出版社，2016：57.

② 成尚荣.目的与目的性颤抖［J］.中小学管理，2021（01）：58.

名师档案

陆　军

　　1964 年生，江苏南通人，中共党员。1983 年毕业于扬州师院化学系，先后在南通师范学校和南通中学从事化学教学工作，兼任人大复印报刊资料《中学化学教与学》和中文核心期刊《化学教学》编委、南京师范大学和南通大学专业学位硕士生导师。江苏省首批教授级中学高级教师，江苏省中等师范学校中青年学科带头人，江苏省"333 高层次人才培养工程"中青年科学技术带头人，江苏省优秀教育工作者，江苏省特级教师，多次获得江苏省基础教育教学成果奖和国家基础教育课程改革教学研究成果奖。2011 年 12 月，入选"江苏人民教育家培养工程"培养对象。2019 年 2 月，入选国家"万人计划"教学名师。2019 年 12 月，获得专业技术二级岗位聘用资格。

我的教育情怀

湖南省长沙市第一中学　高建军

1986 年，我从湖南师范大学生命科学学院毕业，以"三优（学习成绩优、教育实习优、毕业论文优）"的成绩，分配到长沙市一中工作，这一干，就达 35 年。刚刚踏入一中的我就被领导寄予了厚望，一个人教初三全年级 6 个毕业班的生物课。刚刚入职的我，精力充沛，全身心投入工作，在学校领导的关怀和生物组老师的帮助下，终于不负众望，在 1987 年的全省中考中，拿下了长沙市生物中考的第一名。

1993 年，根据学校的工作安排，我开始从事高中生物奥林匹克竞赛培训。针对生物奥林匹克国际竞赛纲要和全国竞赛要求，我重新研读大学教材，并利用寒暑假和周末坚持去湖南师大听大学老师的课，及时向大学老师请教疑难问题。我仔细研读过三个不同版本的《植物生理学》、四个不同版本的《细胞生物学》，白天上课辅导竞赛学生、晚上回家接着自己给自己"开小灶"温习……就这样，坚持自学相关专业书籍，埋头做大量读书笔记，钻研大量的竞赛试题，并悉心指导竞赛学生。担任竞赛教练 16 年来，我基本上放弃了正常的双休日、节假日。特别是从 1993 年至 2003 年这 11 年，通过大学老师的精心指导，自己的艰苦奋斗、勤奋钻研、潜心谋教，竞赛教学初见成效。1995 年在第四届全国中学生生物学竞赛中，我辅导的 3 名学生分别获得全国第 1、3、4 名，3 人均入选国家集训队，其中 2 人入选国家代表队，并于 1996 年 7 月参加国际中学生生物学竞赛（简称 IBO），获得 2 枚银牌。2000 年和 2002 年又各有 1 名学生入选国家代表队，分别参加国际中学生生物学竞赛，获得 2 枚金牌。1999 年合编出版了全国第一本生物奥林匹克竞赛试用教材《新编奥林匹克基础知识及素质教育丛书·高中生物》，之后主编出版了 30 多本生物学奥赛系列丛书，并被陕西师大出版社评选为"通向金牌之路竞赛系列丛书"的功勋作者。

辛勤的付出换来了骄人的成绩，我所辅导的学生参加国际中学生生物学奥林匹克竞赛，共获得金牌 3 枚、银牌 3 枚，13 人进入国家集训队、106 人获省一等奖，是全国辅导学生参加奥赛获得国际、国内奖牌数最多的老师之一。我的"如师如友，亦师亦友"的育人策略受到了学生的普遍欢迎，在学生中收获了"萌叔"的称号，而因注重学生在轻松快乐的氛围中获取知识、体验方法、提升能力，我的学生总能在各种考试、竞赛中脱颖而出。在历年的高考或高中学业水平考试中，我所教班级学生的成绩始终名列前茅。近些年，作为教学名师多次在《长沙晚报》举行的大型公益活动"高考名师大讲堂"做专题辅导讲座。

因为热爱，所以执着。作为老师，我要随时面对一些学生的"奇思妙想"，这时要鼓励和表扬他们，然后帮他们分析可行性，查资料找专家教授，总要让他们弄个明白。2010 年高中毕业的学生张劲勋同学，曾经经常在学校里跟我讨论一个问题："为什么小龙虾（螯虾）在那么脏的水环境中能生活得那么惬意？"于是，我带着他开始了解密之路，通过查阅资料，走访相关的大学教授，最后定位为对"螯虾抗菌肽"进行研究，并经常利用周末、寒暑假到大学的实验室里做实验，坚持一年半，功夫不负有心人，最后张劲勋同学获得 2009 年全国青少年科技创新大赛中国科协主席奖，并被保送至中国人民大学。

参加工作 35 年来，我多次谢绝了担任学校行政岗位的机会，一直坚持在教育教学一线，我喜欢上课，"上好一堂课，让学生满意、感兴趣，喜欢听我的课"，是我当老师的毕生追求。学生评价我的教学说，"高老师上课生动幽默，印象深""听高老师的课，可以在轻松愉悦中学到知识，简直是一种享受"，学生的评价是对我的最高奖赏。我自己就有切身体会，当年我在湖南省益阳县一中读高中时，物理特级教师符衍禧老师课上得生动形象，听他讲课就像看精彩的电影一般，舍不得下课，我当时就立志，以后也要学做一个这样的好老师。

从 1996 年起，学校安排我接任生物教研组长，一直干到 2019 年卸任，我的理念是把生物组的每位老师"放在心上"，着力凝聚集体的智慧和团队的力量，建设一个薪火相传、朝气蓬勃、积极向上的教研组。我坚持做到：

1. 敬业务本，以身作则

组长先做出榜样，带头刻苦钻研，不断提高业务水平；讲谦让，不计个人得失，要"吃得亏"；讲包容，善于团结同事，熟悉每位老师的特点，用其所长，给他人提供平台，推向前台，自己在"后台"鼓劲儿、帮扶。

2. 以德为先，合理选聘教师

全面落实学校"大胆引进、严格要求、精心培养、充分使用、合理流动"的教师队伍建设指导思想。根据生物组老师的年龄、性别等情况，坚持"质量第一、宁缺毋滥"的原则；通过认真考察，按需从全国各高等师范院校或中学选聘优秀毕业生、骨干教师来校工作。"兴趣是最好的老师"，热爱是最强的动力，选人坚持以德为先，热爱学生、热爱学校、忠诚于基础教育事业至关重要。我特别看中的是对中学生物教育教学工作的"真心实意"，因为，教学业务水平可以在实践中不断提高，但最难得、最可贵的是敬业务本的奉献精神。

3. 以老带新，实施"师徒结对"

凡新入职的老师，我总会给他们人手一本高三生物一轮复习资料，要求在规定时间内完成规定的任务并定期检查，旨在训练并提升青年教师的高考解题能力；新进教师要上"过关课"，进入新年级的老师要上"汇报课"，骨干教师要上"示范课"；青年教师必须"手写教案"。此外，每学期开展组内公开课、研究课、教学教研"沙龙"、读书交流会等活动；尽可能多地为青年教师提供外出学习的机会；鼓励青年教师参加各级各类赛课活动，让青年教师得到锻炼，不断提升教育教学的业务水平。近五年来，生物组有 5 人获全国赛课一等奖，6 人获省级赛课一等奖。利用"长沙市高建军生物名师工作室"的平台，尽量给青年教师创造展示自我的机会，鼓励教师去各地讲学、做报告，参加各级各类培训，撰写教研论文。借助名师工作室这个平台，邀请国内顶尖级专家来校做讲座、授课。曾邀请中国教育学会生物学教学专业委员会理事长、人民教育出版社副总编辑赵占良，教育部初高中生物新课标修订组组长、北京师范大学博士生导师、全国中学生竞赛委员会主任刘恩山教授等全国著名专家来校讲学。发扬长沙市一中的优良传统，实施"师徒结对"导师制，通过"拜师、磨课、反思"和"做微课题"等措施促使青年教师健康成长。让每位新入职的教师拜一位教学经验丰富的老师为师，跟班听课一个学期或一年，甚至三年。徒弟听课以后要与师傅多交流，要有反思总结。要求青年教师勤于思考，善于总结，养成积累素材的好习惯；带领组里老师开展课题研究，如"'二级导学'模式在高中生物教学中实施策略研究"被列为湖南省"十二五"规划课题，并被评为第四届湖南省教育科学研究优秀成果奖二等奖；同时还鼓励教师个人做小课题、"微课题"，如组内教师个人的"《校园植物与文化》校本课程开发研究"已结题并付印出版。

我校一直是高中学科奥林匹克竞赛的传统强校，积极探索和形成拔尖创新型人才培养方式。我作为学校生物竞赛总教练，注重竞赛教师队伍的梯队建设，悉心指导青年竞赛教练，要求他们跟班听我的课。1999 年合编出版了全国第一本生物学奥林匹克竞赛试用教材《新编奥林匹克基础知识及素质教育丛书·高中生物》，之后陆续出版了 30 多本奥赛系列丛书，把带奥赛学生的经验倾囊相授。竞赛教练团队中的大徒弟陈新奇老师辅导的学生先后有 38 位获省一等奖，8 位获全国一等奖（金牌），7 位进入国家集训队，2 位获国际竞赛金牌。小徒弟赵红亮、周磊等老师辅导的学生也都取得了可喜的成绩：赵红亮老师辅导的学生 1 人获得国际中学生生物学奥林匹克竞赛金牌；周磊老师第一次带竞赛，他辅导的学生就获得全国生物学竞赛一等奖的第一名。

4. 代代相传，加强标本馆建设

长沙市一中有着号称"全国最好"的校园生物标本馆，大熊猫、非洲狮、美洲豹……每一个标本的背后，都有一个"痴迷"的故事。听说卧龙自然保护区自然死亡了几只大熊猫，我们就想尽办法，最后通过政府部门的各种批示，终于在卧龙自然保护区租借到一张大熊猫标本皮，我们把装运的熊猫皮用保险箱锁上，一路上上厕所都箱不离手，晚上睡觉都把箱子压在枕头下面。就是凭着几代教育人的这股痴劲儿，才有了一中生物标本馆"到长沙旅游必打卡"的说法。最受益的当然是一中的学子，他们可以随时跟大自然对话，成为生物学奥赛的强大后备军。为了加强标本馆的建设，近几年利用暑假，我们组织部分师生到大自然去做野外生物考察：先后赴石门壶瓶山、浏阳大围山、广东汕尾等地进行野外实习考察夏令营活动。学生采集标本，并动手精心制作标本。野外实习考察夏令营活动，拓展了学生的知识面，增强了学生的观察能力、动手操作能力和独立生活能力，极大地提高了学生对生物学科的学习兴趣，也充实了学校标本馆的动植物标本；带队老师提升了组织协调、管理能力，提升了自己的专业知识水平，以及对大自然、生物、环境的认识。有学生在野外考察实习的体会中写道："对于一种生物个体，哪怕只是渺小的一个，其精细的结构和独特的习性，是世界上任何一台高级计算机所不能描绘的，所以，任何一个生命都值得尊重。"认识自然世界，敬重生命万物，对于青少年健康成长意义深远。

5. 教书育人，热爱班主任工作

"热爱学生，喜欢当班主任"，生物组老师担任班主任的越来越多。我作为教研组长经常与年级组长联系，关注青年老师的专业成长，尽量做到把自己如何管理好班级、怎么爱护学生等育人方面的经验体会毫无保留地传授给青年教师。生物教研组还利用寒暑假组织师生赴沅江、岳阳、洞庭湖等地开展参观学习活动，让大家在紧张工作之余，放松心情，增进友谊，以利身心健康。长沙市一中生物组朝气蓬勃，"天天向上"。近几年曾 3 次被评为湖南省优秀教研组，4 次被评为长沙市优秀教研组。

2009 年，由长沙市教育局主持、以我的名字命名的首届长沙市高建军生物工作室正式成立，每三年一届，我连任了两届。长沙市（含县、区）的部分生物骨干教师又有了"新娘家"。工作室首届 22 名学员、第二届 32 名学员均已顺利毕业，通过他们的不懈努力，先后有 2 名学员被评为中学特级教师，1 名学员被评为中学正高级教师，8 名学员担任学校重要的管理岗位。

生物工作室以科学发展观为指导，遵循教育教学规律和人才培养规律，采取"理论提升—课题研究—实践探索—专题总结"的基本形式，秉承在学术上"百花齐放，百家争鸣"的方针，充分发挥名师团队的示范、引领、辐射作用，在教师专业知识培训、教学观摩与研讨、教育理论提升等多方面有目的、按计划、分步骤开展了每月至少一次的有声有色的活动。全体学员在专业知识与学术水平、教育教学能力与教育科研能力等多方面均取得显著进步。

名师育"名师"，经过 6 年的努力，生物工作室的学员们迅速成长，生物工作室在全省乃至全国产生了较大的影响，生物工作室已与北京、广东和云南等省市的生物名师工作室建立了广泛的联系。我本人被评为 2015 年国家"万人计划"教学名师，并入选国家高层次人才特殊支持计划；被教育部聘请为第二届基础教育课程教材专家工作委员会委员，教育部义务教育课程标准、教材审查评审专家，教育部高中生物新课标（2017 年版）、新教材（2019 年版）审查评审专家；被湖南省人民政府督导室聘请担任省示范性高中督导评估专家，被长沙市人民政府聘请为长沙市人民政府督学等。

生物工作室学员长沙县一中陈铎说："参加高建军生物工作室 3 年来，通过名师工作室首席名师高建军特级教师的精心指导，以及全体工作室学员的共同研讨、相互学习，自己在课堂教学的艺术和高效性方面，有了很大的进步。"

学员张元老师在工作总结中写道："本年度是我进入'高建军生物名师工作室'的第二年，在首席名师高建军老师的指导下，教育教学理论和教学实践水平得到了很大提高。这一年我在名师工作室收获颇多，我深深地感受到了我的生物课堂越来越富有艺术性和实效性，在课堂教学中，我变得更加自信、稳重、游刃有余。"

学员长沙市高新区延风中学汪穆琳老师在工作室收获良多、颇有心得："一年下来，我在工作室听课 12 节，听讲座 10 次，钻研教育专著 2 本，撰写论文 3 篇，在省生物骨干教师培训班授课 2 次……生物名师团队对每一次活动的认真组织和精心准备，以及每一次活动中他们对我的谆谆教诲都深深地影响着我，通过一系列的学习、实践，我的教育、教研、教学能力均得到了质的飞跃。"

"高老师，今天正好看到网上公示您入选国家'万人计划'教学名师，虽然毕业已经几年了，但作为您的学生，我感到非常骄傲，您是我认识的最好的生物老师，没有之一。"学生吴建奇说。

现作为国家"千人计划"引进，担任清华大学特聘教授的谭旭和魏迪明，也都是我辅导的竞赛学生。如今的谭旭和魏迪明都建有以自己姓名命名的个人研究室，当谭旭得知我入选国家"万人计划"教学名师，立即打电话过来，并一再表示，"在表示祝贺的同时，由衷地表示感谢"。

很多学生还说过，"高老师的竞赛辅导课比不少大学老师的课讲得清楚，高老师的课有趣多了"，"听高老师的课，真的是一种享受"。

名师档案

高建军

  湖南省首批正高级教师、二级教授，中学特级教师，全国模范教师，湖南省先进工作者，2015年国家"万人计划"教学名师，并入选国家高层次人才特殊支持计划。教育部第二届基础教育课程教材专家工作委员会委员，教育部高中生物新课标（2017年版）审议组专家，教育部高中生物新教材（2019年版）审定专家，湖南省教育厅新课程专家委员会学科专家，湖南师范大学、湖南科技大学生命科学学院硕士研究生导师，长沙教育学院客座教授，长沙市第一、二届名师工作室首席名师。现担任湖南省教育学会学术委员，湖南省教育学会生物学专业委员会副理事长、湖南省动植物学会常务理事、湖南省中学生生物学竞赛委员会委员、长沙市人民政府督学，长沙市生物学会理事长，长沙市农村名师工作站站长兼首席名师，长沙市一中拔尖创新人才培养工作小组组长。主持或参与课题获省、市一等奖二项，省二等奖二项；辅导的学生获得国际中学生生物学奥林匹克竞赛金牌3枚，银牌3枚，13人进入国家集训队；辅导的学生获全国青少年科技创新大赛中国科协主席奖1人，全国一等奖5项，二等奖8项。

努力成为"自我更新"的体育教师

天津市滨海新区汉沽第一中学　张金生

1973 年的盛夏，年仅 17 岁的我，踏上了教育征程，到退休为止，做了 43 年的体育教师。

1979 年以来，我分别考取天津体育学院体育教育大专班、本科班、天津教科院"教育教学改革"研究生课程班，系统地学习了基础理论知识，为自己的专业成长奠定了基础，走过了一条边工作实践边学习研究的道路。

漫漫教学生涯的长河中，我曾经犹豫过、迷茫过。但是始终没有放弃过对体育教育事业的追求，正是这条爱的纽带始终牵动着我的情思，让我努力，催我奋进，也正是这份从来没有动摇的信念，使我逐步走向进步和成熟。1992 年被破格评为天津市高级教师，2003 年被评为天津市特级教师，2013 年被评为天津市正高级教师。

2004 年 9 月，北京教育学院组织了人民教育出版社王占春研究员、北京教育学院罗希尧教授、陈雁飞院长等专家以及北京市近 56 名体育骨干教师来访。他们参观了学校体育节，观摩了我的体育课，就学校体育有关问题进行了座谈，对我校体育工作和我的成长给予了很高的评价："天津市汉沽一中体育工作可称为学校体育的一面旗帜"，张金生老师"敬业求实、刻苦钻研、不断追求、抓住机遇、逐步提高、走向成熟"。然而，静静地思考，回顾自己专业成长历程，是在不断学习—研究—反思的过程中，努力使自己成为一名"自我更新"的体育教师的过程。

一、在学与干的梳理中，增强学习意识

1981 年，我加入天津市中小学体育教研组，组内既有柳占发、王汝堂、徐大本、杨馨、岳子光等中小学体育前辈，还有何振华、郭成通、王耕莘、刘志海等知名教师，他们不仅具有"敬业、爱岗、奉献"的精神，而且具有娴熟的专业知识和教学技巧，特别是在中小学体育教材教法的研究上有着个人的风格和特点。正是他们严谨的态度、对事业执着追求的精神深深地影响了我，我暗下决心要做他们那样的教师。

在多年的教学实践中，我得到了许多专家、学者、教师的指导和帮助。随着基础教育课程发展，体育与健康课程标准的诸多变化，不论是刚走上讲台的新教师还是有多年教龄的老教师，都会遇到实施中的一些新问题。我在不断地向书本学习，向有经验的教师学习的同时，不断用新的课程理念审视体育教学中的常规做法，并在学与干的梳理中不断地优化整合课程实施思路。

梳理一：以专业形象与人格魅力影响学生

体育学科的特点是以身体练习为主要手段，以体育的知识、技能、方法为学习内容，促进学生身心健康发展。因此，体育教师在教学中，要不断接受新知识，形成适合学科专业发展的知识和技能，树立起专项教师形象，如武术示范中"神形兼备"的一招一式，篮球上篮时的潇洒准确，体操动作健力美的和谐统一等等，吸引学生向崇拜"球星"一样跟随在你的左右，从而形成对学生具有表率的人格魅力。体育的特点决定了教师必须以积极向上的精神风貌去感召学生。在体育教学实践中不断追求"使学生感受到体育的魅力，拥有健康的体魄"，每节课都以一种积极向上的精神面貌走进课堂，用充满激情的语言、轻松愉快的笑容来营造课堂气氛，把学生的心牢牢地凝聚在课堂上，逐步使体育锻炼成为学生的一种习惯和生活方式。努力实现体育教师形象写在人们尊敬教师的目光里，写在家长赞诵教师的口碑里，也写在学生对教师永久的记忆里。

梳理二：以教师角色适时的转换感染学生

"尊师爱生"是对师生关系的一种定位。"师生平等、教学民主有利于学生的主动学习"，这不仅是体育新课程的发展趋势，也是营造课堂教学和谐氛围的出发点。体育教师应以积极的心态，重新认识和形成新型的师生关系，真正成为学生学习的合作者、引导者、参与者。教学过程中我从促进学生主动学习的角度出发，把师生角色定位在融合并适时转换上。即，观念转变上"管理与服务"的融合；角色转换上"传授与引导"的融合；情感交流上"为父与为友"的融合；教学相长上"为师与为生"的融合。教师角色行为的转换必然感染学生，使他们形成积极、主动的学习态度。工作中把学生当朋友与伙伴，如给学生过生日、共同备课、设计比赛方案、倾听学生想法等。做学生的助手，如体育俱乐部赛事活动组织，区、校体育比赛裁判工作以及组织全校做操等。现实生活中信息渠道丰富，有网络、电视、报刊等媒体，学生了解的体育赛事与评论，以及掌握知识之广之快，常常令我望尘莫及。教学实践中我体会到：放下架子，与学生交流，不必担心"师道尊严"会受损，相反，这样做了，学生会认为你是个讲民主、讲平等、很诚实的老师，他们会更尊重你。这样做可以让我们感受到"教学相长"的深刻含义，也体会到教师的进步离不开学生的道理。

在教学上，我按兴趣设计的接力跑、按完成动作能力设计的单杠与跳高、按分层递进方式设计的跨栏跑等课例，分别参加全国十城市体育课观摩天津、广州、哈尔滨现场展示活动；跳高、跨栏跑、手球等课例参加人民教育音像出版社录制。我还完成了人民教育出版社七至九年级《体育课堂教学资源》一书三册的撰写工作，担任北京体育大学出版社《中小学体育（与健康）课程评估与管理标准》一书主编。

在学与干的梳理中，我深深感到：作为一名体育教师，单凭职前教育时获取的学历营养是难以支撑今天教育的全过程的，应密切关注自己学科的发展，增强学习意识，不断改善和调整自己的知识结构，了解课程发展变化的趋势，养成经常梳理学习中的困惑的习惯，形成知识常流水，常教常学、常教常新。尽管我们每天从事的都是相同的工作，但工作中要善于发现新的兴奋点，以此来激励自己的精神、情趣和热情，建立起可持续发展的学习意识。

二、在解决问题的领悟中，增强研究意识

2000 年，我参加华东师范大学全国体育骨干教师培训，培训中，专家鼓励我们做"研究型""学者型""专家型"教师。体育教学中很多人都认为，教师的任务就是运用他人研究出来的成果，其实不然，教师成长的第一步是把书教好，让学生喜欢你。要做好这一点，需要我们立足课堂，立足学情，立足教材，并在日常教学实践中不断发现与解决问题。刚刚进入体育课堂教学的那段日子，我走过了教学思考不够周密、课中突发事件不知所措、教学调控能力和教学行为表现不足以及教学效能感不强等阶段。我在发现与处理这些问题中得到领悟。对于教师来说，研究的问题往往产生于实际教学情境，当我们发现问题、遇到困惑、缺乏对策时，如能不再仅仅依靠外部指导，而是自己去尝试那些策略性的知识，就会敏锐地去观察课堂上发生的一切，就会主动积极地去探究课堂中的活动。

领悟一：调整、改变教学策略，激发学生兴趣

一堂体育课中，让几十名生动活泼的学生，在动态的教学环境中展现自我，这就需要体育教师付出更大的精力，将教法研究确立在学生学的基础上，充分利用和开发资源，根据教学内容不断调整和变化教学策略，不断创新手段和方法。例如针对学生在耐久跑教学中的怕苦、怕累情况，发展耐力素质时，我采取不断调整和改变教学策略的方式。如，跑的速度变化：匀速跑、加速跑、走跑交替等；跑的距离变化：定距、定时定距、定时等；组织形式的变化：个人、小组、集体（接力、追捉、加速、领先）等；利用场地的变化：跑道、自然地形、设障碍、队形变化等。排球教学由原来教学中的固定人数、固定网高、固定的规则转换为根据人数、场地、器械情况调整的思路，如人数上可分为4人、6人、9人不同人数，根据掌握动作的情况设置。器材上根据难度需要选用软式排球、气排球、排球等。通过教学中内容、组织、方法等不断调整和变化，使学生有新鲜感，培养与激发学生学习兴趣的同时，为学生掌握体育知识、技能、身体锻炼，提供更多选择机会和发展空间。

领悟二：学生间客观存在的差异是教学资源

授课班级人数多，学生的体育基础、体质与健康状况、体育兴趣、运动经验、学习能力、社会适应等方面各不相同，这些因素都在不同程度上直接或间接地对教学效果产生影响，实施教学中教师只有尊重差异，学生才会平等地进行自主性学习活动。我把学生间客观存在的差异看作一种教学资源，加以开发和利用。将常规教学"一刀切、一把尺子"的统一练习、统一要求，转换为适合学生发展的分层教学设计。先后采用了能力分层、目标分层、施教分层、评估分层等教学方式的尝试，使不同思维特点、不同层次的学生拥有同等参与学习的机会，建立起自我效能感，体验

到成功的喜悦。这样的做法唤起了学生主体意识，还给了本应属于他们的体育学习"自由"，变被动接受为积极思考，形成了从"要我学"向"我要学""我能学"的转变，每个学生在认知能力、兴趣、专长和个性品质等方面都得到相应的发展，从而完成了天津市"九五"教育科学重点研究课题"在高中体育课程中按单元分层次教学模式的实验"。当课题获得天津市第二届基础教育教学成果奖和高中课改论文一等奖时，我心中充满激动与兴奋的同时，也多了几分冷静的思考：做教师不能仅满足于课堂教学技能技巧的提高，还要善于从教育刊物上捕捉信息，自觉地学习教育科学理论，边学习，边实践，边总结。在归纳我校近十年体育教学改革的基础上，我反思与整理了体育课、活动课、体协竞赛、体育节活动等组织形式，完成"十五""十一五""十二五""十三五"中国教育学会与天津市教育科研课题"整体优化高中体育选择式学习策略的实验研究""高中体育大课堂学习模式的实验研究""高中体育俱乐部团队文化建设的研究""基于核心素养的高中体育课程整合学习模式的研究"，分别获全国、天津市一、二等奖，其中《高中体育大课堂学习模式的实验研究》获基础教育国家级教学成果奖二等奖。先后有60余篇体育科研论文分别获市级成果认定、省市级杂志发表和全国中学生运动会一、二等奖。

辛苦的研究过程告诫我：脚踏实地，厚积薄发，重视积累，贵在坚持，在体育教育教学改革路上绝无捷径可走。在一种思考、一项任务、一个专题完成后，我经常会奖赏自己，并关注自己成功的点点滴滴，积极地肯定自我，不断增强研究意识。

三、在专业发展的提升中，增强反思意识

2010年，我被聘为教育部基础教育课程教材专家工作委员会委员，我在工作中建立起反思日常教学视角。其实教学实践中，随着阅历增加，自

然会积累一些自己教学的思想和方法。但是，我们的教学思维常常被"信以为常"的定式困扰，对于教学中遇到的问题持一种"以不变应万变"的态度。在专业成长中，我们需要有反思自己所教的学科与教学行为的意识，将"学会教学"与"学会学习"有机结合起来，努力提升教学实践的合理性，并形成自己的教学特点与风格，使教学更加成熟。

反思一：体育教学应成为情感交流的课堂

在欣赏体育比赛时，学生常常被电视中俊男靓女富有感染力的韵律操和 NBA 球星们潇洒的扣篮所倾倒。然而，这种欣赏没有体育教学过程中的教师与学生之间眼神的交流、会意的手势、学习前的引导、学习后的回味、与学生共同分享的辛酸与乐趣，体育教师应帮助学生营造和维持学习过程中和谐的学习环境和积极的心理氛围，在尊重学生的基础上，搭起师生情感交流的桥梁，给学生以积极的情感体验。我在多年的体育教学中，注意从师生情感交流切入，从常规教学中的只提要求到多给关怀：赞赏每一位学生的体育兴趣、运动专长、进步、闪光点、学习中所付出的努力、表现出的学习愿望以及对自己的超越。从常规教学中的强调苦学到营造愉悦：特别是学生学习有困难，表现出畏惧体育锻炼的时候，我不是逼着他们走，而是梳理他们的体育需要，鼓励他们勇敢地不断前行。从常规教学中的一味指责失误到千方百计让学生品尝到成功的喜悦：设置不同难度的学习起点（不同高度、不同远度）供不同能力的学生选择，采用分层递进的方式，使学生在练习中建立自信，在适宜的条件下掌握技能，使学生体验到成功的喜悦，从而激发起他们对学习的向往和追求。

反思二：教学过程应形成师生"学习的共同体"

日常体育教与学过程中，我们考虑较多的是如何把知识、动作传授给学生，学生只是按要求进行。如何引导学生参与教学过程中的搜集信息、交流讨论？这就需要体育教师不断反思课堂中教与学行为，自觉修正和完善自己的教学过程，形成良好的反思习惯和反思能力，将体育教师的"会教"与学生的"会学"有机结合起来，不断提高调控课堂和谐氛围的能力，调动教与学过程的自主性和主动性，从而提高体育教学实效，促进教师的专业化和学生的身心发展。

在学习弯道跑技术教学中，我采取了课前指导学生阅读教科书，设置直道跑、弯道跑练习场地，采取物理学科相关知识导入，指导学生直道跑、弯道跑练习与观察，引导学生交流、归纳出弯道跑的技术要点等方法，即课前预习—问题导入—练习观察—交流讨论—再观察体验—归纳要点。教学过程"学习的共同体"是通过教师对教与学行为不断反思，搭设起课堂中"师生互动"的平台，引导学生积极参与，发现、分析、解决问题实现的。没有课堂教学中经常的反思，教师的专业素养就得不到真正的提升，学生的体育自主学习能力也就得不到提高。

受教育部课程教材中心、人民教育出版社委派和各地邀请，我先后以"体育与健康课程标准解读""体育与健康教材分析与教法研究""努力使自己成为自我更新的体育教师"等专题，到全国 27 个省、自治区、直辖市和澳门特区，与体育骨干教师交流，得到同行的认可。我还先后参加高中、义务教育体育与健康课程标准修订和体育与健康实验教科书的评审工作。

在日常体育教学中，人人都会产生点点滴滴的体会，如果放松，则稍纵即逝，如果稍稍留心，把它记下来，哪怕是肤浅的感悟都会带来日后冷静的思考。这就需要我们在教学过程中增强反思意识，利用多种途径来捕捉教学中出现的问题，通过不断反问来引发自我意识的觉醒。

"自我更新"是基层体育教师"学—干—思—写"的过程。首先是"学与干"，即虚心的学和脚踏实地的干，这是基础。其次是思，即在"学与干"的基础上产生思考。再次是写,把思考的成果写出来与同行分享。这样不断学习、不断实践、不断思考、不断探索,循环往复,螺旋上升。用教研的视角分析司空见惯的日常工作,解决自己在教学中遇到的问题。如果说,在 43 年的体育教学中,我有了一点点进步,那么,永远不能忘记给予我热情帮助的领导、同事、朋友和家人。今后的道路上,我将以"有缘于名师"但"不愧于名师"的追求,不断提高自己专业化水平。我坚信:学习,会使自己不断进步;研究,会使自己更加深刻;反思,会使自己更加敏锐。

名师档案

张金生

　　天津市滨海新区汉沽第一中学体育卫生艺术处主任，正高级教师，特级教师。曾担任教育部基础教育课程教材专家工作委员会委员，完成"九五""十五""十一五""十二五""十三五"中国教育学会与天津市教育科研课题，60余篇体育科研论文分别获市级成果认定、省市级杂志发表和全国中学生运动会一、二等奖。先后到全国27个省、自治区、直辖市和澳门特区与体育骨干教师培训交流。参加高中、义务教育体育与健康课程标准修订和体育与健康实验教科书评审工作。第二届基础教育中小学体育课展示活动评委、现场点评专家。

一名体育教师的成长经历

浙江省教育厅教研室　余立峰

　　1989 年，我从杭州大学体育系毕业，同年分配至杭州市留下中学，走上了美丽的操场，开始了我的教书育人生涯。时间匆匆，转眼 30 多年的教学生涯已经过去，回忆自己从求学到教学再到教研的经历，是在平凡中坚守而赢得美好的结果。

一、为就读本科院校，成为一名体育专业学生

　　成为一名体育班中不搞体育的学生，是我进入初中学习时的写照。那是 1979 年的夏天，上虞中学举办了一个"少体班"，面向全县小学招收具有体育特长的学生。而我在小学阶段，陆陆续续参加过一些不是非常正规、系统的乒乓球、篮球、田径等项目的训练，也参加了一些比赛，虽然没有好的成绩，但还是阴错阳差地进入了这个班。由于这个班的大部分学生来自县少体校，对我来讲都是很专业的学生，这个班的培养形式是一种创新模式，所以等我真正入学以后，才发现我的体育"水平"根本排不上号。因此，在接下来的三年学习生活中，我就成了"南郭先生"，混在这

个班级中读我的书，也不参加日常训练。一晃三年就过去了，我也顺利考上了学校的高中部，于是读书考大学就顺理成章地成为人生最大目标。等到高三一个学期过去，准备高考时，我发现自己英语成绩很差，据老师的分析判断，以我当时的英语成绩，根本上不了本科大学，学校为了提高本科升学人数，动员我参加体育高考。那个年代的学生都是听老师安排的，老师说什么我们就做什么。于是，凭借我以上的"体育"经历，短时间内经过强化训练，我在体育术科考试中顺利过关，并在接下来的高考中取得了比较理想的成绩，顺利地被杭州大学体育系录取，1985年9月正式成为一名体育本科大学生。这也许在我的潜意识中埋下了成为"体育人"的因缘。

二、因故改变就业方向，成为中学体育教师

进入大学以后，因为我是半途"出家"的人，所以在开始的学习过程中并不是太自信，内心总认为自己的身体素质、运动技能水平比不过同学们，所以在学习上特别努力。术科学习除了课堂上非常专心、认真以外，每天早锻炼和课外时间都会主动用更多时间去反复练习，非常刻苦。理论学习上更是用心，每天晚自修必然会去抢自修教室座位，不到熄灯时间不会回来睡觉。一分付出一分收获，在大一结束后，我很意外地获得了二等奖学金。这份奖学金在我后续的学习生活中起到了非常关键的作用，是这份奖学金给了我自信，给了我学习的动力。由此后面三年的学习，我变得更加自信、努力，并每年取得一等奖学金。同时也积极参与社会活动，成为体育系学生会成员，思想上也积极要求上进，1989年1月成为一名中共预备党员。正是由于取得了以上这些成绩，参照以往历届毕业分配情况，在我的头脑中对未来毕业以后职业的定位，是机关单位或大学教师，根本没有想过会成为一名中学体育教师。然而，当年我的就业方向发生了意外

的改变，虽然我的成绩排名符合当时体育系规定的留在杭州工作的标准，但具体单位需要自己联系落实。在当时国家包分配的制度下，也许我是自主寻找工作的先行者之一。我冒着大雨骑着自行车到各区教委努力推销自己的情形，至今记忆犹新！幸运的是，最终联系落实好了杭州市西湖区教委。接下来的问题是具体到哪个学校，作为外地人好不容易能留在省会城市杭州工作，潜意识中就应在城市中心区域的学校，但西湖区只有小学在城区，中学都在城郊接合部，而当时本科生不可以到小学担任教师，理由是学历太高，职称没办法解决，所以只能到郊区学校。就这样，我来到了南宋选都时"西溪且留下"的留下镇的杭州市留下中学，成为一名中学体育教师。

三、为体育人正身而坚定体育心，奠定能力发展为核心的教学思想

我是在没有做好全面的心理准备的情况下成为一名中学体育教师的，因此在参加工作的前两年，工作上非常努力，是想着做出成绩，实现心中的一个小秘密，即有机会就调离学校，去机关单位（当时的体委）工作。但是随着时间推移，这个希望破灭了。在前三年的工作中，经过努力，我带队参加区内田径运动会，包揽了各个级别所有优胜和荣誉。这个成绩，是我所在学校的历史上史无前例的，因此引起了各级领导对我的重视，当我提出想要调离学校时，就被顺理成章地拒绝了！虽用成绩为体育人争得了荣誉，但在日常学校教学工作中，还是能时时刻刻感受到身边各类人员对体育教师的"轻视"，对体育教师"四肢发达，头脑简单"的认知根深蒂固。既然没有机会离开学校，我也就安下心来，在训练带队取得成绩的基础上，专心教学工作，并充分运用自己大学学习所获的知识技能，研究课堂教学，改变人们普遍的对体育教师的错误认知，用自己的实际行动为

体育人争光。记得 1994 年，我设计和录制了一节器械体操课参加省录像课评比，获三等奖。这节录像课虽然获奖等次不高，但从某种程度上看是我的教学思想形成的起点。我上课的内容是"单杠跳上成支撑—前翻下"，教学对象是初一学生，为了增加学生练习次数，我采用体操棍代替单杠的做法，让学生以小组为单位，两人用肩膀抬着体操棍，其他学生就在这个"单杠"上完成课的内容。虽然表面上看，这只是对教学中器材的使用做出创新，但本质是对教材的理解和把握，并非单纯教教材，而是用教材发展学生的能力视角来设计教学。这个能力为本的教学思想，从此成为我后续教学和教研的指导思想。约 10 年以后的 2002 年，我代表杭州市参加省初中课堂教学评比，获得一等奖的那节体育课，同样体现了这个设计理念。这节体育课设计了四种练习方法，分成四个小组分别学习，当每个小组学会了本组学习内容以后，就轮转到下一个组继续学习其他三个组的内容，除了本组内容学习时有我作为指导者，帮助学生学习，其他三组的内容则由各组派出人员负责教会同学，最终以全体学生展示本课学习的所有内容完成教学。在努力钻研课堂教学的同时，我也拿起笔将教学过程中的体会和思考及时记录下来，形成论文。从 1994 年开始，我每年都会在区及以上的论文评比中获奖。正因为努力加思考，我在教学方面取得了一定成绩，1995 年被评为杭州市教坛新秀，1999 年破格评上了中学高级教师职称。教书育人是一名教师最基本的职责，要成为一名优秀的教师，除了在本学科的教学研究中有所成就，还应该在育人方面做出成绩，特别是作为体育教师的我，内心想证明体育教师并非人们传统认知的那样，所以在育人工作中也积极承担，分配到这所中学开始就负责全校住校生的管理工作，在原管理员的传帮带下，不仅胜任，而且使学校成为当时半军事化管理住校生模式的样板学校之一，也由此慢慢走上了学校管理岗位，1994 年开始担任学校政教主任、教导副主任，1996 年成为学校行政副校长。虽然承担了学校行政工作，但我有一个原则始终没有改变，就是无论怎样忙碌，体育教学始终放在首位，绝不以行政工作忙为借口而放松自己，因为我心里清楚，我首先是一个体育教师，做好做强本学科的工作，才有做好其他任何工作的基础。

四、角色转变加速专业成长，能力为本引领课程建设

2005 年 10 月，我正式调入浙江省教育厅教研室，成为一名省级中小学体育教研员。其实，两年前我已经是省兼职体育教研员，本应该在那年的年底就有机会"转正"，但由于各种原因，调动工作一度停止。在这里要感谢那些在我的事业转折点提供帮助的贵人，特别是我的师傅前任省教研员董玉泉老师。董老师是浙江省体育特级教师，在全国也是有很大影响力的名师之一，他的教学特点鲜明，教学语言能力和肢体语言能力非常突出，又是浙江省《体育与保健》教材建设的主要成员之一。因此，在他担任浙江省中小学体育教研员的 11 年中，《体育与保健》教材的推广和落实、课堂教学的研究成为核心任务。加上他在课堂教学方面的高超造诣，对教材的理解和实施、课堂教学的策略等，即针对怎么教的研究，成为当时学校教研工作的主题和方向。他的"实、严、趣、乐、活"教学艺术风格充分体现了为学生的理念，这对我的影响非常深刻。开始从事全省教研工作时，我的内心是忐忑不安的，董老师的工作已经是那样的出色，起点很高，特别是董老师在教学特色方面的影响力很大，而我的个性与董老师的完全相反，要想在董老师的基础上有新的发展暂且不说，哪怕要保持原有水平，不下降，都有难度！当我把这个忧虑告诉董老师并向他求教破解之法时，董老师毫无保留地帮我分析我的特长，从我经历过行政管理的视角，明确了用管理与教学研究工作整合的思路，定位我教研工作的方向。由此，我从研究制定教学规范入手，就是受到董老师"实、严"教学思想的启发。改革从基本规范着手，踏踏实实地做。同时在课程内容建设和教学策略研

制过程中，始终坚持以发展学生能力为核心，以激发学生兴趣和乐于参与运动为目标。正是由于明确了这个定位，我的教学研究工作始终围绕"学生为本、能力为核心"的理念，形成"以省本课程建设为主线，课堂教学质量为核心，教学规范和教师队伍建设为突破口"的教研工作指导思想，并取得了一定效果，一些成果和做法得到了全省乃至全国中小学体育教学界的认同，特别是《浙江省中小学体育与健康课程指导纲要》（以下简称《纲要》）这一地方课程建设成果，2018 年获得基础教育国家级教学成果奖二等奖，这是对浙江省教研工作定位准确的最好诠释。这也促进了浙江省的教研工作在体育与健康地方课程建设、中小学体育教学规范建设和教研形式与内容创新等方面，一直在全国范围内处于领先地位。在这个过程中，我的研究水平也得到了快速提高，我及时总结研究过程中的所思所获，时常在全国中小学影响力较大的杂志上发表文章，主持编写各类教学用书，助力一线教师教学改革。因为这些成绩，我 2010 年获得浙江省第十届中小学体育特级教师荣誉称号，2019 年被评为中小学正高级教师。

五、坚持做一件事，做好一件事

由于自从事教研工作起就明确了方向，因此 10 多年来，我一直坚持做一件事，即浙江省体育与健康地方课程建设，并努力做深做好。在全国相关专家的大力支持和我省部分骨干教师的共同参与下，具有浙江特色的指向核心素养的体育与健康课程内容体系、体育与健康教学新体系和教研方式已经形成，并在促进课程改革和提升学校体育教学质量方面发挥着积极作用。

1. 构建了指向核心素养的具有浙江特色的体育与健康课程内容体系

《纲要》的课程内容按必学、限学、自选三类设置，确保体能、运动技能和健康教育知识和方法的学习与提高，为学生形成终身体育意识和养成健康文明生活方式奠定基础；充分关注学生个体差异，关照学校体育特色发展需要，使形成有特色的学校体育课程、实现"一校一品或一校多品"目标成为可能。通过"内容标准"和"表现标准"的研制，表达能反映国家课程标准且与浙江实际结合的课程内容，并逐渐形成具有规定与选择相结合、内容要素与评价指标相结合、突出项目特征与体能等特点的课程内容体系。较好地回答了教学实践中"为什么教、教什么、怎么教、教到什么程度、怎么评价"的课程基本问题。

2. 形成了指向核心素养的具有浙江特色的体育与健康教学新体系

确立把"方法"纳入课时教学内容观点，明确此"方法"就是通过"技术、体能、运用"三维度单元构建策略转化而成的，即动作（技术）方法、练习方法和运用方法。形成"三一"课堂教学模式，即学练三个一：一个单一身体练习、一个以此为核心的组合练习和游戏或比赛。由此，形成了从单元到课时的具有浙江特色的教学新体系："动作（技术）方法、练习方法、运用方法 = 课时教学内容 = 单一身体练习"，"单一身体练习帮助学生学会，组合练习帮助学生勤练提高，游戏或比赛帮助学生会用"，实现"学—练—评"一致性，成为学科核心素养落地的有效操作方法。突出融合、强调运用。关注体育与健康教育内容、体能与技能、学习与锻炼、学练与比赛等方面的有机结合，发展学生融会贯通能力；无论是单元构建还是课时教学，重在将体育与健康知识、技能和方法运用到日常生活、锻炼、比赛中去，帮助学生学会学习，提高学生享受运动以及体育与健康实践能力。

3. 形成了课程内容研究为主线的区域教研生态

体育课程改革要取得成功，必须有多种策略的综合加以保证，其中教研工作的有效开展是非常重要的策略之一。从整个课程改革历程来看，重视和用好教研部门力量的地方，往往课程改革的进程要比没有教研部门介入的地方快得多，有效得多，教研部门工作出色的地方课程改革取得的成效相应也好些。而教研工作的开展又依赖于教研方式和内容的设计，合适及有效的教研方式决定着教研工作的成效，也就最终决定着体育课程改革的成效。区域联合教研是教研工作有效方式之一，由于区域联合教研往往具备自愿的性质，因此对于课程改革的理念相对容易接受，对于改革的行动也会相对自觉，而有了自觉和接受理念的基础，教研的研究性就会增强。在此基础上，加上浙江省研制的《纲要》及其配套用书，在发挥指导作用的同时也给区域教研提供了具体的研究对象，因此无论是哪一级的区域教研活动，都会根据省《纲要》内容开展研究，从而形成了浙江省区域教研内容均围绕课程内容建设展开的良好生态。例如："浙江省九城区中小学体育教学联盟"研究的教学内容，从侧手翻、折返跑等选自《浙江省义务教育体育（与健康）必学内容教师用书》开始，到目前选自《纲要》的相关内容，都是围绕浙江省中小学体育教学研究的中心展开，坚持源自本省又服务本省原则，切实做好浙江省必学内容和《纲要》的实践验证研究工作。

名师档案

余立峰

浙江省教育厅教研室中小学体育教研员，正高级教师，浙江省体育特级教师，全国中小学体育教学指导委员会委员，中国教育学会体育卫生分会常务理事。主持的课题"浙江省义务教育体育与健康课程建设与实施策略"获 2016 年浙江省基础教育教学成果奖一等奖，"国家课程的地方方案：义务教育体育与健康课程建设的实践"获 2018 年基础教育国家级教学成果奖二等奖。发表论文 70 余篇，主编《浙江省中小学体育与健康课程指导纲要》《浙江省义务教育体育与健康课程指导纲要配套教师用书》等教学用书 10 余册。

守正创新　以研促教

——我的成长历程

湖南省长沙市麓山国际实验学校　刘清峨

我从事教育教学工作已经 30 年了。这些年来，我恪尽职守，尽心尽责耕耘在教育教学第一线，常常超负荷工作，经过不断的学习、实践、反思、总结，在教育教学过程中获得了多项荣誉。个人专著"中小学美术教育案例丛书"《快乐的心》由高等教育出版社出版，这是中国第一本美术教育案例著作；2019 年教育部组织的第六届全国艺术展演中，我开设的校本课程"水墨潇湘——基于核心素养的美术拓展课程系列课程"获得了国家中小学美育创新优秀案例一等奖；2016 年荣获全国中小学美术教育教学成果一等奖；2018 年我指导的教师参加全国教学比赛获得一等奖，我获得"全国指导教师奖"；我指导的学生袁柳青、王娟、刘奇、刘琛、廖原等学生总共 11 人进入清华大学美术学院学习，江波、廖祖德等 50 多人被中央美院、中国美院、天津美院、广州美院等美术专业院校和浙江大学、中国人民大学等综合类大学录取，学生成长为"三观正"、懂感恩、服务于社会的人才，这是我最大的欣慰，体现了我的教学价值。感谢与我一起成长的学生和同事们，如今，我从一个普通师范学校毕业的懵懂少年，成长为长沙麓山国际实验学校刘清峨美术名师工作室首席名师、长沙市首批卓越教师、市级学科带头人、湖南省优秀骨干教师、"国培计划"远程培训项目专家组成员、国家高中普通课程标准教材人教版《中国书画》副主编、《普通高中美术课程标准　教师教学用书》副主编、大学师范类通识教材《美术基础教程》（高等教育出版社）核心编委，其中的成长历程，使我感慨良多！感恩湖南教育这片沃土培养了我，感谢新课程大环境带给我成长的平台。

一、教师的工作岗位是以专业知识技能从事教育教学，根据学情选择教学理念、策略和方法，且不受他人干扰控制的教育教学工作

为了更好实现自我价值，确立适合自己的职业发展规划，同时选择在教学中落实发展目标和计划，我积极主动参与教育教学研究，对于一个美术老师来说，专业发展是首要前提。

1. 一线教师专业发展的现实基础是我们赖以工作和生活的环境

尹少淳教授在多次讲座中提到"有为才有位"。只有用行动践行目标，在行动中思考，在探究中进步，我们美术学科才能有话语权。因为美术学科更多意义在"造型表现"层面，在审美判断和创意实践层面。帮助学生提高审美和表达，是我们这个学科的核心使命。一线教师有太多有趣的教学故事，若有心把这些真实的记忆还原成教学现场，是一件很有意思的事情。我致力于案例教学研究，在案例总结与反思中探究与进步。

2. 行动研究对一线教师来说有得天独厚的条件

这个行动研究，就是"做"多于"说"，我用了整整 30 年在实践，在行动，不断在教学中总结经验，在阅读中找到方法，在反思中明白总结的行为效益。我在积累中确实感觉到行动研究带给我的实际作用。教学是一场对话，在这场对话中，不论是提问还是诠释，都没有标准答案，都带着不确定中的行动烙印和痕迹，带着对课程的思考。值得我们共同瞩目的是，

新课程这十年来，新的机遇与挑战伴随我们成长。这里强调"我们"，是因为一直都不是一个人在工作，也不是一个人在思考，而是一群人，一群有理想和追求的美术老师在共同进步。我们在教学中与学生对话，我们在教学之余思考教学策略，我们也在一次次培训现场碰撞、交流。

新课程给了我们全新的教学理念，美术老师对课程有了更清晰的认识，更主动参与到教学中，在教材实验、教学方式上积极探索。我们集体感受到最大的实惠——美术课程标准给了我们行动上的支持。在美术课程标准的引领下，老师们获取了宝贵的教学理念和行动研究的指引，在实际教学中感受到新课程理念带给我们的支持和指导意义。

3. 教学方式研究是教师专业成长的一个重要途径，"给问题"能引导学生学习，"给答案"只能强调学生记忆

在教学中提出的问题，引导学生参与到教学环节中，也引导着师生共同思考。"以用带学"，引导学生在真实的问题情境中学习，善于提出问题不仅是克服头脑简单的一种方法，也是提高自己创新教学能力的重要途径。

4. 在多年的教育教学工作中，我善于挖掘本土教学资源，人的因素是关键

我们不得不承认人与人的差异，教师气质的不同影响出了不同的学生。对于学生来说，有的潜能得到激发，有的特长更明显，有的兴趣更盎然……学生的差异就这样产生了。

这里用我的一篇教学日记还原工作场景：

有人这样说："成长是一次孤独的旅行。"我和所有的美术老师一样对现实中的很多现象深有体会。如同尹教授的著作书名所说的一样，《美术教育：理想与现实中的徜徉》。是的，正如同行们所表达的"工作环境很差，不被理解和受到重视""巧妇难为无米之炊"……工作环境至关重要。

现实如此，教学策略是首先直接指向自己的心态。一方面要认识自己，另一方面了解他人。两方面都要顾及。

我所在的学校是一所12年一贯制的寄宿制学校，由于中小学都在一个校园，好比农民有了"实验田"，我有足够的教学"实验场"。同时，我幸运地遇到了三位好校长：一位是老校长陈绪常老先生，第二位是李素洁校长，第三位是现在我校的邓智刚校长。我和我的同事在认真工作之余，虽辛苦，但同时也感受到了校长在物质、精神上的双重支持。

我有时想，人与人之间有缘分。要想遇到"懂得自己"的领导其实不难。很多时候，我们在观望他人，人家也在掂量我们的轻重，他们也许会想：

我用这个人，他有什么价值？他的教学观念新吗？他懂美术课程标准吗？

美术老师的"手头功夫"怎样？自己画得怎么样？这个美术老师管得住学生吗？

这个老师上课效果怎样？培训学生能力怎样？学生能不能出作品？能不能参赛？

美术老师有没有为学校教育教学质量和校园文化建设出力的能力和责任感？

……

往往在提出要求之前，先要有点作为。现实就是如此。

因为懂得。所以，在工作中，我和同事们以课堂教学为阵地，以一年一度的"师生美术作品展"为抓手，以自己务实的工作态度为形象代言，我和同事们自然而然地得到了尊重和支持。

老校长虽然是数学专业出身，但是极为看重艺术教育在学校教育中不可替代的重要作用，他的同学中，有黄铁山、朱辉等赫赫有名的画家，画家们常常被请进校园，为我们现场绘画，加深学生对艺术的认知和了解，美术活动课程丰富多彩；在贯彻新课程教学理念，在教学改革的路上，陈校长与尹少淳教授一样，属于"实干型"学者。主要体现在：

1. 课程设置。学校刚开始是寄宿制，属于"国有民办"性质，在课程管理上有足够的自主空间：每周4节美术常规课，1+1连堂，每周2次；除此之外，每周6课时的学生美术活动课程，分三个文体活动时间展开，由教导处专人进行教学管理。评价方式以每学期的学生班级美术展形式进行。

2. 教师培养。陈校长每年拨专项资金，以请进来、走出去的形式培养教师队伍。比如请省市美术教研员辅导美术老师的课堂教学、写论文；请画家们来校现场交流书画创作，举办笔会；等等。或以赞助的形式，牵头组织教研活动，考察其他地方的美术教育情况等。

3. 课程资金。校长在资金支持方面大度慷慨，他了解美术教育需要材料的介入。当时学校的第一任美术教研组长夏红专老师，带领我们做了很多有意思的事情，赛课、论文评优、摄影比赛、面具舞会、现场才艺展……夏老师调走后，我接手美术教研组长，每学期从我手上过的美术用品材料，至少有2万元。这是一个什么概念呢？20多年前的2万，可以买不少材料了：学生课堂作业用具、教师示范工具、美术活动开展所需等所有的材料都由学校统一提供。当时我们拥有陶艺教室，仅拉坯机，我们就一次性购置了16台；书法课、手工、水粉、国画课、烹饪课等等可以同时在一栋楼层开设。

4. 团队意识。在陈校长时代，学校的美术老师有12人：夏红专、杨冬青、李湘滨、王建湘、王丹、周启跃等等，都是专业教师，其中包括2名书法教师。很多来参观的老师说，你们这里的师资相当于人家一个区的骨干。

个人的力量毕竟是有限的，团队的力量是强大的，我非常感谢团队，那个时候，彼此温暖，相互促进，一起画画，一起研讨教学方案，真是一个有实力的团队。

后来，学校转公办，情况略有所不同。

现任李校长，原本是教科室主任出身，对教研尤其看重和热爱。她深刻感受到新课程改革必须从课堂教学抓起，从教师自身抓起，从每堂课抓起，应该强调有效教学，并且细化到评价体系中，每个学科都要有自己的学习方式研究和评价细则。

李校长自 2002 年引进 EEPO 有效教育课题，她自己带头上课，尝试运用新的教学方式做培训，在学习方式、评价方式上带领全校老师开展轰轰烈烈的课程研究和教学改革。我当时做了一个创作课有效教学评价细则，李校长觉得很好，就把美术学科的表印制成 30 份，以我的范式培训其他学科的备课组长。可见李校长课程改革的决心和胆略。在李校长时代，学校由于抓课程建设，从教师的专业成长入手，以学习方式和评价方式为抓手强调有效教学，学校的升学率有了平稳进步和发展，取得更骄人的业绩……

我经常参与一些"国培"项目，也接触到了来自一线的很多老师的提问，其中一个问题反复出现："校长不重视，我们真是巧妇难为无米之炊。你为什么有这么好的工作条件，你是怎么做到的？"

我想，你在要求得到待遇之前，先要有点作为。现实就是如此。

我和同事们组织多年的学校艺术节。每次的展览，李校长都在默默关注。一开始是"铁公鸡一毛不拔"，后来是全力支持。

不要问"校长不支持怎么办？"我们左右不了校长的思想，只能通过自己的行为找到答案，在这样的教学环境中，行动大于言语。还有什么比"作业展"更有冲击力的行为来为自己"说话"呢？千言万语，抵不上学生作品更有说服力，参展面、展览规模、作品质量，都一一在眼前呈现，对教学成果、对学生的美术创作能力是一次"阅兵"。

在展览之余，要不断总结，与学校的管理制度结合，形成校园文化。

要更进一步抓好美术生管理，成建制地带好美术生队伍，提高高考升学率，这样下来，美术老师就不必感叹"巧妇难为无米之炊"了。

我想到的也就是这么多。其实，人就要沟通。不要用语言，用行动吧。

5. 美术教学建立在组织与参与的策略中

教学相长。我在 2010 年参与编写的《初中美术教学策略》这本著作中，用重笔墨讲的就是这个关键词：组织与参与。现在的学生视野都很开阔，学生独有的生活经验丰富了自己的画笔，给了教师更多的启迪。我认真地思考了我所取得的成绩，发现大部分成果的"点子"，均来自学生给我的思考，我的著作，就是在教学中产生的。

二、在做好常规教学的同时，我致力于美术校本（拓展）课程的建设，近几年以走班制开展教学组织活动，得到很好的效果

10 多年来，根据学校课程建设和发展的需要，在满足国家规定的课程前提下，我整合校本课程资源，从课程理念、组织形式上大胆创新，探索出学生自主选课、学生走班、学校统一管理的美术拓展课程建设体系。近三年，我开设的"中国书画"系列拓展课程，致力于打下学生的传统文化底色。为什么选择"中国书画"？笔墨千秋，几千年来中国画家不断探索、实践和总结，形成了一套完整的有异于西方的绘画体系，几支毛笔，一小块墨，加上一些清水，便能绘出气韵生动的图画，在观察认识上以大观小，小中见大；在形象塑造上主张"象外之象"，"得意忘象"；在表现手法上讲究笔墨变化，以书入画，通过笔墨趣味和艺术想象抒写艺术人生，描绘生活的理想。我画油画多年，却在水墨课程中被深深吸引了。"中国书画"课程教学从情境中理解，从问题中生发，在"问题情境"中引导学生感悟中国书画的价值和美，从图像识读、文化认同、审美判断、美术表现落实美

术学科核心素养培养，而我已经画了不少作品，被同道津津乐道，现在已经引出了一本册子，很有意思。

我所开设的"水墨潇湘——基于核心素养的中国书画系列拓展课程"弥补了常规教学的不足，为学生的校园生活提供了可选择、可操作、可发展的空间。我以走班的形式组织参与，推进美育工作，提升学生对美的感悟和表达能力。其中首要任务是致敬经典，解读中国绘画的精神内涵，把握文化精髓，同时，在临摹过程中了解传统笔墨和诗性的精神追求，强调书法用笔，继承和发展中国传统绘画的精髓。通过赏析、临摹、创作等教学活动，我引导学生在课程中了解中国美术作品的精神内涵、哲学思想，了解中国书画千年发展历程中的文化内涵和艺术魅力。

1. 实施过程与实施方法

首先，将拓展课程纳入学校课程管理体系，理顺美术拓展课程与常规课程的关系；其次，创新课程形式，给学生网上自主选课的"权利"，以走班制开展拓展课程教学；第三，创新课程理念，以活动促进课程，致敬经典，开发校本教材，开展雅集笔会，以美术作品展示促进课程的发展。

2. 拓展课程建设的主要措施

创新课程形式——让学生在拓展课程中感受到不一样的课程氛围；创新课程理念——"一切活动即课程"，鼓励学生积极参与互动；以刘清峨美术名师工作室为平台，培养打造优秀的美术教师团队；精选中国传统经典美术作品，优化课程内容，落实核心素养；以课题研究促进课程的发展。

3. 课程建设成效

为学生打下传统文化底色，为学生的文化自信点燃一盏灯。引领学生运用传统笔墨临摹和创作，感悟中国传统绘画的价值和美，体悟传统文化精神。落实国家美育精神，拓展课程，丰富校园文化。辐射引领，对外开放展示，得到了兄弟学校的欢迎和交流，有积极的推广价值和社会影响力。

以中国书画为主题开展美术拓展课程，指导学生从执笔，从一个点、一条线起笔入纸的方法开始学习，通过临摹理解和推敲作品的笔墨，领会其中的意、法、理、趣，理解作品的气象。在课程学习中致敬经典，通过临摹和创作，学生感悟到传统中国绘画的笔墨和诗性的精神追求，加深对传统文化的理解。课程的意义在为学生点亮一盏灯，引领学生在经典传统绘画中徜徉，帮助学生认识到作为一个中国人应该有的文化自信。

三、在教师培训培养和团队建设过程中，以案例教学的方式打造团队建设，可以给团队更多具体的指导

在学校"青蓝工程"、美术名师工作室建设过程中，我所指导的团队成长迅速，学科建设得到了全国奖项 4 项一等奖，省基本功、优课评比奖项 5 项一等奖，市级奖项 17 项荣誉，学校考评给我评了"优秀"，并且推广我的带队模式。

以案例培养师资，是我的经验和感受。因为，教师的特有属性是经验和操作。

四、多年的课程建设中积累了一些经验，也促使我们思考以下问题

1. 深入学生不够。我知道学生学情研究是重中之重，我有意识但事情难以尽善尽美。在指导学生的时候，一个班 60 多人，总是有不尽如人意之处，顾此失彼，难以照顾到全体，还需要在以后的工作中更好地改进，思考如何照顾到更多的学生。

2. 如何将知识技能转化为核心素养？以问题驱动带动学习，如何"提出好问题"？怎样的问题是有意义的？要在情境中以问题导入，问题与内容紧密相关。也可以引导学生自觉发现问题、进而思考问题，从问题入手来引发探究。

3. 知识与技能的选择问题。《普通高中美术课程标准（2017 年版）》将《中国书画》确定为高中教学模块之一。如何确定拓展课程的定位？如何组织教学内容？

4. 拓展课程的评价与检测。加强学生的自我评价和档案袋管理，运用数字记录的方式做好过程管理……还有哪些有效方式能检测教学效果？

这些问题，带给我们思考。集思广益，在实践中探索，找到适应核心素养培养的方式方法，为核心素养本位的美术教学做一些有益的尝试。

五、结语

篇幅原因，很难说尽。笛卡尔曾经说："学习使人有知，学习也让我们知道自己的无知。"面对成绩，我欣慰，面对问题我不回避。我有勇气和信心，以行动诠释教育教学理念，在课程建设、教材实践、教学方式上积极探索。带着问题教学和思考，带着问题进行实践和尝试，思路会开阔许多。学海无涯，艺无止境，为培养学生有健康的审美情趣、有服务于社会的主流价值观，培养更多有用人才，为美育发展奉献自己的智慧，为美术教育事业的腾飞竭尽绵薄之力，是我的责任和使命。

名师档案

刘清峨

　　湖南省长沙市麓山国际实验学校美术教师，中学正高级教师；人教版高中美术教科书编委，《中国书画》副主编，国家师范类大学通识教材《美术基础教程》编委；长沙市首批卓越教师，市级学科带头人，首批教学能手，刘清峨美术名师工作室首席名师。主要学术成果：全国优秀教学成果奖一等奖，主持校本课程"水墨潇湘"获国家美育创新优秀案例一等奖；指导中青年教师赛课获全国一等奖，获评全国优秀指导教师；主持国家级、省级课题5项，出版个人专著和参与新课程著作编写7部，20余篇论文发表于《人民教育》《中国美术教育》《中国中小学美术》《中国教师报》《湖南教育》等报刊。

做"教师可能的职业生活"的追求者

江苏省南京市第二十七高级中学　刘海林

教师可能的职业生活是有着丰富意义的生活，它是指"教师根据自己选定的价值理想和在精神中建构的生活形式，这种生活形式产生于现实生活之中，又为现实生活提供了目的和意义参照"①。作为职业教师，教育教学研究已经成为我职业生活中的一个重要组成部分。"生活中有太多的问题需要我们去面对，有太多的压力需要我们去承受，当然还有很多的责任需要我们去履行。但如果你用一颗享受的心去面对的话，你就会很快乐地生活。"② 作为一线普通教师，当我面对从单纯的"教书匠"向"教育教学的研究与实施者"这一角色转化的时候，我经历了从"煎熬"到"享受"的蜕变。下面就把我的一些做法和感受简单叙述一下，与大家共享。

一、调整心态，明确目的

《读者》里有一篇文章让我感受颇深，文章的题目是《地上有餐巾纸》，

---

① 李义胜.论教师的可能生活［J］.中国教育学刊，2010（11）：70-72.

② 杜启龙.生命中不可错过的精彩［M］.北京：海潮出版社，2012：13.

此文的大意是：一人在某餐馆将餐巾纸揉成一团丢在地板上，第一个经过的员工没有注意到地上有餐巾纸；第二个员工注意到后，抓住一个推餐车的小弟，指着餐巾纸要他处理，但是那位小弟并没有立刻把餐巾纸捡起来；第三个人经过，他弯腰捡起了餐巾纸，顺手把餐巾纸扔进了垃圾篓。对于这种情况，试验实施者解释道：第一个人的表现就像典型的员工，只想做分内的工作，其他别烦我；第二个员工如同典型的经理人，指出哪里该做的，然后指派给"理论上"应该要执行该项任务的员工；但第三个人，他的表现则像个老板。不是每一个人都能拥有企业，但是人人都可以表现出多一点"我是老板"的样子。心态永远比事情重要。每个人都看得见掉在地上的餐巾纸，看不见的是大家对那块餐巾纸的态度。员工对待企业、教师对待学校、我们专业教师对待所教课程和学生，其实都是一样的。一个教师如果从心里把自己当作学校的主人，处处从学校的整体利益着想，端正心态，而不是一味地追求自己的得失，这样的学校怎么会不蓬勃发展呢？一门课程，如果教师能把它的发展当作自己的事情，用心去保护它、爱护它，利用一切机会发展它，它怎么可能不生根、发芽、开花、结果呢？《论语》有言："放于利而行，多怨"，"求仁而得仁，又何怨"。如果我们做教学研究所追求的目的是"功与利"，就算最终实现了目标，可是在追求的过程中也会产生许多怨恨，谈何享受，更何况许多人最终无法完成自己的"梦想"，那又该产生多少怨恨啊！而无功利思想，只是想着用心把事情做好，抱着这样的心态和目标，有感而发、发现问题、解决问题，这种做教学研究的过程是多么的惬意，就像康有为对人生所发出的感叹那样："人之生也，与乐俱来。生而为人，诸天之物威备于我。天下之乐孰大于是！"

二、努力提升，不断学习

从教物理 19 年后的 2005 年下半年，我从教物理学科转教通用技术课程，因为我通过研修发现通用技术课程所欲达成的目标与自己的价值追求相契合，课程理想与自身的人生理想高度一致。所以，从那时开始，我就以万分的热情和精力投入到通用技术教学与研究的活动中去。两年多的时间里，共开设国际交流、国家级、市级公开课36节（其中6节课刻成光盘供全国各地教师培训使用），在教育部新思考网站发表文章40余篇，其中《商场战斗记》还被《南京日报》转载，2006年被新思考网站评为年度人物。正在我扬扬得意之时，南京师范大学顾建军教授的一席话 "一语惊醒梦中人"。顾教授在一次谈话中指出："你看似写了很多东西，但这些东西都还停留在经验的层面，没有理论高度，只有借鉴意义，没有指导作用，不能称之为成果。"我回顾从教20年来，没有一篇论文发表，更谈不上著书立说了。做教学研究对我来说能力有限，真是太遥远了。认识到这一点后，2008年我自费不脱产做了顾教授一年的高级访问学者。这一年，我较为系统地学习了教学理论研究的思想方法、技术哲学、比较研究等专业知识，阅读了大量与学科相关的最新的学术论著，还参与了顾教授主持的教育部通用技术资源建设的相关课题的研究与实施。在有了专业理论基础和了解到国内最新的研究动态和领域后，2009年一年时间里就在国家级、省级学术刊物上发表论文7篇，主讲、主编学术光盘、读物3部，申请通用技术教学用具国家专利15项且已全部投入生产装备学校。主持的《通用技术有效教学研究》获得南京市首届教学研究成果二等奖，成为南京市教科研年度人物。在随后的14年时间里，我逐渐从一位高级教师成长为南京市学科带头人、江苏省正高级教师、江苏省教学名师、江苏省特级教师、教育部基础教育教学指导专业委员会委员，获得了江苏省 "333高层次人才培养工程"、南京市中青年拔尖人才等称号。在专业发展上，我的教学成果分别获得国家级教学成果一等奖、江苏省教学成果特等奖和二等奖。参与编写了教育部通用技术课程标准、全国中小学及幼儿园教师资格证考试标准、通用技术国家审编教材的编写工作，应邀在北京、浙江等地做专业教师培训讲座和开设公开课 300 余场。辅导学生获国家级发明类奖项 30 余项。

我们是一线教师，我们的亲身体验、经验和感受，就是教育教学研究成果的源泉；我们跟学生最近，又是教育教学研究成果的实践者，只要我们用心观察、学习和努力，我们也可以成为教育教学研究成果的产生者。

三、享受教研生活

我们过去总是把职业和生活割裂开来，认为生活就是生活，而职业只是一种谋生手段，是不得已而为之，就是因为这种认识，我们工作起来才不快乐。生活具有自成目的性，生活的意义就在于生活自身，生活的意义就在它的各种可能生活中展开和呈现。"教师开创自己可能生活的过程就是教师发展的过程。"[①]教师的职业生活就是教师生活的重要组成部分，我们享受生活就要同时享受我们的职业生活，我们追求我们的可能生活，当然也包括我们教师的可能的职业生活。教师的职业生活意义在于过程。在对崇高价值的追求过程中，教师职业生活中的深刻内涵会不断凸显。当我们看到自己的教育教学成果不断涌现，当我们看到自己的教育教学成果在实际的教育教学中得到应用并取得成效时，这种享受是无法用语言来表述的。

"可能的职业生活永远是未完成的生活，对可能的职业生活的追求同样也是一个永无止境的过程，正是在这无尽的追求中，生活和生命才获得意义。"[②]认真做事才能把事情做对，用心做事才能把事情做好。生活不一定

---

①② 李义胜.论教师的可能生活［J］.中国教育学刊，2010（11）：70-72.

都是充满欢乐，必定有痛苦、忧伤、失意，会生活的人，始终会以主人翁的态度用心做事，越过这些障碍开发生活，就能创造出自己生活欢乐的新源泉。教师有意义的教科研活动必定是一种创造、超越的活动，它会不断消解教科研活动中的孤寂和艰辛。快乐地生活，快乐地享受教研生活，努力地追求我们教师可能的职业生活，这就是我不懈努力的方向。

名师档案

刘海林

　　就职于南京市第二十七高中，学校中层正职，江苏省中学正高级教师、特级教师和省教学名师，南京市通用技术学科带头人，南京市通用技术学科中心组组长，教育部基础教育教学指导委员会委员，教育部通用技术课程标准、幼儿园及中小学教师资格证考试标准、通用技术实验教学标准制订专家组成员，教育部通用技术教师培训专家，江苏教育出版社教材培训专家，南京师范大学硕士生导师，昌吉学院客座教授，江苏省"333高层次人才培养工程"第三层次培养对象，南京市中青年拔尖人才，通用技术苏教版国家教材编写组成员，其教学成果先后获得省教学成果奖二等奖、特等奖和国家级教学成果奖一等奖等。

教学艺术的本质在于激励、唤醒和鼓舞

广东省广州市第六中学　严开明

　　珠水河畔草青青，鹭江六中花正红。初夏广州六中的校道，宁静清幽，两侧高树成荫，白兰花的清香阵阵飘来，不远处凤凰花正开得灿若云霞。眨眼之间，我在六中已经过了 25 个年头了。篮球场上运动的小伙子、我课堂上的学生来了一茬又一茬，他们永远都是那么年轻，充满活力和生气。年年岁岁花相似，岁岁年年人不同。而我，不知不觉间已经步入中年，但心态还是觉得很年轻，因为在教育的花园里和年少的学生朝夕相处，始终保持着年轻的心、年轻的情怀，时光就会停留，自己也停留在年轻的岁月里，浑不觉时光已过 25 载。

　　25 年间，最难忘的场景莫过于 2009 年 9 月 9 日上午 9 时，我作为全国优秀教师代表在北京人民大会堂受到党和国家最高领导人的接见并合影。当日新华社、人民日报、中央电视台等官方媒体如此报道：

　　爱岗敬业育英才，无私奉献写春秋。在第 25 个教师节到来之际，庆祝教师节暨全国教育系统先进集体和先进个人表彰大会在北京举行。今天上午，中共中央总书记、国家主席、中央军委主席胡锦涛，中共中央政治局常委、国务院总理温家宝，中共中央政治局常委李长春，中共中央政治局常委、中央书记处书记、国家副主席习近平亲切会见了全体与会代表。

人民大会堂3层金色大厅华灯璀璨、气氛热烈。当胡锦涛等中央领导同志来到这里，全场响起一阵阵掌声。胡锦涛等高兴地同代表们亲切握手，向受到表彰的先进集体和先进个人表示热烈祝贺，向全国广大教师和教育工作者致以节日的祝贺和亲切的问候，向60年来为祖国教育事业贡献智慧和力量的所有教师和教育工作者致以崇高的敬意。

每每重温中央电视台这段新闻视频，总是心潮激荡，梦一般的经历啊。能在国庆60周年、第25个教师节到来之际得到党和国家最高领导人的接见和合影，是党和国家给予我的最高荣誉，是每一个普通教师梦寐以求的，是我个人的幸运，是一生都难以忘怀的历史时刻，也是鞭策自己继续发奋努力的动力。

此后我陆续被评为特级教师、正高级教师、国家"万人计划"教学名师等，能够有这样的荣誉，我真心感恩25年来广州六中历届学校领导的支持和栽培、校内外同事同行的指导和帮助，还要感谢我成长路上无数亲人、师长、朋友的关心、爱护和无私奉献，没有他们，便没有我的今天。感谢六中历届学生的努力，我的荣誉和成绩属于广州六中，属于所有齐心协力共同奋战在教育第一线的广州六中人和所有我曾经的学生，是他们的努力拼搏，教学相长才成就了我的事业和梦想。

却顾所来径，苍苍横翠微。回首自己走上师范路、走上教师岗位后的种种境况，一路走来，风雨兼程，既有成功的欣喜，也有失败的落寞，真是百感交集。

一、始于失败，源于挫折

1996年刚参加工作时，我上的是高一6个班的计算机课。由于人才断层，六中校内没有年长的计算机老师给我们做专业引领，一切都靠自己摸索。1996 年 10 月 16 日，入职一个半月的我遇到了进入六中以来最沮丧、头痛的事情——市教研室的教研员来听课。上午第五节在高一（4）班有 2 位教研员听了我的课。因为事前学校已经提前打了招呼，要求认真对待，所以和以往一样，我认真地备课、试教，并且这节课已经是第三个班上了，信心还是满满的，自感以我的水平而言，这堂课算可以了。但课后，其中一位教研员说："满堂灌，而且讲得太快，不顾学生的反应，讲得太多是无用的……"狠狠地把我数落了一通，来了个全盘否定，令我心情一下子跌入冰点。

毕竟砸了锅，我闷闷不乐，怕影响了学校声誉，背上了沉重的思想包袱，很长一段时间压力相当的大。只有少数人天生就是做教师的料，能言善道，对教学重点难点把握准确，上课如行云流水，挥洒自如。而像我这样资质平凡，语言表达能力较弱的，要站稳讲台，必须付出比别人更多的努力。

失败的痛苦和考验还在不断折磨着我。记忆犹新的一次，1998 年 2 月，我从事信息学奥赛培训刚起步不久，当年的广东省信息学邀请赛安排在我校举行。这个比赛不分年级，从初一到高二都是同一份卷子，同一个评分、评奖标准。当时我培养的第一批学生还仅有全国信息学联赛省二等奖的水平，一下子跳到省级更高水平的比赛，这个步子似乎跨得太快太急了，学生对题目难度完全不适应，水平完全跟不上，作为东道主，在这次比赛中，我校的四名选手全军覆没，一个三等奖都没有拿到。闭幕式那天，作为刚参加工作不久的教师，我感到非常困惑、疑虑、迷惘、彷徨，百感交集，面对奥赛殿堂，不得其门而入，很想打退堂鼓。

二、苦练内功，厚积薄发

当时的挫折、失败是苦涩的。然而，失败，是宝剑的磨砺石，是梅花绽放的寒冬；失败，孕育着一鸣惊人的力量。在往后教学实践的过程中，我努力去思考、探索教学规律。

1. 仔细观察、了解学生

一切都在艰难中进行。20 世纪 90 年代中期，信息学奥赛培训没有资料，只有少数几本我地毯式搜索了广州城的大小书店才买到的书籍；也没有互联网，不像现在，有什么问题，随时上网找一下，可以找到许多资料。没有前人积累的遗荫，没有网络的便利，一穷二白，完全要白手起家。这一届的学生，每次都是我先做完题目，然后给他们讲解，还要帮他们查错，逐一看程序的问题，非常认真细致，以至于对每个人的水平、程序风格、思维特点，甚至笔迹都了如指掌。每一次的测验，我都认真地统计学生的数据，分析结果，找出难点，归纳总结差距和不足。

2. 潜心修炼内功

苏霍姆林斯基说过：只有当教师的知识视野比教学大纲宽广得无可比拟的时候，教师才能成为教育过程真正的能手、艺术家和诗人。但当年信息学竞赛没有明确的教学大纲，竞赛内容也在不断加深加难，资料又缺乏，对教师、学生提出的要求甚高，只有尽力不断完善提高自己。我住在学校机房旁边，挑灯苦读，埋头钻研算法，写程序这样"闭关"式的日子倏忽过了几年。刚来六中时候，旁边的下渡路还是菜市场里面的一条羊肠小路，忽然之间已经变成了一条车水马龙繁华热闹的大马路了。六中校内的木棉花开了一年又一年，那些年这些风景于我，好像都没有留下印象，都好像一瞬间而已。

我每天晚上除了做题还是做题。因为周六一道搜索题的程序还没有调试好，睡觉时候做梦都在想优化的策略，我周日一大早就起来，马上开机编写程序，不断鼓捣新的优化方案，等我把程序调试好，能在规定的时间内得出正确的结果时，才发现肚子饿了，想了半天，才想起原来早餐午餐都没有吃，已经下午 4 点多了。

有心人，天不负。3 年一个周期很快过去，1999 年秋的全国青少年信息学奥林匹克联赛，我校便从 3 年前的默默无闻跃升为广东省学校团体总分第一名，并且一口气保持了 5 年。过去（2001—2013 年）教育部有联赛保送政策时期，我培养的信息学竞赛保送生人数广州市最多，已成本地佳话，而且学生发展后劲足，六中信息学小组学生毕业后，有的参加国际大学生程序设计竞赛，攀上世界巅峰，成为全球总冠军；有的成长为人工智能企业的首席科学家、骨干中坚；有的成长为重点高校的计算机学院院长……

3. 注重教学记录与反思

我读过魏书生老师的书，曾手写过约十万字的教学记录、反思，积累了厚厚一本经验集，现在主要是用"云笔记"等网络手段记录一些教学关键事件。有成功的心得，也有不妥做法引致的问题等，不时回顾，警醒下一周期时不要重复犯相同的失误，感觉帮助很大。作为信息技术教师，我还自建网站和教学博客，让学生参与进来写成长日志、学习心得，实现教学相长。

4. 学习、应用心理效应

作为教师，如果我们知道一些常见的心理效应，并且会灵活运用，对我们的教育教学是有很大裨益的。

例如罗森塔尔效应：罗森塔尔考察某校，随机从每班抽 3 名学生共 18 人写在一张表格上，交给校长，极为认真地说："这 18 名学生经过科学测定全都是智商型人才。"事过半年，罗森塔尔又来到该校，发现这 18 名学生表现的确超过一般，长进很大，再后来这 18 人全都在不同的岗位上干出了非凡的成绩。

无意间我也当了一回罗森塔尔。王玥是 2001 年入学的学生。在初一上学期，他一直都不起眼，上课躲在人群中，成绩也不引人注意，处于中等偏下的位置，按他个人后来的说法就是当时还"在及格线上挣扎"。是什么让我看中了王玥？因为在初一上学期末，我要求每个学生写一份总结，在总结中王玥写道："除完成基本练习外，还不时向集训队的同学请教一些高精度运算的问题。"这个细节让我看上了王玥的勤奋、毅力和上进心，觉得他是个可造之才。一天放学后，我把他叫到了科学馆 503 室单独谈话，我跟他说，我很欣赏他，希望他能担当起领头人的责任，给其他同学做个好榜样，尽管现在他跟其他同学还有差距，但我相信经过努力后，他能实现我的目标。他点了点头，眼神里还是半信半疑。

此后，在课上，他有点进步我就表扬他，给他鼓劲儿，制造机会让他表现自己。他也由怯生生慢慢有了自信。

初一下学期，上学期还不起眼的王玥急起直追，很快脱颖而出，成为班上的领军人物，同学们都很钦佩他。2002 年 6 月，王玥不负我望，在广州市队选拔赛中拿到了初一名额。但初一第一次参加省决赛王玥考挂了，很不开心。临回广州前一天（2002 年 7 月 14 日）的晚上，我又跟王玥单独谈了好久，一方面安慰他，一方面鼓励他要厚积薄发，成为六中信息学小组的下一代领军人，将来能参加全国赛。那晚的情景，我记在心中，也记录了下来，因为我知道，这是王玥成长过程的拐角点。经过多年的历练，到了高二，王玥终于力压群雄，代表广东参加全国决赛，夺得全国第 33 名的佳绩。

巧的是，他还念念不忘当年的事。后来读博时王玥给我写了这段话：

我记得严老师在对我们的教育中非常注重方法。鼓励和激励是他的两大法宝。在我刚刚接触计算机编程时，由于抽象思维不强，一开始跟不上，学不会，渐渐变得懈怠，成绩落在了后面。严老师没有放弃对我们这些后进学生的关注。每一次的上机编程课，他都会观察每一名同学的进度如何。每当我取得了小小进步，他都会表扬。这些表扬对于一个年幼的学生是莫大的鼓励，让我在精神上不再惧怕学习，最终帮助我提高了成绩。这时候，严老师的鼓励转变成了激励。他时常跟我描述几位年长师兄的事迹和他们在全省全国取得的成绩，将他们树为榜样，激励我去争取更大的成就。当时的我并不清楚这些鼓励和激励的意义，只是懵懵懂懂地向前冲。现在我回过头去看，才明白严老师的良苦用心。严老师先进的激励教育理念对我起到了巨大的作用。

不只是王玥，无数学生成长、转折的关键时刻我都会跟他们谈话。我的学生中有一位现在成长为 985 高校计算机学院的院长，他在早年接受媒体采访时候说，因为受到当年计算机老师的鼓励才走上计算机之路……

跟学生谈话这些事虽然已经过去多年，但我仍然记得很清楚，因为里面有我对他们付出的爱和心血。

每每回想这些育人案例，我总是阵阵感动。"激励、唤醒和鼓舞"，能从根源上立德树人，影响学生的学习目标、学习态度，甚至人生目标。

三、破解课堂密码，创建智慧课堂

在信息技术教师 QQ 群中，有时会看到一些老师无可奈何的感叹：学生"宁可扫雷也不想听课""自己玩，不想学书本的东西"；在各地信息技术教师的博客、论坛经常会看到对各地的信息技术课堂的描述：上课纪律差，学生无心学习，不想听课，只想上网、打游戏，私下做自己的东西……

这些现象，在我们每年的新生中也会大量出现。如果学生不在状态，无论教师讲什么，都是低效的。怎样才能有效地提升学生的兴趣，激励、唤醒、鼓舞学生的学习动力，让学生爱上信息技术课程，马不扬鞭自奋蹄地主动学习？这是我 20 多年来一直持续思考、探索、研究的问题。

从 1998 年开始，经过多年持续的课堂观察、教学探索，根据教育心理学理论，我逐步制定了即时互动反馈、积分升级策略，针对各个教学环节设计、细化教学评价规则和策略，并且自己编写程序，开发了"知新网络教学评价系统"，原创了许多功能，取得了很好的效果。

进入 2010 年代中后期，各地各校逐步推广平板入课堂的"智慧课堂"，其实早在 20 年前，我已经率先通过自编的软件探索实现了智慧课堂。2020年，"知新网络教学评价系统"荣获广东省教学成果奖、广州市教学成果奖。

这 10 多年，"知新网络教学评价系统"根据国家课程标准、教学内容的变化，为落实立德树人的总目标，还在不断补充完善新功能。2008 年起，在全国 60 多所各级各类学校（高中、初中、小学）自发免费推广，数万人使用，各校教师反馈的现象如出一辙，让各学校老师感到非常不解和神奇，虚拟的积分就真的有那么大吸引力吗？很多老师写下了使用过程的故事，其中一个案例写道：

下课铃打响了，我登录"知新网络教学评价系统"的教师端，等待学生过来上课。不一会儿，远远听见学生们如百米冲刺般的跑步声，接着是气喘吁吁的声音，学生进教室第一件事情就是打开"知新网络教学评价系统"的学生端登录，做完此事之后，如释重负地对我大声说："老师，我终于登录成功，赚了 10 分了，害我跑得累死了。"自从用了此系统后，学生迟到的现象基本上杜绝了。而且，上个班的科任老师有一次很费解地对我说，我一到周四第三节课，学生们一下课都急不可待冲出去了，你的课堂到底有什么这么吸引他们的地方啊？我听了乐不可支，跟她解释了一通之后，她一脸羡慕，说：现在还有这个好东西啊！

为什么不同学校使用后的评价如出一辙？是因为在其中学生尝到了其他课堂所不能有的成功的喜悦。学生们追求的到底是什么？不就是因为激励、唤醒和鼓舞了他们的干劲儿吗？如果我们还能发现更多的这一年龄段的学生的心理需求并且给予满足，那么我们的课堂不就充满了吸引力了吗？

德国教育家第斯多惠说："教学艺术的本质不在于传授本领，而在于激励、唤醒和鼓舞。"这也是我在过去教学实践中一直秉持的教育教学理念：十年树木，百年育人，教师要调动、唤醒学生内心深处的动力，让学生心甘情愿地去钻研，奋不顾身地去学习，这样的育人效果、学习效果才是最高效的。

名师档案

严开明

　　广东省广州市第六中学技术科组长，正高级教师、省特级教师、全国优秀教师、国家"万人计划"教学名师、"广东特支计划"教学名师、广州市优秀专家；入选 2016 年十大"广州榜样"。广州市青少年科技教育协会计算机专业委员会主任，广州市名教师工作室主持人。2009 年曾受到中央领导接见。

　　曾带领广州六中连续 5 年获全国信息学奥林匹克联赛广东省学校团体第一名，连续十多年获学校团体前 10 名；培养学生获亚太信息学奥赛国际金牌，入选国家集训队；多人免试保送或自招入读清华大学、浙江大学、中山大学等全国重点大学。

　　曾获部级优课，省、市教学成果奖，著有《用程序编织梦想：严开明信息技术教学探索之路》《信息技术课程教学评价策略》等 4 本专著。

深耕职教——我的教育初心

湖北省武汉市仪表电子学校　胡峥

　　我是 20 世纪 60 年代生人，呱呱坠地的时候适逢"文化大革命"，当时我家住在同济医学院大学生宿舍区内，是学生宿舍改成的筒子楼。我母亲临产需要去医院，当时红卫兵把楼道堵得不能通行，父亲认为我出生在这样一个年代，将来或许有不一样的作为，联想到毛泽东主席的诗词"怅寥廓，问苍茫大地，谁主沉浮？携来百侣曾游。忆往昔峥嵘岁月稠"，于是给我取单名"峥"。我 1989 年毕业于华中理工大学电控系电气技术专业，毕业最初分配到了华中理工大学汉口分院。当时适逢国家改革开放 10 年，作为一名工科生，我感觉满世界都是机会。我不甘守着三尺讲台，强烈要求去企业工作，这样我在企业一待就是五年。后来由于家庭原因，1994 年还是回到原点，此时去大学任教需要研究生学历，我只能来到武汉市仪表电子学校任教，从原来的大学老师到中职老师，心里有落差，也有不甘。但我的内心有个声音告诉我，好好干，会有收获的。

　　记得第一次去学校面试，我讲的是"工厂供电"的绪论部分，由于当时资讯不发达，也没有高人指点，不知道板书怎么安排，更谈不上复习旧课、新课导入、重点突出、难点化解、巩固提高等等授课的环节，试讲结果可想而知。可能是学校的听课专家们看中我的专业背景或尚可调教，决定让我入职，先当一名电工电子实验课老师。后来回想起来，我这真是遇到伯乐了。

现在谈谈我的教育初心，在汉语词典里面，"初心"指的是出发时的目标、誓言或承诺。世事瞬息万变，初心常常被我们遗忘，正如黎巴嫩著名诗人纪伯伦所说："我们已经走得太远，以至于忘记了为什么出发。"我是 2003 年 7 月加入中国共产党的。在我结婚以前，家里父亲是党员。结婚后，家里丈夫是党员。我的印象里，党员就意味着责任和担当，意味着是干累活、重活的第一候选人。大学毕业后很长一段时间，我一直认为我与吃苦在前、勇于担当还有一段距离。直到 2002 年 10 月，学校把 2001 级的 24 个班中不喜欢学习、行为习惯欠佳的学生归拢成立一个新班的时候，由于我当时是电类专业教研室主任，学校指定我当班主任，并给这个班起了一个响亮的名号：0124 特色班，打造技能为特色的另类班级。此时，我明显感觉到我身上的担子的分量，这 41 名 16 岁的学生，不少人站在人生的十字路口，为了他们，我觉得自己不能再退缩了，我必须担起教育的责任，保证他们两年后能正常毕业，成为对社会有用的蓝领工人。正是本着这样一颗为了学生的初心，我把我的精力全部投入到特色班的教学和管理中。在教学中，我发现现有的教材和教法根本不适合这 41 名学生，我只好白天上班、晚上摸索适合他们的"做中学、做中教"的教学项目和案例，利用他们不多的好奇心和求知欲，分层教学，将教学实施的内容提炼总结，这就是我最早教研工作的雏形。

一、学生培养　倾尽全力

我是职业学校的老师，中职生的文化基础相对薄弱是不争的事实，在以往普通教育的模式下，很大一部分学生在教学中没有明确的学习动机和兴趣，但是，他们具有较强的形象思维能力，对新知识好奇，对实践性教学活动饶有兴趣。社会上对职业学校毕业生的要求，是在掌握理论知识点的同时，还需技能傍身。而我喜欢琢磨怎样更高效地让学生掌握知识和技能。通过多年的探索，我提出"全真实训，立体教学"的教学思想，"做中学、做中教"的教学模式，开发基于工作过程的课程导向模式，总结出了"实景项目式"教学法，将企业典型的工作过程搬到课堂中来，调动学生学习的主动性和积极性，让他们体会到当下所学知识技能就是以后工作的必需本领。

针对学生基础参差不齐的现状，我根据"实景项目式"教学法的特点，结合企业现场分工协作的实际，因材施教，分层教学，对文化基础和学习习惯较差的学生实施以技能训练为主的课堂教学，以养成他们良好的职业习惯和具备技术工人的基本素质；程度较高的竞赛班的学生从理论和实践知识上拔高，按照全国职业技能大赛考纲的要求进行教学和训练，以具备初级技术员的能力。通过参加全国大赛取得的优异成绩以及近十届毕业生高比例的对口就业证明，我对他们的培养是成功的。

立德树人是教育的根本，德技并修是职业教育的特色。针对中职学生特点，我在专业课教学中尝试渗透职业素养教育，强化职教学生的职业行为规范，在课堂中渗透企业的 6S 管理理念。我在电子产品装配与调试实训课教学中，随机地将学生分为 4～5 人一个小组，每个小组的成员分工不同，成员间必须通过协作才能完成工作任务，以培养学生的团队协作意识。经过日常教学组织的训练，培养的毕业生受到企业的普遍欢迎，其中烽火集团电信器件公司为我校优秀毕业生张思同学设立了质量示范岗——"张思岗"。

职业教育的特点在于职业性。我在教学中倡导并践行"做学教评"四位一体化的评价方法，形成了与"做学教"同步的评价模式。教学模式的改革，必然带来评价机制的变化。一张试卷定成绩的评价模式无法客观评价"教学做一体化"教学模式的效果，也不利于学生体验学习过程中的乐趣。于是，我试图依据职业资格的要求，改革人才培养评价方式，大胆尝试学生技能与职业素养并重的双元评价体系。将过程评价与结果评价相结合，通过学生自评、小组互评、教师评价、企业评价的立体过程，客观地评价教学效果。自从"做学教评"四位一体评价模式实施以来，企业对教学实习的学生满意度提升了11%，在校生对采用"做中学、做中教"理论、实践一体化教学的满意度提高了10%，教学实习岗位胜任能力提高了8%。

人们常说，普通教育看高考，职业教育看大赛。作为仪表电子学校的品牌专业，专业部要在全国、省市比赛中拿大奖是责无旁贷的事情。但中职学生基础较差，武汉与沿海发达地区的职业教育还存在一定的差距。为了学校的荣誉，为了验证电信专业的教学实力，我接下了这个艰巨的任务。我组织骨干教师团队成立大赛班、集训队，与参赛学生们一起艰苦备赛，每天进行超过10小时的训练。同事们开玩笑地称我是不知疲倦的陀螺。我开拓创新思路，创造性地组织和训练参赛学生，开发全新的训练教材，师生在大赛的砥砺中迅速成长。

我带领的团队连续5年指导学生参加全国职业技能大赛，获1个特等奖、5个一等奖、10个二等奖。特别是在2008年全国职业院校中职组电子产品装配与调试项目的比赛中，获全国第一名、第二名的好成绩，受到湖北省教育厅和武汉市教育局的表彰。闪亮的奖牌折射出这支团队的实力强大和作风过硬。

学校作为湖北省中职学校电子与信息专业教研中心组长单位，多次承办省教研年会和省市级大型电子技能比赛。每次接到承办比赛任务，我总是花费大量精力，缜密筹备，拿出最佳比赛方案，让参赛选手满意而归。有一年湖北省技能比赛前一天，我在极度疲劳的情况下，把脚扭伤，不能行走。为了不影响比赛的正常进行，硬是打了止疼针，坚持到比赛结束。在彼此熟悉的兄弟学校间，大家都笑称我是"拼命三郎"。

我为了大赛，为大家舍小家，置家庭困难于不顾。那时我丈夫是边防海岛的现役军人，常年不在家。我为了工作而无暇顾及女儿的生活起居，经常让上中学的女儿独自在家，女儿生病通常是自己去医院看病。女儿中考的前一天晚上，我还因编制国家专业标准在外地出差，被女儿称作最不关心子女前程的妈妈。那一段时间，女儿老是吵着腿疼，我因赛事工作忙，没时间带孩子去医院，等我有空时，女儿的腿已经是陈旧性骨裂脱位，面临着永久性的残疾。现在回想起来，我还心怀愧疚，唯一值得欣慰的是，女儿从小在独立的环境中长大，一路读到了博士，这多少缓解了我在养育孩子上缺位的自责。

二、专业建设　创新争优

2011 年是我在专业发展上开启快速进步的一年。我作为国家首批示范校建设重点专业负责人，需要在 3 年内完成电子与信息技术专业的示范建设任务。当时电子制造业正因劳动力成本增高、用工缺口较大，准备用机器人代替生产线上的操作工人。我直面专业转型的挑战，顺应行业、企业需求，及时调整专业方向和课程内容，首创"工学交替螺旋递进模式"，提出"学校—企业—学校—企业"的工学交替、"学生—员工—学生—技术工人"角色多次转换的中职人才培养模式，让学生在"做中学"、教师在"做中教"，建成电子工艺基础实习、天马微电子校外实训基地，保障教学改革的有效实施，建成电子创新实验室，让学有余力的学生放飞梦想。

我按照企业对技能型人才的要求，对现有课程体系进行创新、重组。我倡导以真实的生产车间为教学环境，以企业产品为载体，将知识、技能、素养整合加工成系统全面、有机联系、多元结合的立体式知识，按功能模块设计成教学项目，凸显每个模块的知识技能点，将职业素养的要求和培养点融入其中，交互立体地呈现给学生，学生在"做"的过程中，为解惑去学习相关专业知识，感受学以致用的曼妙，实现"做中学"的立体化高效学习。在教学中提倡理论、实践一体化教学，采用线上线下的混合学习、课上课下翻转课堂的学习，达成了学生岗位胜任能力由"简单岗位"到"关键岗位"、从"岗位能力"到"综合能力"的立体提升。由于课程改革的内容来源于企业一线的需求，符合学生学以致用的心理需求，教学效果良好，受到学生好评。

以校企合作的方式，我主编开发了"电子产品结构与工艺""电子整机装配与工艺""SMT 质量与现场管理实习""SMT 技术与设备实训"等课程，与企业联合开发"蓝牙控制智能小车""MP3 多媒体播放系统""电子万年历""旋转 LED 显示屏"等能力递进式实训项目套件，并获得 4 项国家专利。

近 10 年来，我利用课余时间，把自己执教的理念、授课的项目载体、教学的经验整理提炼，完成 11 本教材的主编出版工作，其中 4 本入选国家"十二五""十三五"规划教材。主编的《电子技术基础与技能》被评为全国机械行业优秀教材，获全国机械行业指导委员会优秀教材一等奖，已发行 12 万册，被评为"全国最具影响力作者"。

我主持的国家示范校建设项目历经 2 年，形成"工学交替、螺旋递进人才培养模式"，成果获得教育部国家教学成果奖二等奖。带领弟子开发信息化教学资源库，建成光电仪器制造与维修专业"双主体培养、立体化学习"的人才培养模式，再次荣获国家级教学成果奖二等奖。主持制定中职《光电仪器制造与维修专业教学标准》，主持修订中职光电产品制造与维修专业国家标准，成果荣获中国电子学会教学成果奖一等奖。

三、带领团队　砥砺前行

从教 28 年来，我先后成立了武汉市黄鹤英才计划名师工作室、湖北名师工作室、湖北技能名师工作室、国家"万人计划"教学名师工作室。

工作室的宗旨是建立名师与骨干教师合作互动的机制，加大对骨干教师培养力度，努力促使其向更高层次发展，使"名师工作室"真正成为骨干教师成长的阶梯，为培养后备骨干教师队伍尽自己一份绵薄之力；希望以专业发展为推手，充分发挥名师的专业引领、带动、辐射作用，实现"专业引领、实践探索、共同发展"，真正起到"搭建成才阶梯、构建研究平台、发挥辐射功能"的作用。

从2014年开始，我利用工作室为活动平台，服务回馈社会。在湖北省内职业学校广纳青年才俊，吸纳省内弟子35名。以才带才，作为头雁，组成创新团队，带领工作室成员，通过"一师一优课 一课一资源"活动，运用信息化技术手段，构建了"立体化学习"的学习模式。在教学改革方面，充分利用信息化手段，主持开发了"标准化、共享型"的教学资源，带领骨干教师开发适用于"做中学、做中教"的《电工基础与技能》立体化教学资源，出版了电子工艺教学资源，保障信息化教学的有效开展。建设"标准化、共享型"专业教学资源库，利用AR技术，将虚拟的信息、图像与真实场景贴合，使学生用手机"扫一扫"就能看到想要学习的知识，通过线上线下混合学习、课前课后翻转课堂、虚拟仿真等途径，将信息化教学改革落到实处。在2020年新冠肺炎疫情期间，将这些资源上传到武汉市职业教育平台，供全市中职师生线上授课共享使用。

我在全国中职学校通过学术报告、专家讲座等方式，推广教学改革的做法。应邀赴全国多个地区培训讲师、在全国的"专业与课程体系改革"创新骨干教师培训会议上演讲、在2017年全国专业年会和中国电子学会年会发言，交流成果，该成果作为示范校建设100个典型案例之一，在教育部示范校建设成果交流平台展示，并正式出版。

从2017年开始，通过送教下乡、精准扶贫等形式，我开设近30场示范课、学术报告会，将我的教育思想、教改理念通过一节节课，绘声绘色地传递给职教同行们，将成果的实施精髓推广移植到恩施中等职业技术学校，指导该校建成电子整机生产线。

通过 7 年的培养，我带出一支能授课、敢创新、出成果的优秀教师团队。工作室弟子中，有 8 名教师获得武汉市优秀青年教师称号，有 3 人获得武汉市学科带头人称号，有 7 人次获全国各类比赛一等奖。

向前走，不能忘记走过的路；走得再远、走到再光辉的未来，也不能忘记走过的过去，不能忘记为什么出发。这也是我作为职教人的初心所在。作为一名职教老师，我是职业精神的播种人。"做中学、做中教"是我传授知识技能的方式，把工匠的匠心融入教学的每个细节，培养学生严谨细致、锲而不舍的工作态度是我的追求。

我深信，我坚守的是一项静待花开的事业。培养的学生凭借专业技能和工匠精神为中国制造建功，是我的职教梦想。

名师档案

胡　峥

　　1966 年生，中共党员，本科学历，毕业于华中理工大学电气技术专业。2015 年入选国家高层次人才特殊支持计划领军人才、国家"万人计划"教学名师，享受国务院政府特殊津贴专家，全国优秀教师，湖北省特级教师，湖北名师，武汉市教育界名师，湖北名师工作室主持人，湖北技能名师主持人，享受武汉市政府专项津贴专家，入选武汉市首届"黄鹤英才（教育）计划"。连续两届获得国家教学成果奖二等奖（第一完成人），主持制定了中职学校光电仪器制造与维修专业国家专业标准。

深耕职教传技艺　八桂大地铸师魂

广西理工职业技术学校　陈良

> 矗立三尺讲台，教书更不忘育桃李；扎根八桂大地，把青春献给民族地区职教事业；建设壮美广西，致力于职业教育与少数民族教育的融合，以培养"大国工匠"为责任与使命，用一颗丹心育一代又一代新人。
>
> ——题记

扎根八桂壮乡职教 18 年，我坚持"以智慧教书，用情感育人"的教书育人理念，用人文温度塑造学生，用学识厚度引领学生，用爱和行动为每一位职教生指引方向，努力培养德智体美劳全面发展的社会主义建设者和接班人。

一、做学生心灵的耕耘者

国无德不兴，人无德不立，感恩是一种美德，是做人最起码的修养，是人一生的修行。我特别注重对学生品格的培养，我认为："修道之谓教"，教育的本质是育人，教师不仅要传授知识，更要培养信念，通过感恩教育从内心感化学生。周末的公园里，我引导学生观察父母与孩子共享亲情时光的场景，让他们感悟到爱父母是爱的起点；养老院中，我带领学生为老人洗衣、与老人唠家常，让他们懂得感恩社会；建筑工地旁，我带领学生目睹建筑工人辛苦劳作的画面，让他们明白美好的生活需要奋斗，成功的背后都是汗水的历练……我的这些举动，让每一位同学受到触动，每一颗心灵受到洗礼，体会到做人做事应从"感恩"开始，成为有孝心、爱心、自信心、上进心的人。

在我担任 2003 级建筑装饰（1）班班主任期间，一天中午，一位家长来学校找我，一见到我，便热泪盈眶地握住我的手，哽咽道："谢谢，谢谢您，陈老师，我儿子终于叫我一声'爸'了。"原来，我所带的班级有个学生是名留守儿童，和父母的感情一直很淡薄，从来没有叫过他们一声爸妈，他的父母一直为这件事伤心难过。有一天，他们在工地上班时，突然接到孩子打来的长途电话，当听到孩子在电话的另一边对自己说："爸、妈，你们辛苦了！"那一刻，这对日渐苍老的父母内心感慨万千。原来，是作为班主任的我平日里以身作则、言传身教的感恩教育唤醒了这名学生身上的美好"善根"，让这名学生的内心发生了转变。

一位好老师，除了会"教"之外，还要会"育"，能够在培养学生的学业能力之外，培养他们健全的人格。我是这样想的，也是这样做的，多年来，我所带的班级多次被评为"自治区级优秀班集体"，由于我教书育人成绩显著，2017 年教师节当晚，我受邀参加中央电视台《寻找最美教师》大型公益颁奖晚会，并代表全国职业教育工作者通过央视直播与全国观众见面并发言；2018 年教师节前夕，我又作为广西职业教育优秀教师代表参加广西师德论坛暨优秀教师先进事迹报告会并发言，获得阵阵掌声。我的个人事迹分别获得《广西日报》《南国早报》《南宁晚报》及中央电视台一台、十台、中央电视台网、广西电视台新闻联播、南宁电视台新闻联播等媒体报道。

"捧着一颗心来，不带半根草去。"爱是教育永恒的主题，教育事业是爱的事业，没有爱就没有教育。我体会到，做好老师要有仁爱之心，心中没有爱就不可能成为好老师，正如我所说："学生是我生命的一部分，为学生做多少都不够。"

二、做学生生活中的温暖者

在我所带的班级中，班上的学生多数来自广西偏远农村，都是第一次远离家乡、父母，来到陌生的城市求学，独自面对新的环境、新的老师和同学。其中一名叫小平的学生刚到学校就对各种环境不适应，有一天晚自习她说要退学，那一瞬间我感到很震惊，才开学不到一个月怎么就想退学了呢？我询问原因，她低着头，支支吾吾，说是专业太难了，不感兴趣。我思前想后，对这女孩子的印象停留在班上无论任何时候看见她，她都是安安静静一个人待着，我很自责，认为小平退学的原因并不那么简单。这一夜，我失眠了。第二天，我马上从班上了解到小平自开学以来都是独来独往，从家长口中也得知，由于性格内向，这已经不是她第一次退学了。我觉得不能让小平再这样下去，多次与她面对面交流，分享校园中开心快乐的事情，时常在学习和生活上关心她，鼓励她产生向往，还交代班上其他同学主动和她一起学习、玩耍，让她感受到老师和同学们的关心，慢慢融入班集体。功夫不负有心人，经过一段时间的努力，小平再也没有提过退学，笑容也在她脸上出现了，班集体活动也时常能看见她的身影。从那时起，我感受到自己身上的重担，开始明白班级管理不是单一的，最重要的是关心关爱学生，有人文温度，既要做好老师的角色，又要做好兄长、父母的角色，这样才能激发学生对生活的热爱和对学习的热情。

一次木工实训中，学生小王由于没有集中精力，右手突然被刀具刮伤，顿时鲜血哗啦啦直流，现场的学生一脸茫然，不知所措。在现场的我立刻箭步冲上前去替他止血，并亲自送到南宁市第二人民医院包扎。小王看着医院里跑上跑下、忙里忙外的我，额间的汗珠不断地往下掉，湿透了白衬衫，那一刻，后来他说他从老师身上感受到了一股父爱般的暖流。由于伤口较深需要手术缝线，那晚我与小王在医院里度过，我守了他一夜。早上醒来，小王看着我一脸的疲惫和发红的双眼，鼻子一酸，感动的泪水在他稚嫩的脸庞默默地流淌……他从此下定决心要好好学习，不辜负老师对自己的那份爱和关心。

2020 年初，受新冠肺炎疫情影响，学生无法按时回校正常上课，而全国技能比赛培训工作迫在眉睫。作为建筑装饰技能项目的主带老师，我毅然克服眼前困难，和团队成员匀出 3 台电脑寄往广西梧州藤县濛江镇等地的贫困学生家中，确保他们都能使用上电脑完成既定的培训任务。就这样，我一直以"随风潜入夜，润物细无声"的方式浸润学生心田，这种纯真、深厚的师生感情来自对教育事业的无限热爱，靠的是在实践中的自觉锤炼。

"春蚕到死丝方尽，蜡炬成灰泪始干。"爱是教育的根本，教育是心与心的沟通，老师和学生是彼此的成就。我爱生如子，学生的事都是我的心上事，我主动走近学生，耐心聆听学生的心声，获得学生的信任，成为学生的知心朋友，用仁爱之心，努力诠释人民教师无私无悔的奉献精神。

三、做工匠精神的践行者

工匠精神是职业教育的灵魂。在多年的一线教学中，我秉持习近平总书记提出的"创新各层次各类型职业教育模式，坚持产教融合、校企合作，坚持工学结合、知行合一"的讲话精神，将工匠精神融入血液，带领团队在人才培养和专业建设上勇于创新、追求卓越，精益求精，努力让每位学生都有拥有出彩人生的机会。经过深入调研与实践，针对职业学校学生大多学习兴趣不高、学习习惯有待提升的情况，我提出并实施了国内首创的"工地学校"教学模式，把学生的课堂搬到校企共建的"教学工地"上，师生边教边学边做，充分调动和激发学生学习的积极性。通过亲自实践动手，学生感受到了前所未有的成功的喜悦和自信，提高了动手能力和实际工程项目操作技能。经过一段时间的教学，学生无论从期末考试成绩还是后期实习用人单位的评价，都远比往届学生的基本功更扎实，技能更胜一筹。目前已经有将近 3 万名学生受益，"中职建筑装饰专业'工地学校'教学模式的研究与实践"在 2014 年获得了国家级教学成果奖二等奖、自治区级教学成果奖一等奖。近 5 年来，经我指导的学生参加全国全区职业院校技能大赛获国家级一等奖 5 项、自治区级一等奖 30 多项；90% 以上学生顺利进入大学深造，有部分学生甚至被企业破格录用，深受用人单位欢迎。

我以身作则，让学生在耳濡目染、潜移默化中培养起诚实敬业的职业道德和高度的社会责任感，把培育工匠精神、创新精神和就业能力视为天职。我将一届又一届的毕业生成功送入职场，使其成为高素质劳动者和具有工匠精神的实用技能型人才，在师生中树立了榜样。

四、做民族技艺的传承者

我从事职业教育工作以来，怀着对壮乡民族文化艺术的满腔热情和对职业教育的执着，把青春致力于职业教育与民族教育的融合。我认为，民族地区有着丰富的民族文化资源，通过职业教育培养民族技艺传承人才、弘扬非物质文化遗产大有可为，掌握技术也是见效最快、成效最显著的扶贫方式。

小李是来自广西三江少数民族地区贫困家庭的少年，从小受到家庭氛围的熏陶，一直都在接触侗族技艺，但是他无心学习，属于大多数人眼中的"问题学生"，打算初中毕业后放弃升学，家里人也很无奈。下乡采风的我得知小李的情况后很为他感到可惜，便主动与他交朋友。经过交流发现，小李觉得在这穷乡僻壤的地方学习民族技艺不会有前途，只是在浪费时间。后来我发现了他特别喜欢手工活这一闪光点，凡是涉及动手的事情都全情投入，总有使不完的劲儿。我循循善诱，让他认识到只要努力，三百六十行，行行出状元，耐心地告诉他传承民族技艺更是意义重大。在我的感化下，小李报读了广西理工职业技术学校建筑装饰专业。后来，我作为指导教师在学校选拔参加建筑装饰技能项目比赛的优秀选手，小李参加了"PK"，成为参赛项目中的一员。然而，随着培训时间一天天过去，技能比赛培训的日子远比想象中要乏味，小李从一开始的雄心勃勃渐渐地显出疲惫、懒散。为了让他取得更好的成绩，我每天都亲自陪同训练指导，甚至放弃了春节期间的休息时间。"亲其师，信其道"，小李在我不断的鼓励和引导下铆足了劲儿艰苦训练，在 2017 年广西职业院校技能大赛建筑装饰技能项目中，小李出色地发挥出了自身的特长优势，以第一名的成绩获得省级一等奖，并代表广西参加全国比赛，最终获得全国二等奖。获奖的那一刻，小李激动地哭了，他说最感谢的是从没放弃过他的陈老师，是陈老师的鼓励和帮助照亮了他前进的路，是陈老师孜孜不倦的教诲和高超的专业技能造就了今天全新的自己。

我努力用我精湛的技艺影响和感化着身边的每一位学生，深入研究民族技艺新生代传承人"活态"培养模式，把传承广西民族技艺融入课程教育，建成广西首批民族（建筑）文化技术技能人才培养基地，为广西阔佳建筑装饰有限公司等 20 多家企业培养 3 000 多名能工巧匠，为广西决战脱贫攻坚提供了实实在在的人力支撑。将"非遗"及其资源转化为生产力和产品，并取得了经济效益，增强了学生和社会对民族文化的认同和主动传承意识。2020 年我主持的项目"民族技艺新生代传承人'活态'培养模式的研究与实践"获得了自治区级教学成果奖一等奖。

五、做青年教师的引路人

作为国家"万人计划"教学名师,我始终不忘为广大青年教师的成长提供帮助。我经常对青年老师说:"教师胸中要有一团火,在任何情况下都要朝气蓬勃,对学生有感染力、辐射力,只有燃烧自己,才能在学生心中点燃理想之火,塑造优美的心灵。"我以名师工作室为平台,发挥名师示范作用,毫无保留地给予青年教师提点、指导,主动服务广西少数民族地区30多所职业学校,在教育教学、课题研究、技艺提升、个人成长等方面为职教教师提供帮助,为提高青年教师的教学理论水平,我还特地为青年教师开设了多场专题讲座,每年受助教师达2 000多名。我坚信,要把自己塑造成一名合格的人民教师,需要相当的勇气、坚强的毅力和经久不衰的内驱力。

在我传帮带的教师中,涌现出了如伍忠庆、邓春雷、卢国享等一批德艺双馨的民族技艺师资,为少数民族技艺的传承发展提供可持续发展的保障。他们有的多次在全国教学大赛和职业技能大赛中获奖,有的已评上高级讲师,有的已走上管理岗位,这当中都倾注了我大量的心血。其中,艺术设计系的伍忠庆老师,自进校以来,从一名普通的工艺美术教师成长为高级讲师、艺术设计系主任,无论是教学、科研、技能大赛还是管理工作等,都成绩斐然:指导学生参加全国职业院校学生技术技能创新成果交流赛获优秀项目金牌,个人获得广西中职学校教师技能大赛设计技能项目一等奖、广西工艺美术大师精品创作工程"精品奖"金奖等。每每获奖,他总是说:"没有陈老师的指引,就没有我今天的成绩。"

敢于担当是当代教师应有的责任,我带领团队在平凡的工作岗位上创造了些许业绩,通过实际行动展现了一名职教者的"敢于担当"。近年来,我主持及参与省级以上科研项目达30多项,获得国家专利20多项,教学成果获国家级教学成果奖二等奖 1 项、自治区级教学成果奖一等奖 3 项，个人典型案例《"万人计划"教学名师的引领之路——广西理工职业技术学校教师陈良》入选教育部首批全国职业院校"双师型"教师个人专业发展典型案例等。

国家培养了我，职教成就了我，我希望通过自己的努力，去影响和帮助更多的职校教师成长，感化和培养更多的学生成才。我正努力用一言一行诠释"深耕职教传技艺，八桂大地铸师魂"的职教名师精神，用一颗丹心育一代新人。今后，我仍将坚守初心，继续在壮乡八桂大地上挥洒青春和汗水，为建设壮美广西奉献力量。

名师档案

陈　良

　　广西理工职业技术学校二级教授，硕士生导师，国家"万人计划"教学名师，全国模范教师，2020年"全国教书育人楷模"候选人，广西特级教师，广西"十百千人才工程"第二层次人选、高级"双师型"教师；先后被聘为中国—东盟职业教育研究中心理事会常务理事兼学术委员、全国非遗职业教育集团副理事长、全国高校数字艺术设计大赛（NCDA）学术委员会副主任委员、广西建筑职业教育教学指导委员会委员、广西机电职业技术学院客座教授。荣获国家级教学成果奖二等奖1项，广西职业教育自治区级教学成果奖一等奖3项；主持及参与省级以上科研课题30多项，发明专利20多项，出版著作、教材20多部，指导学生参加全国全区技能大赛获金奖10多项。

为了每个中职生的错位发展

江苏省海门中等专业学校　崔志钰

2018 年 12 月，国家级教学成果奖评选结果公布，"系统设计、三次优化、融玩于学：中职微型游戏项目教学的研究与实践"荣获国家级教学成果奖二等奖；2020 年 12 月，人力资源和社会保障部公布了享受国务院政府特殊津贴人员名单，我忝列其中……回首 26 年来的跋涉足迹和心路历程，虽岁月悠悠，曾经风雨，然教海探航，痴心依旧。

一、"仗技闯教海"：从半路出家到专业好手

我 1995 年毕业于扬州大学农学院畜牧专业，同年分配到一所乡下的农村职业学校工作，当时学校计算机专业教师奇缺，学校领导了解到我在大学里曾经上过计算机培训班（其实我在培训班里也就学了些五笔字型、DOS 和 WPS），就让我担任计算机课教学。我清醒地认识到自己非专业、半路出家，要想赢得学生的尊敬，唯有以技服人，于是近乎疯狂地训练自己的专业技能，短短两个月时间，我的汉字录入速度达到了每分钟约 120 个字，成为学校打字速度最快的人。正是这一技能使我赢得了学生的尊敬，

我总敢在课堂上摆下"擂台"，让学生向我发起挑战，这极大地激发了学生的学习兴趣，学生的汉字录入速度快速提高。机会对我总是那么眷顾，江苏省教育科学研究院组织开展了首届"金手指"信息运动会，我受命组织学生参赛，在我的指导下，陈春凤同学一路过关斩将，顺利进入全省百强，在激烈的国赛选拔赛中，又以全省第二名的成绩入围全国总决赛，最终荣获全国第五名，创造了江苏选手的最好成绩。此后，我又指导近百名学生在江苏省信息学奥林匹克竞赛、职业学校计算机技能大赛、江苏省中小学电脑制作活动、职业学校文明风采大赛、江苏省青少年科技创新大赛等比赛中获奖，创造了学校一个又一个的竞赛纪录。

为了迅速提高自己的专业素养，我开始系统自学计算机专业课程，程序设计语言、数据库管理、平面设计、二维动画、计算机原理、网络、组装维修等，使自己具备担任计算机专业所有课程教学的能力。专业技能水平也快速提高，尤其在计算机的故障诊断和维修方面，我通过"一听二看三摸"，能在非常短的时间内判断出计算机的故障所在，并迅速排除故障。久而久之，校内的、校外的，认识的、不认识的，只要电脑有故障，都会在第一时间找到我，我成了他们眼中的电脑"高手"，在教师和学生中有了较高的"人气"。在教学中，我总是将遇到的维修案例与学生分享，很多时候，就针对真实的故障电脑，我和学生一起现场分析、排除故障，这种基于真实情境的现场教学受到了学生的广泛欢迎，我也感受到作为一个计算机教师的职业幸福。

职业学校不同于普通中小学，由于生源的不确定性，专业会时常发生变化，一个教师要随时做好改教第二专业的准备。当学校农业类教师紧缺时，我就任教农业类课程，当计算机教师紧缺时，我就任教计算机专业类课程，我成了学校里的"超级替补"。有一段时间，我一直在农业教学和计算机教学之间转换，以至在评中学一级教师时，我申报了两次，使我成为当时全市唯一的既有生物一级教师资格又有计算机一级教师资格的人。这种特殊的教学经历虽然当时是一种无奈的选择，但若干年后，当我把信息技术与农学专业有机结合在一起时，当我在江苏省信息化教学大赛中摘获第一名时，我才深深体会到乔布斯所说的"眼前你经历的种种，将来多少会联结在一起"的深刻含义。

"名不正则言不顺，言不顺则事不成"，为了更好地适应教学工作，也为了更好地证明自己，我开始了密集的进修，先后完成了生物的本科函授、计算机科学教育的本科自学考试，获得了工学学士学位和现代教育技术硕士学位，2020年又开启了攻读博士的历程，我也成为学校拥有学历证书最多的教师之一，并且开始了一系列的考级考证，先后获得了程序员资格、国家职业技能鉴定考评员资格、计算机网络管理员资格、计算机操作员资格，通过了微软的专业级认证等，使自己成了一个真正意义上的计算机专业教师。

二、"我思故我在"：从机械盲从到理性思考

在现实的教学实践中，我逐渐认识到，一个教师只局限于技术层面的提高是远远不够的，有思考的教学才是有价值的，思考的深度决定了教学的高度，自此我走上了边阅读、边教学、边思考、边写作的教科研发展之路。一旦走上教科研之路，我自己都能感觉到，自己的眼光变了，对教学有了更多的思考和理解，对当下的中职课堂教学越来越看不顺眼，对自己的课堂教学也越来越不满意。我开始思考自己的教学走向，教学究竟是为了什么？什么才是理想的教学？我该如何不断趋近心目中的理想课堂？正是对这些基本问题的思考，促发我按照自己的意愿构建属于自己的理想课堂样式，开始了一段刻骨铭心的、只有起点没有终点的探索之旅。

在探索的过程中，我开始对一些习以为常的教学认知产生了质疑，比如，对于全面发展的认识，先前人们总是把全面发展与全科发展等同起来，

但教学现实告诉我，对于职业学校的学生来说，全科发展是非常困难的，我们为什么非要把相当多的精力投入到学生并不喜欢的补差上？我们为什么不可以把精力投入到学生渴望的扬长上，进而实现每个学生个性的、扬长避短的发展？这也是我"错位发展"教学主张的最初萌芽。再比如，在中职校计算机专业课教学中，形成了一种教学惯性，即教师先演示，学生根据教师的演示操作，亦步亦趋，按照教师的要求完成学习任务。这种仅限于技能掌握的教学，难道真的是我们所追求的吗？"真正好的教学是不应该局限于技术层面的"，教学如果只是单一地掌握知识与技能是远远不够的，教学应该有更高层次的追求。

正是对教学理解的加深，促使我尝试构建属于自己的课堂教学样式，在构建自己教学样式的过程中，也许因为专业的"局限"，我更愿意从生态学的视角、借鉴生态系统的概念来阐述理想的生态课堂。要使课堂生态优化，唯有不断增加"生产者"，变单一的"食物链"为纵横交错的"食物网"，课堂上给予学生多种获取信息的途径，改变单一依赖教师的课堂局面。于是我把专题学习网站、微视频、电子学习档案袋、教学平台等"新技术"引入课堂，学生的学习路径变得多样，学习方法开始多元化，学生释放出的学习主动性和良好的教学效果让我有了不小的成就感，课堂教学相对其他老师的课堂显得"高大上"了，获得了众多人的肯定，也收获了一系列显性的教学成果。欣喜之余，困惑依旧——如何才能让每个学生获得个性的、扬长避短的发展？

随着职业教育课程改革的推进，逐步构建起以能力为本位，以职业实践为主线，以项目课程为主体的模式化课程体系，我也深度参与到此轮课程改革中，企图在改革中寻找到自己的解惑之方。项目化教学改变了原先理论、实践相对分离的教学状况，通过将知识与技能嵌入一个真实的或虚拟的项目中，实现了理论与实践的"交汇对接"，对改变传统的教学具有较为普遍的意义。在践行项目教学的过程中，我也陷入了深深的思考之中，这种"六步曲"的教学样式真的只有"华山一路"吗？我们就只能照着做吗？教学除了知识与技能之外，难道真的没有更重要的东西了吗？每个生命都是独特的，每个教师都有不同的教学理解，教学应体现对生命多样化的尊重，理应丰富多样、异彩纷呈。职业教育课程改革并没有从根本上撼动学生的学习隐秩序，我的困惑也一直萦绕在心。

三、"自成错位系"：从应用理论到建构体系

相对同龄人，我是幸运的。2009 年 5 月，南通市教育局遴选名师第一梯队培养对象，职业教育首次受到了关注，经过层层选拔，我跳过"预备队"，破格入选南通市名师第一梯队，在领导、导师们的亲切关怀和指导下，结合前期的思考和实践，我正式提出中职生"错位发展"的教学主张，开始了有明确指向的教学追求，寻求对中职课堂教学的系列变革：一是变传统课堂为错位课堂。错位课堂是基于每个中职生的个性特长，让中职生自主选择自己感兴趣的内容，学习目标和学习计划都量身定做、得体合身；二是变常态学习为错位学习。错位学习是中职生立足于自己的个性、特长、兴趣、爱好，自己决定学什么，怎么学，学到什么程度；三是变通常评价为错位评价。错位评价关注每个学生的积极心理，关注"反木桶理论"中的那块"长板"，致力于使"长板"更长；四是变培养"全才"为培养"专才"。错位发展是基于每个中职生个性特长的发展，因此中职校培养的中职生应该是"专才""偏才"甚至是"怪才"，而不再是"全才""通才"。

围绕这些基本的构想，我也成了中职一线教师中敢于"吃螃蟹"的人，开始尝试建构"错位发展"的理论体系，并寻求"自圆其说"，其间申报了省职教教改课题"职教课改视野下中职生错位发展的理论与实践研究"，后来又相继申报了多项省市重点课题，开始了较为系统的研究。我是一个浪

漫主义者，也是一个现实主义者，只要自己看准的路就会坚定不移地往前走。我开始如饥似渴地海量阅读，阅读的方向也由原来单纯的教育教学杂志转变为一些教育理论、教育哲学、教育心理学论著，我自己都不敢相信，我是如何把这些以前看不懂、不想看的书"啃"下来的。在阅读过程中，我对教育教学的理解也越发"个性化"，原先一些零散的观点、主张渐渐聚拢，逐渐形成了相对完整的"错位发展"的理论体系，在这一过程中，自己的理性思考和教学感悟也以一篇篇论文、随笔的形式接连发表。在阅读与研究的过程中，我的视野和眼光也变得开阔和深邃起来。

由于长期在教学第一线，我对中职课堂教学有最真切的体验，我深知中职课堂最需要改变什么。在理论上想清楚之后，我在头脑中开始描绘中职课堂的理想愿景，开始规划课堂教学变革的路线图，开启了理论与实践并行的教学改革之路。2015 年 5 月，南通市名师第一梯队专业发展汇报展示活动崔志钰专场举行，这是南通市首个以教师命名的职教专场，我系统地阐述了"错位发展"教学主张及其理论建构，接受众多专家、学者的检阅。

"想清楚、做出来"始终是教学变革的基本策略，实践始终是检验教学理论是否有效的唯一标准。本着"想清楚再做"和"边做边想"改革思路，我们尝试将自己的想法在课堂教学中实现，开始寻觅载体，寻找突破口。

四、"探索自成范"：从单轮驱动到双轮驱动

2012 年 4 月，江苏省教育科学研究院在苏州召开全省"计算机应用基础"示范课、研究课教学展示活动。在深度思考的基础上，我面向全省同行执教"错位课堂"初始形态的公开课——"室内寻宝"，我将 Windows 的基本操作以闯关的形式呈现给学生，赋予学生游戏闯关的自主性，并且根据不同学生的实际情况，设计了不同难度系数的关卡，让学生自由选择；

评价也一改通常的自评、互评和师评，以"你的宝物我来寻，我的宝物你来寻"的形式，综合学生对知识与技能的应用，让学生在不知不觉中完成教学的评价；最后根据每个学生的游戏项目选择、完成情况，系统自动生成"项目合格证书"，实现了"所学即所得"。这次教学获得了极大的成功，受到了省教科院专家、学科骨干教师的一致好评，很多老师在评课时感叹"计算机课原来可以上成这样"。最触动我心灵的是学生在课上和课后的反应，课堂上学生的思维被充分激发，他们的脸上始终洋溢着笑容，课堂气氛紧张而活泼，课后，很多学生争着与我合影，拉着我的手久久不愿离开……

正是这节课的成功，使我意识到，所有的教学改革都必须立足于学生，只有学生喜欢的课堂才是有价值的，教学改革不应只是站在教师的角度，学生喜欢才是教学改革有效的基本标准。自此，我们开始尝试在已有项目教学的基础上实施微型游戏项目教学，使微型游戏项目教学成为"错位课堂"的主要形态。所谓微型游戏项目教学就是以微型项目为载体，以微型游戏为主形式，实现"游戏项目化""项目游戏化"，学生在玩游戏中完成项目学习的教学样式。这是在充分吸收职业教育课程改革成果的基础上，变原先单一的项目驱动为项目、游戏"双载体"驱动，实现了教学载体的有效创新。

2012年10月，海门市教育局为我组建了"e项目名师工作室"，后来"e项目名师工作室"相继成为南通市和江苏省首批职教名师工作室及江苏省职业教育教师教学创新团队。经过团队多年的协同攻关，我们较好地回答了需要什么样的课堂、如何构建这种课堂的问题，取得了一系列重要的突破，从实践层面解决了如何开发微型游戏项目、如何实施微型游戏项目教学、如何有效评价微型游戏项目教学效果等问题，并且在实践中逐渐形成微型游戏项目"八步曲"的教学范式，即"商游戏—研游戏—玩游戏—析游戏—做游戏—品游戏—改游戏—评游戏"。目前，我们先后在"计算机应用基础""程序设计语言""Flash 二维动画设计"等课程中开发微型游戏项目教学案例 200 余个，在市级以上开设公开课、示范课、专题讲座 40 余次，主办、承办大市级以上教学研讨活动 20 余次，微型游戏项目"双载体"驱动教学得到了越来越多人的认同，获得了越来越多人的响应。

五、"为梦想而行"：从错位教学到错位教育

在"错位"研究的过程中，我也收获了一系列的"副产品"，自己也成长为江苏省特级教师、正高级教师、国家"万人计划"教学名师，教学竞赛获全国"创新杯"一等奖、江苏省"两课"评比一等奖、江苏省信息化教学大赛一等奖等大市级以上教学竞赛一等奖 40 余次，在省级以上刊物发表了 250 多篇学术论文，出版了 4 本个人专著，主持了 10 多项省重点课题。2013 年 12 月，错位研究成果获江苏省教学成果奖一等奖，2015 年相关成果获全国职业教育优秀教科研成果奖，微型游戏项目教学改革案例入选全国教育改革创新发展典型案例，2017 年微型游戏项目研究成果获江苏省教学成果奖一等奖，2018 年再获国家级教学成果奖二等奖。

正因为我们的教学变革始终根植于自己的教学实践，始终承载着学生的学习需求，所以我们有着充分的实践自信，这也是我们这么多年始终如一、不断前行的精神支柱。任何一项教学变革都是对意义的一种新的探寻，我们每个人都在编织属于自己的意义之网。我们非常清醒，教师的教学意义只有转化为学生的学习意义才具有真正的意义，学生在课堂上高兴不高兴、快乐不快乐，他们的思维是否持续、充分地打开，他们是否"深陷"师生共同创造的情境中，他们中的每个人是否获得力所能及的"错位发展"，这些才是检验教学变革是否有效的基本标准。

我们深深地知道，教学与学生心灵的抵近是永无止境的，真正好的教学是对学生的一种亲切款待，而且要让学生感受到这种款待。让每堂课都能成为对学生的款待是我们不懈的追求，我们规划了"错位"研究的路线图，整个研究分为三个基本阶段，即"错位教学—错位课程—错位教育"；在错位教学的研究中，我们也划分为若干个环节，"项目教学—微型项目教学—虚拟项目教学—游戏项目教学—微型游戏项目教学—项目多样化教学—微型游戏项目多样化教学—微型游戏项目超市"，我们当前只处在错位研究的"初级阶段"，前路漫漫……

教育需要的是行动与思考，需要的是持续不断的攀登，我从来不去想我们的研究能达到一个什么样的高度，我只是想一直保持攀登的姿态，向着理想教育的"地平线"、为着自己的"错位"梦幸福地前行。

名师档案

崔志钰

　　江苏省海门中等专业学校教师，南通市海门区新职业教育研究所所长，博士（在读），享受国务院政府特殊津贴专家，国家"万人计划"教学名师，江苏省有突出贡献的中青年专家，"江苏人民教育家培养工程"培养对象，江苏省特级教师，正高级讲师，全国职业院校杰出教师，江苏省教学名师，江苏省"333高层次人才培养工程"培养对象，江苏省"e项目名师工作室"领衔人。荣获全国"创新杯"教学竞赛一等奖、江苏省"两课"评比第一名、江苏省信息化教学大赛一等奖、江苏省创新大赛一等奖等大市级以上一等奖20余次，曾获国家级教学成果奖二等奖，江苏省教学成果一等奖，获全国第四届、第五届教育改革创新典型案例，在省级以上刊物发表论文250多篇，其中全国中文核心期刊近20篇，主持省市重点课题10项，出版专著4部。

用心根植教育梦　培育桃李沐春风

重庆市荣昌区职业教育中心　曹礼静

　　三十载立德树人的时光，三十个春夏秋冬的孕育，岁月带走了青春年华，留下了对教育的热忱，沉淀了真知灼见，收获了桃李瓜果。回忆自己教师职业的成长之路，能够取得一些成绩，无时无刻不感受到党的关怀，感受到大家对我的关心，感受到作为一名教师的光荣与自豪。

爱事业——学榜样永远跟党走

　　回首 1991 年的秋天，不到 20 岁的我作为一名教师在原荣昌县吴家职业中学站上了讲台，欣喜与激动、自信与自豪油然而生。我带着"初生牛犊不怕虎"的韧劲在三尺讲台上挥洒青春与光热，希望帮助比我略小的学生成就梦想。不久，我便发现自己虽努力工作，但学生的改观与心中的预设相距甚远，我甚至成了别人眼中的"愣头青"，"还是老教师有经验，年轻人还真有点……"，一系列负面言论让我措手不及。这时候，学校的两位前辈主动关心我，给我指点迷津，两位老师兢兢业业、勤勤恳恳、真诚待人、待生如子，在点滴小事中折射出"学高为师，身正为范"。我把他们当成榜样，坚定理想，改善教学方法，循循善诱，因材施教，于是我的课堂得到了改观，与学生相处越来越融洽，重拾了教育的初心。在相处中，我才知道他俩还有一个重要的身份——中国共产党党员，他们积极发挥着党员同志的先锋模范作用，他们的行动也让我对党组织产生了向往。为使自己能够在教育战线努力工作，在榜样教师的引领下，1993 年 7 月，我郑重地向党组织递交了入党申请书，希望能够在党组织的关心、爱护、指引下，逐渐成长起来。1996 年的建党节，我如愿成为一名中国共产党党员，从此坚定了我做好教育工作的信心与决心，时刻以党员的标准评判自己，以做一名优秀的中国共产党党员激励自己。时刻警醒：作为共产党员"思想、作风、工作上要站在时代的前列，干事创业要成为表率"，为党努力工作让我初心不改、匠心筑梦、砥砺奋进，要成为优秀的教师成为我事业的追求。

爱工作——立足岗位干好本职

记得入学时，身边很多人以读畜牧兽医专业走不出农村为由反对我，我却认为适合自己的才是最好的，并且坚信畜牧业作为地方经济支柱和人们生活生产的重要保障，必然有它的发展前景。于是我坚持了自己的选择，幸运的我成为一名中职学校畜牧兽医专业的老师。在专业教育的征途上，我深知教师一定要有渊博的知识、精湛的技艺才能征服学生，所以我重视每一次学习机会，在乎每一场学习交流，不放过任何一次提升自我的机会。工作以来每天坚持 1～2 个小时涉猎各个领域书籍，为使知识学习能够与实践应用结合好，我想到了学以致用的方法——自开门诊，既解决知识学习与实践联系的问题，又帮助我积累了丰富的实践经验，为提高专业教学成效起到了明显的效果。以前，通信不畅通，我把在临床诊断中不懂的病、饲料配方、外科手术等问题用纸记录下来，积累多了就专程到大学请教老师，到科研机构请教专家，还主动到各地参加学习培训，2013 年还公派到德国学习 2 个月。这些学习培训，为我的成长奠定了很好的发展基础。

我热爱自己的工作岗位，想尽办法做好本职工作。记得刚出来工作不久，中职生源急速下滑，农业类专业更不受欢迎，1995 年的畜牧兽医专业只招了 8 个学生，许多专业老师都改行去初中教文化学科。"轻言放弃便不是真爱"，于是我四处奔走，向家长宣传畜牧兽医专业，后来干脆"现身实践"，邀请了一位教师和我一起在镇上开畜牧兽医门诊，为当地养殖的猪、牛、羊、马、狗、家禽"把脉看病，开方问诊"，得到老百姓的认可，扩大了专业的宣传度，服务了社会，慢慢地，畜牧兽医专业的生源来了，由当时的几十人扩到今天的 1 100 余人，专业老师们也跟着"回家"了，共同抓专业建设。还记得在招生途中的一趣事，一位家长指着猪圈里的一头母猪说："我家母猪不喂奶，你能治好，我就把孩子送到学校。"我当即跨进猪圈，望闻问切之后，我跟家长说："到街上买 2 块钱药，再到坡上找些草药，三天后把孩子送到学校来。"三天之后，那位家长果然把孩子送来了，并笑着说，他的猪仔有奶吃了。这个"凭特效处方招生"故事至今流传。如今学校的畜牧兽医专业已成为中央财政支持的实训基地、国家示范校重点建设专业、重庆市级骨干专业、仿真虚拟实训基地和双基地专业，正在全力建设重庆市高水平学校现代农牧专业群。30 年来，在做好教学工作的同时，我立足岗位也做出了成绩，先后主编、参编国家规划教材及其他教材 15 本，主审教材 3 本，在省级以上刊物发表文章 50 余篇，主持主研国家级、市级课题项目 11 项，撰写方案、标准多项，获"十二五"中等职业学校专业骨干教师出国进修回国教学实践成果评比一等奖，重庆市政府教学成果奖 3 项，各类教学比赛、教案、论文等获奖 30 多项，取得国家发明专利 3 项（授权 1 项）、新型实用专利 4 项（授权 3 项），主编国家规划教材《猪病防治》获重庆市中等职业教育参评首届全国优秀教材的推荐资格。2012 年，我大胆尝试，在重庆中职学校中率先开设宠物养护与经营专业，建立"阶段式工学交替"人才培养模式，构建"平台＋模块"的专业课程体系，开发相应课程资源，开展教学改革，我和学生们一起抱着宠物上课，《重庆晚报》对此作了专题报道《师生抱着宠物上课》。2018 年，我发明的"一种关于甘草的薄层色谱法及其应用"获国家发明专利，"一种改进的动物保定台"获新型实用专利证书。

爱学生——培育技术技能人才

随着高中阶段的扩招，中职生源中学习习惯和行为习惯较差的学生比例大大增加，对于教师也是极大的挑战。收获家长的信任，对学生负责是我们的职责。为把爱学生落实到行动上，多为国家培养高素质技术技能人才，我结合专业教学的实际，重视教学改革的探索与实践，通过整合教材、改进教法、丰富课堂因材施教、教学做合一等改革措施，把抽象的畜禽养殖和疾病防治技术知识讲解得让学生易学易懂，还带领学生深入农户，开展畜禽养殖、疾病防治技术服务实践，有效地提升了学生对专业的认知能力，慢慢地学生喜欢上了畜牧兽医课程，连家长逢人都说："我家孩子周末回家就到猪圈，对着书和笔记，看猪吃喝拉撒，还说教我科学养猪。"任教期间，我任教班级对口升学率、就业率、创业率高，技能达标率均为 100%，指导学生参赛获各类奖项 30 多项。为了稳定生源，在学校的支持下，我另辟蹊径，依托畜牧兽医门诊部的经营，给学生提供实践的平台，将经营所得用于学生专业学习；同时自费购买畜牧兽医专业类的书籍，给予教师专业理论提升的载体，为学生提供学习理论知识的园地。为"学生猪倌"邓费建、邓波解决兼职和学习之间的矛盾，为他们制定特殊的作息时间，提供特殊的住宿环境，为他们坚定读书和创业双管齐下的人才梦。邓家兄弟二人在大学创业期间创业成功，被誉为"猪倌兄弟"，2006 年被评为年度中国教育十大新闻人物和感动重庆十大新闻人物，2007 年获重庆市青年五四奖章。

爱团队——发挥示范引领作用

在 30 年的风雨兼程、积累沉淀下，我已不再是当年的"愣头青"，逐渐褪去了青涩的外衣，练就了扎实的功力，入选国家"万人计划"教学名师，享受国务院政府特殊津贴，被评为重庆市中小学、中职首个专业技术二级岗位的正高级教师，获首届"黄炎培职业教育杰出教师"，重庆市高层次人才特殊支持计划名师、重庆市学术带头人等几十项荣誉。我深知这些荣誉是学生、专业、团队赋予我的，"孤胆英雄注定要失败，只有团队才能做成事，继承只能维持，创新才能前进"。我有幸能成为专业领域的榜样，便要发挥我的光与热，让我团队的教师积极成长。我时常聚集一群专业教师，一起探讨教学、教改问题，坦诚地交流成长经验，帮助青年教师成就教育梦想。记得前几年，一位年轻教师对工作"只求无过不求有功"，迷恋上钓鱼，课间时间都要去过把瘾，我一有空就去与这位老师谈心，帮他解开心结，激励他敢于干事创业，几次沟通后，这位老师重拾教育激情，一心回到教育教学教研上，多年以后，他成为市级学科名师、骨干教师，多次获国家级奖项。团队需要源泉才能有力量，2000 年，在学校普招专科毕业生作为师资的时候，我力荐畜牧兽医专业引进本科人才；2010 年，学校普招本专科学历毕业生时，我力荐引进研究生作为师资，提高师资文化水平；2014 年，引进具有丰富企业经验人才的程老师，我们一同激荡专业、产业的知识火花，培养德能兼备的青年教师，服务学校的发展。目前，学校畜牧兽医专业教师研究生学历占 53.3%，副高级以上职称占 40%，现已建立西南大学动物科学院兽医硕士/农业硕士专业学位研究生专业实践基地。

2018 年 8 月，市教委以我名字命名的"国家万人计划教学名师曹礼静工作室"建立，配套有专项资金，用于工作室开展教学研究、自主选题研究、人才培养和团队建设等方面。我通过工作室平台，开展培育名师、专题研究、推广成果等活动，辐射引领更多教师，在教师培养方面，制订培养方案，包括培养目标、培训课程、培训形式、研究专题、培训考核等，通过培养，让成员在某一领域成为学有专长、术有专攻的知名教师。同时，发挥名师工作室成员集体智慧，促进学科教学的理论建设，工作室聘请高校教授、畜牧兽医行业企业专家等为指导教师，并为工作室学员授课，近年工作室承办了重庆市农林牧渔类专业大类的教学研究、方案、标准的研讨、编写、比赛等会议。截至目前，工作室 2 名教师学员获重庆市中职学校教育信息化教学大赛二等奖，4 名教师学员获重庆市政府教学成果奖，2 名学员获重庆学科名师称号、4 名学员成为市级骨干教师，多名学员获国家专利，在市级以上刊物发表论文 20 余篇，开设市、区级以上公开课 20 余节，编写教材 6 本，多名教师职称得到提升，工作室学员在多地区介绍推广教育教学科研成果。

爱服务——助力区域经济发展

我获得的收获，是荣昌这片土地孕育的成果，回馈家乡建设是我的责任，服务好区域经济社会的发展，更是职业教育的使命。我深知区域畜牧业的发展对我们专业及人才培养的新要求，我和我的团队肩负着将畜牧兽医专业打造成全国有名气招牌的使命，为产业发展培养了一批批畜牧业技术技能人才，目前区内及周边地区畜牧产业基层从业人员 80% 以上是我校毕业生或在我校接受过实训的。我们在努力培养新技术人才的基础上，还加强了对毕业生的再培训工作，举办了毕业生新技术的再培训。同时依托"荣昌猪"品牌产业，开始把自己的技术送到企业、养殖户中，为企业的发展建言献策。并通过实行"阶段式工学交替"人才培养模式的改革，带领学生下乡镇参与职业技术服务，通过观岗、跟岗、学岗、顶岗的过程，助力乡村振兴。为做好技术服务，我们与多家企业联合建立研发平台，与一家企业联合建立专业博士后科研工作站，立足产学研融合，帮助企业研发新品种、推广新技术，助推乡村振兴。这些年来，共为养殖户提供技术指导、服务 2 000 多人次，帮助 21 户农民致富。与企业合作开展研究和新技术推广 10 余项，直接和间接创收 5 000 多万元。为重庆市畜牧兽医专业及产业发展做出突出贡献。

如今，畜牧兽医专业虚拟仿真实训基地被推送到教育部，乘着成渝双城经济圈建设发展、中国畜牧科技城和国家生猪技术创新中心及国家生猪大数据中心建设的好势头，我的团队开始着力川渝现代农牧职教集团建设，助力区域经济及产业发展。

既然选择，便只顾风雨兼程。如今的我，不仅在专业领域上继续前行，还担任了学校党委书记的职务，在党的光辉引领下，一路向前。为学校发展再创辉煌，为产业发展倾心助力，为区域经济发展建言献策，我永远在职业教育战线的路上与大家一道砥砺前行。

名师档案

曹礼静

　　二级研究员（专技正高二级岗位），现任重庆市荣昌区职业教育中心党委书记。入选国家高层次人才特殊支持计划领军人才（国家"万人计划"教学名师）、重庆市二类高层次人才、重庆市高层次人才特殊支持计划；享受国务院政府特殊津贴专家，重庆市学术技术带头人，获得重庆市政府名师、特级教师、全国首届"黄炎培职业教育杰出教师"等几十项荣誉，担任重庆市中等职业技术教育正高级职称和高级职称评审委员会副主任委员、重庆市中等职业教育农业及畜牧类教学指导委员会副主任和中心教研组组长，多所高校客座教授、校外硕士生导师，企业博士后合作导师，主编、参编国家规划教材及其他教材 15 本，主审教材 3 本，在省级以上刊物发表文章 50 余篇，主持主研市级以上课题项目 11 项，撰写方案、标准多项，市级以上教学成果奖 4 项，教学、教案、论文等比赛获奖 30 多项，取得国家授权发明专利 1 项、新型实用授权专利 3 项。

呕心献职教　花开硕果香

云南省玉溪工业财贸学校　胡向东

> 37 年职教生涯，57 载人生岁月，他的身边总是围绕着
> 大批的学生粉丝，跟随他学技能，聆听他的人生感悟，享受着
> 他源源不断的正能量。学生对他尊称为："心灵导师""育人大
> 师"。其实他就是一个普通的老师，传道授业解惑……
>
> ——题记

　　我曾带领学生在全国职业院校技能大赛中实现金牌零的突破；2019 年
9 月 10 日作为国家高层次人才教学名师代表赴京参加全国教育系统先进集
体和先进个人表彰大会，受到习近平总书记等党和国家领导人的亲切接见；
37 年的职教生涯，学生尊称我为心灵导师、育人大师，而我自己的定位，
不过是一名传道授业解惑的普通老师罢了，虽然取得了一些成绩，比如被
评为国家"万人计划"教学名师、云南省"万人计划"教学名师等，那也
不过是在本职工作岗位上做了自己应该做的事情，发挥了一名共产党员教

师应有的先锋模范作用。

从物理专业跨界到机电工程专业，对追求完美极致的我来说，是挑战更是机遇。我认为，作为职教老师，要将学生培养成才，教师要有"双师"型特点，既要会教书，还要会动手、懂技能。在教学中，我探索实践产教融合之路，构建"师带徒、老生带新生"的教学模式，我指导所在的机电工程系建成电子技术、光伏发电、移动机器人实训室；带领学生开展企校合作，开发制作了"电子语音万年历""移动电源"两个产品，实现了消耗型实习向生产型实习的转变。

一、生活中，做深受学生欢迎的"心灵导师"

2011 年开始，我开始指导和带领学生参加职业院校技能大赛。2012 年实现了云南省在全国职业院校技能大赛中金牌零的突破，截至目前，累计有 10 人获得市赛一等奖，20 人获得省赛一、二等奖；在国赛中，我参与指导的学生获得一等奖 2 次、二等奖 1 次、三等奖 1 次。我乐于将自己的知识倾囊相授，努力让技能实操弱的学生学到一技之长。在学生眼中，我是最受他们喜欢的老师。

我的育人追求，不仅仅是专业知识的游刃有余，更重要的是对职业教育的热爱、对学生的责任和担当。我经常为学生们开辟"第二课堂"，为学生做心理辅导，教导学生如何面对挫折，如何拥有强大的内心。在生活中，对学生无微不至地照顾，常利用周末时间，带领学生爬山、打球，悉心帮助学生缓解生活中的精神压力，被学生亲切地称为"心灵导师"。

二、教学上，做学生成长路上的守望者

我曾自撰"传道授业信可乐，富贵于我浮云走"联句用以自勉。在我

的课堂上、课堂外，我总是充满"当一名好老师"的激情，总将自己的知识倾囊而出。凡是我选拔来的参赛选手，在技能训练过程中，无论这个学生表现如何，我都不会淘汰他，既然把他选进团队来，就不能让他淘汰，我不会嫌弃任何一个学生，能不能拿奖是次要问题，关键是要让技能实操弱一点的这部分学生学到一技之长。

学生郑红杨、刘文学刚来实训室跟随我学习实操技能时，总感觉什么都不敢弄，就怕把一些零部件弄坏。而我总是微笑着鼓励他们大胆地去做，常把他们做坏的零部件拿出来，细心讲解。久而久之，他们弄坏的零部件就渐渐地少了。在我的鼓励下，他们现在各种成果越来越多，学会的也越来越多。

在教学方法上，我习惯采取让高年级的学生来带动低年级的学生完成相关学习任务的方法，让经验丰富的老师来带新进年轻教师，这种"师带徒、传帮带"教法，备受师生称赞。

"诚实做人，用心做事，成就一项事业，非一朝一夕之功；职校教师，要'精'字当头，切磋琢磨，于寻常处见功力，于细微处见真章。"这是我常与学生和青年教师讲的一句话。37年职教生涯中，我充分发挥党员的先锋模范作用，面对党组织交给的任务，我主动钻研、严谨细致。在我主授的十余门课程中，我把先进的教育理念、独特的教学风格、精妙的教学技巧、灵活的教学方法，渗透和辐射到教学及实验中去，能熟练灵活创造性地使用教材，让学生在学中做、在做中学，充分调动学生的学习积极性、主动性。我主编了《电子电器装调与应用实训》等5本校本教材，努力探索职业教育的教学新模式，坚持以培养企业需求的实用型人才为方向，践行工学结合的一体化教学思想。因业绩突出，我先后荣获云南省"黄炎培职业教育奖"杰出教师奖、云南省首届"云岭教学名师"、云南省高层次人才教学名师、云南省五一劳动奖章。

三、个人发展上，努力争当新时代好老师

在个人发展上，我从未停止过自己的前进步伐，不停地钻研、探索职业教育的教学新模式：始终坚持以培养企业需求的实用型人才为方向，积极实施工学结合的理论、实践一体化教学思想，使学生有效建立起了在学中做、在做中学的学习模式。

从教多年，虽然经验丰富，但我始终不满足。在日常的教育教学工作中，我乐于与同事、专家们交流、探讨，虚心向其他老师请教，学习同行及专家们的先进经验，突破自身存在的瓶颈。不断研修新专业、新课程，去接受新知识，给自己"充电"。我大学主修的专业是物理，但在工作中却积极努力向其他领域学习延伸，并把相关的知识有机地融合，进一步拓展应用。为此，我获得多个职业资格证书，持有制图员高级工证、维修电工技师证、电子产品维修工高级技师证，如今在电子产品维修方面算个"能手"。我还亲自指导系里的电子技术、光伏技术类的实训室建设，主持建立了电子技术类实训室 4 个、光伏技术实训室 1 个、光电技术应用实训机电1 个，在一定程度上满足了电子专业实训教学。

四、在培养青年教师上，做潜心教书育人的好"师傅"

我积极开展师带徒"传、帮、带"活动，通过结对帮扶、传帮带这种做法，使年轻老师通过三到五年的时间，能成为学校的教学骨干。

通过我的传、帮、带，青年教师不断成长，一名教师取得高级技师证书，一名老师参加 2016、2017 年省级技能大赛获一等奖，一名老师参加2016、2017 年省级信息化教学设计比赛获二等奖。其中学校机电工程系青年教师车稳平 2012 年拜我为师，经过我的技能指导和帮助，他的技术技能

水平有了很大提高，逐步成长为一名名副其实的电子电路装调与应用竞赛项目的指导教师。7 年来，车稳平个人获得省级赛项奖 4 个、国家级赛项奖 2 个，指导学生参加比赛累计获得省级赛项奖 5 个、国家级赛项奖 2 个。2019 年 10 月，车稳平入选玉溪市"千人计划"行列，被评为"兴玉技能大师"。在我的引领下，车稳平老师更加坚定了加入中国共产党的决心，目前已经是一名入党积极分子。

我一直以优秀共产党员的标准严格要求自己，立足本职工作，扎根教学一线，坚持自己所选，干自己所爱，充分发挥党员教师先锋模范作用，在工作中精益求精、精雕细琢，对于专业领域中每一个细节，都力求完美、追求极致，希望自己有朝一日成为一名卓越的工匠。我努力将受党多年教育的老党员的觉悟和情操彰显在工作和生活中，前半生把自己的青春和激情奉献给了党的事业，后半生用自己的忠诚和担当为党的事业继续培养接班人，勇于担当培养责任，树立党员风范，传递工匠精神。所以，青年教师们不仅把我看作是技能上的师傅，更是精神上的师父。

党和国家给了我诸多荣誉，在我看来，这既是一种激励，也是一种压力，更是一种动力，成绩只代表过去，为了无愧于这些成绩和荣誉，在今后的工作中，我将永远牢记"学高为师，身正为范"，努力使自己在思想上、道德品质上、学识学风上更好地做到以身作则，率先垂范，为人师表，全心全意地做一个让学生爱戴、让家长放心、让社会满意的好教师。

在这 37 年的教育旅程中，我默默地耕耘着，一路走来，我不喊累，不叫苦，我总把苦和累当作教育的考验、生活的阳光。因为教育之路是漫长的，我将在这漫长的教育旅途中，用我的耐心去迎接教育中的每一个挑战，用恒心去汲取教育沃土中的营养，用形象去影响他人，用信心去体验教育的魅力、去感悟教育的旋律，铸造自己的教育风格，努力当好新时代的人民教师。

爱与责任是师德的灵魂，学识魅力和人格魅力是师德的最高境界。新时代人民教师，要有"永远做学生成长路上的守望者"的信念。我要继续用我的实际行动践行"忠诚于党的教育事业"的最高职责，以良好的教师形象为人们树立榜样，以我的精神和人格魅力，继续感染和带动全校广大青年教师在新时代职业教育发展道路上不断地努力奋斗！

名师档案

胡向东

　　1964 年生，云南通海人，1984 年 7 月参加工作，大学本科学历，1994 年 4 月加入中国共产党，正高级讲师，第四批国家"万人计划"教学名师、全国优秀指导教师、云南省"万人计划"教学名师、云南省"黄炎培职业教育奖"杰出教师，云南省五一劳动奖章获得者，享受云南省政府特殊津贴专家、国务院政府特殊津贴专家。

　　37 年来辛勤耕耘在职业教育教学第一线，努力践行"忠诚于党的教育事业"的最高职责，培养有担当、有工匠精神的职业技能大师，尽力为党的事业培养更多德技双优的技师技能人才。

守望职校课堂，成就教育梦想

山东省潍坊商业学校　毛艳丽

我坚信每一只鸟都有适合飞落的矮树枝，立志于做有价值的职业教育，让每一名职校生增强获得感，拥有技术专长和职业理想。怀揣教育梦想，我在工作中尊重学生差异，采取因材施教措施，注重教学研究，不断调整教学模式和人才评价内容，在职校人才培养方面取得了一些成绩。

一、积极投身于专业建设和教学模式改革实践

1. 积极探索，不断推进物流专业建设的发展

作为一名职教一线工作者，我密切关注职业教育改革发展的最新动态，先后赴德国学习双元制、到我国台湾省考察全人教育、去英国学习现代学徒制，注重吸收国内职教发达地区先进的职教理念，站在职业教育发展的最前沿，带领团队不断探索与实践职业教育教学新理念，推进物流专业建设。自 2009 年以来，任山东省商贸专业研究会秘书长，充分利用商贸专业研究的平台，在山东省教学研究室等业务部门的领导下，集合省内兄弟院校 16 家，骨干教师 29 名，在广泛调研的基础上于 2013 年主持完成了山东

省中职物流服务与管理专业教学指导方案的制订工作。从 2013 年起多次深入调研国内发达地区现代职业教育体系建设的先进做法，先后参与了教育部中高职衔接（物流管理专业）教学标准、山东省中高职衔接物流专业教学指导方案、山东省中高职衔接电子商务专业教学指导方案、山东省中高职衔接市场营销专业教学指导方案等人才培养方案的制订工作。推动学校申报立项山东省物流专业"3+4"中本贯通人才培养项目，作为中职学校主持人，与聊城大学商学院共同制订了人才贯通培养方案，引领了省内外商贸类专业人才贯通培养的发展。2014 年起主持完成了山东省重点专业物流服务与管理专业建设，2016 年承担了山东省物流专业现代学徒制试点项目，2017 年 12 月起主持山东省智慧物流技能技艺传承平台建设。

2. 立足于服务发展，开发出"宽基础＋精特长"的专业课程体系

物流列入国家十大振兴产业以来，伴随着国家经济结构调整，产业在快速发展，我深知人才的培养需要服务发展的需要，带领专业团队成员深入企业调研，密切跟进行业发展变化，在行业专家及课程专家的指导下，采用岗位能力分析的课程开发方法，遵循科学的职教课程开发路径，对中职毕业生相应的物流职业岗位进行了适应性分析，系统梳理了岗位群及岗位工作任务、相对应的职业能力和核心素养要求，将这些能力和素养按照一定标准排序转化成课程，再将课程按照各自不同作用分成三类，即公共基础课、专业基础课和专业核心课，形成了基础宽泛、多点融合、方向精准的物流专业的课程体系。

3. 构建课程建设"校企研"三主体的动态建设机制，坚持课改永远在路上

根据中职人才培养规律，我将工作过程系统化理念融入课程体系设计。作为物流服务与管理专业的带头人，主持了国家示范性学校建设项目物流服务与管理专业建设工作和物流专业的山东省重点品牌专业建设。在建设过程中，积极搭建由学校骨干教师、企业一线技术专家、职教研究专家三方力量合成的课程开发团队，积极跟踪物流产业发展趋势和行业动态，重点面向仓储、配送、货代、信息化、客服等职业岗位，在分析职业岗位工作任务以及素质、能力要求的基础上，设计完成了基于工作流程的课程体系。随着课程体系建设工作的推进，形成了学校与企业深度互动，生产一线与学校课堂需求密切对接的课程开发理念、方法与课程开发路径，为课程体系的动态调整提供了工具。通过设立课程研发中心、立项开展课题研究，推动动态研发进程。在物流专业品牌建设中规划完成了课程研发中心，吸收行业企业一线专家及职教专家 12 人，定期对骨干教师进行从课程内容到开发方法的指导。推动团队申报设立 2 项省级精品课程：仓储与配送实务、商贸专业创新创业，3 项省级品牌专业建设立项精品课程和 5 门核心素养课程的开发。积极开展中外合作，谋求与国际接轨的课程建设。我主持了学校与台湾合作共建物流专业项目，项目建设重点为吸收台湾地区先进的课程开发理念，突出课程资源的立体化建设，教材图文影音素材齐全、取材鲜活生动，开发完成了包括商业概论、行销管理等在内的 4 门课程。

二、扎根教学一线，打造科学实效的职教课堂

1. 注重学情分析，设计个性化培养

积极进行学生生源差异性分析、能力差异性分析和学习动机与目的差异性分析，形成记录数据。处于同年龄层次的学生发展虽有其共性，但由于环境、教育等因素的作用，不同学生的发展状况不平衡，接受能力、理解能力和动手能力，尤其是专业职业能力上有很大的差异。在教学过程中，我注重分析学生群体中每一个学生的学习背景、家庭状况、年龄、学习爱好等，与学生交心，根据各自的特点，因材施教，通过正向激励、潜能开发、单独辅导、企业现场师生共同做项目等，灵活采用引导文教学法、任

务教学和案例教学等方法，发挥学生的个性特点，激发学生的学习积极性和主动性，做到教师引导、学生自学与督导相结合。

2. 发挥学生团组作用，开展"生本"教学

在教学过程中，我以学生为主体，针对学生基础条件、知识接受能力、实践动手能力和主动性等方面存在的差异，在实践教学、一体化教学过程中将学生分层次教学，采取5～8人一组，每组人员的组成包括不同类型的学生，其中组长轮流当，实行团队管理模式，使每个团队成员中的学生优势互补、取长补短，充分发挥团队的整体优势，合作完成学习、训练任务，团队之间形成竞争格局。

3. 设立不同层次教学目标，进行因材施教

实施分层次教学。针对专业特点，同一门课程，根据学生层次不同，设立不同的培养目标，有针对性地进行教学内容选取、难易程度的取舍。授课过程采用不同的教学方法，如提问、启发、学生互相点评、组织讨论、项目填空等来增强课上互动，激发学生的学习兴趣。布置分层次的课后作业、开发晚自习课程，借助教学平台推送，实施对学有余力学生的拓展学习。制作微课程视频，帮助课上没完全学透的学生巩固课堂学习。对学习能力强的学生，让其多读书；对动手能力强的学生，让其多实践。针对学生的学习兴趣，因材施教，鼓励他们参加各种专业社团，形成人人有喜欢的兴趣课程和技能爱好的学生培养模式，提高了学生的动手能力、创新能力，培养了团队精神和严谨的工作态度。我通过因材施教，在教学中感受到学生学习热情逐渐培养起来，有了明显的自信心，目标明确，学习上有干劲，生活中有欢笑。

4. 构建基于职业标准的考核评价体系

推行"基于职业标准的学习"，借鉴英式学徒制能力单元标准体系，利用互联网和大数据技术，搭建了"平台支撑、五元联动、四阶管控"的考核评价机制。学生依据标准确定学习目标，采用测试、访谈、实操、提交

方案、竞赛等方式评量并反馈学习状况，动态修正后续学习。试点后学生学习目标明确，内生动力增强，实践能力显著提升。

教学改革实践成果颇丰。近五年完成各类社会培训人才 5 630 人以上。开发各级技能大赛、创业大赛方案 14 次，各类参赛人员达 28 360 人。我近五年培养出学生参加技能大赛获得国赛 3 枚金牌，带领团队斩获国赛金牌 10 枚，省赛一等奖 21 个。其中 2012 年物流团体项目获得全国第一名的成绩，电子商务项目连续三年取得全国第一名的成绩。

三、立足教研引领，谋划专业的持续发展

1. 校企融合，创新迭代人才培养模式

长期工作在教学一线，我逐渐形成了"行知共进"的职教理念，提出了"职场全景化"人才培养模式。校内通过开发数字化资源和平台课程，建设运营型实训中心，搭建"职场化"教学条件，研发"类职场活动式"教学模式，课堂上模拟职场活动过程，将学课程变为"完成工作任务"；校外与企业合作推行"准员工""学徒工"试点，变学生为"准员工""企业学徒"，通过开发在岗学习标准和课程，落实"工作着学习"，最终形成"全过程、全要素"职场化人才培养，显著提升了毕业生的职场行动力。此人才培养模式大大提高了人才培养的品质，毕业学生上岗后上手快，素养高，深受用人单位欢迎。近期借助国家及山东省示范性学校建设、山东省重点品牌专业建设的契机，与络捷斯特股份有限公司以"长风实验班""长风商贸学院"为平台，形成"准员工式"人才培养机制。将学生上课模拟为企业上班；原先教学为学课程，现在是小组做项目；任命班组长，评价考核采用积分模拟发放工资的形式，通过扣加分来完成奖惩考核；准员工式人才培养环节设计在顶岗实习前一学期，边做边学，学做合一，最终实现与企业顶岗实习的无缝对接。

2. 聚焦岗位，基于"工作任务分析"搭建课程

面向物流岗位，重点分析各岗位的工作任务，并对工作任务进行详细拆解，最终形成一张职业能力与素养图解，随后将职业能力与素养按照课程开发理念进行排序，转化为学习课程体系，以此研发路径构建完成全部物流专业课程。积极进行课程建设与改革。主持教育部数字化资源配送实务课程和 1 门山东省级精品资源共享课程开发，并负责校内 5 门精品课程建设开发。我还对叉车训练课程进行了全面改造，规划设计了训练场地、训练环节，设计了从起步停车到库内运行、完成所有收发作业及回收托盘等叉车作业全部工作内容的考核训练形式，配套设计了辅助训练的各种小器具，在技能训练中提出了"头脑心意模拟训练法"、"小师傅制"协同训练法。"头脑心意训练法"目前广泛应用到实训教学中，极大提高了教学效率。"小师傅制"协同训练能使学长与学弟各自发挥作用，充分实现学长技术传承，学弟协助充当教师上课助手，解决实训安全与辅助器材拿取的问题，另外，学生们在教中学，促进其更快地成长。我在技能实训中采用两种做法后，培养出 12 名国赛参赛选手，获得 6 金 3 银的好成绩，为此本人也获得山东省、全国优秀辅导教师 8 次，受潍坊市人民政府表彰，获潍坊市教学成果特等奖 1 次、一等奖 2 次。

3. 推动教研，谋定后再论专业发展

作为一名教学系主任、学校物流管理专业学科带头人，搞好教学工作的同时，进行了卓有成效的专业建设。2011 年起牵头山东省中职物流专业教学指导方案的编写工作，并于 2013 年顺利完成 1 万字的山东物流专业建设调研报告、山东省中职物流服务与管理专业教学指导方案，方案成为省内兄弟学校开设物流专业和规划专业建设的依据。2013 年起牵头学校的"3+4"中职与本科贯通班项目的试点，与聊城大学合作牵头开发了物流"3+4"中职与本科贯通试点班的人才培养方案，目前项目运转良好，正逐步总结试点班的各项成果。2013 年起主持完成了教育部中职物流专业快递业务方向教学标准制定，该教学标准的制定填补了物流教育的关于快递业务的空白，课题获全国物流教学指导委员会全国课题评选二等奖。主持教育部物流专业课程数字化资源开发、参与国家示范校专家评估验收等工作，在行业及本专业教学领域内有重大影响。主持完成了我校物流实训中心的建设，为物流服务与管理、电子商务专业课的实践性教学和学生实训提供了条件。同时收集、整理、编写了大量的校本实训资料，通过实训练习，提高了学生的动手能力，为学生参加相应的职业资格鉴定、技能大赛提供了良好的实训环境。物流专业是国家示范校重点建设专业，也是潍坊市特色品牌专业，在省内率先试点"3+4"本科贯通班的培养，于2016年建成山东省首批重点品牌专业。

4. 注重示范，带动专业教师团队成长

通过我和团队的努力，商贸类专业群迎来了蓬勃发展。我注重分享，多次上示范课、公开课，帮助青年教师做好规划，指导提升。对团队"80后"教师多次开展教学理论学习研讨会、集体备课活动研修、课堂教学问题探讨，教学工作室研修、示范课教学等活动，帮助其尽快成长为教学能手。"85后"青年教师吴洪艳成长迅速，是国赛金牌辅导教师，2016年以全省第一名的成绩入选山东省青年技能名师。指导两位年轻教师参赛，两人先后获得山东省优质课一等奖。近年来团队完成了国家级、省部级课题12项，研发教材26本，获得省级以上奖励36人次。任全国物流职业教育教学指导委员会信息化分委会秘书长、全国电子商务职业教育教学指导委员会移动商务专委会委员、山东省商贸专业教学会秘书长以来，我注重引领省内外商贸专业的发展，通过讲公开课、到兄弟学校办讲座、在会议上做报告等多种形式进行交流沟通，推动共同发展。我近年来在行业会议上作专家发言26次，举办省内外业务讲座和培训23次，接待开设商贸专业的兄弟学校到访交流80余次，从2017年起主持山东省职教名师工作室、技艺技能传承平台，在引领省内外商贸专业教师的成长方面做出了最大努力。

名师档案

毛艳丽

　　1974年生，山东寿光人，经济学硕士，山东省潍坊商业学校正高级讲师，职教研究中心主任，兼任教育部全国物流职业教育教学指导委员会信息化分委会秘书长，全国电子商务职业教育教学指导委员会移动商务专委会委员。国家"万人计划"教学名师，山东省特级教师，山东省教书育人楷模，齐鲁名师，"齐鲁最美教师"，山东省职教名师工作室主持人、山东省智慧物流技能技艺传承平台主持人，山东省教学能手。获国家职业教育教学成果奖二等奖、山东省职业教育教学成果奖一等奖、潍坊市人民政府教学成果奖特等奖等教学成果8项，主持完成教育部教学标准、山东省教学指导方案、山东省首批重点教改项目；主持国家数字化资源共建共享课程、山东省精品资源数字化课程；主持山东省重点品牌专业建设、首批山东省级职教教学团队建设，山东省学徒制试点；开发高教社职业教育国家规划教材10本，带领团队辅导学生获全国职业院校技能大赛金牌10枚。

我要用一辈子的努力做好教师

湖南省湘阴县第一职业中等专业学校

张念军

2019 年 9 月 10 日，是我终身难忘的日子。这一天，我应邀参加了在人民大会堂举行的庆祝第 35 个教师节暨全国教育系统先进集体和先进个人表彰大会，受到习近平、李克强等党和国家领导人的亲切接见。面对记者的镜头，我自豪地说："总书记的关怀，传递的是党的温暖，是无穷无尽的力量。金灿灿的奖牌背后有着沉甸甸的责任，我将用一辈子的努力去做好一个人民教师。"

回顾自己近 40 年的教育生涯，我有过懵懂，有过憧憬，有过奋斗，也有过收获。如今临近退休，更多的是对教育的深情眷恋，对三尺讲台的依依不舍。

一、"稀里糊涂"，就这样懵懵懂懂地当了教师

1979 年，我考入岳阳师专，意味着我将做一辈子的教师。当教师并不是我最初的志向和兴趣，我一直钟情于无线电。小时候，邻居家一位退伍军人带回来了一台收音机，有一次，收音机坏了，这位退伍军人拧

开收音机后盖，我看到这个能收听到世界各地声音的"家伙"内部居然就是一些红红绿绿的"坨坨"组成的，我感到无比好奇，便对无线电产生了浓厚的兴趣。进入桂林无线电学校学习电子技术，便成了我的梦想，而在当年，我的高考分数上了专科线，当时桂林无线电学校还属于中专层次，我未能如愿，只好听取班主任报考师专的建议，进入岳阳师专物理专业学习，就这样懵懵懂懂地成了一名物理教师。倒也好，还算是和我的爱好有点关系。进入大学后，我们这些从农村来的苦孩子，便如饥似渴地在知识的海洋里吸吮着科学的营养，我一边刻苦学习物理知识，一边不懈地钻研电工基础与电子技术。此后的教育履历，我都与电子技术结下了不解之缘。

1982 年，我才 19 岁，刚从岳阳师专毕业就分配到了湘阴县九中这所农村中学担任初三毕业班物理教学。初为人师的我，只要一看到学生那求知的目光，就有了激情，浑身都是使不完的劲儿，天天和学生打成一片，交流思想，讨论问题。那一年，我所教的班级物理成绩在全县排第一，算是成绩"斐然"，旗开得胜。那个年代，教育主管部门和社会都很看重教学成绩排名，领导、老师对我刮目相看，随即安排我担任高中毕业班物理课教学，这一干就是 10 年，这 10 年我成长了、成熟了，有了自己的教学风格，教学成效也引起了教育界领导和同行们的关注。1992 年我被"人才引进"到县城的湘阴五中担任高三物理教学。到 1996 年，我在普高已教了 13 年毕业班的物理，算是做得风生水起，有了一定的影响。当年 8 月，县教育局领导找我谈话，一是鼓励我，说我教物理非常有特色，能理论联系实际，把物理现象和本质、实践与应用讲得十分透彻，让学生特别感兴趣，学得轻松，用得灵活，学生不仅理解深刻，动手能力也非常强；二是说组织要委以重任，让我去新办的湘阴县第一职业中专学校任教，把职教的电类专业办起来。

二、"组织信任"，就这样不很情愿地做了职教老师

1996 年，我国第一部职业教育法正式颁布实施。国家要大力发展职业教育，时任省委书记王茂林明确要求，湘阴县要创办一所规模较大的中职学校。当时我因专业技能很好，动手能力特强，是个典型的"双师型"教师，领导希望我担任电子学科带头人和学校实习主任。开始时我并不情愿，一是因为老百姓普遍有一种"孩子成绩不太好才去上职校"，"老师水平不太高才去做职教"的偏见，职业教育的社会认可度低；二是我在普高教学已经很顺利，开始有了成就感和价值感。然而领导的信任、欣赏以及教师职责赋予我的责任和使命，使我欣然地接受了工作调动，从此，我就决心用一颗匠心去迎接职业教育的机遇与挑战。

既来之，则安之。我一直认为自己做什么都很专注，有较强的上进心，既然职业学校的老师在社会上的认可度不算很高，那就要为职教老师争气！要让大家知道职教老师同样优秀，颠覆他们对职业教育的偏见。从此，我把自己的全部智慧和精力倾注在职教事业上。2014 年，岳阳市教育局组织开展"金鹛奖"教师教学竞赛，快到报名截止的日期了，我校老师参与的积极性并不高，还没有几人报名。我有些着急，作为职教的专业老师，最可怕的是故步自封、安于现状，如果知识、技能不能与经济社会发展同步，不能与市场的需求接轨，那教给学生的东西都是没用的。而参加各种形式的培训和教学竞赛，就是为了促进教师更新知识和技能。我觉得这是个极好的锻炼机会，时任副校长的我已经 52 岁了。我决心给老师们做个榜样，带头参赛。看到我报名了，很多老师便跟着报名了。之后，我给他们上示范课，指导他们写教案、做课件，一遍又一遍地试教，一次又一次地打磨。功夫不负有心人，最后我获得了当年"金鹛奖"职业教育的

金奖，学校还有 3 位老师获得一等奖，3 位老师获得二等奖，取得了历史最好成绩。

我不断地给自己充电，完成从普高到职校的角色转变；同时，我也调整教学思路和方法，先把学生的兴趣调动起来，从快乐、轻松地学，转化成积极、主动地学，扬长避短。职校的学生学文化理论不是长处，但他们在实践动力方面不断有闪光点，在各类技能竞赛中时常获奖，他们从这里找回了自信。经过多年不懈的努力，我教的专业学生人数越来越多，表现也越来越优，社会反响更是越来越好。学校的电子专业火了，从无到有，从名不见经传到全省特色专业、精品专业。我主导构建的电子专业"三融通"人才培养模式、"三边三岗、以工带学"的教学模式、"互聘互兼、双岗培养"的队伍建设模式、"课间仿真、校内实训、企业顶岗"的实训模式等一系列改革创新成果在全省、全国推广应用。电子专业的成功模式也带动了学校其他专业的建设，学校的制造大类专业成了湖南省的示范性专业群，大大提升了学校的内涵。

可以说学校给我提供了发展平台，我助推了学校的跨越发展。2000年，学校被评为首批国家级重点职业学校，2008—2011 年，学校成为湖南省示范性中职学校、示范性县级职教中心牵头学校，电子专业被定为湖南省特色专业，2012—2015 年，学校成为国家中等职业教育改革发展示范性学校。2016—2019 年，学校成为全国教育系统先进集体、湖南省卓越中职学校。

三、"匠心不改"，就这样登堂入室地炼成了名师

20 世纪 90 年代，电子产品日新月异、琳琅满目，掌握了电子技术的人是很吃香的。当时，我通过进修培训，已熟练掌握了电气自动化工程技术，受到很多企业青睐，那时，广东多家企业承诺高薪邀我加盟，沿海地

区重点职校也向我抛出了橄榄枝。但我还是甘之如饴地把自己的一生献给了我挚爱的教育事业。

党的十八大以后,国家对职业教育的重视提到了史无前例的高度,习近平总书记对职业教育作重要指示,李克强总理多次召开国务院常务会议专门研究职业教育,因为经济社会的发展太需要技能型人才了,而培养高素质的技能型人才,就需要职业教育有很多的"双师型"教师。我自进入职校起,就立志要成为一个名副其实的"双师型"教师。20多年来,我从未停止过学习的步伐,一直坚持订阅《电子世界》《制冷技术》等多种杂志,学习与市场同步的最前沿的专业理论。利用寒暑假,先后到广东技术师范大学、湖南师范大学、TCL集团等单位,参加国培、省培及高级研修班的学习,向技能大师学,向工人师傅学,在学校练,到工厂练。通过多年的不懈努力,我理论上有了正高级教师资格,实践上也有了高级技师的能力。我能理论联系实际,很好地把知识、技能有机结合起来,运用到生产、生活实践中去,保证我的教学与市场同步,与需求接轨。1999年夏天,湘阴县外贸公司一座进口的大型冷库坏了。岳阳制冷维修厂报出的维修价高达30万元,让该公司的负责人望而却步,无奈之下向我们学校求助。我答应了,认为这既是帮人救急,又是带学生进行实操的极好机会。我和2个老师、6个学生组建了维修队,拆开机器一看,发现压缩机的连杆断了,电机线圈烧了,自动控制的电路全坏了。这可是全进口的设备,没有图纸,没有配件,怎么办?我带着学生分析连杆材料的成分,自己合成铸造、精细加工;设计控制电路,恢复自动保护功能;绕线、浸漆、维修电机……经过1个多月的昼夜奋战,大功告成。不仅用专业知识和技能解决了企业的燃眉之急,服务了社会,而且让学生学到了真正的技术,体会到了工匠的刻苦、专注和拼搏精神。

从教38年来,我不懈努力,不断进步。我26岁晋升中学一级教师,36岁晋升中学高级教师,46岁被评为电子特级教师,56岁晋升电子正高级教师。可谓十年磨一剑，砺得梅花香。现在我是湖南省特级教师评委、高级教师评委、教学名师评委，我的业务能力得到了主管部门的充分认可，完成了由一个中学物理高级教师到电子专业特级教师、中小学正高级教师、国家"万人计划"教学名师的成长过程。

四、"化作红烛"，就这样心甘情愿地照亮他人

职业学校的学生虽然基础差，但若能找到适合他们的教学方法，更多地给予他们关爱鼓励，同样能激发他们无穷的学习热情与潜能。

电子技术晦涩难懂，如何让其变得活泼易学？我下足了功夫，利用模拟仿真等现代信息技术手段，使用任务驱动等新的教学方法，从学生最能感知的事物、最易接受的方式开始，把枯燥的理论讲得津津有味，讲出"诗情画意"来，让学生感到惊喜，感到有趣。在讲授空调时，我并不急着讲理论，而是直接把安装在教室里的空调给拆开来。第一次看到空调内部结构的学生兴趣一下就来了：这些是什么？冷气从哪里来？教学过程由"要他学"变成了"他要学"。"电冰箱的工作原理"是教材里难啃的硬骨头，学生就算死记硬背，也不能真正理解。我把工作原理概括成有趣的"打油诗"："电控管内制冷剂，四种状态作交替，四个过程跑循环，热量由内向外递。"斟词酌句后，我又把这四句"诗"提炼成 7 个字："四态四程两换热。"一段数百字的电冰箱工作原理就只需记住简单明了的 7 个字就行了，这样的本事让学生感到由衷的佩服。学生都说我的课"听起来有趣，学起来易懂，做起来实用"。

我常提示学生要多关注生活，多观察，多思考，只要细微之处多留心，就会有收获。上公共厕所时，便池的上方有一个水箱总是隔一段时间就冲一次水，不管有人没人，不管白天晚上水箱满了就冲，太浪费了。于是，我指导学生分析冲水原理，应用红外遥感技术，将浮球改为电磁阀，实现

了有人来，才冲水，"一种不浪费水的公厕冲水装置"诞生了，且成了我们师生共同拥有的国家专利。就是这种理论联系实际的教学方法，让学生的学习方法、思维习惯、创新意识得到很好的训练，理论与技能得到了同步提升。2008年，我指导学生设计的"海陆空无障机器人"，参加湖南省科技创新大赛获得一等奖。2010年，我指导学生制作的"保湿增氧空调"获得国家专利，湖南卫视的《专利现场》用了近20分钟的时间做了详细报道。

我爱教育，把对教育的执着和热爱化作一颗炽热的心，献给勤奋好学的莘莘学子。多年来，我年复一年地资助贫困学生，我的帮助改变了他们的命运。毕业于湘阴县浩河中学的余灿，5岁时母亲去世，当时还有两个嗷嗷待哺的小妹妹，一个生活不能自理的老奶奶。体弱多病的父亲拼了命也只能勉强维持一家五口的生计。拿着省示范性高中的录取通知书，余灿流着眼泪，倚在墙边，想着唯有放弃，才能减轻父亲的负担。当我和妻子得知这一情况后来到她家，看到眼前的一切，看到懂事的余灿想用弱小的肩膀和父亲共同扛起这个家时，我们夫妇几度哽咽，决定资助她继续读书。当即就把她带回了家，和我们同吃同住，学习上帮助她、生活上照顾她、心灵上抚慰她。几年后，争气的余灿以优异成绩考上了湖南大学，大学四年，我们一如既往给予资助。如今她已事业有成，家庭幸福美满。看到一批批学生由于我的帮助改变了命运，我心里的自豪和欣慰就油然而生。

作为湖南省电子专业的省级专业带头人，我和专业老师亦师亦友。我校张胜波老师毕业于湖南师大，理论知识很全面，但专业技能一般，我手把手教他练技术，还为他争取到德国深造的机会。经过几年的培养，张胜波老师进步很快，指导学生参加全省技能大赛获得一等奖，自己成为省级优秀指导教师、省级专业带头人，岳阳名师支持计划人选。青年教师姚锋，脑子活，潜质好，我把他带在身边，指导他上示范课，做建设项目，写申报材料。短短几年，姚锋的教学、教研能力突飞猛进，2013年获湖南省职业院校教师信息化教学竞赛二等奖，并代表湖南参加国赛。他主编的专业教材公开出版，现已成为学校分管业务的副校长。

作为岳阳市电工电子名师工作室的首席名师，我特别注重对教师的帮扶带动工作。由我的名师工作室作典型引路，带动机械、旅游等专业的名师工作室相继成立，以点带面，全面推进教师队伍建设。我分管学校业务工作多年，把校本培训和教师进修、企业实践当成常规工作抓，从不松懈，使专业教师的"双师"率大幅度提高。如今我的名师工作室里，出了4个省级专业带头人；工作室的11个成员，个个都已成长为教学的中坚力量；在指导学生参加国家、省、市技能大赛中，都取得好成绩。

教学之余，我会花很多的时间去反思，去总结。这些年来，我发表了19篇论文；主编了《电工技术基础》等6本专著；2013—2015年，我负责组织实施了"国家精品课程数字资源建设"等两个课题的研究工作，经中国职业技术教育学会审核后，已圆满结题，在国内35所国家示范校中推广使用。

我始终认为，作为一名教师，三尺讲台就是我的根和本。只要自己不断地积累、总结，不懈地研究、创新，对教育就会有很多的体会，就会有较深的理解，教学科研成果也将日益丰硕。既然选择了教育，就要用一辈子的努力去做好教师。

名师档案

张念军

中共党员，从教 38 年，先后被评为国家"万人计划"教学名师、湖南省先进工作者、湖南省徐特立教育奖获得者、中学正高级教师、特级教师。湖南卫视等多家媒体对其事迹进行了专题报道。2019 年 9 月，作为全国优秀教师代表，出席了在人民大会堂召开的表彰大会，并受到习近平、李克强等党和国家领导人亲切接见。在教育科研方面，有 4 项科研成果获得国家专利；主持的 3 个国家级课题子课题的研究工作获得奖励；主编 6 本专著，发表论文 19 篇。